高等学校应用型特色规划教材　经管系列

国际货物贸易海关通关实务

主　编　马俊　杨云匀　郑汉金

副主编　毕劲芳

U0360378

清华大学出版社

北　京

内容简介

在国务院简政放权、转变职能要求，海关总署改革报关从业人员资质资格管理制度，取消报关员资格核准审批，对报关人员从业不再设置门槛和准入条件，取消报关员资格全国统一考试，不再出版报关员资格全国统一考试教材的背景下，编写组结合自身业务和教学经验并参考对外贸易管制和海关管理的有关法规、规章、制度、原报关员资格全国统一考试教材、业界和学界专家著述，紧密结合贸易及通关业务实际阐述货物贸易通关各环节的海关监管规定，将实践经验转化为操作指南。全书共八章，梳理国际货物贸易中国海关通关及海关监管的业务、流程，介绍近年来通关便利化改革方面的进展以及正欣欣向荣蓬勃发展的跨境电子商务通关的管理举措。

本书可作为高校培养报关通关业务人才的实用教材，也可作为报关单位、报关从业人员和海关监管通关业务工作人员的参考书。

图书在版编目(CIP)数据

国际货物贸易海关通关实务/马俊，杨云匀，郑汉金主编. —北京：清华大学出版社，2018（2023.3重印）
(高等学校应用型特色规划教材　经管系列)
ISBN 978-7-302-48428-8

Ⅰ. ①国…　Ⅱ. ①马…　②杨…　③郑…　Ⅲ. ①国际贸易—海关—业务—中国—高等学校—教材
Ⅳ. ①F752.5

中国版本图书馆 CIP 数据核字(2017)第 222021 号

责任编辑：温　洁
封面设计：杨玉兰
责任校对：周剑云
责任印制：宋　林
出版发行：清华大学出版社
　　　　　网　　　址：http://www.tup.com.cn, http://www.wqbook.com
　　　　　地　　　址：北京清华大学学研大厦 A 座　　　　邮　　编：100084
　　　　　社 总 机：010-83470000　　　　　　　　　邮　　购：010-62786544
　　　　　投稿与读者服务：010-62776969, c-service@tup.tsinghua.edu.cn
　　　　　质量反馈：010-62772015, zhiliang@tup.tsinghua.edu.cn
　　　　　课件下载：http://www.tup.com.cn, 010-62791865
印 装 者：三河市龙大印装有限公司
经　　销：全国新华书店
开　　本：185mm×230mm　　　印　　张：21.75　　　字　　数：473 千字
版　　次：2018 年 1 月第 1 版　　　印　　次：2023 年 3 月第 5 次印刷
定　　价：48.00 元

产品编号：070055-02

出版说明

　　应用型人才是指能够将专业知识和技能应用于所从事的专业岗位的一种专门人才。应用型人才的本质特征是具有专业基本知识和基本技能，即具有明确的职业性、实用性、实践性和高层次性。进一步加强应用型人才的培养，是"十三五"时期我国经济转型升级、迫切需要教育为社会培养输送各类人才和高素质劳动者的关键时期，也是协调高等教育规模速度与培养各类人才服务国家和区域经济社会发展的重要途径。

　　教育部要求今后需要有相当数量的高校致力于培养应用型人才，以满足市场对应用型人才需求量的不断增加。为了培养高素质应用型人才，必须建立完善的教学计划和高水平的课程体系。在教育部有关精神的指导下，我们组织全国高校的专家教授，努力探求更为合理有效的应用型人才培养方案，并结合当前高等教育的实际情况，编写了这套《高等学校应用型特色规划教材》丛书。

　　为使教材的编写真正切合应用型人才的培养目标，我社编辑在全国范围内走访了大量高等学校，拜访了众多院校主管教学的领导，以及教学一线的系主任和教师，掌握了各地区各学校所设专业的培养目标和办学特色，并广泛、深入地与用人单位进行交流，明确了用人单位的真正需求。这些工作为本套丛书的准确定位、合理选材、突出特色奠定了坚实的基础。

✧ 教材定位

- ➤ 以就业为导向。在应用型人才培养过程中，充分考虑市场需求，因此本套丛书充分体现"就业导向"的基本思路。
- ➤ 符合本学科的课程设置要求。以高等教育的培养目标为依据，注重教材的科学性、实用性和通用性。
- ➤ 定位明确。准确定位教材在人才培养过程中的地位和作用，正确处理教材的读者层次关系，面向就业，突出应用。
- ➤ 合理选材、编排得当。妥善处理传统内容与现代内容的关系，大力补充新知识、新技术、新工艺和新成果。根据本学科的教学基本要求和教学大纲的要求，制订编写大纲(编写原则、编写特色、编写内容、编写体例等)，突出重点、难点。
- ➤ 建设"立体化"的精品教材体系。提倡教材与电子教案、学习指导、习题解答、课程设计、毕业设计等辅助教学资料配套出版。

✧ 丛书特色

- ➤ 围绕应用讲理论，突出实践教学环节及特点，包含丰富的案例，并对案例作详细解析，强调实用性和可操作性。

➢ 涉及最新的理论成果和实务案例，充分反映岗位要求，真正体现以就业为导向的培养目标。

➢ 国际化与中国特色相结合，符合高等教育日趋国际化的发展趋势，部分教材采用双语形式。

➢ 在结构的布局、内容重点的选取、案例习题的设计等方面符合教改目标和教学大纲的要求，把教师的备课、授课、辅导答疑等教学环节有机地结合起来。

✧ 读者定位

本系列教材主要面向普通高等院校和高等职业技术院校，适合应用型、复合型及技术技能型人才培养的高等院校的教学需要。

✧ 关于作者

丛书编委特聘请执教多年且有较高学术造诣和实践经验的教授参与各册教材的编写，其中有相当一部分教材的主要执笔者是精品课程的负责人，本丛书凝聚了他们多年的教学经验和心血。

✧ 互动交流

本丛书的编写及出版过程，贯穿了清华大学出版社一贯严谨、务实、科学的作风。伴随我国教育改革的不断深入，要编写出满足新形势下教学需求的教材，还需要我们不断地努力、探索和实践。我们真诚希望使用本丛书的教师、学生和其他读者提出宝贵的意见和建议，使之更臻成熟。

清华大学出版社

前　　言

　　根据国务院简政放权、转变职能的要求，海关总署改革报关从业人员资质资格管理制度，取消报关员资格核准审批，对报关人员从业不再设置门槛和准入条件，相应从2014年起取消报关资格全国统一考试，不再出版报关员资格全国统一考试教材，报关、通关业务的权威教材几乎处于真空状态。现在，虽然企业报关人员无须通过报关员资格考试持报关员证报关，但类似于驾驶执照的违章记分惩罚，海关对进出口收发货企业和报关企业的分类管理及报关人员的记分考核制度未变。企业分 AA、A、B、C、D 共 5 类，对高类别企业给予通关便利，而对低类别企业实行严格监管。企业的报关差错率是管理类别升降的主要依据。报关人员的报关差错决定企业报关差错率的高低，而且一年中因报关差错被记分达 30 分，报关人员将被取消报关资格。因此，对于外贸企业、报关企业、国际物流企业、高校来说，外贸报关人才培养是很大的考验。报关人员的报关、通关业务能力直接影响企业运营和本人的职业生涯。

　　为此，我们以昆明学院教师和行业精英组成编写组，结合自身业务和教学经验并参考对外贸易管制和海关管理的有关法规、规章、制度、原报关员资格全国统一考试教材、业界和学界专家著述，编写这本《国际货物贸易海关通关实务》。本书共八章，梳理国际货物贸易中国海关通关及海关监管的业务、流程，介绍近年来监管通关领域的主要业务改革。昆明学院马俊主持本书编写，负责构思、方案、结构、校对，以及第六、八章的编写；杨云匀负责第三、四章的编写；郑汉金负责第一、二章的编写；毕劲芳负责第五、七章的编写。

　　本书可作为高校培养报关、通关业务人才的实用教材，也可作为报关单位、报关从业人员和海关监管通关业务工作人员的参考书。

　　编写过程中我们参考了有关专家、学者的著作，在此表示诚挚的谢意！由于编者业务、理论水平有限，书中难免存在不足和疏漏之处，敬请广大业界、学界专家和读者批评指正！

编　者

目　　录

第一章

海关管理与报关

第一节　海　关　管　理

一、海关的概念

海关是依据本国(或地区)的法律、行政法规行使进出口监督管理职权的国家行政机关，英文名为 the Customs。Customs 一词，最早是指商人贩运商品途中缴纳的一种地方税捐，带有"买路钱"或港口、市场"通过费""使用费"的性质。这种地方税捐取消后，Customs 一词则专指政府征收的进出口税，the Customs 是征收进出口税的政府机构，即海关，是指对出入国境的一切商品和物品进行监督、检查并照章征收关税的国家机关。

二、我国海关的性质

(一)海关是国家行政机关

我国的国家机关包括享有立法权的立法机关、享有司法权的司法机关和享有行政管理权的行政机关。海关是国家行政机关，是国务院直属机构，从属于国家行政管理体制，代表国家依法独立行使行政管理权。

(二)海关是国家进出境监督管理机关

海关履行国家行政制度的监督职能，是国家宏观管理的一个重要组成部分。其监督管理对象是所有进出关境的运输工具、货物和物品。实施监督管理的范围是进出关境及与之有关的活动。

首先要明确国境和关境的区别。国境是指一个国家国土疆域的范围；关境是指实施同一海关法规和关税制度的境域，即国家(地区)行使海关主权的执法空间，又称"税境"或"海关境域"。一般情况下，关境等于国境，但第二次世界大战后，关税同盟和自由区、自由港的大量出现，国境等于关境的原则被突破，国家政治国境和关境有时不完全一致。关税同盟成员国实施统一的海关法规和关税制度，货物在成员国之间的国境进出不征收关税，此时关境大于其成员国各自的国境。保税区、保税仓库、自由港、自由区虽在国境之内，但从征收关税的角度来看，它可以被视为在该国境之外，进出自由港(区)可以免征关税，此时关境小于国境。针对原为殖民地的国家或地区，《关税及贸易总协定》第24条规定，经其宗主国的同意并用发表声明和证实等方法，可以单独成为《关税及贸易总协定》一个成员。此条对关境定义为：在对外贸易方面独立实行关税和贸易管理制度的地区，即所谓的单独关境。香港便是通过这种形式，于1986年由英国发表声明，作为单独关境地区而成为《关税及贸易总协定》的一个成员。中国也同时发表声明，承诺在1997年7月1日香港回归中国后，保持其自由港地位，成为一个单独关税地区，可以"中国香港"的名义继续成为《关税及贸易总协定》的一个成员。此时，中国的国境大于关境。从1981年起，有关文件或教材中陆续出现"关境"的概念。我国现行关境是适用《中华人民共和国海关法》的中华人民共和国行政管辖区域，不包括香港、澳门和台澎金马(台澎金马是台湾、澎湖、金门、马祖4个岛屿的简称)3个单独关境地区。

(三)海关的监督管理是保证国家有关法律、法规实施的行政执法活动

其依据如下。

一级：《海关法》和其他法律、法规，是海关的执法依据。

二级：行政法规。国务院根据《宪法》和法律，制定行政法规。海关管理方面主要的行政法规有《中华人民共和国进出口关税条例》(以下简称《关税条例》)、《海关稽查条例》《海关行政处罚实施条例》《海关统计条例》《进出口货物原产地条例》等。

三级：海关规章及规范性文件。海关总署根据法律和国务院的法规、决定、命令制定规章，作为执法依据的补充。

各省、自治区、直辖市人大和政府不得制定海关法律、法规。地方法规、规章不是海关执法的依据。

三、我国海关的任务

(一)监管

海关进出境监管是指海关运用国家赋予的权力，通过一系列管理制度与管理程序，依法对运输工具、货物、行李物品、邮递物品和其他物品的进出境活动所实施的一种行政管理。

(二)征税

海关税收是国家财政收入的重要来源，也是国家实施宏观调控的重要工具。根据《海关法》《关税条例》及其他有关法律、行政法规的规定，中国海关总署除担负征收关税任务外，还负责对进口货物征收进口环节增值税和消费税。

(三)缉私

查缉走私是海关为保证顺利完成监管和征税等任务而采取的保障措施，是为发现、制

止、打击、综合治理走私活动而在海关监管场所和海关附近的沿海沿边规定地区进行的一种调查和惩处活动。《海关法》规定"国家实行联合缉私、统一处理、综合治理的缉私体制",海关查缉走私的主管部门,在公安、工商等其他执法部门的配合下,负责组织、协调和管理缉私工作,对查获的走私案件进行统一处理。

(四)统计

根据《海关法》的规定,编制海关统计是中国海关总署的一项重要业务。海关统计是国家进出口货物贸易统计,负责对进出中国关境的货物进行统计调查和分析,科学、准确地反映对外贸易的运行态势,实施有效的统计监督。中国海关总署按月向社会发布中国对外贸易基本统计数据,定期向联合国统计局、国际货币基金组织、世界贸易组织及其他有关国际机构报送中国对外贸易的月度和年度统计数据,数据发布的及时性居世界领先地位。中国海关总署定期编辑出版《中国海关统计》月刊和年鉴,积极地为社会各界提供统计信息资料和咨询服务。

四、我国海关的法律体系

海关法律体系根据制定的主体和效力的不同分为法律、行政法规、部门规章和规范性文件4个基本组成部分。

(一)《海关法》

《海关法》于1987年1月22日由第六届全国人民代表大会常务委员会第十九次会议通过,同年7月1日起实施。2000年7月8日第九届全国人民代表大会第十六次会议对《海关法》进行了第一次修正,修正后的《海关法》于2001年1月1日起实施。2013年6月29日第十二届全国人民代表大会常务委员会第三次会议和2013年12月28日第十二届全国人民代表大会常务委员会第六次会议分别对《海关法》进行了第二次、第三次修正。《海关法》是我国现行法律体系的一个重要组成部分,是管理海关事务的基本法律规范。

(二)行政法规

国务院根据《中华人民共和国宪法》和法律制定行政法规。目前,在海关管理方面的行政法规主要有《关税条例》《海关稽查条例》《知识产权海关保护条例》《海关行政处罚实施条例》《海关统计条例》《进出口货物原产地条例》等。

(三)海关行政规章

行政规章主要是由海关总署单独或会同有关部门制定的,是海关日常工作中引用数量最多、内容最广、操作性最强的法律依据,其效力等级低于法律和行政法规。海关行政规章以海关总署令的形式对外发布。

(四)规范性文件

规范性文件是指海关总署及其直属海关按照规定程序制定的对行政管理相对人权利、义务具有普遍约束力的文件。海关总署制定的规范性文件要求行政管理相对人遵守或执行的,应当以海关总署公告形式对外发布,但不得设定对行政管理相对人的行政处罚。

五、我国海关的权力

海关权力是指国家为保证海关依法履行职责,通过《海关法》和其他法律、行政法规赋予海关的对进出境运输工具、货物、物品的监督管理权能。海关权力属于公共行政职权,其行使受一定范围和条件的限制,并须接受执法监督。

(一)海关权力的内容

1. 检查权

海关有权检查进出境运输工具,检查有走私嫌疑的运输工具和有藏匿走私货物、物品嫌疑的场所,以及检查走私嫌疑人的身体。

海关对进出境运输工具的检查不受海关监管区域的限制。对走私嫌疑人身体的检查,应在海关监管区和海关附近沿海沿边规定地区(以下简称"两区")内进行;对于有走私嫌疑的运输工具和有藏匿走私货物、物品嫌疑的场所,在"两区"内,海关人员可直接检查,超出这个范围,在调查走私案件时,须经直属海关关长或者其授权的隶属海关关长批准才能进行检查,有关当事人应当到场,当事人未到场的,在有见证人在场的情况下,可以径行检查,但不能检查公民住处。海关附近沿海沿边规定地区的范围,由海关总署和国务院公安部门会同有关省级人民政府确定。

2. 查阅、复制权

海关有权查阅进境人员的证件,查阅、复制与进出境运输工具、货物、物品有关的合同、发票、账册、单据、记录、文件、业务函电、录音录像制品和其他的有关资料。

3. 查问权

海关有权对违反《海关法》或相关法律、行政法规的嫌疑人进行查问,调查其违法行为。

4. 查验权

海关有权查验进出境货物、个人携带进出境的行李物品、邮寄进出境的物品。海关查验货物认为必要时,可以径行提取货样。

5. 查询权

海关在调查走私案件时,经海关关长或者其授权的隶属海关关长批准,可以查询案件涉嫌单位和涉嫌人员在金融机构、邮政企业的存款、汇款。

6. 稽查权

海关在法律规定的年限内(自进出口货物放行之日起 3 年内或者在保税货物、减免税进口货物的海关监管期限内及其后的 3 年内)，对企业进出境活动及进出口货物有关的账务、记账凭证、单证资料等有权进行稽查。

7. 行政强制权

海关行政强制包括海关行政强制措施和海关行政强制执行。

1）海关行政强制措施

海关行政强制措施是指海关为制止违法行为、防止证据销毁、避免危害发生、控制危险扩大等情形，依法对公民的人身自由实施暂时性限制，或者对公民、法人或其他组织的财务实施暂时性控制的行为。海关行政强制措施包括以下内容。

(1) 限制公民人身自由。在"两区"内，对走私犯罪嫌疑人，经直属海关关长或者其授权的隶属海关关长批准，可以扣留，扣留时间不得超过 24 小时，在特殊情况下可以延长至 48 小时。

受海关处罚的当事人在出境前未缴清罚款、违法所得和依法追缴的货物、物品、走私运输工具等值价款，又未提供担保的，海关可以通知出境管理机关阻止其出境。

(2) 扣留财物。对违反《海关法》或者其他法律、行政法规的进出境运输工具、货物和物品以及与之有关的合同、发票、账册、单据、记录、文件、业务函电、录音录像制品和其他资料，可以扣留。

在"两区"外，对有走私嫌疑的运输工具、货物、物品和走私犯罪嫌疑人，经直属海关关长或者其授权的隶属海关关长批准，可以扣留。在"两区"内，对其中有证据证明有走私嫌疑的运输工具、货物、物品，可以直接扣留。

有违法嫌疑的货物、运输工具、物品无法扣留的，当事人又未提供等值担保的，海关可以扣留当事人等值的其他财产。

纳税义务人在规定的纳税期限内有明显的转移、藏匿其应税货物以及其他财产迹象的，海关可以责令其提供担保，如不能提供纳税担保的，海关可以采取两种税收保全措施。如不能使用通知当事人开户银行暂停支付相当于应纳税款的付款方式实施税收保全时，则可以扣留其价值相当于应纳税款的货物或者其他财产。

纳税义务人、担保人自规定的纳税期限届满之日起超过 3 个月未缴纳税款的，经直属海关关长或者其授权的隶属海关关长批准，海关可以扣留其价值相当于纳税款的货物或者其他财产。

对涉嫌侵犯知识产权的货物，海关可以依法扣留。

(3) 冻结存款、汇款。纳税义务人在规定的纳税期限内有明显的转移、藏匿其应税货物以及其他财产迹象的，海关可以责令其提供担保。如不能提供纳税担保的，海关可以采

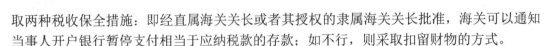

取两种税收保全措施：即经直属海关关长或者其授权的隶属海关关长批准，海关可以通知当事人开户银行暂停支付相当于应纳税款的存款；如不行，则采取扣留财物的方式。

(4) 封存货物或者账簿、单证。

海关进行稽查时，发现被稽查人的进出口货物有违法嫌疑的，经直属海关关长或者其授权的隶属海关关长批准，可以封存有关货物。

海关进行稽查时，发现被稽查人有可能篡改、转移、隐匿、毁弃账簿和单证的，即经直属海关关长或者其授权的隶属海关关长批准，在不妨碍被稽查人正常的生产经营活动的前提下，可以暂时封存其账簿及单证。

2) 海关行政强制执行

海关行政强制执行是指当事人不按照上述海关行政强制措施执行时，海关可以依法强制执行。海关行政强制执行的内容包括以下几项。

(1) 加收滞纳金。纳税义务人逾期缴纳税款的，海关强制征收滞纳金；纳税义务人违反规定造成少征或漏征的，海关可以强制追征并加征滞纳金。

(2) 强制扣缴税款。纳税义务人、担保人自规定的纳税期限届满之日起超过 3 个月未缴纳税款的，经直属海关关长或者其授权的隶属海关关长批准，海关可以书面通知其开户银行从其暂停支付的存款中强制扣缴税款。

(3) 强制抵缴、变价抵缴。当事人逾期不缴纳罚款的，又不申请复议或提起诉讼的，海关可以将其保证金抵缴或者将其扣留的货物、运输工具、物品依法变价抵缴。

纳税义务人自规定的纳税期限届满之日起超过 3 个月未缴纳税款的，经直属海关关长或者其授权的隶属海关关长批准，海关可以依法变卖应税货物，或者变卖与税款等值的其他货物或财产，以变卖所得抵缴税款。

海关以扣留财务方式实施税收保全措施时，纳税义务人在规定纳税期限内未缴纳税款的，经直属海关关长或者其授权的隶属海关关长批准，海关可以依法变卖所扣留货物，以变卖所得抵缴税款。

进口货物的收货人自运输工具申报进境之日起 3 个月未向海关申报的，其进口货物由海关提取依法变卖处理。

确属误卸或者溢卸的进境货物，原运输工具负责人或者货物的收、发货人逾期未办理退运或者进口手续的，由海关提取依法变卖处理。

综上所述，对于行政强制权，海关先采取强制措施，如当事人仍不按照海关要求履行义务，则由海关强制执行，两者往往存在前后对应关系。

8. 行政处罚权

海关有权对尚未构成走私罪的违法当事人处以行政处罚，包括：对走私货物、物品及违法所得处以没收；对有走私行为和违反监管规定行为的当事人处以罚款；对有违法情事的报关企业和报关员处以暂停或取消报关资格的处罚。

9. 其他权力

海关除了拥有以上一些权力之外，还拥有以下几项权力。

(1) 配备武器权。海关为履行职责，可以依法配备武器。海关工作人员佩带和使用武器的规定，由海关总署会同公安部制定，报国务院批准。1989年6月，海关总署、公安部联合发布《海关工作人员使用武器和警械的规定》。根据该规定，海关使用的武器包括轻型枪支、电警棍、手铐以及其他经批准可使用的武器和警械；使用范围为执行缉私任务时；使用对象为走私分子和走私嫌疑人；使用条件必须是在不能制服被追缉逃跑的走私团体或遭遇武装掩护走私，不能制止以暴力掠夺查扣的走私货物、物品和其他物品，以及以暴力抗拒检查、抢夺武器和警械、威胁海关工作人员生命安全非开枪不能自卫时。

(2) 连续追缉权。对违抗海关监管逃逸的进出境运输工具或个人，海关有连续追缉权，可以连续追至"两区"外，将其带回处理。

(3) 行政裁定权。海关行政裁定是指海关在货物实际进出口前，应对外贸易经营者的申请，依据有关海关法律、行政法规和规章，对与实际进出口活动有关的海关事务作出的具有普遍约束力的决定。行政裁定由海关总署或总署授权机构作出，由海关总署统一对外公布。行政裁定具有海关规章的同等效力。如对外贸易经营者的申请、商品归类的最终裁定、进出口货物原产地的确定、禁止进口措施、许可证件适用。

(4) 施加封志权。对于未办结海关手续、尚处在监管状态的货物，海关可以加施封志。

(5) 行政奖励权。行政奖励包括精神奖励和物质奖励。

(二)海关权力行使的原则

海关权力的行使应遵循以下几项原则。

(1) 合法原则。合法原则主要是指主体资格合法，以法律规范为依据，方法、手段、步骤、时限等程序合法，一切行政违法主体都应承担相应的法律责任。

(2) 适当原则。权力的行使以公平性、合理性为基础，以正义性为目标。为了自由裁量权的合理运用，监督的法律途径有两个，即行政监督(行政复议程序)和司法监督(行政诉讼程序)。

(3) 依法独立行使原则。

(4) 依法受到保障原则。

(三)海关权力的监督

海关权力的监督即海关执法监督，是内部监督和外部监督的结合。

六、我国海关的管理体制与组织结构

(一)我国海关的管理体制

1. 垂直领导体制

《海关法》规定，国务院设立海关总署，统一管理全国海关。海关机构的设置一般分为海关总署、直属海关和隶属海关三级。海关实行垂直领导体制，即隶属海关由直属海关领导，向直属海关负责；直属海关由海关总署领导，向海关总署负责。海关按照《海关法》和国家有关法律、法规，在国家赋予的职权范围内自主地、全权地行使海关监督管理权，不受地方政府(包括同级党的机构)和有关部门的干预。

2. 海关设关原则

国家在对外开放的口岸和海关监管业务集中的地点设立海关。海关的隶属关系，不受行政区划的限制。

(二)我国海关的组织结构

1. 海关总署

海关总署是国务院直属机构，下设广东分署，在上海和天津设有特派员办事处，作为其派出机构。其主要职责如下。

(1) 研究拟定海关工作的方针、政策、规章和发展规划并组织实施与监督检查。

(2) 研究拟定关税征管条例及实施细则，组织实施进出口关税及其他税费的征收管理，依法执行反倾销、反补贴措施。

(3) 组织实施进出境运输工具、行邮物品和其他物品的监管，研究拟定加工贸易、保税区、出口加工区、保税仓库及其他业务的监管制度并组织实施。

(4) 研究拟定进出口商品分类目录，拟定进出口商品原产地规则，组织实施知识产权海关保护。

(5) 编制国家进出口贸易统计，发布国家进出口贸易统计信息。

(6) 统一负责打击走私工作，组织查处走私案件，组织实施海关缉私。

(7) 研究拟定口岸对外开放的整体规划及口岸规划的具体措施和办法，审理口岸开放。

(8) 垂直管理全国海关，包括管理全国海关的组织机构、人员编制、工资福利、教育培训及署管干部任免。

(9) 研究拟订海关科技发展计划，组织实施海关信息化管理，管理全国海关经费、固定资产和基本建设。

(10) 开展海关领域的国际合作与交流。

(11) 承办国务院交办的其他事项。

2. 直属海关

直属海关是指直接由海关总署领导，负责管理一定区域范围内海关业务的海关。目前，我国共有 42 个直属海关，除香港、澳门、台湾地区外，分布在全国 31 个省、自治区、直辖市。直属海关就本关区内的海关事务独立行使职权，向海关总署负责。其主要职责如下。

(1) 对关区通关作业实施运行管理，包括：执行总署业务参数，建立并维护审单辅助决策参数，对电子审单通道判别进行动态维护和管理，对关区通关数据和相关业务数据进行有效监控和综合分析。

(2) 实施关区集中审单，组织和指导隶属海关开展接单审核、征收税费、查验、放行等通关作业。

(3) 组织实施对各类海关监管场所、进出境货物和运输工具的实际监控。

(4) 组织实施贸易管制措施、税收征管、保税和加工贸易海关监管、企业分类管理和知识产权进出境保护。

(5) 组织开展关区贸易统计、业务统计和统计分析工作。

(6) 组织开展关区调查、稽查和侦查业务。

(7) 按规定程序及权限办理各项业务审核、审批、转报和注册备案手续。

(8) 开展对外执法协调和行政纠纷、争议的处理。

(9) 开展对关区各项业务的执法检查、监督和评估。

3. 隶属海关

隶属海关是指由直属海关领导，负责办理具体海关业务的海关，是进出境监督管理职能的基本执行单位。我国共有 562 个隶属海关，其主要职责如下。

(1) 开展接单审核、征收税费、验估、查验、放行等通关作业。

(2) 对辖区内加工贸易实施海关监管。

(3) 对进出境运输工具及其燃料、物料、备件等实施海关监管，征收船舶吨税。

(4) 对各类海关监管场所实施监控。

(5) 对通关、转关及保税货物的存放、移动、放行或其他处置实施实际监控。

(6) 开展对运输工具、进出口货物、监管场所的风险分析，执行各项风险处置措施。

(7) 办理辖区内报关单位通关注册备案业务。

(8) 受理辖区内设立海关监管场所、承运海关监管货物业务的申请。

(9) 对辖区内特定减免税货物实施海关后续监管。

4. 海关缉私警察机构

海关缉私警察机构设在海关总署，实行海关总署和公安部双重领导、以海关领导为主的体制；在广东分署和各直属海关设立分局，直属海关缉私局下设隶属海关缉私分局。

第二节　报 关 单 位

一、报关单位的概念

报关单位是指在海关注册登记或经海关批准，向海关办理进出口货物报关纳税等海关事务的境内法人或其他组织。报关单位包括进出口货物收发货人和报关企业。

我国《海关法》规定，"进出口货物收发货人、报关企业办理报关手续，必须依法经海关注册登记。报关人员必须依法取得报关资格。未依法经海关注册登记的企业和未依法取得报关从业资格的人员，不得从事报关业务"，以法律的形式明确了对向海关办理进出口货物报关纳税手续的企业实行注册登记管理制度。因此，完成海关报关注册登记手续，取得报关资格是报关单位的主要特征之一。也就是说，只有当有关的法人或组织取得了海关赋予的报关权后，才能成为报关单位，方能从事有关的报关活动。另外，作为报关单位还必须是"境内法人或组织"，能独立承担相应的经济和法律责任，这是报关单位的另一个特征。

二、报关单位的类型

(一)报关企业

报关企业是指按照规定经海关准予注册登记，接受进出口货物收发货人的委托，以进出口货物收发货人的名义或者自己的名义向海关办理代理报关业务，从事报关服务的境内企业法人。

1. 报关企业的范围

报关企业涉及的范围如下。

(1) 经营国际货物运输代理，兼营进出口货物代理报关业务的企业，如国际货代企业或国际船舶代理企业。

(2) 主营代理报关的企业。如报关行或报关公司。

2. 报关企业的特点

报关企业有以下几个特点。

(1) 经海关注册登记许可并注册登记。

(2) 代理委托人报关，没有进出口经营权。

(3) 境内独立法人。

(二)进出口货物收、发货人

进出口货物收、发货人是指依法直接进口或者出口货物的中华人民共和国关境内的法人、其他组织或个人。

1. 进出口货物收、发货人的范围

进出口货物收、发货人涉及的范围如下。

(1) 在外经贸主管部门办理备案登记的对外贸易经营者，如贸易公司、外向型生产工厂、仓储型企业等。

(2) 无备案登记按规定需要从事非贸易性进出口活动的单位。如境外企业、新闻机构、经贸机构、文化团体等依法在中国境内设立的常设代表机构，少量货样进出境的单位，国

家机关、学校、科研院所等组织机构，临时接受捐赠、礼品、国际援助的单位，国际船舶代理企业等，在进出口货物时，海关也视其为进出口货物收、发货人。

2. 进出口货物收、发货人的特点

进出口货物收、发货人具有以下几个特点。

(1) 一般有进出口经营权。

(2) 必须经海关注册才能自理报关。

(3) 只能为本单位报关。

(4) 是经济实体，要承担法律责任。

三、报关单位的注册登记

报关注册登记制度是报关企业、进出口货物收发货人依法向海关提交规定的注册登记申请材料，经注册地海关依法对申请注册登记材料进行审核，准予其办理报关业务的管理制度。

报关单位的注册登记分为报关企业的注册登记和进出口货物收、发货人的注册登记。

报关企业应当经所在地直属海关或者其授权的隶属海关办理注册登记许可后，方能办理报关业务。进出口货物收发货人可以直接到所在地海关办理注册登记。

报关单位应当在每年 6 月 30 日前向注册地海关提交《报关单位注册信息年度报告》。报关单位所属人员从事报关业务的，报关单位应当到海关办理备案手续，海关予以核发证明。报关单位可以在办理注册登记手续的同时办理所属报关人员备案。

(一)报关企业的注册登记

报关企业的注册登记许可属于行政许可范畴。

1. 报关注册登记应具备的条件

报关企业的注册登记应当具备下列条件。

(1) 具备境内企业法人资格条件。

(2) 法定代表人无走私记录。

(3) 无因走私违法行为被海关撤销注册登记许可记录。

(4) 有符合从事报关服务所必需的固定经营场所和设施。

(5) 海关监管所需要的其他条件。

2. 报关注册登记所需的材料

申请人应当到直属海关对外公布的受理场所(所在地海关)递交以下申请注册登记许可材料。

(1) 《报关单位情况登记表》。

(2) 企业法人营业执照副本复印件以及组织机构代码证书副本复印件，同时向海关交验原件。

(3) 报关服务营业场所所有权证明或者使用权证明。

(4) 其他与申请注册登记许可相关的材料。

3. 报关注册登记证书的核发

申请人的申请符合法定条件的，海关作出准予注册登记许可的书面决定，并送达申请人，同时核发《中华人民共和国海关报关单位注册登记证书》。经海关审核不符合法定条件的，海关作出不准予注册登记许可的书面决定，并且告知申请人享有依法申请行政复议或者提起行政诉讼的权利。

4. 报关企业的注册登记许可期限

报关企业的注册登记许可期限为 2 年，期满后须办理延期手续。

报关企业办理注册登记许可延续手续，应当在有效期届满 40 日前向海关提出申请，同时提交材料(与申请材料要求一致)。报关企业应当在办理注册登记许可延续的同时办理换领《中华人民共和国海关报关单位注册登记证书》手续。报关企业未按照规定的时限提出延续申请的，海关不再受理其注册登记许可延续申请。

5. 报关企业的注册登记许可的注销

有下列情形之一的，海关依法注销注册登记许可。

(1) 有效期届满未申请延续的。

(2) 报关企业依法终止的。

(3) 注册登记许可依法被撤销、撤回，或者注册登记许可证件依法被吊销的。

(4) 由于不可抗力导致注册登记许可事项无法实施的。

(5) 法律、行政法规规定的应当注销注册登记许可的其他情形。

(二)进出口货物收、发货人的注册登记

进出口货物收、发货人应该按照规定到所在地海关办理报关单位注册登记手续。进出口货物收、发货人在海关办理注册登记后可以在中华人民共和国管境内口岸或者海关监管业务集中的地点办理企业报关业务。

1. 报关注册登记的申请材料

进出口货物收、发货人申请办理注册登记，应当提交下列文件材料。

(1) 《报关单位情况登记表》。

(2) 营业执照副本复印件以及组织机构代码证书副本复印件。

(3) 对外贸易经营者备案登记表复印件或者外商投资企业(台港澳侨投资企业)批准证书复印件。

(4) 其他与注册登记有关的文件材料。

申请人按规定提交复印件的，应当同时向海关交验原件。

2. 报关注册登记证书的核发

注册地海关依法对申请注册登记材料进行核对。经核对申请材料齐全、符合法定形式的，核发《中华人民共和国海关报关单位注册登记证书》。

3. 进出口货物收、发货人的注册登记许可期限

除海关另有规定外，进出口货物收、发货人《中华人民共和国海关报关单位注册登记证书》长期有效。

4. 进出口货物收、发货人的注册登记许可的注销

进出口货物收、发货人有下列情形之一的，应当以书面形式向注册地海关办理注销手续。海关在办结有关手续后，依法办理注销注册登记手续。

(1) 破产、解散、自行放弃报关权或者分立成两个以上新企业的。

(2) 被工商行政管理机关注销登记或者吊销营业执照的。

(3) 丧失独立承担责任能力的。

(4) 对外贸易经营者备案登记表或者外商投资企业批准证书失效的。

(5) 其他依法应当注销注册登记的情形。

进出口货物收、发货人未依照规定主动办理注销手续的，海关可以在办结有关手续后，依法注销其注册登记。

5. 进出口货物收、发货人临时注册登记

下列单位未取得对外贸易经营者备案登记表，按照国家有关规定需要从事非贸易性进出口活动的，应当办理临时注册登记手续。

(1) 境外企业、新闻、经贸机构、文化团体等依法在中国境内设立的常驻代表机构。

(2) 少量货样进出境的单位。

(3) 国家机关、学校、科研院所等组织机构。

(4) 临时接受捐赠、礼品、国际援助的单位。

(5) 其他可以从事非贸易性进出口活动的单位。

临时注册登记单位在向海关申报前，应当向所在地海关办理备案手续。特殊情况下可以向拟进出境口岸或者海关监管业务集中地海关办理备案手续。办理临时注册登记，应当持本单位出具的委派证明或者授权证明以及非贸易性活动证明材料。临时注册登记的，海关可以出具临时注册登记证明，但是不予核发注册登记证书。临时注册登记有效期最长为1年，有效期届满后应当重新办理临时注册登记手续。已经办理报关注册登记的进出口货物收、发货人，海关不予办理临时注册登记手续。

四、报关单位的报关行为规则

(一)报关企业的报关行为规则

1. 报关的地域范围

报关企业如需要在登记许可区域外另一直属海关关区报关,须设立分支机构,并向分支机构所在地海关备案。报关企业在取得注册登记许可的直属海关关区内从事报关服务的,可以设立分支机构,向分支机构所在地海关备案。

2. 报关时须履行的义务

报关企业从事报关服务应当履行以下义务。

(1) 配合海关监管工作,不得违法滥用报关权。

(2) 建立账簿和营业记录等档案,完整保留各种单证、票据、函电以备查。

(3) 代理报关必须有正式书面的代理报关委托协议并在报关时出示。

(4) 对委托人所提供资料的真实性、完整性进行合理审查(包括商业单证、许可手册等官方单证)。

(5) 不得出让其名义供他人报关。

(6) 代理报关的货物涉及走私违规情事的,应当接受或协助海关对其进行调查。

(二)进出口货物收、发货人的报关行为规则

进出口货物收、发货人在报关时须遵循以下行为规则。

(1) 在全国范围内办理本单位的报关业务。

(2) 只能办理本单位进出口货物的报关业务,不能代理其他企业的报关业务。

(3) 可以自行报关,也可以委托报关企业报关。

(4) 纸质报关单必须加盖报关专用章。

(5) 报关员要为其行为承担相应的法律责任。报关员应自离职之日起 7 日内向注册地海关报告并交回报关员证,予以注销;未交回报关员证的,必须由单位在报刊上申明作废并注销。

五、海关对报关单位的分类管理

海关总署按照守法便利原则,对适用不同管理类别的企业,制定了相应的差别管理措施。其中,AA 类企业为信用突出企业,适用相应的通关便利措施;A 类企业为信用良好企业,适用相应的通关便利措施;B 类企业为信用一般企业,适用常规管理措施;C 类企业和 D 类企业为信用较差企业,适用严密监管措施。

六、报关单位的海关法律责任

海关实施处罚的种类包括警告、没收、暂停、撤销资格。报关单位有下列行为的，应当承担相应的法律责任。

(1) 海关准予从事有关业务的企业，违反有关规定的，由海关责令其整改，可以给予警告处分，暂停其从事有关业务的资格，直至撤销注册。

(2) 未经海关注册登记从事报关业务的企业，予以取缔，没收违法所得，并处以罚款。

(3) 报关企业非法代理他人报关或者超范围报关的，责令其整改，处以罚款，暂停其执业；情节严重的，撤销报关注册登记。

(4) 进出口货物收、发货人、报关企业向海关行贿的，撤销报关注册登记，并处以罚款；构成犯罪的，依法追究其刑事责任，并不得重新注册登记为报关企业。

(5) 报关单位、报关人员违反法律、法规的规定，构成走私行为，有违反海关监管规定行为或者其他违反《海关法》行为的，由海关依据《海关法》和《海关行政处罚实施条例》的有关规定予以处理；构成犯罪的，依法追究其刑事责任。

第三节　报关人员

报关员又称企业海关经纪人、企业报关人员，英文为 Customs broker。报关员代表所属企业(单位)向海关办理进出口货物报关纳税等通关手续，并以此为职业的人员。企业(单位)报关员需要在海关备案登记。报关员不是自由职业者，只能受雇于一个依法向海关注册登记的进出口货物收发货人或者企业，并代表该企业向海关办理业务。我国海关法律规定禁止报关员非法接受他人委托从事业务。报关员必须具备一定的学识水平和实际业务能力，必须熟悉与货物进出口有关的法律、对外贸易、商品知识，必须精通海关法律、法规、规章并具备办理业务的技能。

一、2013 年及以前的报关员资格考试和报关员证

根据《中华人民共和国海关法》关于"报关人员必须依法取得报关从业资格"的规定，报关员资格考试实行全国统一考试制度，通过考试测试考生从事报关业务必备的基础知识和技能，考试内容包括报关专业知识、报关专业技能、报关相关知识以及与报关业务相关的法律、行政法规及海关总署规章。考试合格者可以向海关申请取得报关员资格证书。

海关总署组织报关员资格全国统一考试，确定考试原则，制定考试大纲、规则，统一命题；指导、监督各地海关具体实施考试，处理考试工作中的重大问题；组织阅卷，公布考试成绩；管理各海关审核报关员资格申请、颁发报关员资格证书事宜。直属海关在海关

总署的指导下具体实施考试；受理、审查报关员资格申请，颁发报关员资格证书。

报关员资格全国统一考试每年举行 1 次。特殊情况下，经海关总署决定，可以进行调整。海关总署在考试 3 个月前对外公告考试事宜。

二、2013 年后的报关从业人员

中华人民共和国海关总署于 2013 年 10 月 12 日发布公告决定，自 2014 年起不再组织报关员资格全国统一考试，改革现行报关从业人员资质资格管理制度，取消报关员资格核准审批，对报关人员从业不再设置门槛和准入条件。报关从业人员由企业自主聘用，由报关协会自律管理，海关通过指导、督促报关企业加强内部管理实现对报关从业人员的间接管理。这一做法符合简政放权、转变职能的要求以及行政审批制度改革的方向，同时有利于降低就业门槛，释放就业活力，营造就业创业的公平竞争环境。

(一)海关对报关员的管理

海关对报关员有以下几项管理规定。

(1) 报关单位对其所属的报关员的报关行为承担相应的法律责任。报关员的报关行为给予报关单位的授权，并以报关单位的名义来办理，因此，是一种职业行为。

(2) 报关单位与所属报关员的劳动合同关系的真实性和有效性由报关单位负责，在"报关员情况登记表"中注明并加盖公章确认。

(3) 报关员只能受聘于一家报关单位。

(二)备案手续

报关单位所属人员从事报关业务的，报关单位应当到海关办理备案手续，海关予以核发证明。

(1) 海关不接受以个人名义提出的备案申请。

(2) 海关收取"报关单位情况登记表"(所属报关人员)，并验核拟备案报关人员有效身份证原件后，核发"报关人员备案证明"。

(三)报关员执业

1. 报关员的执业范围

报关员应当按报关单位的要求和委托人的委托依法办理下列业务。

(1) 如实申报商品编码、商品名称、规格型号、实际成交价格、原产地及相应优惠贸易协定代码等与报关单有关的项目，并办理填制报关单、提交报关单证等与申报有关的事宜。

(2) 申请办理缴纳税费和退税、补税事宜。

(3) 申请办理加工贸易合同备案(变更)、深加工结转、外发加工、内销、放弃核销、余料结转、核销及报税监管等事宜。

(4) 申请办理进出口货物减免事宜。

(5) 协助海关查验、结关等。

(6) 其他报关事宜。

2. 报关员的权利和义务

下面介绍报关员拥有的权利和应履行的义务。

(1) 权利。①以所在报关单位名义执业、办理报关业务；②向海关查询报关业务情况；③拒绝海关工作人员的不合法要求；④对海关对其作出的处理决定有陈述、申辩、申述的权利；⑤依法申请行政复议或提起行政诉讼；⑥合法权益因海关违法行为受损的，依法要求赔偿；⑦参加执业培训。

(2) 义务。①熟悉所申报货物的情况，对申报内容和有关材料的真实性、完整性进行合理审查；②填制报关单、准备单证并办理报关业务及相关手续；③配合查验；④配合海关对企业的稽查和对涉嫌走私违规案件的查处；⑤按照规定参加直属海关或者直属海关授权组织举办的报关业务岗位考核；⑥持报关员证办理报关业务，海关核对时，应当出示；⑦妥善保管报关员证和相关证件；⑧协助落实海关管理的具体措施。

三、海关对报关从业人员的记分管理

为了维护报关秩序，提高报关质量，规范报关员的报关行为，保证通关效率，海关对报关员实行记分考核管理。根据海关规定，对记分达到规定分值的报关员，海关中止其报关员证效力，不再接受其办理报关手续。报关员应当参加注册地海关的报关业务岗位考核，经岗位考核合格之后，方可重新上岗。

(一)记分考核管理的对象和范围

报关员记分考核管理对象是取得报关从业资格，并按照规定程序在海关注册，持有报关员证件的报关员，即在职报关员。

海关对出现报关单填制不规范、报关行为不规范，以及违反海关监管规定或者有走私行为未被海关暂停执业、撤销报关从业资格的报关员予以记分、考核。

(二)记分考核管理的性质

海关对报关员的记分考核管理从性质上讲是一种教育和管理措施而不是行政处罚。海关对记分达到一定分值的报关员实行岗位考核管理，目的是督促其增强遵纪守法意识，提高自身业务水平。海关通过对报关员记分记满至考核合格前，中止其报关员证效力、不再接受其办理报关手续的方式，来督促报关员履行义务。

报关员因为向海关工作人员行贿或有违反海关监管规定、走私行为等其他违法行为，由海关处以暂停执业、取消报关从业资格处罚的，不适用于《记分考核管理办法》，而应按照《海关行政处罚实施条例》等规定处理。

(三)记分考核的管理部门

海关企业管理部门负责对报关员记分考核的职能指导、日常监督管理以及相关协调工作。

海关通关业务现场及相关业务职能部门负责具体执行记分工作。海关人员在记分时，应当将记分原因和记分分值以电子或者纸质告知单的形式告知报关员。

记分的行政行为以各级海关名义作出。

(四)记分考核管理量化标准

海关对报关员的记分考核，依据其报关单填制不规范、报关行为不规范的程度和行为性质，一次记分的分值分别为1分、2分、5分、10分、20分、30分。

记分周期从每年1月1日起至12月31日止，报关员在海关注册登记之日起至当年12月31日不足1年的，按一个记分周期计算。一个记分周期期满后，记分分值累加未达到30分的，该周期内的记分分值予以消除，不转入下一个记分周期。但报关员在一个记分周期内办理变更注册登记报关单位或者注销手续的，已记分分值在该记分周期内不予消除。

1. 一次记分的分值为1分的情形

(1) 电子数据报关单的有关项目填写不规范，海关退回责令更正的。

(2) 在海关签印放行前，因为报关员原因造成申报差错，报关单位向海关要求修改申报单证及其内容，经海关同意修改，但未对国家贸易管制政策的实施、税费征收及海关统计指标等造成危害的。

(3) 未按照规定在纸质报关单及随附单证上加盖报关专用章及其他印章或者使用印章不规范的。

(4) 未按照规定在纸质报关单及随附单证上签名盖章或者由其他人代表签名盖章的。

2. 一次记分的分值为2分的情形

(1) 在海关签印放行前，因为报关员填制报关单不规范，报关单位向海关申请撤销申报单证及其内容，经海关同意撤销，但未对国家贸易管制政策的实施、税费征收及海关统计指标等造成危害的。

(2) 海关人员审核电子数据报关单时，要求报关员向海关解释、说明情况、补充材料或者要求提交货物样品等有关内容的，海关告知后报关员拒不解释、说明、补充材料或者拒不提供货物样品等有关内容，导致海关退回报关单的。

3. 一次记分的分值为 5 分的情形

(1) 报关员自接到海关"现场交单"或者"放行交单"通知之日起 10 日内，没有正当理由，未按照规定持打印出的纸质报关单，备齐规定的随附单证，到货物所在地海关递交书面单证并办理相关海关手续，导致海关撤销报关单的。

(2) 在海关签印放行后，因为报关员填制报关单不规范，报关单位向海关申请修改或者撤销报关单(因出口更换舱单除外)，经海关同意且不属于走私、偷逃税等违法违规性质的。

(3) 在海关签印放行后，海关发现因为报关员填制报关单不规范，报关单币值或者价格填报与实际不符且两者差额在 100 万元人民币以下，数量与实际不符且有 4 位数以下差值，经海关确认不属于伪报，但影响海关统计的。

4. 一次记分的分值为 10 分的情形

(1) 出借本人报关员证件、借用他人报关员证件或者涂改报关员证件内容的。

(2) 在海关签印放行后，海关发现因为报关员填制报关单不规范，报关单币值或者价格填报与实际不符且两者差额在 100 万元人民币以上，数量与实际不符且有 4 位数以上差值，经海关确认不属于伪报的。

5. 因为违反海关监管规定行为被海关予以行政处罚，但未被暂停执业、取消报关从业资格的，记 20 分

6. 因为走私行为被海关予以行政处罚，但未被暂停执业、取消报关从业资格的，记 30 分

(五)记分考核管理的救济途径

考虑到记分考核管理作为一项与报关员的利益密切相关的行政行为，《记分考核管理办法》除了根据《中华人民共和国行政复议法》(以下简称《行政复议法》)、《中华人民共和国行政诉讼法》的规定，对具体行政行为允许其提请行政复议或行政诉讼外，结合记分的实际情况，规定了报关员可向记分执行海关提出书面申辩的救济途径，以降低救济成本。《记分考核管理办法》规定：报关员对记分的行政行为有异议的，应当自收到电子或纸质告知单之日起 7 日内向作出该记分行政行为的海关部门提出书面申辩；海关应当在接到申辩申请 7 日内作出答复，对记分错误的应当及时予以更正。

(六)岗位考核

根据海关规定，记分达到 30 分的报关员，海关中止其报关员证效力，不再接受其办理报关手续。报关员应当参加注册登记地海关的报关业务岗位考核，经岗位考核合格之后，方可重新上岗。

岗位考核由报关员注册地直属海关或者直属海关委托的单位负责组织。岗位考核内容为海关法律、行政法规、报关单填制规范及相关业务知识和技能。

报关员经岗位考核合格的，可以向注册登记地海关申请将原记分分值予以消除。岗位考核不合格的，应当继续参加下一次考核。

报关员记分已达 30 分，拒不参加考核的，直属海关可以将报关员的姓名及所在单位等情况对外公告。

练　习

一、不定项选择题

1. 海关四项基本任务的基础是(　　)。

  A. 监管　　　　　　B. 征税　　　　　　C. 查缉走私　　　　D. 编制海关统计

2. 关于报关员资格的表述，正确的有(　　)。

  A. 遵纪守法，品行端正

  B. 年满 18 周岁，具有大专及以上学历

  C. 全国报关员资格统一考试成绩合格，获得报关员资格证书

  D. 受雇于一家报关单位

3. 进出口收发货人不能进行的报关行为是(　　)。

  A. 办理本单位的报关业务

  B. 代理其他单位的报关业务

  C. 通过本单位所属的报关员向海关报关

  D. 可以委托海关准予注册登记的保关企业为办理报关

4. 报关员遗失报关员证件，应当及时向注册地海关书面说明情况，并在报刊声明作废。海关应当自收到情况说明和报关声明证明之日起(　　)日内予以补发。

  A. 10　　　　　　　B. 15　　　　　　　C. 20　　　　　　　D. 30

5. 以下属于海关行政强制权的有(　　)。

  A. 稽查权　　　　　　　　　　　　B. 强制扣缴和变价抵缴关税权

  C. 扣留权　　　　　　　　　　　　D. 滞报，滞纳金征收权

6. 申请分支机构登记许可的报关企业应当符合(　　)的条件。

  A. 自取得报关企业登记证书满 2 年

  B. 自申请之日起最近 2 年内未因走私受过处罚

  C. 自申请之日起最近 3 年内未因走私受过处罚

  D. 每申请一项跨关区分支机构应增加注册资本人民币 50 万元

7. 下列关于报关单位和报关员关系的理解，错误的是(　　)。

  A. 取得报关员资格证书的人员必须受聘于某个报关单位，且由其所在报关单位为其向海关办理注册登记后才能成为报关员

B. 报关单位的进出口报关事宜应由报关员代表本单位向海关办理

C. 报关员基于所在企业授权的报关行为，其法律责任应由报关员承担

D. 对脱离报关员工作岗位和被企业解聘的报关员，报关单位应及时收回其报关员证件，交海关办理注销手续，因未办理注销手续而发生的经济法律责任由报关单位负责

8. 关于海关对报关员记分考核管理的表述，正确的是(　　)。

　　A. 《记分考核管理办法》自 2005 年 1 月 1 日起施行

　　B. 管理对象是在职报关员

　　C. 一次记分分值分别为 1 分、2 分、5 分、10 分、20 分、30 分

　　D. 记分周期从每年 6 月 1 日起至第二年的 6 月 1 日止

9. 只能接受有权进出口货物单位的委托，办理本企业承揽、承运货物的报关业务，是(　　)应遵守的报关行为规则。

　　A. 进出口货物收、发货人　　　　　　B. 专业报关单位

　　C. 代理报关单位　　　　　　　　　　D. 报关公司或报关行

10. 进出口货物收、发货人应当在收、发货人登记证书有效期届满前(　　)日到注册地海关办理换证手续。

　　A. 15　　　　　　B. 30　　　　　　C. 40　　　　　　D. 60

11. 关于报关员的表述，错误的是(　　)。

　　A. 通过报关员资格考试即可申请海关注册登记

　　B. 报关员可以自己的名义接受社会企业的委托代理报关业务

　　C. 报关员明知报关单位的行为违法而故意实施，应承担连带责任

　　D. 报关单位的报关业务由所属报关员向海关办理

12. 根据《记分考核管理办法》的规定，记分达到(　　)分的报关员，海关中止其报关员证效力，不再接受其办理报关手续。

　　A. 15　　　　　　B. 20　　　　　　C. 30　　　　　　D. 50

13. 海关权力行使应遵循(　　)原则。

　　A. 合法　　　　　　　　　　　　　　B. 适当

　　C. 依法独立行使　　　　　　　　　　D. 公正公开

14. 报关企业的注册登记许可条件中对企业人员的要求包括(　　)。

　　A. 报关员人数不少于 5 名

　　B. 投资者、报关业务负责人、报关员无走私记录

　　C. 报关业务负责人具有 5 年以上从事对外贸易工作经验或者报关工作经验

　　D. 报关业务负责人、报关员要通过海关规定的业务考核

15. 海关作为国家进出关境的监督管理机关，对下列(　　)事务具有行政许可权。

　　A. 企业报关资格的许可

  B. 报关员的报关从业许可

  C. 企业从事对外贸易经营业务的许可

  D. 企业从事海关监管货物仓储业务的许可

16. 下述海关权力的行使须直属海关关长或者其授权的隶属海关关长批准的是( )。

  A. 检查权   B. 查询权

  C. 强制扣缴和变价递交关税权   D. 税收保全

17. 海关行政行为一作出,就应推定其符合法律规定,对海关本身和海关管理相对人都具有约束力。这是海关权力的( )表现。

  A. 特定性   B. 独立性

  C. 效力优先性   D. 优益性

二、请完成以下工作项目

1. 2014 年 11 月 28 日,97 台日本生产的二手挖掘机被国际运输船舶载抵上海外高桥港。到港后,该船就向外高桥海关申报进境,从该船向海关递交的载货清单上看,该批货物的收货人是杭州绮丽进出口公司(以下简称绮丽公司)。但是该船申报进境后,收货人迟迟不露面。

  2015 年 2 月 23 日,外高桥海关根据载货清单上的地址,向绮丽公司发出了催报通知,请绮丽公司在 2009 年 2 月 28 日前向海关办理货物进口报关手续,并申明如逾期不向海关办理报关手续,海关将按《海关法》第 21 条的规定提取变卖该批货物。3 月 1 日,收货人通过地方政府部门,以无法领取机电产品进口证明为由,向外高桥海关提出退运该批货物的申请。由于其提出退货申请的时间超过海关总署有关规定的退运提出期限,不符合退运条件,外高桥海关于 4 月 7 日给出答复,不同意退运,并告知收货人,海关决定提取拍卖该批货物。受海关委托,一通公物拍卖行定于 2009 年 4 月 22 日举行该批货物的公开拍卖会。

  2016 年 4 月 12 日,收货人向上海市中级人民法院提起行政诉讼,请求法院撤销外高桥海关作出的不准原告退运,并决定提取变卖该批货物的行政行为。

  2016 年 4 月 22 日,97 台二手挖掘机在外高桥市进行公开拍卖,拍卖所得价款共计 4277.7 万元。

  在法院作出最终判决之前,绮丽公司找到了汉德报关行,请教胜诉的可能性。

  王红的工作任务如下。

  任务 1: 海关是否有权变卖处理超期未报关货物。

  任务 2: 海关如何变卖超期未报关货物。

  任务 3: 绮丽公司具备哪些条件才有权申领余款。

  任务 4: 给绮丽公司建议。

  2. 孔乙己公司是 2015 年 9 月在浙江绍兴市高新技术区新建的企业,主营涤纶丝的生产，尚未办理进出口备案手续，也未注册登记为报关单位，现因业务需要，要拓展国外市场，货物主要从上海、宁波口岸进出。孔乙己公司安排了小丁去办理相关手续。小丁应携带材料到哪里办理何种手续？

三、案例分析题

1. 大连海关欲对张某的走私行为进行调查取证，经大连海关关长批准，到青岛张某个人的公司及住处进行了检查。

请问：大连海关的行为是否合理？为什么？

2. 8月，某海关对一批进口货物正常通关放行。10月，该海关发现该批货物有走私的嫌疑。企业人员以货物已正常结关、海关无权调查为由将海关工作人员驱逐出企业。

请问：该企业的做法是否合理？为什么？

3. 辽宁科技学院要进口一批做实验用的设备，进口该设备时，其从事的是非贸易性的行为。

请问：辽宁科技学院应该如何报关？

第二章

对外贸易管制

第一节　对外贸易管制概述

对外贸易管制，又称为进出口贸易管制，即对外贸易的国家管制，是指一国政府为了国家的宏观经济利益、国内外政策需要以及履行所缔结或加入国际条约的义务，确立实行各种制度、设立相应管理机构和规范对外贸易活动的总称。通俗地讲，对外贸易管制政策是通过外经贸及国家其他行业主管部门依据国家贸易管制政策发放各类许可证件，最终由海关依据证件及其他单证(提单、发票、合同等)对实际进出口货物合法性的监督管理来实现的。进出口许可证件是我国进出口管理中具有法律效力，用来证明对外贸易经营者经营属国家管制商品合法进出口的最终证明文件，是海关监管货物合法进出的书证，只有确认达到"单证相符""证货相符"的情况下，海关才可放行相关货物("单"即包括报关单在内的各类报关单据、"证"即各类许可证件、"货"即实际进出口货物)。

对外贸易管制按照管理目的分为进口贸易管制和出口贸易管制；按照管制手段分为关税管制和非关税措施管制；按照管制对象分为货物进出口贸易管制、技术进出口贸易管制、国际服务贸易管制。

一、对外贸易管制的目的及特点

对外贸易管制是各国政府为保护和促进国内生产与发展、适时限制进出口而采取的鼓励或限制措施，或为政治目的对进出口采取禁止或限制的措施。对外贸易管制已成为各国不可或缺的一项重要政府职能，也是一个国家对外经济和外交政策的具体体现。尽管各国所实行的对外贸易管制措施在形式和内容上有许多差异，但管制的目的往往是相同的，主要表现为以下几个方面。

(一)保护本国经济利益，发展本国经济

发展中国家实行对外贸易管制主要是为了保护本国的民族工业，建立与巩固本国的经济体系；通过对外贸易管制的各项措施，防止外国产品冲击本国市场而影响本国独立的经济结构的建立；同时，也是为了维护本国的国际收支平衡，使有限的外汇能有效地发挥最

大的作用。发达国家实行对外贸易管制主要是为了确保本国在世界经济中的优势地位，避免国际贸易活动对本国经济产生不良影响，特别是要保持本国某些产品或技术的国际垄断地位，保证本国各项经济发展目标的实现。因此，各国的对外贸易管制措施都是与其经济利益相联系的。各国的对外贸易管制措施是各国经济政策的重要体现。

(二)推行本国的外交政策

不论是发达国家还是发展中国家，往往出于政治或安全上的考虑，甚至不惜牺牲本国经济利益，在不同时期，对不同国家或不同商品实行不同的对外贸易管制措施，以达到其政治上的目的或安全上的目标。因此，对外贸易管制往往成为一国推行其外交政策的有效手段。

(三)行使国家职能

一个主权国家，对其自然资源和经济行为享有排他的永久主权，国家对外贸易管制制度和措施的强制性是为保护本国环境和自然资源、保障国民人身安全、调控本国经济而行使国家管理职能的一个重要保证。

从对外贸易管制的目的看，对外贸易管制政策是一国对外政策的体现，这是对外贸易管制的一个显著特点。正是为了实现上述目的，各国都要根据其不同时期的不同经济利益或安全和政治形势需要，随时调整对外贸易管制政策。因此，不同国家或同一国家不同时期的对外贸易管制政策是各不相同的。这种因时间、形势而变化的特性是对外贸易管制的又一大特点。各国对外贸易管制的另一特点是以对进口的管制为重点。虽然对外贸易管制有效地保护了本国国内市场和本国的经济利益，但在一定程度上也阻碍了世界经济交流，抑制了国际贸易的发展。因此，如何充分发挥对外贸易管制的有利因素，尽量减少其带来的不利因素，变被动保护为主动、积极的保护，是衡量一个国家管理对外贸易水平的标志。

二、对外贸易管制与海关监管

对外贸易管制是一种国家管制，任何从事对外贸易的活动者都必须无条件地遵守。国家对外贸易管制的目标是以对外贸易管制法律、法规为保障，依靠有效的政府行政管理手段来最终实现的。

(一)海关监管是实现对外贸易管制的重要手段

海关执行国家对外贸易管制政策是通过对进出口货物的监管来实现的。我国《对外贸易法》将对外贸易划分为货物进出口贸易、技术进出口贸易和国际服务贸易，而这些贸易，尤其是货物进出口贸易以及以货物为表现形式的技术进出口贸易，最终都是要通过进出境行为来实现的。海关作为进出境监督管理机关，依据《海关法》所赋予的权力，代表国家在口岸行使进出境监督管理职能。这种特殊的管理职能决定了海关监管是实现对外贸易管制目标的有效行政管理手段。

对外贸易管制作为一项综合制度，是需要建立在国家各行政管理部门之间合理分工的基础上，通过各尽其责的通力合作来实现的。我国《海关法》规定："中华人民共和国海关是国家的进出关境监督管理机关。海关依照本法和其他有关法律、行政法规，监管进出境的运输工具、货物、行李物品、邮递物品和其他物品，征收关税和其他税、费，查缉走私，并编制海关统计和办理其他海关业务。"国家对外贸易管制是通过国家商务主管部门及其他政府职能主管部门依据国家对外贸易管制政策发放各类许可证件或者下发相关文件，最终由海关依据许可证件和相关文件对实际进出口货物的合法性实施监督管理来实现的。缺少海关监管这一环节，任何对外贸易管制政策都不可能充分发挥其效力。

《海关法》第40条规定："国家对进出境货物、物品有禁止性或者限制性规定的，海关依据法律、行政法规、国务院的规定或者国务院有关部门依据法律、行政法规的授权作出的规定实施监管。"该条款不仅赋予了海关对进出口货物依法实施监督管理的权力，还明确了国家对外贸易管制政策所涉及的法律、法规是海关对进出口货物监管工作的法律依据。根据我国行政管理职责的分工，与对外贸易管制相关的法律、行政法规、部门规章分别由全国人大、国务院及其所属各部、委(局)负责制定、颁发，海关则是对外贸易管制政策在货物进出口环节的具体执行机关。因此，海关对进出口货物实施监管或制定有关监管程序时，必须以国家对外贸易管制政策所涉及的法律、法规为依据，充分重视这些法律、法规与海关实际工作之间的必然联系，以准确贯彻和执行政策作为海关开展各项管理工作的前提和原则，制定合法、高效的海关监督管理程序，充分运用《海关法》赋予的权力，确保国家各项对外贸易管制目标的实现。

由于国家进出口贸易管制政策是通过国家商务主管部门及其他政府职能主管部门依据国家对外贸易管制政策发放各类许可证件或者下发相关文件，最终由海关依据许可证件、相关文件及其他单证(报关单、提单、发票、合同等)对实际进出口货物的合法性实施监督管理来实现的，因此，执行对外贸易管制的海关管理活动也就离不开"单"(包括报关单在内的各类报关单据及其电子数据)、"证"(各类许可证件、相关文件及其电子数据)、"货"(实际进出口货物)这三大要素。"单""证""货"相符，是海关确认货物合法进出口的必要条件，也就是说，对进出口受国家对外贸易管制的货物，只有在确认达到"单单相符""单货相符""单证相符""证货相符"的情况下，海关才可放行。

(二)报关是海关确认进出口货物合法性的先决条件

海关通过审核"单""证""货"这三要素来确认货物进出口的合法性，而这三要素中的"单"和"证"正是通过报关环节中的申报手续向海关递交的。从法律意义上来说，申报意味着向海关报告进出口货物的情况，申请按其申报的内容放行进出口货物。《海关法》第24条规定："进口货物的收货人、出口货物的发货人应当向海关如实申报，交验进出口许可证件和有关单证。国家限制进出口的货物，没有进出口许可证件的，不予放行。"

该条款是关于收发货人办理进出口货物海关手续时在申报环节的法律义务的规定，也是前文所阐述的有关"'单''证''货'相符，是海关确认货物合法进出口的必要条件"的法律依据。因此，报关不仅是进出口货物收发货人或其代理人必须履行的手续，也是海关确认进出口货物合法性的先决条件。

三、我国对外贸易管制的基本框架与法律体系

1949 年 9 月，中国人民政治协商会议上通过的、起临时宪法作用的《中国人民政治协商会议共同纲领》规定："我国实行对外贸易管制，并采取保护贸易的政策。"实行对外贸易管制是由我国社会制度和经济发展需要所决定的，几十年的实践证明，实行对外贸易管制对我国的经济建设和对外贸易发展起到了极其重要的作用。

(一)我国对外贸易管制的基本框架

我国对外贸易管制制度是一种综合管理制度，主要由海关监管制度、进出口许可制度、对外贸易经营者管理制度、出入境检验检疫制度、进出口货物收付汇管理制度、贸易救济制度、关税制度等构成。

我国对外贸易管制制度的主要内容可以概括为"单""证""备""检""核""救"6 个字。"单"表示报关单；"证"表示许可证件；"备"表示外贸经营者备案制度；"检"表示出入境检验检疫制度；"核"表示外汇核销制度；"救"表示贸易救济制度。

(二)我国对外贸易管制的法律体系

我国对外贸易管制是一种国家管制，因此其所涉及的法律渊源只限于宪法、法律、行政法规、部门规章以及相关的国际条约和协定，不包括地方性法规、规章及各民族自治区政府的地方条例和单行条例。

1. 法律

我国现行的与对外贸易管制有关的法律主要有《中华人民共和国对外贸易法》《中华人民共和国海关法》《中华人民共和国进出口商品检验法》《中华人民共和国进出境动植物检疫法》《中华人民共和国固体废物污染环境防治法》《中华人民共和国国境卫生检疫法》《中华人民共和国野生动物保护法》《中华人民共和国药品管理法》《中华人民共和国文物保护法》《中华人民共和国食品卫生法》等。

2. 行政法规

我国现行的与对外贸易管制有关的行政法规主要有《中华人民共和国货物进出口管理条例》《中华人民共和国技术进出口管理条例》《中华人民共和国进出口关税条例》《中华人民共和国知识产权海关保护条例》《中华人民共和国野生植物保护条例》《中华人民共和国外汇管理条例》《中华人民共和国反补贴条例》(以下简称《反补贴条例》)、《中

华人民共和国反倾销条例》(以下简称《反倾销条例》)、《中华人民共和国保障措施条例》(以下简称《保障措施条例》)等。

3. 部门规章

我国现行的与对外贸易管制有关的部门规章很多,例如《货物进口许可证管理办法》《货物出口许可证管理办法》《货物自动进口许可管理办法》《出口收汇核销管理办法》《进口药品管理办法》《放射性药品管理办法》《两用物项和技术进出口许可证管理办法》等。

4. 国际条约、协定

各国在通过国内立法实施本国进出口贸易管制的各项措施的同时,必然要与其他国家协调立场,确定相互之间在国际贸易活动中的权利与义务关系,以实现其外交政策和对外贸易管制政策所确立的目标。因此,国际贸易条约与协定便成为各国之间确立国际贸易关系立场的重要法律形式。

我国目前所缔结或者参加的各类国际条约、协定,虽然不属于我国国内法的范畴,但就其效力而言可视为我国的法律渊源之一。其主要有:加入世界贸易组织所签订的有关双边或多边的各类贸易协定、《关于简化和协调海关业务制度的国际公约》(亦称《京都公约》)、《濒危野生动植物种国际贸易公约》(亦称《华盛顿公约》)、《关于消耗臭氧层物质的蒙特利尔议定书》《关于麻醉品和精神药物的国际公约》《关于化学品国际贸易资料交换的伦敦准则》《关于在国际贸易中对某些危险化学品和农药采用事先知情同意程序的鹿特丹公约》《控制危险废物越境转移及其处置的巴塞尔公约》《建立世界知识产权组织公约》等。

第二节　我国货物进出口许可管理制度

一、禁止进出口管理

禁止进出口管理是指为维护国家安全和社会公共利益,保护人民的生命健康,履行我国所缔结或者参加的国际条约和协定,国务院商务主管部门会同国务院有关部门,依照《对外贸易法》等有关法律、法规,制定、调整并公布禁止进出口货物、技术目录,海关依据国家相关法律、法规对禁止进出口商品实施监督管理。

(一)禁止进口货物管理规定

我国政府命令禁止进口的货物包括:列入由国务院商务主管部门或由其会同国务院有关部门制定的《禁止进口货物目录》中的商品,国家有关法律、法规命令禁止进口的商品及其他因各种原因停止进口的商品。

1. 列入《禁止进口货物目录》的商品

(1) 《禁止进口货物目录》(第一批)，是为了保护我国的自然生态环境和生态资源，从我国国情出发，履行我国所缔结或者参加的与保护世界自然生态环境相关的一系列国际条约和协定而发布的。如国家禁止进口属于破坏臭氧层物质的四氯化碳，禁止进口属于世界濒危物种管理范畴的犀牛角、麝香、虎骨等。

(2) 《禁止进口货物目录》(第二批)，均为旧机电产品类，是国家对涉及生产安全(压力容器类)、人身安全(电器、医疗设备类)和环境保护(汽车、工程及车船机械类)的旧机电产品所实施的禁止进口管理。

(3) 2008年颁布的《禁止进口固体废物目录》，由原三、四、五批禁止进口目录补充合并而成，所涉及的是对环境有污染的固体废物类，包括废动物产品，废动植物油脂，矿产品、矿渣、矿物油、沥青的废料，废药物，杂项化学品废物，废橡胶、皮革，废特种纸，废纺织原料及制品，玻璃废物，金属和含金属废物等。

(4) 《禁止进口货物目录》(第六批)，为了保护人的健康，维护环境安全，淘汰落后产品，履行《关于在国际贸易中对某些危险化学品和农药采用事先知情同意程序的鹿特丹公约》和《关于持久性有机污染物的斯德哥尔摩公约》而颁布，如长纤维青石棉、二噁英等。

2. 国家有关法律、法规明令禁止进口的商品

(1) 来自动植物疫情流行的国家和地区的有关动植物及其产品和其他检疫物。

(2) 动植物病源(包括菌种、毒种等)及其他有害生物、动物尸体、土壤。

(3) 带有违反"一个中国"原则内容的货物及其包装。

(4) 以氯氟烃物质为制冷剂、发泡剂的家用电器产品和以氯氟烃物质为制冷工质的家用电器用压缩机。

(5) 滴滴涕、氯丹等。

3. 其他各种原因停止进口的商品

(1) 以CFC-12为制冷工质的汽车及以CFC-12为制冷工质的汽车空调压缩机(含汽车空调器)。

(2) 右置方向盘的汽车。

(3) 旧服装。

(4) Ⅷ因子制剂等血液制品。

(5) 氯酸钾、硝酸铵。

(二)禁止出口货物管理规定

我国政府明令禁止出口的货物主要有列入《禁止出口货物目录》中的商品，国家有关法律、法规明令禁止出口的商品以及因其他各种原因停止出口的商品。

1. 列入《禁止出口货物目录》的商品

(1) 《禁止出口货物目录》(第一批)，是为了保护我国自然生态环境和生态资源，从我国国情出发，履行我国所缔结或者参加的与保护世界自然生态环境相关的一系列国际条约和协定而发布的。如国家禁止出口属于破坏臭氧层物质的四氯化碳，禁止出口属于世界濒危物种管理范畴的犀牛角、虎骨、麝香，禁止出口有防风固沙作用的发菜和麻黄草等植物。

(2) 《禁止出口货物目录》(第二批)，主要是为了保护我国匮乏的森林资源，防止乱砍滥伐而发布的，如禁止出口木炭。

(3) 《禁止出口货物目录》(第三批)，为了保护人的健康，维护环境安全，淘汰落后产品，履行《关于在国际贸易中对某些危险化学品和农药采用事先知情同意程序的鹿特丹公约》和《关于持久性有机污染物的斯德哥尔摩公约》而颁布，如长纤维青石棉、二噁英等。

(4) 《禁止出口货物目录》(第四批)，主要包括硅砂、石英砂及其他天然砂。

(5) 《禁止出口货物目录》(第五批)，包括无论是否经化学处理过的森林凋落物以及泥炭(草炭)。

2. 国家有关法律、法规明令禁止出口的商品

(1) 未定名的或者新发现并有重要价值的野生植物。

(2) 原料血浆。

(3) 商业性出口的野生红豆杉及其部分产品。

(4) 劳改产品。

(5) 以氯氟羟物质为制冷剂、发泡剂的家用电器产品和以氯氟羟物质为制冷工质的家用电器用压缩机。

(6) 滴滴涕、氯丹等。

二、限制进出口管理

限制进出口管理是指为维护国家安全和社会公共利益，保护人民的生命健康，履行我国所缔结或者参加的国际条约和协定，国务院商务主管部门会同国务院有关部门，依照《对外贸易法》的规定，制定、调整并公布各类限制进出口货物、技术目录。海关依据国家相关法律、法规对限制进出口目录货物、技术实施监督管理。

(一)限制进口货物管理规定

目前，我国限制进口货物管理方式分为许可证件管理和关税配额管理两种。

1. 许可证件管理

许可证件管理是指在一定时期内根据国内政治、工业、农业、商业、军事、技术、卫

生、环保、资源保护等领域的需要，以及为履行我国所加入或缔结的有关国际条约的规定，以经国家各主管部门签发许可证件的方式来实现各类限制进口的措施。

许可证件管理主要包括进口许可证、两用物项和技术进口许可证、濒危物种进口、限制类可利用固体废物进口、药品进口、音像制品进口、黄金及其制品进口等管理。

国务院商务主管部门或者国务院有关部门在各自的职责范围内，根据国家有关法律、行政法规的规定签发上述各项管理所涉及的各类许可证件，海关凭相关许可证件验放。

2. 关税配额管理

关税配额管理是指一定时期内(一般是 1 年)，国家对部分商品的进口制定关税配额税率并规定该商品进口数量总额，在限额内，经国家批准后允许按照关税配额税率征税进口，如超出限额，则按照配额外税率征税进口的措施。一般情况下，关税配额税率优惠幅度很大，如小麦关税配额税率与最惠国税率相差达 65 倍。国家通过这种行政管理手段对一些重要的商品，以关税这个成本杠杆来实现限制进口的目的，因此，关税配额管理是一种相对数量的限制。

(二)限制出口货物管理规定

对于限制出口货物管理，《货物进出口管理条例》规定，国家规定有数量限制的出口货物，实行配额管理；其他限制出口货物，实行许可证件管理；实行配额管理的限制出口货物，由国务院商务主管部门和国务院有关经济管理部门按照国务院规定的职责划分进行管理。

目前，我国货物限制出口按照其限制方式划分为出口配额限制和出口非配额限制。

1. 出口配额限制

出口配额限制是指在一定时期内为建立公平竞争机制、增强我国商品在国际市场的竞争力、保障最大限度地收汇及保护我国产品的国际市场利益，国家对部分商品的出口数量直接加以限制的措施。我国出口配额限制有两种管理形式，即出口配额许可证管理和出口配额招标管理。

(1) 出口配额许可证管理。出口配额许可证管理是国家对部分商品的出口，在一定时期内(一般是 1 年)规定数量总额，经国家批准获得配额的允许出口，否则不准出口的配额管理措施。出口配额许可证管理是国家通过行政管理手段对一些重要商品以规定绝对数量的方式来实现限制出口的目的。出口配额许可证管理是通过直接分配的方式，由国务院商务主管部门或者国务院有关部门在各自的职责范围内根据申请者需求并结合其进出口实绩、能力等条件，按照效益、公正、公开和公平竞争的原则进行分配。国家各配额主管部门对经申请有资格获得配额的申请者发放各类配额证明。

申请者取得配额证明后，凭配额证明到国务院商务主管部门及其授权发证机关申领出口许可证。

(2) 出口配额招标管理。出口配额招标管理是国家对部分商品的出口，在一定时期内(一般是 1 年)规定数量总额，采取招标分配的原则，经招标获得配额的允许出口，否则不准出口的配额管理措施。出口配额招标管理是国家通过行政管理手段对一些重要商品以规定绝对数量的方式来实现限制出口的目的。

国家各配额主管部门对中标者发放各类配额证明。中标者取得配额证明后，凭配额证明到国务院商务主管部门或其授权发证机关申领出口许可证。

2. 出口非配额限制

出口非配额限制是指在一定时期内根据国内政治、军事、技术、卫生、环保、资源保护等领域的需要，以及为履行我国所加入或缔结的有关国际条约的规定，经国家各主管部门签发许可证件的方式来实现的各类限制出口措施。目前，我国出口非配额限制管理主要包括出口许可证、濒危物种出口、两用物项出口、黄金及其制品出口等许可管理。

三、自由进出口管理

自由进出口管理是指除国家禁止、限制进出口货物、技术外的其他货物、技术，均属于自由进出口范围。自由进出口货物、技术的进出口不受限制，但基于监测进出口情况的需要，国家对部分属于自由进口的货物实行自动进口许可管理，对自由进出口的技术实行技术进出口合同登记管理。

货物自动进口许可管理是在任何情况下对进口申请一律予以批准的进口许可制度。这种进口许可实际上是一种在进口前的自动登记性质的许可制度，实行自动进口许可管理的货物目录，应当至少在实施前 21 日公布。

进口属于自动进口许可管理的货物，均应当给予许可。进口经营者应当在办理海关报关手续前，向国务院外经贸主管部门或者国务院有关经济管理部门提交自动进口许可申请，国务院外经贸主管部门或者国务院有关经济管理部门应当在收到申请后，立即发放自动进口许可证明，在特殊情况下，最长不得超过 10 天。进口经营者凭国务院外经贸主管部门或者国务院有关经济管理部门发放的自动进口许可证明，向海关办理报关验放手续。

第三节 其他贸易管制制度

一、对外贸易经营者管理

对外贸易经营者是指依法办理工商登记或者其他执业手续，依照《对外贸易法》和其他有关法律、行政法规、部门规章的规定从事对外贸易经营活动的法人、其他组织或者个人。我国对对外贸易经营者的管理，实行备案登记制。法人、其他组织或者个人在从事对外贸易经营前，必须按照国家的有关规定，依法定程序在商务部备案登记，取得对外贸易经营的资格，在国家允许的范围内从事对外贸易经营活动。对外贸易经营者未按规定办理备案登记的，海关不予办理进出口货物的通关验放手续，对外贸易经营者可以接受他人的委托，在经营范围内代为办理对外贸易业务。

为对关系国计民生的重要进出口商品实行有效的宏观管理，国家对部分货物的进出口实行国营贸易管理。实行国营贸易管理的货物的进出口业务只能由经授权的企业经营，但是我国允许部分数量的国营贸易货物的进出口业务由非授权企业经营的除外。目前，我国实行国营贸易管理的商品主要包括：玉米、大米、煤炭、原油、成品油、棉花、锑及锑制品、钨及钨制品、白银等。

对外贸易经营者备案登记工作实行全国联网和属地化管理，对外贸易经营者在本地区备案登记机关办理备案登记。

二、出入境检验检疫

出入境检验检疫制度是指由国家进出境检验检疫部门依据我国有关法律和行政法规以及我国政府所缔结或者参加的国际条约、协定，对进出境的货物、物品及其包装物、交通运输工具、运输设备和进出境人员实施检验检疫监督管理的法律依据和行政手段的总和，其国家主管部门是国家质量监督检验检疫总局。

出入境检验检疫制度是我国对外贸易管制制度的重要组成部分，其目的是维护国家声誉和对外贸易有关当事人的合法权益，保证国内的生产，促进对外贸易健康发展，保护我国的公共安全和人民生命财产安全等，是国家主权的具体体现。

(一)出入境检验检疫的职责范围

出入境检验检疫担负的职责如下。

(1) 我国出入境检验检疫制度实行目录管理，即国家质检总局根据对外贸易需要，公布并调整《出入境检验检疫机构实施检验检疫的进出境商品目录》(又称《法检目录》)。《法检目录》所列名的商品称为法定检验商品，即国家规定实施强制性检验的进出境商品。

(2) 对于法定检验以外的进出境商品是否需要检验，由对外贸易当事人决定。对外贸易合同约定或者进出口商品的收、发货人申请检验检疫时，检验检疫机构可以接受委托，实施检验检疫并制发证书。此外，检验检疫机构对法检以外的进出口商品，可以以抽查的方式予以监督管理。

(3) 对关系国计民生、价值较高、技术复杂或涉及环境及卫生、疫情标准的重要进出口商品，收货人应当在对外贸易合同中约定，在出口国装运前进行预检验、监造或监装，以及保留到货后最终检验和索赔的条款。

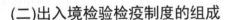

(二)出入境检验检疫制度的组成

1. 进出口商品检验制度

进出口商品检验制度是实施条例的规定，国家质量监督检验检疫总局及其口岸进出境检验检疫机构对进出口商品所进行品质、质量检验和监督管理的制度。

商品检验机构实施进出口商品检验的内容包括：商品的质量、规格、数量、重量、包装以及是否符合安全、卫生的要求。我国商品检验的种类分为4种，即法定检验、合同检验、公证鉴定和委托检验。

对法律、行政法规、部门规章规定有强制性标准或者其他必须执行的检验标准的进出口商品，依照法律、行政法规、部门规章规定的检验标准检验；法律、行政法规未规定有强制性标准或者其他必须执行的检验标准的，依照对外贸易合同约定的检验标准检验。

2. 进出境动植物检疫制度

进出境动植物检疫制度是根据《中华人民共和国进出境动植物检疫法》及其实施条例的规定，国家质量监督检验检疫总局及其口岸进出境检验检疫机构对进出境动植物、动植物产品生产、加工、存放过程实行动植物检疫的进出境的监督管理制度。

我国实行进出境检验检疫制度的目的是防止动物传染病、寄生虫病和植物危险性病、虫、杂草以及其他有害生物传入、传出国境，保护农、林、牧、渔业生产和人体健康，促进对外经济贸易的发展。

口岸进出境检验检疫机构实施动植物检疫监督管理的方式有：实行注册登记、疫情调查、检测和防疫指导等。其管理主要包括：进境检疫、出境检疫、过境检疫、进出境携带和邮寄检疫以及进出境运输工具检疫等。

3. 国境卫生监督制度

国境卫生监督制度是指进出境检验检疫机构根据《中华人民共和国国境卫生检疫法》及其实施细则，以及国家其他的卫生法律、法规和卫生标准，在进出口口岸对进出境的交通工具、货物、运输容器以及口岸辖区的公共场所、环境、生活设施、生产设备所进行的卫生检查、鉴定、评价和采样检验的制度。

我国实行国境卫生监督制度是为了防止传染病由国外传入或者由国内传出，实施国境卫生检疫，保护人体健康。其监督职能主要包括：进出境检疫、国境传染病检测、进出境卫生监督等。

三、进出口货物收付汇管理

对外贸易经营者在对外贸易经营活动中，应当依照国家有关规定结汇、用汇。这里所提的国家有关规定就是我国的外汇管理制度，即国家外汇管理局、中国人民银行及国务院其他有关部门,依据国务院《中华人民共和国外汇管理条例》及其他有关规定,对包括经常项目外汇业务、资本项目外汇业务、金融机构外汇业务、人民币汇率的生成机制和外汇市场等领域实施的监督管理。进出口货物收付汇管理是我国实施外汇管理的主要手段,也是我国外汇管理制度的重要组成部分。

(一)我国货物贸易外汇管理制度概述

为大力推进贸易便利化,进一步改进货物贸易外汇服务和管理,自 2011 年 12 月 1 日起,国家外汇管理局、海关总署、国家税务总局在江苏、山东等 7 省(市)进行货物贸易外汇管理制度改革试点,试点情况良好,取得了明显成效。在此基础上,国家外汇管理局、海关总署、国家税务总局联合发布公告,决定自 2012 年 8 月 1 日起在全国范围内实施货物贸易外汇管理制度改革,并相应地调整出口报关流程、简化出口退税凭证。改革的主要内容包括以下几个方面。

1. 改革货物贸易外汇管理方式

改革之日起,取消出口收汇核销单(以下简称核销单),企业不再办理出口收汇核销手续。国家外汇管理局分支局(以下简称外汇局)对企业的贸易外汇管理方式由现场逐笔核销改变为非现场总量核查。外汇局通过货物贸易外汇监测系统,全面采集企业货物进出口和贸易外汇收支逐笔数据,定期比对、评估企业货物流与资金流总体匹配情况,便利合规企业贸易外汇收支;对存在异常的企业进行重点监测,必要时实施现场核查。

2. 对企业实施动态分类管理

外汇局根据企业贸易外汇收支的合规性及其与货物进出口的一致性,将企业分为 A、B、C 3 类。A 类企业进口付汇单证简化,可凭进口报关单、合同或发票等任何一种能够证明交易真实性的单证在银行直接办理付汇,出口收汇无须联网核查;银行办理收付汇审核手续相应简化。对 B 类、C 类企业,在贸易外汇收支单证审核、业务类型、结算方式等方面实施严格监管,B 类企业贸易外汇收支由银行实施电子数据核查,C 类企业贸易外汇收支须经外汇局逐笔登记后办理。

外汇局根据企业在分类监管期内遵守外汇管理规定的情况,进行动态调整。A 类企业违反外汇管理规定将被降级为 B 类或 C 类;B 类企业在分类监管期内合规性状况未见好转的,将延长分类监管期或被降级为 C 类;B 类、C 类企业在分类监管期内守法合规经营的,分类监管期满后可升级为 A 类。

3. 调整出口报关流程

取消出口收汇核销单,企业办理出口报关时不再提供核销单。

4. 简化出口退税凭证

自 2012 年 8 月 1 日起报关出口的货物(以海关"出口货物报关单[出口退税专用]"注明

的出口日期为准，下同)，出口企业申报出口退税时，不再提供核销单;税务局参考外汇局提供的企业出口收汇信息和分类情况，依据相关规定，审核企业出口退税。

5. 加强部门联合监管

国家外汇管理局、海关总署、国家税务总局将进一步加强合作、完善协调机制、实现数据共享、形成监管合力，严厉打击各类违规跨境资金流动以及走私、骗税等违法行为。

货物贸易外汇管理制度改革在全国范围内的实施，形成了贸易便利化与加强风险管理相结合的新型管理方式，是顺应我国对外贸易规模、方式、主体发展变化和应对当前及未来一段时期内国际收支形势的重要举措，也是转变外汇管理理念与方式的重要内容，有利于增强企业诚信意识，降低社会成本，促进对外贸易的可持续发展。

(二)国家外汇管理局对货物外汇的主要监管方式

1. 企业名录管理

企业依法取得对外贸易经营权后，需到所在地外汇局办理"贸易外汇收支企业名录"登记手续，外汇局通过"货物贸易外汇监测系统"(以下简称监测系统)向金融机构发布全国企业名录。金融机构不得为不在名录的企业直接办理贸易外汇收支业务。

2. 贸易外汇收支业务审核

企业按国际收支申报和贸易外汇收支信息申报规定办理贸易外汇收支信息申报，并根据贸易外汇收支流向填写下列申报单证。金融机构为企业办理贸易外汇收支业务时，通过监测系统查询企业名录状态与分类状态，对其贸易进出口交易单证的真实性及其与贸易外汇收支的一致性进行合理审查。

3. 出口收入存放境外管理

具备下列条件的企业可将具有真实、合法交易背景的出口收入存放境外。国家外汇管理局根据国际收支形势和外汇管理需要对出口收入存放境外的资格条件、存放规模、期限或调回要求等进行调整。

(1) 具有出口收入来源，且在境外有符合本细则规定的支付需求。

(2) 近 2 年无违反外汇管理规定行为。

(3) 有完善的出口收入存放境外内控制度。

(4) 外汇局规定的其他条件。

4. 企业报告和登记管理

符合下列情况之一的业务，企业应当在货物进出口或收付汇业务实际发生之日起 30 日内，通过监测系统向所在地外汇局报送对应的预计收付汇或进出口日期等信息。

(1) 30 日以上(不含)的预收货款、预付货款。

(2) 90 日以上(不含)的延期收款、延期付款。

(3) 90日以上(不含)的远期信用证(含展期)、海外代付等进口贸易融资。

(4) B类、C类企业在分类监管有效期内发生的预收货款、预付货款,以及30日以上(不含)的延期收款、延期付款。

(5) 同一合同项下转口贸易收支日期间隔超过90日(不含)且先收后支项下收汇金额或先支后收项下付汇金额超过等值50万美元(不含)的业务。

(6) 其他应当报告的事项。

5. 非现场核查

外汇局依托监测系统按月对企业的贸易外汇收支进行非现场核查。根据企业进出口和贸易外汇收支数据,结合其贸易信贷报告等信息,设定总量差额、总量差额比率、资金货物比率、贸易信贷报告余额比率等总量核查指标,衡量企业一定时期内资金流与货物流的偏离和贸易信贷余额变化等情况,将总量核查指标超过一定范围的企业列入重点监测范围。

6. 现场核查

国家外汇管理局可对企业非现场核查中发现的异常或可疑的贸易外汇收支业务实施现场核查,也可对金融机构办理贸易外汇收支业务的合规性与报送信息的及时性、完整性和准确性实施现场核查。国家外汇管理局实施现场核查时,被核查单位应当就配合国家外汇管理局进行现场核查,如实说明情况,并提供有关文件、资料,不得拒绝、阻碍和隐瞒。

7. 分类管理

国家外汇管理局根据企业贸易外汇收支的合规性及其与货物进出口的一致性,将企业分为A、B、C 3类。A类企业进口付汇单证简化,可凭进口报关单、合同或发票等任何一种能够证明交易真实性的单证在银行直接办理付汇,出口收汇无须联网核查,银行办理收付汇审核手续相应简化。对B类、C类企业在贸易外汇收支单证审核、业务类型、结算方式等方面实施严格监管。对B类企业贸易外汇收支由银行实施电子数据核查,C类企业贸易外汇收支须经国家外汇管理局逐笔登记后办理。国家外汇管理局根据企业在分类监管期内遵守外汇管理规定的情况,对企业类别进行动态调整。

8. 电子数据核查

外汇局建立贸易外汇收支电子数据核查机制,对B类企业贸易外汇收支实施电子数据核查管理。外汇局根据企业贸易进出口的实际情况确定其可收、付汇额度。B类企业应当在其可收付汇额度内办理贸易外汇收支。

四、对外贸易救济

我国于2001年年底正式成为世界贸易组织成员国,世界贸易组织允许成员国在进口产品倾销、补贴和过激增长等给其国内产业造成损害的情况下,使用反倾销措施、反补贴措施和保障措施手段来保护国内产业不受损害。

反补贴措施、反倾销措施和保障措施都属于贸易救济措施。反补贴和反倾销措施针对的是价格歧视这种不公平贸易行为，保障措施针对的则是进口产品激增的情况。

为充分利用世界贸易组织规则，维护国内市场上的国内外商品的自由贸易和公平竞争秩序，我国依据世界贸易组织《反倾销协议》《补贴与反补贴措施协议》《保障措施协议》以及我国《对外贸易法》的有关规定，制定颁布了《反补贴条例》《反倾销条例》以及《保障措施条例》。

(一)反倾销措施

反倾销措施包括临时反倾销措施和最终反倾销措施。

1. 临时反倾销措施

临时反倾销措施是指进口方主管机构经过调查，初步认定被指控产品存在倾销，并对国内同类产业造成损害，据此可以依据世界贸易组织所规定的程序进行调查，在全部调查结束之前，采取临时性的反倾销措施，以防止在调查期间国内产业继续受到损害。

临时反倾销措施有两种形式：一是征收临时反倾销税；二是要求提供保证金、保函或者其他形式的担保。

征收临时反倾销税，由商务部提出建议，国务院关税税则委员会根据其建议作出决定，商务部予以公告；要求提供保证金、保函或者其他形式的担保，由商务部作出决定并予以公告。海关自公告规定实施之日起执行。

临时反倾销措施实施的期限，自临时反倾销措施决定公告规定实施之日起，不超过 4 个月；在特殊情形下，可以延长至 9 个月。

2. 最终反倾销措施

对终裁决定确定倾销成立并由此对国内产业造成损害的，可以征收反倾销税。征收反倾销税应当符合公共利益。

征收反倾销税，由商务部提出建议，国务院关税税则委员会根据其建议作出决定，商务部予以公告。海关自公告规定实施之日起执行。

(二)反补贴措施

反补贴措施包括临时反补贴措施和最终反补贴措施。

1. 临时反补贴措施

初裁决定确定补贴成立并由此对国内产业造成损害的，可以采取临时反补贴措施。临时反补贴措施采取以保证金或者保函作为担保的征收临时反补贴税的形式。

采取临时反补贴措施，由商务部提出建议，国务院关税税则委员会根据其建议作出决定，商务部予以公告。海关自公告规定实施之日起执行。

临时反补贴措施实施的期限，自临时反补贴措施决定公告规定实施之日起，不超过

4个月。

2. 最终反补贴措施

在为完成磋商的努力没有取得效果的情况下，终裁决定确定补贴成立并由此对国内产业造成损害的，可以征收反补贴税。征收反补贴税应当符合公共利益。

征收反补贴税，由商务部提出建议，国务院关税税则委员会根据其建议作出决定，商务部予以公告。海关自公告规定实施之日起执行。

(三)保障措施

保障措施包括临时保障措施和最终保障措施。

1. 临时保障措施

临时保障措施是指在有明确证据表明进口产品数量增加，将对国内产业造成难以补救的损害的紧急情况下，进口国与成员国之间可不经磋商而作出初裁决定，并采取临时性保障措施。临时保障措施的实施期限，自临时保障措施决定公告规定实施之日起，不得超过200日，并且此期限计入保障措施总期限。

临时保障措施采取提高关税的形式，如果事后调查不能证实进口激增对国内有关产业已经造成损害的，已征收的临时关税应当予以退还。

2. 最终保障措施

最终保障措施可以采取提高关税、数量限制等形式。但保障措施应当限于防止、补救严重损害并便利调整国内产业所必要的范围内。

保障措施的实施期限一般不超过4年，在此基础上如果继续采取保障措施，则必须同时满足4个条件，即对于防止或者补救严重损害仍有必要；有证据表明相关国内产业正在进行调整；已经履行有关对外通知、磋商的义务；延长后的措施不严于延长前的措施。保障措施全部实施期限(包括临时保障措施期限)不得超过10年。

涉及进出口许可证、两用物项和技术进出口许可证、密码产品和含有密码技术的设备进口许可证、自动进口许可证、固体废物进口、进口关税配额、野生动植物种进出口、进出口药品、美术品进出口、音像制品进口、出入境检验检疫、民用爆炸品进出口及其他货物进出口等我国贸易管制的主要管理措施，请参阅海关有关规定。

练　习

一、不定项选择题

1. 某报关企业接到客户关于以一般贸易方式进口旧汽车有关政策的咨询，下列答复正确的是(　　)。

A. 申领进口许可证和入境货物通关单

B. 申领自动进口许可证和入境货物通关单

C. 只许申领入境货物通关单

D. 禁止进口

2. WTO规则允许成员方使用贸易救济手段来保护国内产业不受损害,其中(   )既可以采取提高关税的形式,也可以采取数量限制的形式。

A. 反倾销　　　　B. 反补贴　　　　C. 保障措施　　　　D. 关税配额

3. 目前,列入我国《禁止出口货物目录》的商品有(   )。

A. 麝香　　　　B. 麻黄草　　　　C. 木炭　　　　D. 硅砂

4. 进口许可证有效期为(   ),特殊情况需要跨年度使用的,有效期最长不得超过次年(   )。

A.1年;3月31日　　　　　　　　B.6个月;2月底

C.3个月;1月31日　　　　　　　D.9个月;3月31日

5. 下列列入《自动进口许可管理货物目录》的货物,可免交自动进口许可证的是(   )。

A. 用于在北京开展的3G手机研讨会使用的从国外进口的仪器、设备

B. 用于加工贸易项下进口并复出口的原油

C. 外商投资企业作为投资进口的旧机电产品

D. 每批次价值超过5000元人民币的进口货样广告品

6. 向海关申报出口列入《法检目录》属出境管理的商品,报关单位应主动向海关提交有效的(   )及有关单据。

A. 进境货物通关单　　B. 出境货物通关单　　C. 出口许可证　　D. 进口许可证

二、判断题

1. 国家禁止进出口滴滴涕。　　　　　　　　　　　　　　　　　　　　　　　　(   )

2. 目前,我国对属于世界濒危物种管理范畴的犀牛角和虎骨仍列入禁止进出口的商品范围。　　　　　　　　　　　　　　　　　　　　　　　　　　　　　　　　　(   )

第三章

海关监管货物通关

第一节　海关监管货物

一、海关监管货物的概念

海关监管货物是指自进境起到办结海关手续止的进口货物，自向海关申报起到出境止的出口货物，以及自进境起到出境止的过境、转运、通运货物等应当接受海关监管的货物，包括：一般进出口货物，保税货物，特定减免税货物，暂准进出境货物，过境、转运、通运货物，以及其他进出境货物。

这是海关对进出境货物实施监督管理在法律意义上的时间、范围的限制规定。在实践中，海关监管货物主要处于以下两种状态：一是进境货物尚未办理海关进口手续或出口货物虽已办理海关出口手续但尚未装运出口，仍存放于海关监管场所的进出口货物；二是进境货物已办理海关进口放行手续，但仍处于海关监管之下，需要纳入海关后续管理范畴，这一类海关监管货物主要包括保税进口、暂时进口和特定减免税进口的货物等。

二、海关监管货物的分类

根据货物进出境目的的不同，海关监管货物可以分成 6 大类。

1. 一般进出口货物

一般进出口货物包括一般进口货物和一般出口货物。一般进口货物是指办结海关手续进入国内生产、消费领域流通的进口货物；一般出口货物是指办结海关手续到境外生产、消费领域流通的出口货物。

2. 保税货物

保税货物是指经海关批准未办理纳税手续进境，在境内储存、加工、装配后复运出境的货物。保税货物又分为保税加工货物和保税物流货物两大类。

3. 特定减免税货物

特定减免税货物是指经海关依法准予免税进口的用于特定地区、特定企业，有特定用途的货物。

4. 暂准进出境货物

暂准进出境货物包括暂准进境货物和暂准出境货物。暂准进境货物是指经海关批准凭担保进境，在境内使用后原状复运出境的货物；暂准出境货物是指经海关批准凭担保出境，在境外使用后原状复运进境的货物。

5. 过境、转运、通运货物

过境、转运、通运货物是指由境外启运，通过中国境内继续运往境外的货物。

6. 其他进出境货物

其他进出境货物是指除上述货物以外尚未办结海关手续的进出境货物。

海关按照对各种监管货物的不同要求，分别建立了相应的海关监管制度。

三、监管期限

海关对监管货物的监管期限是指货物从进出境起到最终办结海关手续止的期限。不同种类的监管货物监管期限规定不同。

1. 一般进出口货物

一般进口货物的监管期限自货物进境时起到海关放行止；一般出口货物的监管期限自向海关申报起到出境止。

2. 保税货物

保税货物的监管期限自货物进入关境起，到出境最终办结海关手续，或转为实际进口最终办结海关手续止。

3. 特定减免税货物

特定减免税货物的监管期限自货物进入关境起，到监管年限期满海关解除监管或办理纳税手续止。

4. 暂准进出境货物

暂准进境货物的监管期限自进入关境起到复运出境，或转为实际进口止；暂准出境货物的监管期限自出境起到复进入关境，或转为实际出口止。

5. 其他进出境货物

其他进境货物的监管期限自进入关境起到复出境，或最终办结海关手续止；其他出境货物的监管期限自出境起到复进入关境，或最终办结海关手续止。

第二节　通关程序

一、通关的定义

通关也称清关、结关，是指进出口货物的收、发货人或其代理人、运输工具的负责人、进出境物品的所有人按照海关的规定，向海关申请办理货物、运输工具、物品的进出境及相关海关事务的手续，海关对其呈交的单证和申请进出境的货物、运输工具、物品依法进行审核、查验、征缴税费、批准进口或者出口的全过程。

根据《中华人民共和国海关法》的有关规定，国家在对外开放的口岸和海关监管业务集中的地点设立海关，进出境运输工具、货物、物品都必须通过设立海关的地点进境或出境。在特殊情况下，经国务院或国务院授权的机关批准，需要经过未设立海关的地点临时进境或出境，但必须依法办理海关手续。

二、通关的基本程序

通关程序是指进出口货物的收、发货人或其代理人、运输工具的负责人、进出境物品的所有人按照海关的规定，向海关申请办理货物、运输工具、物品的进出境及相关海关事务的手续和步骤。本章所指的通关程序主要限于进出境货物的通关程序。

货物进出境应当经过审单、查验、征税、放行4个海关作业环节。与之相适应，进出口货物的收发、货人或其代理人应当按程序办理相对应的进出口申报、配合查验、缴纳税费、提取或装运货物等手续，货物才能进出境。但是，这些程序还不能满足海关对所有进出境货物的实际监管要求。比如，加工贸易原材料进口，海关要求事先备案，因此不能在"申报"和"审单"这一环节完成上述工作，必须有一个前期办理手续的阶段；如果上述进口原材料加工成成品出口，在"放行"和"装运货物"离境的环节也不能完成所有的海关手续，必须有一个后期办理核销结案的阶段。因此，从海关对进出境货物进行监管的全过程来看，通关程序按时间先后可以分为3个阶段：前期阶段、进出口阶段和后续阶段。

(一)前期阶段

前期阶段是指进出口货物的收、发货人或其代理人根据海关对进出境货物的监管要求，在货物进出口之前，向海关办理备案手续的过程，主要包括以下几方面。

(1) 保税货物进口之前，进口货物收货人或其代理人办理加工贸易备案手续，申请建立加工贸易电子账册、电子化手册或者申领加工贸易纸质手册。

(2) 特定减免税货物进口之前，进口货物收货人或其代理人办理货物的减免税备案和审批手续，申领减免税证明。

(3) 暂准进出境货物进出口之前，进出口货物的收、发货人或其代理人办理货物暂准进出境备案申请手续。

(4) 其他进出境货物中的加工贸易不作价设备进口之前，进口货物收货人或其代理人办理加工贸易不作价设备的备案手续；出料加工货物出口之前，出口货物发货人或其代理人办理出料加工的备案手续。

(二)进出口阶段

进出口阶段是指进出口货物的收、发货人或其代理人根据海关对进出境货物的监管要求，在货物进出境时，向海关办理进出口申报、配合查验、缴纳税费、提取或装运货物手续的过程。

在进出口阶段中，进出口货物的收、发货人或其代理人需要完成以下 4 个环节的工作。

1. 进出口申报

进出口申报是指进出口货物的收、发货人或其代理人在海关规定的期限内，按照海关规定的形式，向海关报告进出口货物的情况，提请海关按其申报的内容放行进出口货物的工作环节。

报关单位应在《海关法》规定的时间内，按照海关规定的形式，向海关报告进出境货物的情况，提请海关按照其申报的内容放行货物。进口货物应在运输工具申报进境之日起 14 日内向海关申报。出口货物应在货物运抵海关监管区后，装货的 24 小时以前向海关申报。

2. 配合查验

配合查验是指申报进出口的货物经海关决定查验时，进出口货物的收、发货人或其代理人到达查验现场，配合海关查验货物，按照海关要求搬移货物，开拆包装，以及重新封装货物的工作环节。

3. 缴纳税费

缴纳税费是指进出口货物的收、发货人或其代理人接到海关发出的税费缴纳通知书后，向海关指定的银行办理税费款项的缴纳手续，通过银行将有关税费款项缴入海关专门账户的工作环节。

4. 提取或装运货物

提取货物即提取进口货物，是指进口货物的收货人或其代理人，在办理了进口申报、配合查验、缴纳税费等手续，海关决定放行后，凭海关加盖放行章的进口提货凭证或凭海关通过计算机发送的放行通知书，提取进口货物的工作环节。

装运货物即装运出口货物，是指出口货物的发货人或其代理人，在办理了出口申报、配合查验、缴纳税费等手续，海关决定放行后，凭海关加盖放行章的出口装货凭证或凭海关通过计算机发送的放行通知书，通知港区、机场、车站及其他有关单位装运出口货物的工作环节。

(三)后续阶段

后续阶段是指进出口货物的收、发货人或其代理人根据海关对进出境货物的监管要求，在货物进出境储存、加工、装配、使用、维修后，在规定的期限内，按照规定的要求，向海关办理上述进出口货物核销、销案、申请解除监管等手续的过程，主要包括以下几方面。

(1) 保税货物，进口货物收货人或其代理人在规定期限内办理申请核销的手续。

(2) 特定减免税货物，进口货物收货人或其代理人在海关监管期满，或者在海关监管期内经海关批准出售、转让、退运、放弃并办妥有关手续后，向海关申请办理解除海关监管的手续。

(3) 暂准进境货物，进口货物收货人或其代理人在暂准进境规定期限内，或者在经海关批准延长暂准进境期限到期前，办理复运出境手续或正式进口手续，然后申请办理销案手续；暂准出境货物，出口货物发货人或其代理人在暂准出境规定期限内，或者在经海关批准延长暂准出境期限到期前，办理复运进境手续或正式出口手续，然后申请办理销案手续。

(4) 其他进出境货物中的加工贸易不作价设备、外包进口货物、出料加工货物、修理货物、部分租赁货物等，进出口货物的收、发货人或其代理人在规定的期限内办理销案手续。

不同类别进出境货物的通关程序如表 3-1 所示。

表 3-1 不同类别进出境货物的通关程序

货物类别	前期阶段	进出口阶段	后续阶段
一般进出口货物	无	进出口申报 配合查验 缴纳税费 提取或装运货物	无
保税货物	加工贸易备案和申领登记		核销
特定减免税货物	特定减免税货物备案登记和申领减免税证明		解除海关监管
暂准进出境货物	暂准进出境备案申请		销案
出料加工等其他进出境货物	"出料加工"备案		销案

按照进出境货物通关程序的不同，又可将货物进出境运输分为实际进出境运输和无实际进出境运输两种方式。

实际进出境运输包括水路运输、铁路运输、公路运输、航空运输、邮件运输及其他运输(包括人扛、畜驮、管道、输送带和输电网)等方式。

无实际进出境运输包括特殊监管区域、保税监管场所进出区以及其他境内流转的货物，包括特殊监管区域内的流转、调拨货物，特殊监管区域、保税监管场所之间流转的货物，特殊监管区域外的加工贸易余料结转、深加工结转、内销等货物的运输。

第三节　一般进出口货物通关

一、一般进出口货物概述

(一)一般进出口货物的含义

一般进出口货物是指在进出口环节缴纳了应征的进出口税费并办结了所有必要的海关手续，海关放行后不再进行监管，可以直接进入生产和消费领域流通的进出口货物。

一般进出口货物是从海关监管的角度来划分的，一般进出口货物海关放行后不再进行监管。这里的一般进出口货物是相对于保税货物、特定减免税货物、暂准进出境货物而言的，因为这些货物都需要经过前期和后续的监管阶段。

一般进出口货物不等同于一般贸易。一般贸易是国际贸易中的一种贸易方式。以一般贸易方式进出口的货物可以是一般进出口货物，也可以是保税货物或特定减免税货物等。

一般进出口货物可以以一般贸易方式进口，也可以以别的贸易方式进口。

(二)一般进出口货物的基本特征

一般进出口货物的基本特征有以下 3 个。
(1)　在进出境环节缴纳进出口税费。一般进出口货物的收、发货人按规定缴纳税费。
(2)　进出口时提交相关的许可证件。需要提交许可证的，要提交许可证。
(3)　海关放行即办结海关手续。

(三)一般进出口货物的范围

实际进出口的货物(不再复出进口)，除特定减免税货物外，都属于一般进出口货物。其主要包括以下几种。
(1)　不享受特定减免税或不准予保税的一般进出口货物。
(2)　转为实际进口的原保税货物。
(3)　转为实际进口或者出口的原暂准进出境货物。

第(2)种和第(3)种情况是属于非一般进出口货物向一般进出口货物的转变。因为保税货物在进境的时候并没有缴纳关税，因为保税货物最终目的是要复运出境的，所以进口的时候没有进行征税。加工贸易来料加工的货物，进口之前进行了备案，那么在规定的时间内，就应该要复运出境，如果这些保税货物不复运出境了，要转为在我国境内销售，在转为内销的情况下，就属于一般进出口货物的范围，要缴纳关税，如果这些货物属于国家限制类进口货物，要提交许可证的，还要向海关提交许可证。

(4) 易货贸易、补偿贸易进出口货物。

易货贸易：买卖双方之间进行的货物或劳务等值或基本等值的直接交换。

补偿贸易：交易的一方在对方提供信贷的基础上，进口设备或技术，而用向对方返销进口设备及或技术所生产的直接产品或相关产品或其他产品或劳务所得的价款分期偿还进口价款的一种贸易做法。

(5) 不准予保税的寄售代销贸易货物。

寄售是一种委托代售的贸易方式，寄售人(是卖方或者是货主)先将准备销售的货物运往国外寄售地，委托当地代销人按照寄售协议中的条件和办法代为销售的方式。

(6) 承包工程项目实际进出口的货物。

(7) 边境小额贸易进出口货物。

(8) 外国驻华商业机构进出口陈列用的样品。

(9) 外国旅游者小批量订货出口的商品。

(10) 随展览品进出境的小卖品、展卖品。

(11) 实际进出口货样广告品。

(12) 免费提供的进口货物。

免费提供的进口货物包括外商在经贸活动中赠送的进口货物、免费提供的试车材料，以及我国在境外的企业、机构向国内单位赠送的进口货物。

二、一般进出口货物的通关程序

(一)申报

1. 申报的定义

申报是指进出口货物的收\发货人、受委托的报关企业，依照《海关法》及相关的法律、法规、行政法规的要求，在规定法人期限、地点，采用电子数据报关单和纸质报关单形式，向海关报告实际进出口货物的情况，并接受海关审核的行为。

在整个通关过程中，申报是基础，海关的审查、征税和查验行为都是建立在申报的基础上，正确、准确、规范的申报不仅为海关通关管理提供良好的前期条件，也是货物能否顺利通关的保障。

2. 申报单位

申报单位须在海关注册登记，并对申报的内容负法律责任。自理报关的申报单位是进出口货物的收、发货人；委托代理报关的申报单位是报关企业。

办理具体申报的人员必须是在海关注册登记的报关员，除法律、法规另有规定外，报关员及所属企业对报关员申报行为负相应的法律责任。

3. 申报地点

(1) 进出境地原则。

进口货物应当在进境地海关申报。

出口货物应当在出境地海关申报。

(2) 转关运输原则。

经收、发货人申请，海关同意，进口货物可以在指运地海关申报；出口货物可以在启运地海关申报。

(3) 指定地点原则。

保税货物、特定减免税货物、暂准进出境货物，要改变使用目的从而改变货物的性质为一般贸易的时候，报关的地点是向所在地主管海关申报。

进口废物(废纸除外)只能在进境地申报。

经电缆、管道或其他特殊方式进出境的货物，进出口货物的收、发货人或其代理人应当按照海关的规定定期向指定的海关申报。

对申报地点的规定可简要总结，如表3-2所示。

表 3-2　申报地点

货物类型	申报地点	授　权
一般进口货物	进境地海关	无
一般出口货物	出境地海关	无
转关进口货物	指运地海关	海关同意
转关出口货物	启运地海关	海关同意
转为实际进出口的保税货物/特定减免税货物/暂准进出境货物	货物所在地主管海关	无
区域通关	"属地申报、口岸验放" "属地申报、属地放行" "区域通关一体化"	

4. 申报期限

(1) 进口货物。运载进口货物的运输工具申报进境之日起 14 日内(期限的最后一天是法定节假日或休息日的，顺延到法定节假日或休息日后的第一个工作日)。

(2) 进口转关运输货物。运载进口货物的运输工具申报进境之日起 14 日内；货物运抵指运地之日起 14 日内。

(3) 出口货物。货物运抵海关监管区后、装货的 24 小时以前。

(4) 经海关批准允许集中申报的进口货物，在运输工具申报进境之日起 1 个月内办理申报。

(5) 特殊货物，经电缆、管道或其他方式(网络)进出境的货物，按照海关规定定期申报。

(6) 超期 3 个月仍未向海关申报的，由海关变卖处理(自运输工具申报进境之日起)。

申请人要发还余款的，要扣除相关的费用，如仓储费、滞报金等。滞报金的征收以运输工具申报进境之日起第 15 日为起始日，以该 3 个月的最后一日为截止日，滞报金按日征收，金额为完税价格的 0.5‰；以元为单位，不足 1 元的部分免征；起征点为 50 元。

(7) 不宜长期保存的货物，根据实际情况随时处理。

(8) 进口货物的收货人未按规定期限向海关申报的，由海关按《海关法》的规定征收滞报金。

计征起始日为运输工具申报进境之日起的第 15 日，海关接受申报之日为截止日。被海关撤单，需要重新申报的，计征起始日为以撤销原电子数据报关单之日起第 15 日，以海关重新接受申报之日为截止日。起始日和截止日均计入滞报期间。

5. 滞报金

滞报金是由于进口货物收货人或其代理人超过法定期限向海关报关而产生的一种行政罚款。

(1) 滞报金征收规定。

我国《海关法》规定，进口货物自运输工具申报进境之日起 14 日内，应当向海关申报。进口货物的收货人及其代理人未按规定期限申报，由海关征收滞报金，滞报金按日计征，每日征收率为进口货物到岸价格的 0.5‰，起征点为人民币 50 元。滞报金计征起始日为运输工具申报进境之日起第 15 日为起始日，海关接受申报之日为截止日，起始日和截止日均计入滞报期间。滞报金的计征起始日如遇法定节假日，则顺延至其后第一个工作日。

① 电子数据申报后，未在规定期限提交纸质报关单，被海关撤单需重新申报产生滞报的，计征起始日以自运输工具申报进境之日起第 15 日为起始日，以海关重新接受申报之日为截止日。

② 进出口货物的收、发货人申报并经海关审核，必须撤销原电子数据报关单重新申报产生滞报的，滞报金的征收，以撤销原电子数据报关单之日起第 15 日为起始日，以海关重新接受申报之日为截止日。

③ 运输工具申报进境之日起超期过 3 个月未向海关申报的，由海关变卖处理，收货人申请发还余款的，要扣除相关的费用(如仓储费、滞报金等)，滞报金的征收以运输工具申报进境之日起第 15 日为起始日，以该 3 个月期限的最后一日为截止日。

(2) 滞报金的计算。

其计算公式为

$$进口货物滞报金金额=进口货物完税价格×0.5‰×滞报天数$$

【例 3-1】

某一运输工具装载某进出口企业购买的进口货物于 2016 年 6 月 7 日(星期二)申报进口，但该企业于 2016 年 6 月 30 日才向海关申报进口该批货物。该批货物的成交价格为 CIF 境内口岸 285 000 美元，适用中国人民银行的外汇折算价为 1 美元=6.6490 元人民币。计算应征滞报金。

解： 首先确定滞报天数，然后再计算应征滞报金。

注意： 滞报金的计征起始日如遇法定节假日，则顺延至其后第一个工作日。

申报期限为 2016 年 6 月 20 日，6 月 21～30 日为滞报期，滞报 10 日。

计算滞报金：

进口货物滞报金金额=进口货物完税价格×0.5‰×滞报天数
=285 000×6.6490×0.5‰×10=9474.83(元)

6. 申报方式

在一般情况下，进出口货物的收、发货人或其代理人按先后顺序，先以电子数据报关单形式向海关申报，后提交纸质报关单。在某些边远地区，海关没有配备电子通关系统的，进出口货物的收、发货人或其代理人可以单独以纸质报关单形式向海关申报。在实行无纸通关项目的海关，进出口货物的收、发货人或其代理人也可以单独以电子数据报关单形式向海关申报。

7. 申报步骤

(1) 准备申报单证。

申报单证可以分为主要单证和随附单证两大类。

① 主要单证：报关单。报关的时候报关员按照海关规定格式填制的申报单。

② 随附单证，包括以下 3 种。

一是基本单证，是指进出口货物的货运单据和商业单据。主要有进口提货单据、出口装货单据、商业发票、装箱单等。

二是特殊单证，是指进出口许可证、加工贸易登记手册、特定减免税证明、原产地证明书、出口收汇核销单等。

三是预备单证，是指贸易合同、进出口企业的有关证明文件。预备单证是海关在审单、征税的时候需要调阅或者收取备案的。

准备申报单证的基本原则：主要单证填制必须真实、准确、完整。随附单证必须齐全、有效、合法。

(2) 申报前看货取样。

我国海关相关法律、法规规定，进口货物的收货人可以在申报前向海关要求查看货物或者提取货样。目的是准确确定进口货物的品名、规格、型号，了解货物的状况，便于正确申报。具体方法为：收货人提出申请；海关同意并派员现场监管。查看货物或提取货样时，海关开具取样记录和取样清单。提取货样的货物、动植物及其产品以及其他须依法提供检疫证明的，应当按照国家的有关法律规定，在取得主管部门签发的书面批准证明后提取。提取货样后，到场监管的海关官员与进出口货物的收、发货人在取样记录和取样清单上签字确认。

(3) 申报。

我国采用电子数据申报和提交纸质报关单申报相结合的方式。

① 电子数据申报。进出口货物的收、发货人或其代理人可以选择终端申报方式、委托 EDI 申报方式、自行 EDI 方式、网上申报方式中适用的一种，将报关内容输入海关计算机系统，生成电子数据报关单。

终端申报方式是指进出口货物的收、发货人或其代理人使用连接海关计算机系统的计算机终端输入报关单内容，直接向海关发送报关单电子数据。该申报方式直接与海关主机连接，传送速度快，不受海关参数设置的限制；但受海关主机容量的限制，不利于开发推广。

EDI 申报方式，包括自行 EDI 申报方式和委托 EDI 申报方式。EDI 申报是指进出口货物的收、发货人或其代理人在计算机中安装 EDI 申报系统，在该系统中输入报关单内容，由计算机转换成标准格式的数据报文向海关计算机系统发送报关单电子数据。该申报方式由各直属海关自行开发，数据输入不受海关主机的影响，也不受场地的限制，利于远程报关项目的推广，但 EDI 申报方式易受海关参数调整的影响，也易受网络稳定性的影响。

网上申报方式是指进出口货物的收、发货人或其代理人在计算机中安装"中国电子口岸"系统，登录"中国电子口岸"网站，在"联网申报"系统中输入报关单内容，通过"中国电子口岸"向海关计算机系统发送报关单电子数据。网上申报方式是海关总署统一开发的，利用互联网的优势，形成全国统一的电子报关网络，能在网上办理与报关有关的一切业务。

申报结果有以下两个。

A. 接受申报。报关企业收到海关反馈的"接受申报"的报文和"现场交单"或"放行交单"通知，那么就表示申报成功。

B. 不接受申报。报关企业收到海关反馈的"不接受申报"的报文后，表示申报不成功；应根据报文提示的问题进行修改，并重新申报。

② 提交纸质报关单和随附单证。海关审结电子数据报关单后，进出口货物的收、发

货人或其代理人收到"现场交单"或"放行交单"通知之日起 10 日内，报关单位持打印的纸质报关单及随附单证并签名盖章，到货物所在地海关提交书面单证并办理相关手续。

③ 申报生效。不管是电子数据申报还是提交纸质报关单申报，一旦被海关接受，即为申报生效，产生法律效力，申报人对申报内容负法律责任。海关接受申报的日期即为报关日期，从该日起申报生效。电子数据申报的，以海关发送"接受申报"的回执之日即为申报日。在线采用电子数据申报，后提交纸质报关单申报的情况下，海关接受申报的时间以海关接受电子数据申报的时间为准。在不使用电子数据报关单只提供纸质报关单申报的情况下，海关关员在纸质报关单上作登记处理的日期为接受申报的日期。

④ 修改申报内容或取消申报。海关接受申报后，申报内容不得修改，报关单证不得撤销；下列情况经批准可以进行修改或撤销。

第一，企业提出申请。

A. 报关人员操作或书写错误，未发现有走私违规或违法嫌疑的。

B. 装运、配载、溢短装。出口货物放行后，因配载、装运等原因造成部分或全部货物退关需要换运输工具的。

C. 进出口货物在装载、运输、存储过程中因溢短装、不可抗力的灭失、短损等原因造成原申报数据与实际货物不符的。

D. 按照贸易惯例先行采用暂定价格成交，实际结算时按商检品质认定或国际市场实际付款方式需要修改原申报单据的。

E. 由于计算机、网络系统等原因导致电子数据申报错误的。

F. 其他特殊情况经海关核准同意的。

修改或撤销进出口货物报关单的，应提交《进出口货物报关单修改/撤销表》(见样例 3-1)，并提交如下单证：可以证明进出口实际情况的单证(合同、发票、装箱单)，外汇管理、国税、检验检疫、银行等部门出具的单证，应税货物的《海关专用缴款书》及其他相关单证。

样例 3-1　进出口货物报关单修改/撤销表

编号：　　海关(　　年)　　号

报关单编号		报关单类别	□进口 □出口
经营单位名称		具体事项	□修改 □撤销
报关单位名称			

续表

报关单数据项		项　号	原填报内容	应填报内容
修改/撤销内容				
重点项目	商品编号			
	商品名称及规格型号			
	币制			
	单价			
	总价			
	原产国(地区)/最终目的国(地区)			
	贸易方式(监管方式)			
	成交方式			
其他项目				

　　海关已决定布控、查验以及涉案的进出口货物的报关单在"办结"前不得修改或撤销。改单或撤单再重报时需要变更、补办许可证件的,应当补办提交。

　　第二,海关发现报关单需要修改和撤销。进出口货物的收、发货人或其代理人未提出申请的,海关应通知当事人填写《进出口货物报关单修改/撤销确认书》。

(二)配合查验

1. 查验的定义

　　海关查验是指海关根据国家的法律规定确定进出境货物的性质、价格、数量、原产地、货物状况等是否与报关单上已申报的内容相符,对货物进行实际检查的行政执法行为。海关通过查验,核实有无伪报、瞒报、申报不实等走私、违规行为,同时也为海关进行征税、统计、后续管理提供可靠的资料。海关查验时,进出口货物的收、发货人或其代理人应当到场。

2. 查验地点

　　查验一般在海关监管区内进行。对进出口大宗散货、危险品、鲜活商品、落驳运输的货物,经货物的收、发货人或其代理人申请,海关也可同意在装卸作业的现场进行查验。在特殊情况下,经货物的收、发货人或其代理人申请,海关可以派员到海关监管区以外的地方查验货物。

3. 查验时间

当海关决定查验时，即将查验的决定以书面通知的形式通知进出口货物的收、发货人或其代理人，约定查验时间。查验时间一般约定在海关正常工作时间内。但是在一些进出口业务繁忙的口岸，海关也可应进出口货物的收、发货人或其代理人的要求，在海关正常工作时间以外安排查验作业。

4. 查验方式

查验方式包括以下几种。

(1) 彻底查验。即对货物逐件开箱、开包查验。对货物的品名、规格、数量、重量、原产地、货物状况等逐一与申报的数据进行详细核对。

(2) 抽查。即按一定比例对货物有选择地开箱、开包查验。

(3) 外形查验。即对货物的包装、唛头等进行核查、核验。

(4) 径行开验。径行开验是指海关在进出口货物的收、发货人或其代理人不在场的情况下，自行开拆货物进行查验。海关行使"径行开验"的权利时，应当通知货物存放场所的管理人员或其他见证人到场，并由其在海关的查验记录上签字。

(5) 复验。海关认为必要时，可以依法对已经完成查验的货物进行复验，即第二次查验。海关复验时，进出口货物的收、发货人或其代理人仍然应当到场。

查验和复验不得为同一关员。有下列情况之一的可以复验：①经初次查验未能查明货物的真实属性，需要对已查验货物的某些性状做进一步确认的；②货物涉嫌走私违规，需要重新查验的；③进出口货物的收、发货人对海关查验结论有异议，提出复验要求并经海关同意的；④其他海关认为必要的情形。

进出口货物的收、发货人或其代理人接到海关的查验通知后，应当向海关的查验部门办理确定查验的具体地点和具体时间的手续。

5. 配合查验

(1) 配合查验准备。配合查验准备包括：①了解海关查验作业的方式、分类；②确认海关查验时间、地点，报关人员应及时到达指定查验作业区配合海关查验，超过规定期限又无合理理由的，海关将径行查验；③掌握货物及装箱单明细等信息；④评估查验可能产生的货损风险等。

(2) 配合查验实施。进出口货物的收、发货人或其代理人配合查验时，应做好如下工作：①提前向海关说明待查货物情况；②按要求搬移货物、开拆和重封货物包装；③如实回答询问及提供相关资料；④协助海关提取货样。

6. 确认查验结果

查验结束后，海关查验人员应如实填写《海关进出境货物查验记录单》一式两份。配合海关查验的报关员应阅读查验记录是否如实反映查验情况，特别是应注意以下的情况是否符合实际：开箱的具体情况；货物残损情况及造成残损的原因；提取货样的情况；查验结论。

配合查验的报关员审阅查验记录准确清楚的，亦即签名确认。海关在查验中如需要提取货样做进一步检验化验或鉴定的，应当向进出口货物的收、发货人或其代理人开具《取样清单》，并履行相应手续。

7. 货物损坏赔偿

在查验过程中，或者证实海关在径行查验过程中，因为海关官员的责任造成被查验货物损坏的，进出口货物的收、发货人或其代理人可以要求海关赔偿。海关赔偿的范围仅限于在实施查验过程中，由于海关关员的责任造成被查验货物损坏的直接经济损失。直接经济损失的金额根据被损坏货物及其部件的受损程度确定，或者根据修理费确定。

不属于海关赔偿的范围包括：①进出口货物的收、发货人或其代理人造成的损失；②在海关正常工作程序所需时间内发生的变质或失效；③海关正常查验时产生的不可避免的磨损；④在海关查验之前或之后发生的损坏、损失；⑤由于不可抗力造成的损坏、损失。

进出口货物的收、发货人或其代理人在海关正常查验时对货物是否受损未提出异议，事后发现货物有损坏的，海关不负责赔偿。

(三)缴纳税费

海关对报关单进行审核，对需要查验的货物先进行查验，然后核对计算机计算的税费，开具税款缴款书和收费票据。进出口货物的收、发货人或其代理人应在规定的时间内，持缴款书或收费票据缴纳税费，可以向指定银行柜台办理税费缴付手续，也可以通过电子支付系统缴纳税费。在中国电子口岸网上缴税和付费的海关，进出口货物的收、发货人或其代理人可以通过电子口岸接收海关发出的税款缴款书和收费票据，在网上向指定银行进行电子税费支付。

(四)提取或装运货物

1. 海关进出境现场放行和货物结关

(1) 定义。海关进出境现场放行：是指海关接受货物的申报、审核电子数据报关单和纸质报关单及随附单证、查验货物、征收税费或接受担保以后，对进出口货物作出结束海关进出境现场监管决定，允许进出口货物离开海关监管现场的工作环节。海关现场放行有两种情况：一种情况是结关；另一种情况是进入海关的后期监管。

结关：是"办结海关手续"的简称，是指进出口货物的收、发货人或其代理人向海关办理完进出口货物通关的所有手续，履行了法律规定的与进出口有关的义务，有关货物一旦办结海关手续，海关就不再进行监管。

(2) 形式。海关在进口货物提货凭证或者出口货物装货凭证上签盖"海关放行章"，进出口货物的收、发货人或其代理人签收进口提货凭证和出口装货凭证，凭以提取进口货物或将出口货物装运到运输工具上离境。

在试行"无纸通关"申报方式的海关，海关作出放行决定时，通过计算机将"海关放行"报文发送给进出口货物的收、发货人或其代理人和海关监管货物保管人。进出口货物的收、发货人或其代理人从计算机自行打印海关通知放行的凭证，凭以提取进口货物或将出口货物装运到运输工具上离境。

(3) 放行和结关的区别。对于一般进出口货物，放行时进出口货物的收、发货人或其代理人已经办理了所有申报、纳税手续，海关进出境现场放行即等于结关。但是对于保税货物、特定减免税货物、暂准进出境货物、部分其他进出境货物放行时并未办完所有的海关手续，海关在一定期限内还需要对其进行监管，此时海关进出境现场放行不等于结关。

2. 提取货物

进口货物的收货人或其代理人签收海关加盖"海关放行章"戳记的进口提货凭证，这些提货凭证根据运输工具的不同，名称也不一样，一般有提单、运单、提货单等，凭以到货物进境地的港区、机场、车站、邮局等地的海关监管仓库提取进口货物。

3. 装运货物

出口货物的收货人或其代理人签收海关加盖"海关放行章"戳记的出口提货凭证，这些提货凭证一般有运单、装货单、场站收据等，凭以到货物出境地的港区、机场、车站、邮局等地的海关监管仓库办理将货物装运上运输工具运离关境的手续。

4. 申请签发证明

(1) 进口付汇证明。对需要在银行或国家外汇管理部门办理进口付汇核销单的进口货物，报关员应当向海关申请签发《进口货物报关单(付汇证明联)》。海关经审核，对符合条件的，即在进口货物报关单上签名，加盖"海关验讫章"，作为进口付汇证明联签发给报关员。同时，通过海关电子通关系统向银行或国家外汇管理部门发送证明联电子数据。

(2) 出口收汇证明。对需要在银行或国家外汇管理部门办理出口收汇核销单的出口货物，报关员应当向海关申请签发《出口货物报关单(收汇证明联)》。海关经审核，对符合条件的，即在出口货物报关单上签名，加盖"海关验讫章"，作为出口收汇证明联签发给报关员。同时，通过海关电子通关系统向银行或国家外汇管理部门发送证明联电子数据。

(3) 出口收汇核销单。对需要办理出口收汇核销的出口货物，报关员还应当在申报时向海关递交由国家外汇管理部门核发的《出口收汇核销单》。海关放行货物后，由海关关员在出口收汇核销单上签字，加盖海关单证章。出口货物发货人凭《出口货物报关单(收汇证明联)》和《出口收汇核销单》办理出口收汇核销手续。

(4) 出口退税证明。对需要在国家税务机构办理出口退税的出口货物，报关员应当向海关申请签发《出口货物报关单(出口退税证明联)》。海关经审核，对符合条件的，即在出口货物报关单上签名,加盖"海关验讫章",作为出口退税证明联签发给报关员。同时,通过海关电子通关系统向国家税务机构发送证明联电子数据。

(5)进口货物证明书。对进口汽车、摩托车等,报关员应当向海关申请签发《进口货物证明书》,进口货物收货人凭以向国家交通管理部门办理汽车、摩托车的牌照申领手续。海关放行汽车、摩托车后,向报关员签发《进口货物证明书》。同时,将《进口货物证明书》上的内容通过计算机系统发送给海关总署,再传输给国家交通管理部门。

第四节 保税加工货物通关

一、保税加工货物概述

(一)保税加工货物的含义

保税加工货物是经海关批准,专为加工、装配出口产品而从国外进口且未办理纳税手续进境,准予保税的原材料、零部件、元器件、包装物料、辅助材料以及用这些料件在境内加工、装配后复运出境的货物。

保税货物不完全等同于加工贸易货物,经海关批准准予保税进口的加工贸易货物才是保税加工货物。

(二)保税加工货物的形式

1. 来料加工

境外企业提供料件,经营企业无须付汇进口,按境外企业要求进行加工、装配,收取加工费,成品运出境。

2. 进料加工

经营企业付汇购买料件,成品复运出境。

来料加工和进料加工的相同点、区别如表3-3所示。

表3-3 来料加工和进料加工的相同点、区别

形式 项目	来料加工	进料加工
原料	由境外厂商提供,不需要通过外汇购买	由我方企业用外汇从国外购买原料
交易	进出口为一笔有关联的交易	两笔货,多笔交易
双方关系	双方为委托加工关系	双方为买卖关系
货物处理	货物未发生所有权的转移,由委托方决定加工品种和技术要求	货物发生了所有权的转移,企业自定加工要求
利润	企业不负责产品销售,只收取加工费	企业自行销售,自负盈亏

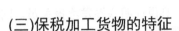

(三)保税加工货物的特征

保税加工货物的特征可总结为以下几点。

(1) 料件进口。暂缓缴纳进口关税及进口环节海关代征税；除国家另有规定外，免予交验进口许可证。

(2) 成品出口。如全部使用进口料件，成品出口无须缴纳关税；如使用国产料件，按国产料件比例征收关税；凡属许可证管理的，必须交验出口许可证。

(3) 进出境海关现场放行并未结关。

(四)保税加工货物的范围

保税加工货物的范围如下。

(1) 专为加工、装配出口产品而从国外进口且海关准予保税的原材料、零部件、元器件、包装物料、辅助材料(简称料件)。

(2) 用进口保税料件生产的成品、半成品。

(3) 在保税加工生产过程中产生的副产品、残次品、边角料和剩余料件。

(五)保税加工货物的监管模式

1. 物理围网的监管模式

物理围网的监管模式是指经国家批准，在关境内或边境上划出一块地方设立海关特殊监管区域，让企业在物理围网的封闭区域内从事保税加工业务，由海关进行封闭式监管。在境内的保税加工封闭监管模式称为出口加工区，在边境线上的保税加工封闭监管模式称为跨境工业园。

2. 非物理围网的监管模式

非物理围网的监管模式是指采用纸质手册管理或计算机联网监管。纸质手册管理是一种传统的监管方式，主要是用加工贸易登记手册进行加工贸易合同的备案，凭以进出口，并记录进口料件、出口成品的实际情况，最终凭以办理核销结案手续，但随着对外贸易和现代科技的发展，已逐渐被联网监管所替代。

联网监管主要应用计算机手段来实现，将海关和加工贸易企业联网，建立电子账册(针对大型企业，以企业为单元进行管理，不再执行银行"保证金台账"制度)或电子化手册(针对中小企业，以合同为单元进行管理，执行银行"保证金台账"制度)，备案、进口、出口、核销等全部通过计算机进行。

(六)保税加工货物的管理制度

1. 商务审批

保税加工贸易业务必须经过商务主管部门审批才能进入海关备案程序，商务审批大体有以下两种情况。

(1) 审批加工贸易合同。加工贸易经营企业在向海关办理加工贸易合同备案建立电子化手册之前，先要到商务主管部门办理合同审批手续。经审批后，凭商务主管部门出具的《加工贸易业务批准证》和《加工贸易企业经营状况和生产能力证明》及商务主管部门审批同意的加工贸易合同到海关备案，建立电子化手册。

(2) 审批加工贸易经营范围。加工贸易经营企业在向海关申请建立电子账册之前，先要到商务主管部门办理审批加工贸易经营范围的手续，由商务主管部门对加工贸易企业作出前置审批，凭商务主管部门出具的《经营范围批准证书》和《加工贸易企业经营状况和生产能力证明》到海关申请建立电子账册。

加工贸易经营企业是指负责对外签订加工贸易进出口合同的各类进出口企业和外商投资企业，以及经批准获得来料加工经营许可的对外加工装配服务公司。

加工企业是指接受经营企业委托，负责对进口料件进行加工或者装配，且具有法人资格的生产企业，以及由经营企业设立的虽不具有法人资格，但实行相对独立核算并已经办理工商营业证(执照)的工厂。

经营企业和加工企业可能是同一企业，也可能不是同一企业。

2. 备案保税

经过审批的加工贸易海关备案环节，准予备案的料件进口可以暂不办理纳税手续。海关受理加工贸易料件备案必须满足以下条件：企业合法经营有进出口凭证，申请保税的货物进境加工、装配后最终流向是复运出境，海关可以在相关环节监管。

3. 暂缓纳税

保税加工货物进境时先准予保税，待货物确定最终流向后，再确定征免税范围，即用于出境的免税，不出境的征税，经批准内销的征收缓税利息，由企业办理纳税手续。

4. 监管延伸

保税加工货物与一般进出口货物相比，其海关监管在时间上和地点上都进行了延伸。

从监管地点上来说，在海关监管期限内，凡是保税货物加工、装配的地点，都是海关监管的场所。

从监管时间上来说，保税货物在进境地被提取是海关后续监管的开始，一直到该货物加工、装配后复运出境，办结海关核销手续为止。这里涉及以下两个期限。

(1) 准予保税的期限。准予保税的期限是指经海关批准保税后在境内加工、装配、复运出境的时间限制。

电子化手册管理的保税加工期限，原则上不超过 1 年，经批准可以延长，延长的最长期限原则上也是 1 年。具体执行中根据合同期限、加工期限及其他情况而有所变化。电子账册管理的料件保税期限，从企业电子账册记录的第一批料件进口之日起到该电子账册被撤销止。海关特殊监管区域保税加工的期限，原则上是从料件进区到成品出区办结海关手续止。

(2) 申请核销的期限。申请核销的期限是指加工贸易经营人向海关申请核销的最后日期。

电子化管理的保税加工报核期限是在电子化手册有效期到期之日起或最后一批成品出运后 30 日内。电子账册管理的保税加工报核期限，一般以 180 日为 1 个报核周期，首次报核是从海关批准电子账册建立之日起算，满 180 日后的 30 日内报核；以后则从上一次的报核日期起算，满 180 日后的 30 日内报核。

5. 核销结关

保税进口货物海关放行后不等于海关监管结束，保税加工货物复运出境后，只有经过海关核销后才能结关。向海关核销，不仅要确认进出口数量是否平衡，而且要确认成品是否由所进口料件生产。

二、电子化手册管理的保税加工货物通关

目前，无纸化通关手册(电子化手册)已经全面应用，适用电子化手册管理的保税加工业务也是最为常见的保税加工业务形态。

(一)电子化手册简介

电子化手册管理是加工贸易联网监管的监管方式之一。电子化手册管理以企业的单个加工贸易合同为单元实施对保税加工货物的监管，但不再使用纸质手册。海关为联网企业建立电子底账。一个加工贸易合同建立一个电子化手册。

1. 电子化手册的特点

电子化手册具有以下几个特点。

(1) 以合同为单元进行监管。商务主管部门审批每份加工贸易合同(订单)，海关根据合同(订单)建立电子底账，企业根据合同(订单)的数量建立多本电子化手册。

(2) 以电子数据取代传统纸质加工贸易手册，以企业 IC 卡或 I-Key 卡作为系统操作的身份认证。

(3) 企业的加工贸易电子化手册设立、进出口数据申报、数据报核等大部分通过网络办理。一般情况下，仅当企业须提交资料、样品或领取相关单证时，才需要到海关业务现场。

（4）备案资料库管理。通过对加工贸易料件及成品进行预处理，建立企业备案资料库。企业在进行电子化手册设立时可直接调用备案库数据，以此减少自身在办理电子化手册时的审批时间。

2. 电子化手册的建立

电子化手册的建立要经过加工贸易经营企业的联网监管申请和审批、加工贸易业务的申请和审批、建立商品归并关系和电子化手册步骤。

其基本程序如图 3-1 所示。

图 3-1　电子化手册管理的保税加工货物通关流程

(二)备案、通关程序

1. 备案

1)　主管部门业务批准

加工贸易经营企业在向海关办理加工贸易合同备案手续之前要到商务主管部门办理合同审批手续。申请从事加工贸易的企业，须如实申报生产能力证明的各项内容，各级商务主管部门需实地勘查，据实审核。审批后，由商务主管部门出具《加工贸易企业经营状况和生产能力证明》。未通过加工贸易企业经营状况和生产能力核查的企业，商务主管部门不得批准其从事加工贸易业务。生产能力证明的有效期为 1 年。

同时，加工贸易企业凭生产能力证明等材料向商务主管部门申请办理《加工贸易业务批准证》，之后才可以凭商务主管部门审批同意的加工贸易合同到主管海关办理合同备案。

2)　备案资料库的设立

（1）备案资料库的内容。它包括：成品和料件的 H.S.编码、成品和料件的名称、成品和料件的计量单位、最近 1 年的加工贸易业绩(以进口总值计)。

（2）料件归并。对同时符合下列条件的料件，原则上可以归并：①10 位 H.S.编码相同的；②申报计量单位相同的；③商品相同，或者虽然商品名称不同，但商品属性或用途相近，可替代使用的；④商品名称、申报计量单位、H.S.编码相同，并且能满足口岸海关查验和海关核销要求，价格相近的。

（3）成品归并。对同时符合下列条件的成品，原则上可以归并：①10 位 H.S.编码相同的；②申报计量单位相同的；③成品名称相同的；④对应料件单耗相同的。

（4）备案资料库信息申报。备案资料库相关资料准备完毕后，加工贸易经营企业须通过 QP 系统向主管海关申报相关信息，主要包括基本信息、进口料件信息和成品出口信息。

3) 通关手册的设立

(1) 通关手册的内容。它包括：①进口料件的 H.S.编码、名称、规格、计量单位、单价、数量；②出口成品的 H.S.编码、名称、规格、计量单位、单价、数量；③出口成品的单耗情况。

加工贸易企业在备案、货物进出口、内销以及报核中应向海关如实申报单耗。单耗是指加工贸易企业在正常加工条件下加工单位成品所耗用的料件量，包括净耗和工艺损耗。净耗是指在加工后，料件通过物理变化或者化学反应存在或者转化到单位成品中的量。工艺损耗是指因加工工艺原因，料件在正常加工过程中除净耗外所必须耗用，但不能存在或者转化到成品中的量，包括有形损耗和无形损耗。工艺损耗率是指工艺损耗占所耗用料件的百分比。

$$单耗=净耗÷(1-工艺损耗率)$$

(2) 通关手册设立信息申报。加工贸易企业可通过 QP 系统(电子化手册企业端系统)进行通关备案表头、表体的输入及申报(表体输入时调用备案数据库数据，企业只需根据提示填写料件、成品的部分数据及单耗数据)。海关审核通过后，向企业返回通关信息。

4) 保证金台账管理

料件进境时未办理纳税手续，适用海关事务担保，具体担保手续按加工贸易银行保证金台账制度执行。保证金台账制度可从以下几个方面考虑。

(1) 地区。其分为东部地区和中西部地区。东部地区包含辽宁省、北京市、天津市、河北省、山东省、江苏省、上海市、浙江省、福建省、广东省。中西部地区指除东部地区以外的中国其他地区。

(2) 企业分类。其分为 AA 类、A 类、B 类、C 类、D 类 5 个管理类别。

(3) 备案商品。其分为禁止类、限制类、允许类 3 类。

禁止类商品(不准备案)。国家明令禁止进出口的商品；为种植、养殖而进口的商品；高能耗、高污染的商品；低附加值、低技术含量的商品。

限制类商品。进口：冻鸡、植物油、初级形状聚乙烯、聚酯切片、天然橡胶等；出口：线性低密度聚乙烯、初级形状聚苯乙烯、初级形状环氧树脂、旧衣物等。

允许类商品。禁止类和限制类以外的商品为允许类商品。

(4) 分类管理。其具体内容(见表3-4)为：D 类企业不准开展加工贸易业务；C 类企业实行保证金实转管理；B 类企业只有在东部开展限制类商品加工贸易业务时半实转，其余都是空转；AA 类企业开展允许类商品加工贸易业务时不转，限制类空转；A 类企业空转(不转是指不设台账，空转是指设台账不付保证金，实转是指设台账并付保证金)。

5) 备案变更

(1) 备案资料库变更。企业办理备案资料库变更手续应当通过电子口岸向主管海关发送备案资料库变更数据，并提供企业的变更申请与商务主管部门出具的《加工贸易业务批准证变更证明》，以及相关单证材料。

（2）通关手册变更。如果通关手册已设立，则备案资料库变更通过后，系统将对通关手册的数据自动进行变更。

①备案资料库变更。企业办理备案资料库变更手续应当通过电子口岸向主管海关发送备案资料库变更数据，并提供企业的变更申请与商务主管部门出具的《加工贸易业务批准证变更证明》，以及相关单证材料；②通关手册变更。如果通关手册已设立，则备案资料库变更通过后，系统将对通关手册的数据自动进行变更。

表3-4　加工贸易银行保证金台账分类管理

台账分类管理	禁止类商品		限制类商品		允许类商品	
	东部、中西部		东　部	中西部	东　部	中西部
AA 类企业	不准		空转		不转	
A 类企业	开展				空转	
B 类企业	加工		半实转		空转	
C 类企业	贸易		实转			
D 类企业	不准开展加工贸易					
特殊监管区域企业	不准开展加工贸易				不转	

2. 进出口报关

（1）保税加工贸易货物进出境报关。保税加工贸易货物进出境由加工贸易经营单位或其代理人向海关申报。由于加工贸易企业在主管海关备案的情况在计算机系统中已生成电子底账，有关电子数据通过网络已传输到相应的口岸海关，因此企业在口岸海关报关时提供的有关单证内容必须与电子底账数据相一致。

①　进出口许可证件管理（具体内容见表3-5）。

表3-5　进出口许可证件管理

货物类型	许可证件管理
进口料件	一般免交（易制毒及监控化学品、消耗臭氧层物质、原油、成品油不能免），但涉及公共道德、公共卫生、公共安全的进出口管制证件不能免
出口成品	国家规定需要交的，不能免

②　进出口税收征管（具体内容见表3-6）。

表3-6　进出口税收征管

货物类型	税收征管
进口料件	暂缓纳税
出口成品	A.全部用进口料件加工的，免交；B.有国产料件的，涉及出口关税，则必须交；C. "未锻铝"从价征关税（不论是否含国产料件）

出口关税的计算公式为

出口关税=出口货物完税价格×出口关税税率×出口产(成)品中使用的国产料件占全部料件的价值比例

③ 报关清单的生成。企业在加工贸易货物进出境报关前，应从企业管理系统导出料号级数据生成归并前的报关清单，或通过电子口岸电子化手册系统按规定格式输入当次进出境的料号级清单数据，并向电子口岸数据中心报送。

④ 报关单的生成。数据中心按归并关系和其他合并条件，将企业申报的清单生成报关单。企业通过中小企业模式联网监管系统的报关申报系统调出清单所生成的报关单信息后，将报关单上剩余各项填写完毕，即可生成完整的报关单，向海关进行申报。

如属异地报关的，本地企业将报关单补充完整后，将报关单上传，由异地报关企业下载报关单数据，进行修改、补充后向海关申报。

⑤ 报关单的修改、撤销。异地报关的报关单被退单，且涉及修改表体商品信息的，应由本地企业从清单开始修改，并重新上载报关单，异地下载后重新申报；如仅需修改表头数据的，则可在异地直接修改报关单表头信息后，直接向海关申报。

(2) 加工贸易外发加工。外发加工是指经营企业因自身工序、工艺或技术限制，委托承揽企业对产品的个别工序进行加工，然后运回本企业继续加工：①外发加工备案。企业应当自货物首次外发之日起 3 个工作日内向主管海关备案外发加工基本情况；②外发加工收发货登记。企业应当自货物外发之日起 10 日内向海关申报实际收发货情况。

(3) 深加工结转货物报关。深加工结转是指加工贸易企业将用保税进口料件加工的产品转至另一加工贸易企业进一步加工后复出口的经营活动。其程序包括以下 3 个环节：①深加工结转申报——先出后入。转出企业通过 QP 系统(即"深加工结转预输入系统")输入申报表转出方数据，发送成功后入数据库中心库。数据库中心入库成功后，返给转出企业结转申报表的电子口岸统一编号；转入企业自行(在预录入系统中)进入结转申报表输入界面。转入企业输入结转申报表转入数据并发送，从而完成转出、转入企业申报表的输入、发送操作；②收发货登记。转入、转出企业应当在每批实际发货及收货后的规定时间内通过深加工结转预输入系统向主管海关申报"保税货物深加工结转收发货单"；③结转报关——先入后出。转出、转入企业在实际收发货后，分别在转出地、转入地海关办理结转报关手续；转入企业向转入地海关办理结转进口报关手续，并在结转进口报关后的第 2 个工作日内将报关情况通知转出企业；转出企业向转出地海关办理结转出口报关手续。

(4) 其他保税加工货物的报关。其他保税加工货物是指履行加工贸易合同过程中产生的剩余料件、边角料、残次品、副产品、受灾保税货物。

①剩余料件是指加工贸易企业在从事加工复出口业务的过程中剩余的、可以继续用于加工制成品的加工贸易进口料件。②边角料是指加工贸易企业从事加工复出口业务，在海关核定的单耗标准内、加工过程中产生的、无法再用于加工该合同项下出口制成品的数量

合理的废、碎料及下脚料。③残次品是指加工贸易企业从事加工复出口业务，在生产过程中产生的有严重缺陷或者达不到出口合同标准，无法复出口的制成品(包括完成品和未完成品)。④副产品是指加工贸易企业从事加工复出口业务，在加工生产出口合同规定的制成品过程中同时产生的，且出口合同未规定应当复出口的一个或一个以上的其他产品。⑤受灾保税货物是指加工贸易企业从事加工复出口业务，因不可抗力原因或其他经海关审核认可的正当理由造成损毁、灭失、短少等导致无法复出口的保税进口料件和加工制成品。

其他保税加工货物处理的方式有内销、结转、退运、放弃、销毁等。除销毁处理外，其他处理方式都必须填制报关单报关。有关报关单是企业报核的必要单证。

①　内销报关。保税加工货物转内销应经商务主管部门审批，加工贸易企业凭"加工贸易保税进口料件内销批准证"办理内销料件正式进口报关手续，缴纳进口税和缓税利息。其基本程序如图3-2所示。

图3-2　加工贸易货物内销报关流程

征税的税率为经批准正常的转内销征税，适用海关接受申报办理纳税手续之日实施的税率。内销商品属关税配额管理而在办理纳税手续时又没有配额证的，应当按该商品配额外适用的税率缴纳进口税。内销报关注意事项如表3-7所示。

表3-7　内销报关注意事项

货物类型	征税数量	完税价格	缓税利息
剩余料件	按申报数量计征	进料加工：以原进口成交价格为基础；原进口成交价不能确定的，以接受内销申报的同时或大约同时进口的、与料件相同或类似的货物的进口成交价格为参考	要征税的，需要加征缓税利息。计息期限：起始日为内销料件或制成品所对应的加工贸易合同项下首批料件进口之日，终止日为海关填发税款缴款书之日
制成品	根据单耗关系折算耗用掉的保税进口料件数量计征	来料加工：以接受内销申报的同时或大约同时进口的、与料件相同或类似的货物的进口成交价格为基础	
残次品			
副产品	按申报时实际状态的数量计征	内销价	
边角料	按申报数量计征	内销价	免缓税利息

②　结转。结转即加工贸易企业向海关申请将剩余料件结转到另一个加工贸易合同使

用。结转的条件：同一经营单位、同样的进口料件、同一加工形式。申请结转提交的单证：企业申请剩余料件结转的书面材料、企业拟结转的剩余料件清单、海关按规定需要收取的其他单证和材料。符合规定的，海关会作出准予结转的决定，并向企业签发加工贸易剩余料件结转联系单，由企业在转出手册的主管海关办理出口报关手续，在转入手册的主管海关办理进口报关手续。

③ 退运。加工贸易企业因故申请将剩余料件、边角料、残次品、副产品等保税加工货物退运出境的，应持登记手册等有关单证向口岸海关报关，办理出口手续，留存有关报关单证，准备报核。

④ 放弃。企业放弃剩余料件、边角料、残次品、副产品等交由海关处理的，须提交书面申请。对符合规定的，海关将作出准予放弃的决定，开具加工贸易企业放弃加工贸易货物交接单，企业凭以在规定的时间内将放弃的货物运至指定仓库，并办理报关手续，留存有关报关单证以备报核。下列情形不准放弃：申请放弃的货物属于国家禁止或限制进口的货物；申请放弃的货物属于会对环境造成污染的；法律、行政法规、规章规定不予放弃的其他情形。

⑤ 销毁。被海关作出不予结转决定或不予放弃决定的加工贸易货物或因知识产权等原因企业要求销毁的加工贸易货物，企业可以向海关提出销毁申请，海关经核实同意销毁的，由企业按规定销毁，必要时海关可以派员监督销毁。货物销毁后，企业应当收取有关部门出具的销毁证明材料，以备报核。

⑥ 受灾保税加工货物的报关。加工贸易企业应在灾后 7 日内向海关书面报告，提交下列材料：商务主管部门的签注意见；有关主管部门出具的证明文件；保险公司出具的保险赔款通知书或检验检疫部门出具的证明文件。受灾保税加工货物的处理如表 3-8 所示。

表 3-8　受灾保税加工货物的处理

情　况		处理方法
不可抗力	货物灭失，无价值的	由海关审定，予以免税
	货物失去原有价值，但可再利用的	按审定的货物价格纳税并交缓税利息，对应的进口料件属于关税配额管理的，按关税配额税率征税
	受灾保税货物内销	如属进口许可证件管理的，免予交验许可证件
非不可抗力		按原进口货物成交价格审定完税价征税
		属于关税配额管理但无配额证的，按配额外税率征税
		原进口料件内销，属于许可证件管理的，应交验进口许可证件

(三)合同报核与核销

1. 报核的含义

报核是指加工贸易企业在加工贸易合同履行完毕或终止合同并按规定对未出口部分货

物进行处理后，按照规定的期限和程序，向加工贸易主管海关申请核销要求结案的行为。

核销是指加工贸易企业加工复出口并对未出口部分货物办妥有关海关手续后，凭规定的单证向海关申请解除监管，海关经审查、核查属实且符合有关法律、法规的规定，予以办理解除监管手续的海关行政许可行为。

海关对电子化手册核销的基本目的是掌握企业在某个电子化手册下所进口的各项加工贸易保税料件的使用、流转、损耗的情况，确认是否符合以下的平衡关系：

进口保税料件(含深加工结转进口)=出口成品折料(含深加工结转出口)+内销料件+

内销成品折料+剩余料件+损耗-退运成品折料

海关核销除了对书面数据进行必要的核算外，还会根据实际情况采取盘库的方式进行核对。

2. 报核的时间

经营企业在规定时间内完成合同，并自加工贸易手册项下最后一批成品出口或者自加工贸易手册到期之日起30日内向海关申请报核；因故提前终止的合同，自合同终止之日起30日内向海关申请报核。

3. 报核的内容

报核时经营企业应当向海关如实申报进口料件、出口成品、边角料、剩余料件、残次品、副产品及其单耗等情况，并且按照规定提交相关单证。企业可以通过QP系统(电子化手册企业端系统)的数据报核模块，向海关申报电子化手册报核数据；向海关发送数据成功后，持有关单证到主管海关加工贸易监管部门办理核销结案手续。

4. 海关核销的方法及时限

海关核销可以采取纸质单证核销、电子数据核销的方式，必要时可以下厂核查，企业应当予以配合。

经营企业因故将加工贸易进口料件退运出境的，海关凭有关退运单证核销。经营企业在生产过程中产生的边角料、剩余料件、残次品、副产品和受灾保税货物按照海关对加工贸易边角料、剩余料件、残次品、副产品和受灾保税货物的管理规定办理，海关凭有关单证核销。

海关应当自受理报核之日起30日内予以核销，特殊情况需要延长的，经直属海关关长或者其授权的隶属海关关长批准可以延长30日。

对经核销结案的加工贸易手册，海关向经营企业签发《核销结案通知书》。开设台账的，签发《银行保证金台账核销联系单》，企业凭单到银行核销台账；"实转"的，企业领回保证金和利息及银行出具的《银行保证金台账核销通知单》，凭单去海关领取《核销结案通知书》。

三、电子账册管理下的保税加工货物通关

(一)电子账册管理概述

1. 电子账册管理的含义

电子账册管理是加工贸易联网监管中海关以加工贸易企业整体加工贸易业务为单元对保税加工货物进行监管的一种模式。海关为联网企业建立电子底账，联网企业只设立一个电子账册。根据联网企业的生产情况和海关的监管需要确定核销周期，并按照该核销周期对实行电子账册管理的联网企业进行核销。

2. 电子账册管理的特点

电子账册管理具有以下几个特点。

(1) 一次审批。对经营资格、经营范围、加工生产能力一次性审批。不再对加工贸易合同进行逐票审批。

(2) 分段备案。先备案进口料件，生产成品出口前(包括深加工结转)再备案成品及申报实际单耗。

(3) 滚动核销。180 日报核一次。

(4) 控制周转。按照企业生产能力进行周转量控制，取消对进出口保税货物备案数量的控制。

(5) 联网核查。通过计算机网络办理审批、备案、变更等手续。

(6) 实行保证金台账制。

(7) 全额保税。

(8) 凭电子身份认证卡实现全国口岸的通关。

3. 电子账册的建立

(1) 联网监管的申请和审批。加工贸易企业申请联网监管须具备的条件有：在中国境内具有独立法人资格，并具备加工贸易经营资格，在海关注册的生产型企业；守法经营，资信可靠，内部管理规范，对采购、生产、库存、销售等实施全程计算机管理；能按照海关监管要求提供真实、准确、完整并具有被核查功能的数据。联网监管的申请和审批步骤为：①审批经营范围。企业在向海关申请联网监管前，应当先向企业所在地的商务主管部门办理前置审批手续，由商务主管部门对申请联网监管企业的加工贸易经营范围依法进行审批。②书面申请。商务主管部门审批同意后，加工贸易企业向所在地直属海关提出书面申请，并提供联网监管申请表、企业进出口经营权批准文件、企业上一年度经审计的会计报表、工商营业执照复印件、经营范围清单(含进口料件和出口制成品的品名及 4 位数的H.S.编码)及海关认为需要的其他单证。③制发联网监管通知书。主管海关在接到加工贸易企业电子账册管理模式的联网监管申请后，对申请实施联网监管企业的进口料件、出口成

品的归类和商品归并关系进行预先审核和确认。经审核符合联网监管条件的，主管海关制发《海关实施加工贸易联网监管通知书》。

(2) 加工贸易业务的申请和审批。联网企业的加工贸易业务由商务主管部门审批。商务主管部门总体审定联网企业的加工贸易资格、业务范围和加工生产能力。商务主管部门收到联网企业的申请后，对非国家禁止展开的加工贸易业务予以批准，并签发《联网监管企业加工贸易业务批准证》。加工贸易业务的申请和审批步骤为：①申请。加工贸易经营企业向商务部门申请。②商务部门审定。商务部门审定加工贸易资格、业务范围和加工生产能力。③制发批准证。商务部门签发联网监管批准证。

(3) 建立商品归并关系和电子账册。联网企业以商务主管部门批准的加工贸易经营范围、年生产能力等为依据，建立电子账册取代纸质手册。电子账册包括加工贸易《经营范围电子账册》和《便捷通关电子账册》。《经营范围电子账册》用于检查、控制便捷通关电子账册进出口商品的范围，不能直接报关。《便捷通关电子账册》用于加工贸易货物的备案、通关和核销。电子账册的编码为12位。《经营范围电子账册》的第一位、第二位标记代码为IT，因此它也叫"IT账册"；《便捷通关电子账册》第一位标记代码为E，因此它也叫"E账册"。

电子账册是在商品归并关系确定的基础上建立起来的，没有商品归并关系就不能建立电子账册，所以联网监管的实现依靠商品归并关系的确立。建立商品归并关系是指海关与联网企业根据监管的需要按照中文品名、H.S.编码、价格、贸易管制等条件，将联网企业内部管理的"料号级"商品与电子账册备案的"项号级"商品归并或拆分，建立一对多或多对一的对应关系。

(二)备案、通关、核销程序

1. 备案

(1) 《经营范围电子账册》备案。企业凭商务主管部门的批准证通过网络向海关办理《经营范围电子账册》备案手续，备案内容为：①经营单位名称和代码；②加工单位名称和代码；③批准证件编号；④加工生产能力；⑤加工贸易进口料件和成品范围(商品编码前4位)。

(2) 《便捷通关电子账册》备案。企业通过网络向海关办理《便捷通关电子账册》备案手续，备案内容包括：①企业基本情况表，包括经营单位及代码、加工企业及代码、批准证编号、经营范围账册号、加工生产能力等；②料件、成品部分，包括归并后的料件、成品名称、规格、商品编码、备案计量单位、币制、征免方式等；③单耗关系，包括成品版本号，对应料件的净耗、耗损率等。其他部分(例如成品和单耗关系)可以同时备案也可以分阶段申请备案，但料件的备案必须在相关料件进口前备案。成品和单耗关系最迟在相关成品出口前备案。

海关可根据企业的加工能力设定电子账册最大周转金额，并可对部分高风险或需要重点监管的料件设定最大周转数量。进口料件的金额、数量加上电子账册剩余料件的金额、数量不得超过最大周转金额和最大周转数量。

(3) 备案变更。①《经营范围电子账册》变更。企业的经营范围、加工能力发生变更时，经商务主管部门批准后，通过网络向海关办理申请变更，海关予以审核通过，出具《联网监管企业加工贸易业务批准证变更证明》。②《便捷通关电子账册》变更。《便捷通关电子账册》的最大周转金额、核销期限等需要变更时，企业应向海关提交申请，海关批准后直接变更。基本情况表内容发生改变，只要未超出经营范围和加工能力，不必报商务主管部门审批，可以通过网络直接向海关申请变更。

2. 进出口报关

(1) 进出境货物报关。①报关清单的生成。使用《便捷通关电子账册》办理报关手续，企业应先根据实际进出口情况，从企业管理系统导出料号级数据，生成归并前的报关清单，通过网络发送到电子口岸。报关清单应按照加工贸易合同填报监管方式，进口报关清单填制的总金额不得超过电子账册最大周转金额的剩余值，其余项目的填制参照报关单填制规范。②报关单的生成。联网企业进出口保税加工货物，应使用企业内部的计算机，采用计算机原始数据形成报关清单，报送中国电子口岸。电子口岸将企业报送的报关清单根据归并原则进行归并，并分拆成报关单后发送回企业，由企业填报完整的报关单内容后，通过网络向海关正式申报。③报关单的修改、撤销。不涉及报关清单的报关单内容可直接进行修改，涉及报关清单的报关单内容修改必须先修改报关清单，再重新进行归并。报关单经海关审核通过后，一律不得修改，必须进行撤销重报。带报关清单的报关单撤销后，报关清单一并撤销，不得重复使用。报关单放行前进行修改，不涉及报关单表体内容的，经海关同意可直接修改报关单；涉及报关单表体内容的，企业必须撤销报关单重新申报。④填制报关单的要求。实际申报内容与备案底账一致；进口报关单总金额不得超过电子账册最大周转金额的剩余值；备案号为《便捷通关电子账册》号；其他按保税加工货物来填。⑤申报方式的选择。联网企业可以根据需要和海关规定分别选择有纸、无纸两种方式申报。

(2) 深加工结转货物报关。深加工结转货物报关与纸质手册管理下的深加工结转一样。

(3) 其他保税加工货物的报关。其他保税加工货物的报关基本上同纸质手册一样。经主管海关批准，联网监管企业可按月度集中办理内销手续。缓税利息计息日为上次核销之日。

3. 报核和核销

海关对实施电子账册管理模式的报核实行滚动核销，以180日为一个报核周期。

(1) 企业报核。①预报核。自电子账册本次核销周期到期之日起30日内，将本核销期内申报的所有的电子账册进出口报关数据按海关要求的内容，包括报关单号、进出口岸、扣减方式、进出标志等以电子报文形式向海关申请报核。②正式报核。企业预报核通过海关审核后，以预报核海关核准的报关数据为基础，准确、详细地填报本期保税进口料件的应当留存数量、实际留存数量等内容，以电子数据的形式向海关正式申请报核。

(2) 海关核销。海关报核的目的是掌握企业在某个时段所进口的各项保税加工料件的使用、流转、损耗情况，以确认是否符合以下平衡关系：

进口保税料件(含深加工结转进口)=出口成品折料(含深加工结转出口)+内销料件+内销成品折料+剩余料件+损耗-退运成品折料

四、出口加工区进出货物通关

(一)出口加工区简介

出口加工区是国务院批准在我国境内设立的，由海关对保税加工进出口货物实行封闭式监管的特定区域。

1. 出口加工区的功能

出口加工区的主要功能是保税加工，以及在此基础上拓展保税物流及研发、检测、维修等业务。其内设出口加工企业、仓储物流企业以及经海关核准专门从事区内货物进出的运输企业。

2. 出口加工区的管理

出口加工区的管理包括以下几个方面。

(1) 设施管理。设置隔离设施、闭路电视监控系统，设立卡口，建立符合海关监管要求的计算机管理数据库，并与海关实行计算机联网，进行电子数据交换。

(2) 货物管理。出口加工区货物管理的具体情况如表 3-9 所示。

表 3-9 出口加工区货物管理

货物流向	报 关	许可证	出口退税	税 费
境内区外入区	出口报关	交	入区：可以办理(除基建物资外)	交
与境外之间	进口报关电子账册管理	免(除另有规定外)	—	入境：加工贸易货物全额保税；无台账；自用的生产、管理所需设备、物资，免税；交通车辆和生活用品不免
备注	国家禁止进出口的货物，不得进出区。因国内技术无法达到产品要求，需要将国家禁止出口或统一经营的商品运至区内进行某项工序加工的，应报商务主管部门批准，海关比照出料加工管理方法进行监管，其运入加工区的货物，不予签发出口退税报关单			

(3) 其他管理。不准开展商业零售、转口贸易，不得在加工区居住，不得建立营业性

生活消费设施。除安全人员和企业值班人员外，其他人不得居住在出口加工区内。

(二)报关程序

出口加工区内的企业在进出口货物前，应向主管海关申请建立电子账册。出口加工区电子账册包括《加工贸易电子账册(H账册)》和《企业设备电子账册》。出口加工区进出境货物和进出区货物通过电子账册办理报关手续。

1. 出口加工区与境外之间进出货物的报关

出口加工区企业从境外运进货物或运出货物到境外，由收发货人或其代理人填写进出境货物备案清单，向出口加工区海关报关。对于跨关区进出境的出口加工区货物，除邮递物品、个人随身携带物品、跨越关区进口车辆和出区在异地口岸拼箱出口的货物外，可以按照转关运输中的直转转关方式办理转关。对于同一直属海关关区内的出口加工区进出境货物，可以直通式报关。

(1) 境外货物运入出口加工区的报关程序。电子申报须按海关规定填制纸质出口加工区进出境货物备案清单，备齐随附单证并签章，通过以下两种方式向海关输入报关单电子数据：G终端输入，需要前往报关大厅委托预输入企业使用连接海关计算机系统的终端输入；A电子口岸方式输入，可以在本企业办公地点使用EDI方式自行输入。其具体程序为：①输入数据。在口岸海关，企业输入申报数据。②转关手续。在口岸海关物流监控部门，企业持《进口转关货物申报单》《汽车载货登记簿》办理转关手续。③发送数据。口岸海关向出口加工区海关发送转关申报电子数据，并对运输车辆加封。④货物运送。货物运抵出口加工区。⑤转关核销。在出口加工区海关，企业办理转关核销手续。出口加工区海关物流监控部门核销《汽车载货登记簿》并向口岸海关发送核销电子回执。⑥进境申报。在出口加工区海关，企业输入《出口加工区进境货物备案清单》，提交运单、发票、装箱单、电子账册编号、相应的许可证件等。⑦查验放行。出口加工区海关审核单证，进行必要的查验，办理放行，签发有关备案清单证明联。

(2) 出口加工区货物运往境外的报关程序。①出口报关。在出口加工区海关，企业输入备案清单，提交运单、发票、装箱单、电子账册编号等。②转关手续。在出口加工区海关物流监控部门，企业持《出口加工区出境货物备案清单》《汽车载货登记簿》办理出口转关手续。③发送数据。出口加工区海关审核同意企业转关申请后，向口岸海关发送转关申报电子数据，并对运输车辆进行加封。④货物运送。货物运抵出境地海关。⑤转关核销。出境地海关核销《汽车载货登记簿》并向出口加工区海关发送转关核销电子回执。⑥离境处理。货物离境后，出境地海关核销清洁载货清单并反馈给出口加工区海关，出口加工区海关凭以签发有关备案清单证明联。

2. 出口加工区与境内区外其他地区之间进出货物的报关

(1) 出口加工区货物运往区内境外(先进口报关后出口报关)。其具体程序为：①进口报关。区外企业输入进口货物报关单,凭发票、装箱单、相应许可证件等单证向出口加工区海关办理进口报关手续。②出口报关。区内企业填制《出境货物备案清单》,凭发票、装箱单、电子账册编号等向出口加工区海关办理出口报关手续。③签证明联。放行货物后,海关向区外企业签发报关单付汇证明联;向区内企业签发《备案清单收汇证明联》。

税收和许可证件的管理办法如表 3-10 所示。

表 3-10　税收和许可证件的管理办法

货　物	处理方法	税收管理	许可证件管理
加工贸易制成品	内销	以接受内销申报的同时或大约同时进口的相同或类似货物的进口成交价格为基础确定完税价格	按照对区外其他加工贸易货物内销的相关规定办理
副产品	内销	区外企业按内销价格缴纳有关税费,免缓税利息	属于许可证管理的,须提交
边角料、废品	内销	海关按照报验状态归类后适用的税率和审定的价格计征税款	免予提交许可证件
	以处置方式销毁的	按照对区外其他加工贸易货物内销的相关规定办理	属于禁止进口的固体废物需出区进行利用或者处置的,区内企业持处置单位的"危险废物经营许可证"复印件以及出口加工区管委会和所在地地(市)级环保部门的批准文件向海关办理有关手续
	以其他方式销毁的	海关予以免税	凭出口加工区管委会的批件,向主管海关办理出区手续,并免予验核进口许可证件
残次品	内销	按成品(内销价格)征收进口关税和进口环节代征税	属于进口许可证件管理的应提交;属于《法检目录》内的,经入境检验检疫机构按照国家技术规范的强制性要求检验合格后,方可内销

注:边角料、残次品、废品等原则上应复运出境。如出区内销,应按照对区外其他加工贸易货物内销的相关规定办理。

委托加工:出口加工区内的企业在需要时,可将有关模具、半成品运往区外进行加工,经加工区主管海关的关长批准,由接受委托的区外企业,向加工区主管海关缴纳与货物应征关税和进口环节增值税等值的保证金或银行保函后方可办理出区手续。加工完毕后,加工产品应按期(一般为 6 个月)运回加工区,区内企业向加工区主管海关提交运出加工区时填写的《委托区外加工申请书》及有关单证，办理验放核销手续。加工区主管海关办理验放核销手续后，应退还保证金或撤销保函。

维修、测试、检验和展示：出口加工区区内企业经主管海关批准，可在境内区外进行产品的测试、检验和展示活动。测试、检验和展示的产品，应按照海关对暂时进口货物的管理规定办理出区手续。区内使用的机器、设备、模具和办公用品经主管海关批准可运往境内区外维修、测试或检验，但不得用于境内区外加工生产和使用，并自运出之日起60日内运回区内，特殊情况应于届满前7日申请，最多可延期30日。

(2) 境内区外货物运入出口加工区(先出口报关后进口报关)。在出口加工区海关办理的手续为：①出口报关。区外企业输入出口货物报关单，凭购销合同(协议)、发票、装箱单等单证向出口加工区海关办理出口报关手续。②进区报关。区内企业填制《进境货物备案清单》，凭购销发票、装箱单、电子账册编号等向出口加工区海关办理进区报关手续。③签证明联。查验放行货物后，海关向区外企业签发报关单付汇证明联；向区内企业签发备案清单收汇证明联。

从境内区外进入加工区供区内企业使用的国产机器、设备、原材料、零部件、元器件、包装物料以及建造基础设施、加工企业和行政管理部门生产、办公用房所需合理数量的国产基建物资等，按照对出口货物的管理规定办理出口报关手续，海关签发出口货物报关单退税证明联(除不予退税的基建物资外)。境内区外企业依据出口货物报关单退税证明联向税务部门申请办理出口退(免)税手续。

(3) 出口加工区货物出区深加工结转。出口加工区货物出区深加工结转是指出口加工区内的企业经海关批准并办理相关手续，将本企业加工生产的产品直接或者通过保税仓库转入其他出口加工区、保税区等海关特殊监管区域及区外加工贸易企业进一步加工后复出口的经营活动。出口加工区货物出区深加工结转的注意事项如表3-11所示。

表3-11 出口加工区货物出区深加工结转的注意事项

项　目	转入其他海关特殊监管区域	转入非其他海关特殊监管区域
批复	转出企业凭出口加工区管委会的批复；转入企业凭其所在区域管委会的批复	转出企业凭出口加工区管委会的批复；转入企业凭商务主管部门的批复
许可证	无表述	属于加工贸易项下进口许可证件管理的，企业提交许可证件
结转手续办理地点	转出、转入企业分别在自己的主管海关办理	转出、转入企业在转出地主管海关办理

注：对转入特殊监管区域的深加工结转货物，除特殊情况外，比照转关运输方式办理结转手续；不能比照转关运输方式办理结转手续的，在向主管海关提供相应的担保后，由企业自行运输。

出口加工区结转货物报关程序如下：①计划备案。转入企业在《海关出口加工区货物出区深加工结转申请表》中填写本企业的转入计划，凭申请表向转入地海关备案。转出企业自转入地海关备案之日起 30 日内向主管海关备案。②实际收、发货登记。转出、转入企业办理结转备案后，凭双方海关核准的申请表进行实际收、发货。转出企业的每批次发货记录应当在一式三联的《出口加工区货物实际结转情况登记表》上如实登记，转出地海关在卡口签注登记表后，货物出区。③结转报关。转入、转出企业每批实际收、发货后，可以凭申请表和转出地卡口海关签注的登记表分批或集中办理报关手续；转入、转出企业每批实际收、发货后应当自实际收、发货之日起 30 日内办结该批货物的报关手续，转入企业填报结转进口报关单，转出企业填报结转出口备案清单，一份结转进口报关单对应一份结转出口备案清单。

纸质手册管理下的货物与出口加工区货物的深加工结转区别如表 3-12 所示。

表 3-12　纸质手册管理下的货物与出口加工区货物的深加工结转区别

项　目	区　别	
	纸质手册管理	出口加工区
计划申报顺序	先转出，再转入	先转入，再转出
备案的时间	转出备案后 20 日内，转入企业备案	转入备案后 30 日内，转出企业备案
办结报关手续的时间	自实际发货、收货之日起 90 日内	自实际发货、收货之日起 30 日内

第五节　保税物流货物通关

一、保税物流货物概述

(一)保税物流货物的概念

保税物流货物是指经海关批准未办理纳税手续进境，在境内进行分拨、配送或储存后复运出境的货物，也称保税仓储货物。已办结海关出口手续尚未离境，经海关批准存放在海关保税监管场所或特殊监管区域的货物，具有保税物流货物的性质。

(二)保税物流货物的特征

保税物流货物具有以下几个特征。
(1)　进境时暂缓缴纳进口关税及进口环节税，复运出境免税。
(2)　内销应该缴纳进口关税和进口环节税，不征收缓税利息。
(3)　进出境时一般免予交验进出口许可证。
(4)　进境海关现场放行不是结关。

(三)保税物流货物的范围

保税物流货物的范围如下。

(1) 经批准进境存入海关保税监管场所，存储后转口境外的货物。

(2) 已办理海关出口手续尚未离境，海关批准存放在海关保税监管场所或特殊监管区域的货物。

(3) 经海关批准进入海关保税监管场所或特殊监管区域的加工贸易货物。

(4) 供应国际航行船舶和航空器的油料、物料和维修用零部件。

(5) 供维修外国产品所进口寄售的零配件；外商进境暂存货物。

(6) 海关批准存放在海关保税监管场所或特殊监管区域的其他未办结海关手续的进境货物。

(四)保税物流货物的管理

保税物流货物的监管模式有两大类：一类是非物理围网监管模式，包括保税仓库、出口监管仓库；另一类是物理围网监管模式，包括保税物流中心、保税物流园区、保税区、保税港区。

1. 设立审批

保税物流货物必须存放在经过法定程序审批设立的专用场所或特殊区域。海关审批：保税仓库、出口监管仓库、保税物流中心；国务院审批：保税物流园区、保税区、保税港区。

2. 准入保税

按批准存放范围准予货物进入监管场所或者区域，不符合规定存放范围的货物不准存入。

3. 纳税暂缓

进境时不办理纳税手续，运离时才办理。

4. 监管延伸

监管地点延伸：进境货物从进境地海关监管现场、已办结海关出口手续尚未离境的货物从出口申报地海关现场，延伸到专用监管场所或者特殊监管区域。

监管时间延伸：①保税仓库存放保税物流货物的时间是 1 年，可以申请延长，最长延长 1 年；②出口监管仓库存放保税物流货物的时间是 6 个月，可以申请延长，最长延长 6 个月；③保税物流中心 A 型存放保税物流货物的时间是 1 年，可以申请延长，最长延长 1 年；④保税物流中心 B 型存放保税物流货物的时间是 2 年，可以申请延长，最长延长 1 年；⑤保税物流园区、保税区、保税港区存放保税物流货物的时间没有限制。

5. 运离结关

除外发加工和暂准运离(维修、测试、展览等)需要继续监管以外，每一批货物运离专用监管场所或者特殊监管区域，都必须根据其实际流向办结海关手续。各种监管形式下的保税物流货物管理要点比较如表 3-13 所示。

表 3-13　保税物流货物管理要点比较

名　称	存货范例	服务功能	注册资本不低于	面积(不低于) 东　部	面积(不低于) 中西部	审批权限	入区退税	备　注
保税仓库	进口	储存	300 万元人民币	公用/维修 2000m²；液体 5000m²		直属海关	否	按月报核
出口监管仓库	出口	储存/出口配送/国内结转		配送 5000m²；结转 1000m²		直属海关	否	退换货先入后出
保税物流中心	进出口	储存全球采购配送/国内结转/转口/中转	5000 万元人民币	10 万 m²	50 万 m²	海关总署	是	—
保税物流园区	进出口	储存/国际转口贸易/全球采购配送/中转/展示		—	—	国务院	是	按月报核
保税区	进出口	物流园区功能+维修/加工		—	—		否	离境退税
保税港区	进出口	保税区功能+港口功能		—	—		是	—

二、保税仓库货物通关

(一)保税仓库概述

1. 保税仓库的含义

保税仓库是指经海关批准设立的专门存放保税货物及其他未办结海关手续货物的仓库。其类型、经营和服务如表 3-14 所示。

表 3-14　保税仓库的类型、经营和服务

仓库类型	经　营	服　务
公用型保税仓库	由主营仓储业务的中国境内独立企业法人经营	保税仓储服务

续表

仓库类型	经营	服务
自用型保税仓库	由特定的中国境内独立企业法人经营	仅存储本企业自用的保税货物
专用型保税仓库	—	存储具有特定用途或特殊种类的商品

注：除以上类型外，还有液体危险品保税仓库、备料保税仓库、寄售维修保税仓库和其他专用保税仓库。液体危险品保税仓库是指符合国家关于危险化学品存储规定，专门提供石油、成品油或者其他散装液体危险化学品保税仓储服务的保税仓库。

2. 保税仓库的功能

保税仓库的功能是仓储，只能存放进境货物。存放货物的范围包括：①加工贸易进口货物；②转口货物；③供应国际航行船舶和航空器的油料、物料及维修用零部件；④供维修外国产品所进口寄售的零配件；⑤外商进境暂存货物；⑥未办结海关手续的一般贸易进口货物；⑦经海关批准的其他未办结海关手续的进境货物。

保税仓库不得存放国家禁止进境的货物，未经批准的影响公共安全、公共卫生或健康、公共道德或秩序的国家限制进境货物以及其他不得存入保税仓库的货物。

3. 保税仓库的设立

保税仓库应当设立在设有海关机构、便于海关监管的区域。申请设立保税仓库的企业应当是已在海关办理进出口收、发货人注册登记、并同时拥有报关企业身份的企业，同时还应当具备下列条件：①在工商行政管理部门注册登记，具有企业法人资格；②注册资本最低限额为300万元人民币；③具备向海关缴纳税款的能力；④经营特殊许可商品存储的，应当持有规定的特殊许可证件；⑤经营备料保税仓库的加工贸易企业，年出口额最低为1000万美元；⑥有专门存储保税货物的营业场所，并达到公用保税仓库面积最低为2000m^2、液体危险品保税仓库容积最低为5000m^3、寄售维修保税仓库面积最低为2000m^{2}的要求。

保税仓库设立的受理部门是主管海关的报税监管部门。其办理步骤如图3-3所示。

图3-3　保税仓库设立的办理步骤

4. 保税仓库的管理

保税仓库的管理涉及以下几个方面。

（1）保税仓库所存货物的储存期限为1年。需要延长储存期限的，应向主管海关申请延期，经海关批准可以延长，延长期限最长不超过1年；延期后货物存储超过2年的，由直属海关审批。

(2) 保税仓库所存货物是海关监管货物，未经海关批准并按规定办理有关手续，任何人不得出售、转让、抵押、质押、留置、移作他用或者进行其他处置。

(3) 货物在仓库储存期间发生损毁或者灭失，除不可抗力的原因外，保税仓库应当依法向海关缴纳损毁、灭失货物的税款，并承担相应的法律责任。

(4) 保税仓库货物经主管海关批准后可以进行分级分类、分拆分拣、分装、计量、组合包装、打膜、加刷或刷贴运输标志、改换包装、拼装等辅助性简单加工。

(二)保税仓库货物的报关程序

1. 进仓报关

进仓报关的具体内容如表 3-15 所示。进出口货物的收、发货人及其代理人应持有加盖"保税仓库货物"印章的进口货物报关单一式三份，连同货物运单、发票、装箱单等向海关申报。经海关查验后放行，报关单由海关留存，两份随货带交保税仓库。保税仓库经理人在货物入库后在上述报关单上签收，一份留存，一份交回海关存查。

表 3-15 进仓报关的内容

项　目	内　容
报关海关	经营企业在仓库主管海关办理报关手续。经主管海关批准，也可直接在进境口岸海关办理报关手续
许可证管理	除易制毒化学品、监控化学品、消耗臭氧层物质外，免领进口许可证件
报关方式	仓库主管海关与进境口岸海关不是同一直属关区的，按照"提前报关转关"的方式办理，或者按照"直接转关"的方式，先到口岸海关转关，货物运到仓库后，再向主管海关申报，验放入仓
	仓库主管海关与进境口岸海关是同一直属关区的，经直属海关批准，可不按照转关运输的方式办理，由经营企业直接在口岸海关办理报关手续，口岸海关放行后，企业自行提取货物入仓

2. 出仓报关

保税仓库货物出仓可能会出现进口报关和出口报关两种情况，可以逐一报关，也可以集中报关。

(1) 进口报关。保税仓库货物出仓运往境内其他地方转为正式进口的，须经主管海关保税监管部门审核同意。进口报关方式和手续如表 3-16 所示。

表 3-16　出库报关中的进口报关方式和手续

报关方式	转为正式进口的同一批货物，要填制两份报关单，一份用于办结出仓报关手续，填制出口货物报关单，监管方式填写"1200"；一份办理进口申报手续，按照实际进口监管方式，填制进口货物报关单	
报关手续	出仓用于加工贸易	按加工贸易货物办理报关
	出仓用于特定减免税用途	按特定减免税监管制度办理报关
	出仓进入国内市场或境内其他方面	按一般进口货物办理报关
	仓内的寄售维修零配件申请在保修期内免税出仓	保税仓库经营企业办理进口报关，填制进口货物报关单，贸易方式填"无代价抵偿货物(3100)"，并确认免税出仓的维修件在保修期内且不超过原设备自进口之日起 3 年，维修件由外商免费提供，更换下的零部件合法处理

(2)　出口报关。保税仓库出仓复运出境货物，应当按照转关运输的方式办理出仓手续。仓库主管海关和口岸海关是同一直属关区的，经直属海关批准，可以不按照转关运输方式，由企业自行提取货物出仓到口岸海关办理出口报关手续。

(3)　集中报关。针对出库批量少、批次频繁的货物，经海关批准可以办理定期集中报关手续。

3. 流转报关

保税仓库与其他海关特殊监管区域或其他海关保税监管场所往来流转的货物，一般按照转关运输的有关规定办理报关手续(同一直属关区的，经批准可以不按转关办理)。

保税仓库货物转往其他保税仓库的，应当各自在其主管海关报关，报关时先办理进口报关，再办理出口报关。

三、出口监管仓库货物通关

(一)出口监管仓库概述

1. 出口监管仓库的概念

出口监管仓库是指经海关批准设立，对已办结海关出口手续的货物进行存储、保税物流配送、提供流通性增值服务的海关专用监管仓库。出口配送型是指存储以实际离境为目的的出口货物的仓库；国内结转型是指存储用于国内结转的出口货物的仓库。

2. 出口监管仓库的功能

出口监管仓库的功能只有仓储，主要用于存放出口货物。允许(禁止)存入出口监管仓库的货物如表 3-17 所示。

表 3-17　允许(禁止)存入出口监管仓库的货物

允许存放	禁止存放
一般贸易出口货物； 加工贸易出口货物； 从其他海关特殊监管区域、场所转入的出口货物； 其他已办结海关出口手续的货物； 出口配送型仓库还可以存放为拼装出口货物而进口的货物	国家禁止进出境货物； 未经批准的国家限制进出境货物； 海关规定不得存放的货物

3. 出口监管仓库的设立

(1) 出口监管仓库申请设立的条件包括：①在工商行政管理部门注册登记，具有企业法人资格；②具有进出口经营权和仓储经营权；③注册资本在 300 万元人民币以上；④具备向海关缴纳税款的能力；⑤具有专门存储货物的场所，其中出口配送型仓库的面积不得低于 5000m^2，国内结转型仓库的面积不得低于 1000m^2。

(2) 申请设立和审批。

企业向仓库所在地主管海关提交书面申请，提供能够证明上述条件已经具备的有关文件。海关受理、审查设立出口监管仓库的申请属于海关行政许可，应当按照行政许可的法定程序，对符合条件的，作出准予设立的决定，并出具批准文件；对不符合条件的，作出不准予设立的决定，并书面通知申请企业。

(3) 验收和运营。申请企业应当自海关出具批准文件之日起 1 年内向海关申请验收出口监管仓库。出口监管仓库验收合格后，经直属海关注册登记并核发《出口监管仓库注册登记证书》，可以投入运营。

4. 出口监管仓库的管理

出口监管仓库必须专库专用，不得转租、转借给他人经营，不得下设分库。出口监管仓库经营企业应当如实填写有关单证、仓库账册，真实记录并全面反映其业务活动和财务情况，编制仓库月度进、出、转、存情况表和年度财务会计报告，并定期报送主管海关。

出口监管仓库所存货物的期限为 6 个月，特殊情况需要延长的，延长期不得超过 6 个月。货物储存期满之前，仓库经营者应当通知发货人或其代理人办理货物的出境或进口手续。

出口监管仓库所存货物是海关监管货物，未经海关批准并按规定办理有关手续，任何人不得出售、转让、抵押、质押、留置、移作他用或者进行其他处置。货物在仓库储存期间发生损毁或者灭失的，除不可抗力原因外，出口监管仓库应当依法向海关缴纳损毁、灭失货物的税款，并承担相应的法律责任。

经主管海关同意，可以在出口监管仓库内进行品质检验、分级分类、分拣分装、印刷运输标志、改换包装等流通性增值服务。

(二)出口监管仓库货物的报关程序

1. 进仓报关

办理入库货物手续，需要向海关提交下列单证：发货人填写的入库委托书；发货人填写的入库清单；入库申报单。进仓报关事项及管理方法如表3-18所示。

表3-18　进仓报关事项及管理方法

事　项	管理方法
单证	出口货物存入出口监管仓库时，发货人或其代理人应当向主管海关申报，提交出口货物报关单和仓库经营企业填制的《出口监管仓库货物入仓清单》
许可证	按照国家规定应当提交出口许可证
税收	按照国家规定缴纳出口关税
出口退税	经批准享受入仓即退税政策的出口监管仓库，海关在货物入仓办结出口报关手续后予以签发《出口货物报关单退税证明联》；不享受这一政策的仓库，海关在货物实际离境后签发《出口货物报关单证明联》
报关单填制	运输方式：监管仓库(代码为0)(用于境内存入出口监管仓库货物)

2. 出仓报关

(1) 出口报关。出仓出口报关事项及管理办法如表3-19所示。

表3-19　出仓出口报关事项及管理方法

事　项	管理方法
地点	仓库经营者向主管海关申报；出仓货物出境口岸不在仓库主管海关所在地的，经海关批准，可以在口岸所在地海关办理相关手续，也可以在主管海关办理相关手续
方式	仓库经营企业提交其填制的《出口监管仓库货物出仓清单》和其他必需的单证进行报关
出口退税	入仓时没有签发出口货物报关单退税证明联的，出仓离境后海关按规定签发出口货物报关单退税证明联
报关单填制	运输方式：监管仓库(代码为1)(用于出口监管仓库退仓货物)

(2) 进口报关。用于加工贸易的，按照保税加工货物报关；用于特定减免税用途的，按照特定减免税货物报关；进入国内市场的，按照一般进口货物报关。

(3) 办理出库手续。出口监管仓库货物办理出库手续，需要向海关提交下列单证：货物所有人或其代理人提交的出库委托书；仓库经营单位填写的出库申请书；出库申报单。

3. 结转报关

经转入、转出方所在地主管海关批准，并按照转关运输的规定办理相关手续后，出口监管仓库之间，出口监管仓库与保税区、出口加工区、珠海园区、保税物流园区、保税港区、保税物流中心、保税仓库等特殊监管区域和保税监管场所之间可以进行货物流转。

4. 更换报关

对已存入出口监管仓库但因质量等原因要求更换的货物，经仓库所在地海关批准，可以进行更换；被更换货物出仓前，更换货物应当先行入仓，并要求与原货物的商品编码、品名、规格型号、数量和价值相同。

四、保税物流中心货物通关

(一)保税物流中心概述

1. 保税物流中心的含义

保税物流中心是经海关批准，由中国境内一家企业法人经营，多家企业进入并从事保税仓储物流业务的海关监管场所。

2. 保税物流中心的功能

保税物流中心的功能是保税仓库和出口监管仓库功能的叠加，既可以存放进口货物，也可以存放出口货物，还可以开展多项增值服务(见表3-20)。

表 3-20　保税物流中心的功能

存放货物的范围	可开展的业务	不得开展的业务
国内出口货物； 转口货物和国际中转货物； 外商暂存货物； 加工贸易进出口货物； 供应国际航行船舶和航空器的物料、维修用零部件； 供维修外国产品所进口寄售的零配件； 未办结海关手续的一般贸易进口货物； 经海关批准的其他未办结海关手续的货物	保税存储进出口货物及其他未办结海关手续的货物； 对所存货物开展流通性简单加工和增值服务； 全球采购和国际分拨、配送； 转口贸易和国际中转业务； 经海关批准的其他国际物流业务	商业零售； 生产和加工制造； 维修、翻新和拆解； 存储国家禁止进出口的货物，以及危害公共安全、公共卫生或者健康、公共道德或者秩序的国家限制进出口的货物； 存储法律、法规明确规定不能享受保税政策的货物； 其他与物流中心无关的业务

3. 保税物流中心的设立

(1) 保税物流中心应当设在靠近海港、空港、陆路交通枢纽及内陆国际物流需求量较大、交通便利、设有海关机构且便于海关集中监管的地方。经营企业须满足以下资格条件：①在工商行政管理部门注册登记，具有独立的企业法人资格；②注册资本不低于 5000 万元人民币；③具有对中心内企业进行日常管理的能力；④具有协助海关对进出物流中心的货物和中心内企业的经营行为实施监管的能力。

申请设立保税物流中心须满足以下条件：①符合海关对保税物流中心的监管规划建设要求；②物流中心的仓储面积，东部地区不低于 10 万 m^2，中西部地区不低于 5 万 m^2；③经省级人民政府确认，符合地方发展的总体布局，满足加工贸易发展对保税物流的需求；④建立符合海关监管要求的计算机管理系统，提供海关查阅数据的终端设备，并按照海关规定的认证方式和数据标准，通过电子口岸平台与海关联网，以便海关在统一平台上与国税、外汇管理等部门实现数据交换及信息共享；⑤设置符合海关监管要求的安全隔离设施、视频监控系统等监管、办公设施。

保税物流中心设立的申请由直属海关受理，报海关总署审批，并由海关总署出具批准申请企业筹建保税物流中心的文件。保税物流中心验收合格后，由海关总署向企业核发《保税物流中心验收合格书》和《保税物流中心注册登记证书》，并颁发保税物流中心标牌。

(2) 保税物流中心内企业的设立。受理部门是物流中心内企业注册审批部门。企业进入保税物流中心的条件包括：①具有独立法人资格或者是特殊情况下的中心外企业的分支机构。②具有独立法人资格的企业注册资本最低限额为 50 万元人民币；属企业分支机构的，该企业注册资本不低于 1000 万元人民币。③建立符合海关监管要求的计算机管理系统并与海关联网。④在保税物流中心内有专门存储海关监管货物的场所。

企业申请进入保税物流中心应当向所在地主管海关提交书面申请，提供能够证明上述条件已经具备的有关文件。主管海关受理后报直属海关审批。直属海关对经批准的企业核发《保税物流中心注册登记证书》。中心内企业需要变更有关事项的，由主管海关受理后报直属海关审批。

4. 保税物流中心的管理

保税物流中心的管理涉及以下几个方面。

(1) 保税物流中心经营企业应当设立管理机构负责保税物流中心的日常工作，制定完善的保税物流中心管理制度，协助海关实施对进出保税物流中心的货物和中心内企业的经营行为的监管。保税物流中心经营企业不得在本中心内直接从事保税仓储物流的经营活动。

(2) 保税物流中心内货物的保税存储期限为 2 年，除特殊情况外，延期不得超过 1 年。

(3) 企业根据需要经主管海关批准，可以分批进出货物，月度集中报关，但集中报关不得跨年度办理。

(4) 未经海关批准，保税物流中心不得擅自将所存货物抵押、质押、留置、移作他用或者进行其他处置。保税物流中心内的货物可以在中心内的企业之间进行转让、转移，但必须办理相关的海关手续。

(5) 保税仓储货物在存储期间发生损毁或者灭失的，除不可抗力原因外，保税物流中心经营企业应当向海关缴纳损毁、灭失货物的税款，并承担相应的法律责任。

(二)保税物流中心进出货物的报关程序

1. 保税物流中心与境外之间进出货物的报关

保税物流中心与境外之间进出货物的报关事项及管理方法如表 3-21 所示。

表 3-21　保税物流中心与境外之间进出货物的报关事项及管理方法

事　项	管理方法
地点	保税物流中心主管海关；保税物流中心与口岸不是同一主管海关的，经主管海关批准，可以在口岸海关办理相关手续
许可证	除实行出口被动配额管理和我国参加或者缔结的国际条约及国家另有明确规定的以外，不实行进出口配额、许可证件管理
税收	属于规定存放范围内的货物免税；中心内企业进口自用的办公用品、交通运输工具、生活消费品，以及保税物流中心开展综合物流服务所需进口的机器、装卸设备、管理设备等，按照进口货物的有关规定和税收政策办理相关手续
出口退税	不享受这一政策的仓库，海关在货物实际离境后签发出口货物报关单
报关单填制	监管方式填"6033 保税物流中心进出境货物"

2. 保税物流中心与境内之间进出货物的报关

(1) 出保税物流中心货物的报关。

① 出中心进入关境内其他地区。保税物流中心货物进入境内其他地区视同进口，按照货物进入境内的实际流向和实际状态办理进口报关手续；属于许可证件管理的商品，企业还应当向海关出具有效的许可证件。

从保税物流中心进入境内用于在保修期限内免费维修有关外国产品并符合无代价抵偿货物有关规定的零部件，或者用于国际航行船舶和航空器的物料，或者属于国家规定可以免税的货物，免征进口关税和进口环节代征税。

② 出中心运往境外。保税物流中心货物出中心运往境外的，填制出口货物报关单，办理出口报关手续。具体手续同保税仓库和出口监管仓库货物运往境外的报关手续一样。

(2) 进保税物流中心货物的报关。

货物从境内进入保税物流中心视同出口，办理出口报关手续，报关事项及管理方法如表 3-22 所示。

表 3-22　货物从境内进入保税物流中心的报关事项及管理方法

事　项	管理方法
关税	需要缴纳出口关税的，应当按照规定纳税
许可证	属于许可证件管理的商品，应出具出口许可证件
出口退税	签发：从境内运入保税物流中心已办结报关手续的货物或者从境内运入保税物流中心供中心内企业自用的国产机器设备、装卸设备、管理设备、检测检验设备等以及转关出口货物，海关签发出口退税报关单证明联
	不签：从境内运入保税物流中心的下列货物，海关不签发出口退税报关单证明联：①供中心内企业自用的生活消费品、交通运输工具；②供中心内企业自用的进口的机器设备、装卸设备、管理设备、检测检验设备等；③保税物流中心之间，保税物流中心与出口加工区、保税物流园区和已实行国内货物入仓环节出口退税政策的出口监管仓库等海关特殊监管区域或者海关保税监管场所往来的货物

五、保税物流园区货物通关

(一)保税物流园区概述

1. 保税物流园区的含义

保税物流园区是指经国务院批准，在保税区规划面积内或者毗邻保税区的特定港区内设立的、专门发展现代国际物流的海关特殊监管区域。

2. 保税物流园区的功能

保税物流园区允许开展的业务包括以下几个方面。

(1) 存储进出口货物及其他未办结海关手续的货物。

(2) 对所存货物开展流通性简单加工和增值服务。

(3) 国际转口贸易。

(4) 国际采购、分销和配送。

(5) 国际中转。

(6) 商品展示。

(7) 经海关批准的其他国际物流业务。

3. 保税物流园区的管理

保税物流园区是海关监管的特殊区域。园区与境内其他地区之间应当设置符合海关监管要求的卡口、围网隔离设施、视频监控系统及其他海关监管所需的设施。海关在园区派驻机构，依照有关法律、行政法规，对进出园区的货物、运输工具、个人携带物品及园区内相关场所实行 24 小时监管。

（1）禁止的项目。保税物流园区禁止的业务包括：①除安全人员和相关部门、企业值班人员外，其他人员不得在园区内居住；②园区内设立仓库、堆场、查验场和必要的业务指挥调度操作场所，不得设立工业生产加工场所和商业性消费设施；③不得开展商业零售、加工制造、翻新、拆解及其他与园区无关的业务；④法律、法规禁止进出口的货物、物品不得进出园区。

（2）企业管理。保税物流园区行政管理机构及其经营主体、在园区内设立的企业(以下简称园区企业)等单位的办公场所应当设置在园区规划面积内、围网外的园区综合办公区内。海关对园区企业实行电子账册监管制度和计算机联网管理制度。园区行政管理机构及其经营主体应当在海关指导下通过电子口岸建立供海关、园区企业及其他相关部门进行电子数据交换和信息共享的计算机公共信息平台。

园区企业应建立符合海关监管要求的计算机管理系统，提供海关查阅数据的终端设备，按照海关规定的认证方式和数据标准与海关进行联网。园区企业须依照法律、行政法规的规定，规范财务管理，设置符合海关监管要求的账簿、报表，记录本企业的财务状况和有关进出园区货物、物品的库存、转让、转移、销售、简单加工、使用等情况，如实填写有关单证、账册，凭合法、有效的凭证记账核算。

（3）物流管理。园区内设立仓库、堆场、查验场和必要的业务指挥调度操作场所。园区货物不设储存期限。但园区企业自开展业务之日起，应当每年向园区主管海关办理报核手续。园区主管海关应当自受理报核申请之日起 30 日内予以"核库"。企业有关账册、原始数据应当自"核库"结束之日起至少保留 3 年。

经主管海关批准，园区企业可以在园区综合办公区专用的展示场所举办商品展示活动。展示的货物应当在园区主管海关备案，并接受海关监管。园区内货物可以自由流转。园区企业转让、转移货物时，应当将货物的具体品名、数量、金额等有关事项向海关进行电子数据备案，并在转让、转移后向海关办理报核手续。未经海关许可，园区内企业不得将所存货物抵押、质押、留置、移作他用或者进行其他处置。

（4）特殊情况的处理。除法律、行政法规规定不得声明放弃的货物外，园区企业可以申请放弃货物。放弃的货物由主管海关依法提取变卖，变卖收入由海关按照有关规定处理。依法变卖后，企业凭放弃该批货物的申请和园区主管海关提取变卖该货物的有关单证办理核销手续；确因无使用价值无法变卖并经海关核准的，由企业自行处理，园区主管海关直接办理核销手续。放弃货物在海关提取变卖前所需的仓储费用等，由企业自行承担。

因不可抗力造成园区货物损坏、损毁、灭失的，园区企业应当及时书面报告园区主管海关，说明理由并提供保险、灾害鉴定部门的有关证明。经主管海关核实确认后，按照表 3-23 所列的规定处理。

表 3-23　不可抗力造成损失的处理

情　况	处理方法
货物灭失或者完全失去使用价值的	海关予以办理核销和免税手续
进境货物损坏、损毁，失去原使用价值但可再利用的	园区企业可以向园区主管海关办理退运手续
	如不退运出境并要求运往区外的，由区内企业提出申请，并经主管海关核准，根据受灾货物的使用价值估价，征税后运往园区外
区外进入园区的货物损坏、损毁，失去原使用价值但可再利用的	须向出口企业退换的，可以退换为与损坏货物同一品名、规格、数量、价格的货物，并向园区主管海关办理退运手续

因保管不善等非不可抗力因素造成货物损坏、损毁、灭失的，按表 3-24 所列的规定办理。

表 3-24　非不可抗力造成损失的处理

情　况	处理方法
对于从境外进入园区的货物	园区企业应当按照一般进口货物的规定，以货物进入园区时海关接受申报之日适用的税率、汇率，依法向海关缴纳损毁、灭失货物原价值的关税、进口环节增值税和消费税
对于从区外进入园区的货物	园区企业应当重新缴纳因出口而退还的国内环节有关税收，海关据此办理核销手续

(二)保税物流园区进出货物的报关程序

1. 保税物流园区与境外进出货物

(1) 境外货物运入园区

境外运入园区货物的报关事项及管理方法如表 3-25 所示。

表 3-25　境外运入园区货物的报关事项及管理方法

事　项	管理方法
单证	备案清单
许可证	除法律、行政法规另有规定外，境外运入园区的货物不实行许可证管理
税收	下列货物保税：①园区企业为开展业务所需的货物及其包装物料；②加工贸易进口货物；③转口贸易货物；④外商暂存货物；⑤供应国际航行船舶和航空器的物料、维修用零部件；⑥进口寄售货物；⑦进境检测、维修货物及其零部件；⑧看样订货的展览品、样品；⑨未办结海关手续的一般贸易货物；⑩经海关批准的其他进境货物

续表

事 项	管理方法
税收	下列货物免税：①园区基础设施建设项目所需的设备、物资等；②园区企业为开展业务所需的机器、装卸设备、仓储设施、管理设备及其维修用消耗品、零配件及工具；③园区行政机构及其经营主体、企业自用的合理数量的办公用品

(2) 园区货物运往境外

园区运往境外货物的报关事项及管理方法如表 3-26 所示。

表 3-26　园区运往境外货物的报关事项及管理方法

事 项	管理方法
单证	备案清单
许可证	除法律、行政法规另有规定外，园区运往境外的货物不实行许可证管理
税收	除法律、行政法规另有规定外，免征出口关税
退运	进境货物未经流通性简单加工，原状退运出境的，园区企业可以向园区主管海关申请退运手续

2. 保税物流园区与境内区外进出货物

(1) 园区货物运往区外视同进口。①进入国内市场的，按一般进口货物报关，提供相关许可证件，缴纳税款；②用于加工贸易的，按加工贸易保税货物报关，提供加工贸易登记手册，继续保税；③用于可以享受特定减免税的特定企业、特定地区或有特定用途的，按特定减免税货物报关，提供"进出口货物征免税证明"和相应证件，免缴进口税款；④检测维修的机器、设备和办公用品等不得留在区外使用，并自运出之日起 60 日内运回区内，特殊情况下，应在期满前 10 日内，以书面形式向园区主管海关申请延期，延长期限不超过 30 日。

(2) 区外货物运入园区视同出口。区内企业或区外发货人向园区主管海关办理出口申报手续，照章纳税和提交许可证件。填制报关单时，贸易方式按实际监管填报，运输方式填报"0 非保税区"。

用于出口退税的出口货物报关单证明联的签发手续，按照下列规定办理：①从区外运入园区，供区内企业开展业务的国产货物及其包装材料，由区内企业或者区外发货人及其代理人填写出口货物报关单，海关按照对出口货物的有关规定办理，签发出口货物报关单退税证明联；货物从异地转关进入园区后，启运地海关在收到园区主管海关确认转关货物已进入园区的电子回执后，签发《出口货物报关单证明联》。②从区外运入园区，供区内行政管理机构及其经营主体和区内企业使用的国产基建物资、机器、装卸设备、管理设备等，海关按照对出口货物的有关规定办理，除了国家取消出口退税的基建物资外，其他的予以签发《出口货物报关单退税证明联》。③从区外运入园区，供区内行政管理机构及其经营主体和区内企业使用的生活消费品、办公用品、交通运输工具等，海关不予签发《出口货物报关单退税证明联》。④对于从区外运入园区的原进口货物、包装物料、设备、基建物资等，区外企业应当向海关提供上述货物或者物品的清单，按照出口货物的有关规定办理申报手续，海关不予签发《出口货物报关单退税证明联》，原已缴纳的关税、进口环节增值税和消费税不予退还。

(3) 保税物流园区与其他特殊监管区域、保税监管场所之间往来货物。海关对于园区与海关其他特殊监管区域或者保税监管场所之间往来的货物，继续实行保税监管，不予签发《出口货物报关单退税证明联》。但货物从未实行国内货物入区、入仓环节出口退税制度的海关特殊监管区域或者保税监管场所转入园区的，按照货物实际离境的有关规定办理申报手续，由转出地海关签发《出口货物报关单退税证明联》。

园区与海关其他特殊监管区域、保税监管场所之间的货物交易、流转，不征收进出口环节和国内流通环节的有关税收。

六、保税区货物通关

(一)保税区概述

1. 保税区的概念

保税区是指经国务院批准在中华人民共和国境内设立的由海关进行监管的特定区域。

2. 保税区的功能

保税区具有出口加工、转口贸易、商品展示、仓储运输等多种功能。

3. 保税区的管理

保税区与境内其他地区之间应设置符合海关监管要求的隔离设施。

(1) 禁止事项。除安保人员外，其他人员不得在保税区居住；国家禁止进出口的货物、物品，不得进出保税区；国家明令禁止进出口的货物和列入《加工贸易禁止类商品目录》中的商品在保税区内也不准开展加工贸易。

(2) 物流管理。区内设立的企业，必须向海关办理注册手续；区内企业必须依照国家有关法律、行政法规的规定设置账簿、编制报表，凭合法、有效凭证记账并进行核算，记录有关进出保税区货物和物品的库存、转让、转移、销售、加工、使用、损耗等情况；区内企业必须与海关实行计算机联网，进行电子数据交换。

从非保税区进入保税区的货物，按照出口货物办理相关手续。区内转口货物可以在区内仓库或者区内其他场所进行分级、挑选、印刷运输标志、改换包装等简单加工。

(3)　加工贸易管理(见表3-27)。

表3-27　保税区加工贸易货物报关管理方法

项　目	管理方法
许可证	除易制毒化学品、监控化学品、消耗臭氧层物质要提供进出口许可证件，生产激光光盘要由主管部门批准外，其他加工贸易料件免交验许可证件
台账	区内企业开展加工贸易，不实行保证金台账制度
税收	区内企业将区内加工的制成品及其在加工过程中产生的边角料运往境外时，应当按照国家有关规定向海关办理手续，除法律、行政法规另有规定外，免征出口关税
货物处理	货物如发生了所有权的转移，企业自行制定加工要求
其他保税货物处理	区内企业将加工贸易料件及制成品、副产品、残次品、边角料运往非保税区时，应办理进口报关手续，依法纳税，免缓税利息

(二)保税区进出货物的报关程序

1. 进出境报关

(1)　方式。进出境报关采用报关制和备案制相结合的运行机制：①属自用的，采用报关制，填写进出口货物报关单；②属非自用的，包括加工出口、转口、仓储和展示，采取备案制，填写进出境货物备案清单，即保税区内企业的加工贸易料件、转口贸易货物、仓储货物进出境，由收货人或其代理人填写进出境货物备案清单向海关报关；③对保税区内企业进口自用合理数量的机器设备、管理设备、办公用品及工作人员所需自用合理数量的应税物品及货样，由收货人或其代理人填写进口货物报关单向海关报关。

(2)　许可证。保税区与境外之间进出的货物，除易制毒化学品、监控化学品、消耗臭氧层物质等国家规定的特殊货物外，不实行进出口许可证件管理，免交验许可证件。

(3)　税收。从境外进入保税区的下列货物免税：①区内生产性的基础设施建设项目所需的机器、设备和其他基建物资，予以免税；②区内企业自用的生产、管理设备和自用合理数量的办公用品及其所需的维修零配件，生产用燃料，建设生产厂房、仓储设施所需的物资、设备，除交通车辆和生活用品外，予以免税；③保税区行政管理机构自用合理数量的管理设备和办公用品及其所需的维修零配件，予以免税。

免税进入保税区的进口货物，海关按照特定减免税货物进行监管。

2. 进出区报关

(1) 保税加工货物进出区。

①　进区报出口(见表3-28)。

表 3-28　进区报出口管理办法

项　目	管理办法
单证	手册或账册、出口报关单
许可证	提供有关的许可证件
关税	应税缴税
出口退税	不签发《退税证明联》
出口报关单填制	贸易方式按实际监管方式填报
运输方式填报	0(非保税区运入保税区货物和保税区退区货物)

②　出区报进口。

按不同的流向填写进口货物报关单：出区进入国内市场的，按一般进口货物报关，填写进口货物报关单，提供相关证件，保税加工货物内销征税完税价格的确定如表 3-29 所示；出区用于加工贸易的，按加工贸易货物报关；出区用于可以享受特定减免税企业的，按特定减免税货物报关。

表 3-29　保税加工货物内销征税完税价格的确定

类　型	完税价格
进口料件或制成品(包括残次品)	以接受内销申报的同时或者大约同时进口的相同或者类似货物的进口成交价格为基础确定完税价格
进料加工制成品中，如果含有从境内采购的料件	以制成品所含有的从境外购入的料件的原进口成交价格为基础确定完税价格
来料加工制成品中，如果含有从境内采购的料件	以接受内销申报的同时或者大约同时进口的与料件相同或者类似货物的进口成交价格为基础确定完税价格
边角料或者副产品	内销价格

(2)　进出区外发加工。

保税区企业货物外发到区外加工，或区外企业货物外发到保税区加工，须经主管海关核准。①进区。进区提交外发加工合同向保税区海关备案，加工出区后核销，不填写进出口货物报关单，不缴纳税费。②出区。出区须由区外加工贸易经营企业在其所在地海关办理加工贸易备案手续，需要建立银行保证金台账的，应当设立台账，加工期限最长为 6 个月，情况特殊，经海关批准可以延长，延长的最长期限为 6 个月；备案后按加工贸易货物出区进行报关。

(3)　设备进出区。不管是施工设备还是投资设备，进出区均须向保税区海关备案，不填写报关单，不缴纳出口税，海关不签发《报关单退税证明联》；设备从国外进口已征进口税的，不退进口税；设备退出区外，也不必填写报关单申报，但要报保税区海关销案。

七、保税港区货物通关

(一)保税港区概述

1. 保税港区的概念

保税港区是指经国务院批准，设立在国家对外开放的口岸港区和与之相连的特定区域内，具有口岸、物流、加工等功能的海关特殊监管区域。

2. 保税港区的功能

保税港区内可以开展下列业务。

(1) 存储进出口货物和其他未办结海关手续的货物。

(2) 对外贸易，包括国际转口贸易。

(3) 国际采购、分销和配送。

(4) 国际中转。

(5) 检测和售后服务维修。

(6) 商品展示。

(7) 研发、加工、制造。

(8) 港口作业。

(9) 经海关批准的其他业务。

3. 保税港区的管理

保税港区享受的税收优惠和外汇管理政策包括：国外货物入港区保税；货物出港区进入国内销售按货物进口的有关规定办理报关手续，并按货物的实际状态征税；国内货物入港区视同出口，实行退税；港区内企业之间的货物交易不征收增值税和消费税。

(1) 禁止事项。①保税港区内不得居住人员；②除保障保税港区人员正常工作、生活的非营利性设施外，区内不得建立商业性生活、消费设施和开展商业零售业务；③国家禁止进出口的货物、物品，不得进出保税港区；④不得开展高耗能、高污染和资源性产品及列入《加工贸易禁止类商品目录》中的商品的加工贸易业务。

(2) 物流管理。申请在区内开展维修业务的企业，应当具有法人资格，并在海关登记备案。区内货物可以自由流转；保税港区内货物不设存储期限，但是存储超过2年的，应该向海关备案；经海关核准，区内企业可以办理集中申报手续。

(3) 加工贸易管理。区内企业开展加工贸易，不实行保证金台账制度和合同核销制度，海关对保税港区内加工贸易货物不实行单耗标准管理。

(4) 特殊情况处理。

① 放弃货物。区内企业申请放弃的货物，经海关及有关主管部门核准后，由保税港区主管海关依法提取变卖，变卖收入由海关按照有关规定处理，但法律、行政法规和海关

规章规定不得放弃的货物除外。

② 因不可抗力造成保税港区货物损坏、损毁、灭失的，区内企业应当及时书面报告保税港区主管海关，说明理由并提供保险、灾害鉴定部门的有关证明。经主管海关核实确认后，按照表3-30所示的规定处理。

表3-30 保税港区货物因不可抗力受损的处理方法

情　况	处理方法
货物灭失或者完全失去使用价值的	海关予以办理核销和免税手续
进境货物损坏、损毁，失去原使用价值但可再利用的	区内企业可以向园区主管海关办理退运手续
	如不退运出境并要求运往区外的，由区内企业提出申请，并经主管海关核准，根据受灾货物的使用价值估价、征税后运往园区外
区外进入保税港区的货物损坏、损毁，失去原使用价值但可再利用的	需要向出口企业退换的，可以退换为与损坏货物同一品名、规格、数量、价格的货物，并向园区主管海关办理退运手续

③ 因保管不善等非不可抗力因素造成货物损坏、损毁、灭失的，按表3-31所示的规定处理。

表3-31 保税港区货物因非不可抗力受损的处理方法

情　况	处理方法
对于从境外进入保税港区的货物	区内企业应当按照一般进口货物的规定，以货物进入园区时海关接受申报之日适用的税率、汇率，依法向海关缴纳损毁、灭失货物原价值的关税、进口环节增值税和消费税
对于从区外进入保税港区的货物	保税港区企业应当重新缴纳因出口而退还的国内环节有关税收，海关据此办理核销手续
从区外进入保税港区供保税港区行政管理机构和区内企业使用的生活消费用品、交通运输工具	海关不予签发《出口货物报关单证明联》
从区外进入保税港区的原进口货物、包装物料、设备等	按照出口货物的有关规定办理申报手续，海关不予签发《出口货物报关单证明联》，原已缴纳的关税、进口环节税不予退还

(二)进出保税港区货物的报关程序

1. 保税港区与境外之间进出货物

保税港区与境外之间进出货物的报关事项及管理方法如表3-32所示。

表 3-32　保税港区与境外之间进出货物的报关事项及管理方法

事　项	管理方法
地点	保税港区主管海关；口岸海关(经批准)
单证	实行备案制管理；提供进出境货物备案清单
税收	进境：下列产品免征进口关税和进口环节海关代征税：①区内生产性的基础设施建设项目所需的机器、设备和建设生产厂房、仓储设施所需的基建物资；②区内企业生产所需的机器、设备、模具及维修用零配件；③区内企业和行政管理机构自用合理数量的办公用品 注：供区内企业和行政管理机构自用的交通运输工具、生活消费品，按照进口货物的有关规定办理报关手续，并征收进口关税和进口环节代征税 出境：免出口税
许可证	除另有规定外，不实行进出口配额、许可证件管理 注：对于同一配额、许可证项下的货物，海关在进区环节已经验核配额、许可证件的，在出境环节不再要求企业出具配额、许可证原件

2. 保税港区与区外非特殊监管区域或场所之间进出货物

区内企业或者区外进出口货物收发货人按照进出口货物的规定向保税港区海关办理申报手续。

(1) 出区。出区不同种类货物的报关管理方法如表 3-33 所示。

表 3-33　出区不同种类货物的报关管理方法

货物种类	管理方法
一般贸易货物	直接进入生产消费领域的，按一般进口货物报关；属于优惠贸易协定项下的货物，符合海关总署相关原产地管理规定的，按协定税率或者特惠税率办理海关征税手续；符合保税或者特定减免税条件的，按保税货物或者特定减免税货物报关
加工贸易货物	成品、残次品、副产品按进口货物办理报关手续；内销时按实际状态征税，交配额、许可证；边角料、副产品、包装物料等按照出区实际状态征税、免配额和许可证
出区展示货物	比照暂准进境货物管理
出区检测、维修货物	区内使用的机器、设备、模具和办公用品比照进境修理货物 注：模具应当留存样品或者图片资料；不得在区外用于加工生产和使用；自运出之日起 60 日内运回保税港区；因特殊情况不能如期运回的，在期限届满前 7 日内，以书面形式向海关申请延期，延长期限不得超过 30 日
出区外发加工货物	模具、原材料、半成品等外发加工，凭承揽加工合同或者协议、承揽企业营业执照复印件和区内企业签章确认的承揽企业生产能力状况等材料，向保税港区主管海关办理外发加工手续；委托区外企业加工的期限不得超过 6 个月

(2) 进区。进区不同种类货物的报关管理方法如表 3-34 所示。

表 3-34　进区不同种类货物的报关管理方法

货物种类	管理方法
国产货物	①国产货物及其包装物料：按照对出口货物的有关规定办理报关，签发《出口货物报关单证明联》；②区内行政管理机构和企业使用的国产基建物资、机器、装卸设备、管理设备、办公用品等，除取消出口退税的基建物资外，海关按照对出口货物的有关规定办理相关手续，签发《出口货物报关单证明联》。 注：货物转关出口的，启运地海关收到保税港区主管海关确认转关货物已进入保税港区的电子回执后，签发《出口货物报关单证明联》
原进口货物	对于原进口货物、包装物料、设备、基建物资等，区外企业应当向海关提供上述货物或者物品的清单，按照出口货物的有关规定办理申报手续，海关不予签发《出口货物报关单证明联》，原已缴纳的关税、进口环节海关代征税不予退还

3. 保税港区与其他海关特殊监管区域或者保税监管场所之间进出货物

海关对保税港区与其他海关特殊监管区域或者保税监管场所之间往来的货物实行保税监管，不予签发用于办理出口退税的《出口货物报关单证明联》。但货物从未实行国内货物入区(仓)环节出口退税制度的海关特殊监管区域或者保税监管场所转入保税港区的，视同货物实际离境，由转出地海关签发《出口货物报关单证明联》。

保税港区与其他海关特殊监管区域或者保税监管场所之间的流转货物，不征收进出口环节的有关税收。

第六节　特定减免税货物通关

一、特定减免税货物概述

(一)特定减免税货物的概念

特定减免税货物是指海关根据国家的政策规定准予减免税进境，使用于特定地区、特定企业、特定用途的货物。

(二)特定减免税货物的范围

特定减免税货物的范围如表 3-35 所示。

表 3-35 特定减免税货物的范围

货物类型	定 义	举 例
特定地区	我国关境内由行政法规规定的某一特别限定区域,享受减免税优惠的进口货物只能在这一特别限定的区域内使用	保税区、出口加工区等特定区域进口生产性的基础设施建设项目所需的机器、设备和其他基建物资等予以免税
特定企业	由国务院制定的行政法规专门规定的企业,享受减免税优惠的进口货物只能由这些专门规定的企业使用	外商投资企业进口减免税货物
特定用途	国家规定可以享受减免税优惠的进口货物只能用于行政法规专门规定的用途	外商投资项目投资额度内进口的自用设备;国内属国家重点鼓励发展产业的投资项目进口的自用设备;科研机构及学校进口的专用科研用品;残疾人专用品及残疾人组织和单位进口的货物

(三)特定减免税货物的基本特征

特定减免税货物具有以下几个基本特征。

(1) 特定条件下减免关税。

(2) 进口申报应当提交进口许可证件。外资企业和我国香港、澳门、台湾地区同胞及海外华侨的投资企业,进口本企业自用的机器设备,免交许可证;外商投资企业在投资总额内进口,涉及机电产品自动进口许可管理的,免交许可证。

(3) 进口后在特定的海关监管期限内接受海关监管。对船舶、飞机的监管期限为 8 年;对机动车辆的监管期限为 6 年;对其他货物的监管期限为 5 年。

(四)特定减免税货物的管理

1. 由进口货物减免税申请人或其代理人办理相关业务

减免税备案、审批、税款担保和后续管理业务等相关手续应当由进口货物减免税申请人或其代理人办理。进口货物减免税申请人应当包括具有独立法人资格的企事业单位、社会团体、国家机关,符合规定的非法人分支机构,以及经海关总署审查确定的其他组织。

2. 使用状况报告

在海关监管年限内,减免税申请人应当自进口减免税货物放行之日起,在每年的第 1 季度向主管海关递交《减免税货物使用状况报告书》,报告减免税货物的使用状况。在海关监管年限及其后 3 年内,海关可以对减免税申请人进口和使用减免税货物的情况实施稽查。

3. 变更使用地点

在海关监管年限内，减免税货物应当在海关核准的地点使用。需要变更使用地点的，减免税申请人应当向主管海关提出申请，说明理由，经海关批准后方可变更使用地点。

特定减免税货物需要移出主管海关管辖地使用的，减免税申请人应当事先持有关单位以及需要异地使用的说明材料向主管海关申请办理异地监管手续，经主管海关审核同意并通知转入地海关后，减免税申请人可以将减免税货物运至转入地海关管辖地，转入地海关确认减免税货物情况后进行异地监管。

4. 减免税额度

减免税货物转让给进口同一货物享受同等减免税优惠待遇的其他单位的，不予恢复减免税货物转出申请人的减免税额度，减免税货物转入申请人的减免税额度按照海关审定的货物结转时的价格、数量或者应缴税款予以扣减。

减免税货物因品质或者规格原因原状退运出境，减免税申请人以无代价抵偿的方式进口同一类型货物的，不予恢复其减免税额度；未以无代价抵偿的方式进口同一类型货物的，减免税申请人自原减免税货物退运出境之日起 3 个月内向海关提出申请，经海关批准，可以恢复其减免税额度。

5. 担保放行

减免税申请人面临下列情形之一的，可以向海关申请凭税款担保先予办理货物放行手续：①主管海关按照规定已经受理减免税备案或者审批申请，尚未办理完毕的；②有报关进口税收优惠政策已经国务院批准，具体实施措施尚未明确，海关总署已确认减免税申请人属于享受该政策范围的；③其他经海关总署核准的情况。但是应当提供许可证而不能提供的，以及法律、行政法规规定不得担保的其他情形，进出口地海关不得办理减免税货物凭税款担保放行手续。

减免税申请人需要办理税款担保手续的，应当在货物申报进出口前向主管海关提出申请，并按照有关进出口税收优惠政策的规定向海关提交相关材料。主管海关准予担保的，应当出具《准予办理减免税货物税款担保证明》，进出口地海关凭主管海关出具的准予担保证明办理货物的税款担保和验放手续。

二、特定减免税货物的通关程序

特定减免税货物的通关程序包括 3 个阶段：减免税备案和审批(货物进口之前的前期阶段)——进出口报关——后续处理和解除监管(后续阶段)。

(一)减免税备案和审批

1. 减免税备案

减免税申请人到主管海关办理减免税备案手续，海关对申请享受减免税优惠政策的减免税申请人进行资格确认，对项目是否符合减免税政策的要求进行审核，确定项目的减免税额度等。减免税备案的步骤如图3-4所示。

图3-4 减免税备案的步骤

2. 减免税审批

减免税审批的流程如下。

(1) 提交申请。减免税备案后、货物申报进口前，减免税申请人应当持以下单证向主管海关申领征免税证明：①进出口货物征免税申请表；②企业营业执照或者事业单位法人证书、国家机关设立文件、社团登记证书、民办非企业单位登记证书、基金会登记证书等证明文件；③进出口合同、发票及相关货物的产品情况资料；④相关政策规定的享受进出口税收优惠政策资格的证明材料；⑤海关认为需要提供的其他材料。

(2) 海关审批。主管海关对纸质单证逐级审批。

(3) 海关签发征免税证明。海关通过审核，确定其所申请的货物的减免税方式，依据其是否符合减免税政策的要求决定是否签发《进出口货物征免税证明》。

(4) 领取签收。由报关公司领取签收已签章的《进出口货物征免税证明》。《进出口货物征免税证明》的有效期为6个月，向海关申请可延期6个月。一份证明只能验放一批货物。

(二)进出口报关

特定减免税货物进口报关程序可参见一般进出口货物的报关程序中的有关内容。但是下列具体手续与一般进出口货物的报关有所不同：①特定减税货物进口报关时，进口货物收货人或其代理人除了向海关提交报关单及随附单证外，还应当向海关提交进出口货物免税证明。海关在审单时从计算机查阅征免税证明的电子数据，核对纸质进《出口货物征免税证明》。②特定减免税货物进口填制报关单时，应在报关单备案号栏内填写《进出口货物征免税证明》的12位编号，12位编号写错将不能通过海关计算机逻辑审核，或者在提交纸质报关单证时无法顺利通过海关审单。

(三)后续处理和解除监管

减免税货物在海关监管年限内为海关监管货物，除自用外，未经海关允许，不得以任何形式转让、出售、出租或移作他用。

1. 后续处理

后续处理主要涉及以下几个方面。

(1) 变更使用地点。在海关监管期限内，减免税货物应当在主管海关核准的地点使用，变更须申请办理异地监管手续，海关批准后才可以移出主管海关管辖地。

（2）结转。在海关监管期限内，减免税申请人将进口减免税货物转让给进口同一货物享受同等减免税优惠待遇的其他单位的，应当按照规定办理减免税货物结转手续，步骤如下：①提出申请。转出申请人向转出地海关提出申请。②海关审核。转出地海关审核同意后，通知转入地主管海关。③减免税审批。转入申请人向转入地海关申请办理减免税审批手续。④签发证明。转入地海关审核无误后，签发《进出口货物征免税证明》。⑤报关手续。转出、转入申请人分别在各自的主管海关办理减免税货物的出口、进口报关手续。⑥解除监管。转出地海关办理转出减免税货物的解除监管手续；结转减免税货物的监管年限应当连续计算；转入地主管海关在剩余监管年限内对结转减免税货物继续实施后续监管，监管期满后申请解除监管，签发《减免税进口货物解除监管证明》。

（3）转让。在海关监管年限内，减免税申请人将进口减免税货物转让给不享受进口税收优惠政策或者进口同一货物不享受同等减免税优惠待遇的其他单位的，应当事先向减免税申请人主管海关申请办理减免税货物补缴税款和解除监管手续。

（4）移作他用。在海关监管年限内，减免税申请人需要将减免税货物移作他用的，应当事先向主管海关提出申请。经海关批准，减免税申请人可以按照海关批准的使用地区、用途、企业将减免税货物移作他用。它包括以下情形：①将减免税货物交给减免税申请人以外的其他单位使用的；②未按照原定用途、地区使用减免税货物的；③未按照特定地区、特定企业或者特定用途使用减免税货物的其他情形。

除海关总署另有规定外，按照上述第①款规定将减免税货物移作他用的，减免税申请人还应当按照移作他用的时间补缴相应的税款。移作他用的时间不能确定的，应当提交相应的税款担保，税款担保额不得低于剩余监管年限应补缴的税款总额。

（5）变更、终止。在海关监管年限内，减免税申请人发生分立、合并、股东变更、改制等情形的，权利义务承受人应当自营业执照颁发之日起30日内，向原减免税申请人的主管海关报告主体变更情况及原减免税申请人进口减免税货物的情况。经海关审核，需要补征税款的，承受人应当向原减免税申请人主管海关办理补税手续；可以继续享受减免税待遇的，承受人应当按照规定申请办理减免税备案变更或者减免税货物结转手续。

在海关监管年限内，因破产、改制或者其他情形导致减免税申请人终止，没有承受人的，原减免税申请人或者其他依法应当承担关税及进口环节海关代征税缴纳义务的主体应当自资产清算之日起30日内向海关申请办理补税和解除监管手续。

（6）退运、出口。在海关监管年限内，减免税申请人要求将进口减免税货物退运出境或者出口的，应当报主管海关核准。减免税货物退运出境或出口后，减免税申请人应持出口货物报关单向主管海关办理原减免税货物的解除监管手续。办理步骤如图3-5所示。

图3-5　减免税货物解除监管手续的办理步骤

减免税货物退运出境或者出口的,海关不再对退运出境或者出口的减免税货物补征相关税款。

(7) 贷款抵押。在海关监管年限内,减免税申请人要求以减免税货物向金融机构办理贷款抵押的,应当向主管海关提出书面申请,不得以减免税货物向金融机构以外的公民、法人或其他组织办理贷款抵押。减免税申请人以减免税货物向境内金融机构办理贷款抵押的,应当向海关提供下列形式的担保:①与货物应缴纳税款等值的担保金;②境内金融机构提供的相当于货物应缴税款的保函;③减免税申请人、境内金融机构共同向海关提交的《进口减免税货物贷款抵押承诺保证书》。

减免税申请人以减免税货物向境外金融机构抵押的,应提交与货物应缴纳税款等值的保证金或者境内金融机构提供的相当于货物应缴税款的保函。

2. 解除监管

解除监管包括以下两种形式。

(1) 自动解除监管。特定减免税进口货物监管期届满时,减免税申请人不必向海关申领《减免税进口货物解除监管证明》,有关减免税货物自动解除监管,可以自行处理。

(2) 申请解除监管。①期满申请解除监管。监管期届满,减免税申请人需要《减免税进口货物解除监管证明》的,可以自监管年限届满之日起 1 年内,持有关单证向海关申请领取。海关应当自接到特定减免税申请人的申请之日起 20 日内核实情况,并填发《减免税进口货物解除监管证明》。至此,特定减免税货物办结了全部海关手续。②监管期限内申请解除监管。特定减免税货物在海关监管期限内,因特殊原因出售、转让、放弃或者企业破产清算的,原《进出口货物征免税证明》的申请人办理有关进口货物的结关手续后,应当向原签发征免税证明的海关提出解除监管申请,主管海关经审核批准后,签发《减免税进口货物解除监管证明》。

第七节 暂准进出境货物通关

一、暂准进出境货物概述

(一)暂准进出境货物的概念

暂准进出境货物是暂准进境货物和暂准出境货物的合称。暂准进境货物是指为了特定的目的,经海关批准暂时进境,在规定的期限内原状复运出境的货物。暂准出境货物是指为了特定的目的,经海关批准暂时出境,在规定的期限内原状复运进境的货物。

(二)暂准进出境货物的特征

1. 有条件暂时免予缴纳税费

暂准进出境货物在向海关申报进出境时,不必缴纳进出口税费,但收、发货人需要向海关提供担保。

2. 免予提交进出口许可证件

暂准进出境货物不是实际进出口货物，只要按照暂准进出境货物的有关法律、行政法规办理进出境手续，可以免予交验进出口许可证件。但是，涉及公共道德、公共安全、公共卫生所实施的进出境管理制度的暂准进出境货物应当凭许可证件进出境。

3. 规定期限内按原状复运进出境

暂准进出境货物应自进境或者出境之日起 6 个月内复运出境或者复运进境。经收、发货人申请，海关可以根据规定延长复运出境或者复运进境的期限。

4. 按货物实际使用情况办结海关手续

暂准进出境货物都必须在规定的期限内，由货物的收、发货人根据货物的不同情况向海关办理核销结关手续。

(三)暂准进出境货物的范围

暂准进出境货物分为以下两大类。

第一类是指经海关批准暂时进出境时，纳税义务人应缴纳税款的保证金或提供其他担保暂不纳税，并按规定期限复运进境、出境的暂准进出境货物。其具体范围如下。

(1) 在展览会、交易会、会议及类似活动中展示或者使用的货物。

(2) 文化、体育交流活动中使用的表演、比赛用品。

(3) 进行新闻报道或者摄制电影、电视节目使用的仪器、设备及用品。

(4) 开展科研、教学、医疗活动使用的仪器、设备及用品。

(5) 上述 4 项所列活动中使用的交通工具及特种车辆。

(6) 货样。

(7) 慈善活动使用的仪器、设备及用品。

(8) 供安装、调试、检测设备使用的仪器及工具。

(9) 盛装货物的容器。

(10) 旅游用自驾交通工具及用品。

(11) 工程施工中使用的设备、仪器及用品。

(12) 海关批准的其他暂准进出境货物。

第二类是指除第一类以外的暂准进出境货物。第二类暂准进出境货物应当按照该货物的完税价格和其在境内、境外滞留时间与折旧时间的比例，按月缴纳进、出口税。本章对此类暂准进出境货物不做介绍。

二、暂准进出境货物的报关程序

(一)使用 ATA 单证册报关的暂准进出境货物

1. ATA 单证册概述

(1) ATA 单证册的含义。ATA 单证册是"暂准进口单证册"的简称，是指世界海关组织通过的《货物暂准进口公约》及其附约 A 和《关于货物暂准进口的 ATA 单证册海关公约》(以下简称《ATA 公约》)中规定使用的，用于替代各缔约方海关暂准进出口货物报关单和税费担保的国际性通关文件。

(2) ATA 单证册的格式。1 份 ATA 单证册一般由 8 页 ATA 单证组成：1 页绿色封面单证、1 页黄色出口单证、1 页白色进口单证、1 页白色复出口单证、2 页蓝色过境单证、1 页黄色复进口单证、1 页绿色封底。

我国海关只接受用中文或英文填写的 ATA 单证册。

(3) ATA 单证册的适用。在我国，使用 ATA 单证册的范围仅限于展览会、交易会、会议及类似活动项下的货物。除此以外的货物，我国海关不接受持 ATA 单证册办理进出口申报手续。

(4) ATA 单证册的管理。

① 出证担保机构。中国国际商会是我国 ATA 单证册的担保和出证机构，负责签发出境 ATA 单证册，向海关年保送所签发单证册的中文电子文本；协助海关确认 ATA 单证册的真伪；向海关承担 ATA 单证册持证人因违反暂时进出境规定而产生的相关税费罚款。

② 管理机构。海关总署在北京设立了 ATA 单证册核销中心，负责对 ATA 单证册的进出境凭证进行核销、统计和追索，应成员国担保人的要求，依据有关原始凭证，提供 ATA 单证册项下暂准进出境货物已经进境或者从我国复运出境的证明，并且对全国海关 ATA 单证册的有关核销业务进行协调和管理。

③ 延期审批。延长的期限和次数：我国使用 ATA 单证册报关的货物暂准进出境期限为自货物进境之日起 6 个月。超过 6 个月的，ATA 单证册持证人可以向海关申请延期，延期最多不超过 3 次，每次延长期限不超过 6 个月。延长期限届满应当复运出境、进境或者办理进出口手续。

延期申请及受理。ATA 单证册项下货物延长复运出境、进境期限的，ATA 单证册持证人应在规定期限届满 30 个工作日前向货物暂准进出境申请核准地海关提出延期申请，并提交《货物暂时进/出境延期申请书》以及相关申请材料。直属海关受理延期申请的，应于受理之日起 20 个工作日内制发《中华人民共和国海关货物暂时进出境延期申请批准决定书》或者《中华人民共和国海关货物暂时进/出境延期申请不予批准决定书》。参加展期在 24 个月以上展览会的展览品，在 18 个月延长期限届满后仍需要延期的，由主管地直属海关报海关总署审批。

续签：ATA 单证册项下暂时进出境货物申请延长期限超过 ATA 单证册有效期的，ATA 单证册持证人应当向原出证机构申请续签 ATA 单证册。续签的 ATA 单证册经主管地直属海关确认后可替代原 ATA 单证册。续签的 ATA 单证册只能变更单证册有效期限，其他项目均应当与原单证册一致。续签的 ATA 单证册启用时，原 ATA 单证册失效。

④ 追索。ATA 单证册项下暂时进出境货物未能按照规定复运出境或者过境的，ATA 核销中心向中国国际商会提出追索。自提出追索之日起 9 个月内，中国国际商会向海关提供货物已经在规定期限内复运出境或者已经办理进口手续证明的，ATA 核销中心可以撤销追索；9 个月期满后未能提供上述证明的，中国国际商会应当向海关支付税款和罚款。

2. 报关程序

(1) 进出口申报。

持 ATA 单证册向海关申报进出境货物(展览品)，不需要向海关提交进出口许可证件，也不需要另外提供担保。但进出境货物受公共道德、公共安全、公共卫生、动植物检疫、濒危野生动植物保护、知识产权保护等限制的，收、发货人或其代理人应当向海关提交相关的进出口许可证件。申报步骤如下。

① 进境申报。进境货物收货人或者其代理人持 ATA 单证册向海关申报进境展览品时，先在海关核准的出证协会中国国际商会以及其他商会，将 ATA 单证册上的内容预输入海关与商会联网的 ATA 单证册电子核销系统，然后向展会主管海关提交 ATA 单证册、提货单等资料。海关在白色进口单证上签注，并留存白色进口单证(正联)，将存根联和 ATA 单证册其他各联退还给货物收货人或其代理人。

② 出境申报。出境货物发货人或其代理人持 ATA 单证册向海关申报出境展览品时，向出境地海关提交国家主管部门的批准文件、纸质 ATA 单证册、装货单等单证。海关在绿色封面单证和黄色出口单证上签注，并留存黄色出口单证(正联)，将存根联和 ATA 单证册其他各联退还给出境货物发货人或其代理人。

③ 异地复运进出境申报。持证人持主管地海关签章的海关单证向复运出境、进境地海关办理手续。货物复运出境、进境后，主管地海关凭复运出境、进境地海关签章的单证办理核销结案。

④ 过境申报。过境货物承运人或其代理人持 ATA 单证册向海关申报将货物通过我国转运至第三国参展的，不填报关单。海关在 2 份蓝色过境单证上签注，留存蓝色出口单证(正联)，将存根联和 ATA 单证册其他各联退还给出境货物发货人或其代理人。

(2) 结关。

① 正常结关。持证人在规定的期限内将进境展览品、出境展览品复运出境、进境的，海关在白色复出口单证和黄色复进口单证上分别签注，留存单证正联，退还其存根联和 ATA 单证册其他各联给持证人，正式核销结关。

② 非正常结关。其管理办法如表 3-36 所示。

表 3-36 非正常结关的管理办法

情 况	管理办法
复运出境时，未核销、签注的	ATA 单证册核销中心凭另一缔约国海关在 ATA 单证册上签注的该批货物从该国进境或复运进境的证明，或者我国海关认可的能够证明该批货物已经实际离开我国境内的其他文件，作为货物已经从我国复运出境的证明，对 ATA 单证册予以核销
	持证人向海关缴纳调整费。但在我国海关发出《ATA 单证册追索通知书》前，持证人凭其他国海关出具的货物已运离我国关境的证明，要求予以核销单证册的，海关免收调整费
因不可抗力受损	无法原状复运出境、进境的，持证人应及时向主管海关报告，凭有关部门出具的材料办理复运出境、进境手续
	灭失或失去使用价值的，经海关核实后可以视为货物已经复运出境、进境
因非不可抗力受损	灭失或受损的，持证人应当按照货物进出口地的有关规定办理海关手续

(二)不使用 ATA 单证册报关的进出境展览品

1. 进出境展览品的范围

(1) 进境展览品。

进境展览品包括在展览会中展示或示范用的货物、物品，为示范展出的机器或器具所需的物品，展览者设置临时展台的建筑材料及装饰材料，供展览品示范宣传用的电影片、幻灯片、录像带、录音带、说明书、广告、光盘、显示器材等。

下列在境内展览会期间供消耗、散发的用品(以下简称展览用品)，由海关根据展览会性质、参展商规模、观众人数等情况，对其数量和总值进行核定，在合理范围内的，按照有关规定免征进口关税和进口环节税：①展览活动中的小件样品，包括原装进口的或者在展览期间用进口的散装原料制成的食品或者饮料的样品；②为展出的机器或器件进行操作示范所进口的并在示范过程中被消耗或损坏的物料；③布置或装饰展台消耗的低值货物；④展览期间免费向观众散发的有关宣传品；⑤供展览会使用的档案、表格及其他文件。

上述货物、物品应当符合下列条件：免费提供或发放给观众使用；单价较低、做广告样品用的；不适用于商业用途，且单位容量小于最小零售包装容量的；食品及饮料的样品确实是消耗掉的。

展览用品中的含酒精的饮料、烟叶制品、燃料不按展览品申报，不适用于免税的规定。展览会期间出售的小卖品，属于一般进口货物范围，进口时应当缴纳进口关税和进口环节代征税，属于许可证件管理的商品，应当交验许可证件。

(2) 出境展览品。

出境展览品包括国内单位赴国外举办展览会或参加外国博览会、展览会而运出的展览品；与展览活动有关的宣传品、布置品、招待品及其他公用物品。

与展览活动有关的小卖品、展卖品，可以按展览品报关出境，但是不按规定期限复运进境的办理一般出口手续，交验出口许可证和缴纳出口关税。

2. 展览品的暂准进出境期限

展览品的暂准进出境期限与 ATA 单证册下货物的期限一致，为 6 个月，经申请，主管海关批准可延期，延期最多不超过 3 次。展览品的暂准进出境期限如图 3-6 所示。

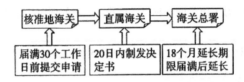

图 3-6　展览品的暂准进出境期限

3. 展览品的进出境申报

(1) 进境申报。

① 备案。境内展览会的办展人或者参加展览会的办展人、参展人应在展览品进境 20 个工作日前，持有关部门备案证明或者展览会主办单位的批准文件、展览品清单到主管地海关办理备案。

② 进境申报。展览品进境申报手续可以在展出地海关办理。从非展出地海关进境的，可以申请在进境地海关办理转关运输手续，将展览品在海关监管下从进境口岸转运至展览会举办地主管海关办理申报手续。展览会主办单位或其代理人应当向海关提交报关单、展览品清单、提货单、发票、装箱单和担保等。展览品中涉及检验检疫管制的，还应当向海关提交必要的许可证件。

③ 提供担保。展览会主办单位或其代理人应当向海关提供担保。在海关指定场所或者海关派专人监管的场所举办展览会的，经主管地直属海关批准，参展的展览品可以免予向海关提供担保。

④ 查验。海关一般在展览会举办地开箱查验。展览品开箱前，展会主办单位或其代理人应通知海关，以备海关查验。海关查验时，展览品所有人或其代理人应当到场，并负责搬移、开拆、封装货物。展览会展出或使用的印刷品、音像制品及其他需要审查的物品，还要经过海关的审查，才能展出和使用。对我国政治、经济、文化、道德有害的以及侵犯知识产权的印刷品、音像制品，不得展出或使用，由海关根据情况予以没收、退运出境或责令展出单位更改后使用。

(2) 出境申报。

① 备案。境内出境举办或者参加展览会的办展人、参展人应当在展览品出境 20 个工作日前，向主管地海关提交有关部门的备案证明或者批准文件及展览品清单等办理备案手

续。展会不属于有关部门行政许可项目的，办展人、参展人应当向主管海关提交邀请函、展位确认书等其他证明文件。

②　出境申报。展览品出境申报手续应在出境地海关办理，企业应当向海关提交批准文件、报关单、展览品清单(一式两份)等单证。

③　缴纳保证金。展览品属于应缴纳出口关税的，向海关缴纳相当于关税的保证金；属于核用品、核两用品及相关技术的出口管制商品的，应当提交出口许可证。

④　查验。海关对展览品进行开箱查验，查验完毕，海关留存一份清单，另一份封入"关封"还给发货人或其代理人，凭以办理展览品复运进境申报手续。

4.进出境展览品的核销结关

(1)　复运进出境。

进境展览品按规定期限复运出境，出境展览品按规定期限复运进境后，海关分别签发《进报关单证明联》，展览品所有人或其代理人凭以向主管海关办理核销结关手续。

异地复运出境、进境的展览品，进出境展览品的收、发货人应持主管地海关签章的海关单证向复运出境、进境地海关办理手续。货物复运出境、进境后，主管地海关凭复运出境、进境地海关签章的报关单证明联办理核销结案手续。

展览品未能按规定期限复运出境的，展览会主办单位或出国举办展览会的单位应当向主管海关申请延期，在延长期内办理复运进出境手续。

(2)　转为正式进出口。

进境展览品在展览期间被人购买的，展会主办单位和其代理人补办正式进出口手续，其中属于许可证管理的，还应当提交进口许可证件。

出口展览品在境外参加展览会后被销售的，由海关核对展览品清单后要求企业补办有关正式出口手续。

(3)　展览品放弃或赠送。

展览会结束后，进口展览品的所有人决定将展览品放弃交由海关处理的，由海关依法变卖后将款项上缴国库。

展览品的所有人将展览品赠送的，受赠人应当向海关办理进口申报、纳税手续，海关根据进口礼品或经贸往来赠送品的规定办理相关手续。

(4)　展览品毁坏、丢失、被窃。

非不可抗力因素：进境展览品因毁坏、丢失、被窃等非不可抗力原因不能复运出境的，展览会主办单位或其代理人应当向海关报告。对于毁坏的展览品，海关根据毁坏程度估价征税；对于丢失或被窃的展览品，海关按照进口同类货物征收进口税。

不可抗力因素：进出境展览品因不可抗力的原因受损，无法原状复运出境、进境的，进出境展览品的收、发货人应及时向主管地海关报告，凭有关部门出具的证明文件办理复运出境、进境手续；因不可抗力的原因灭失或者失去使用价值的，经海关核实后可以视为货物已经复运出境、进境。

(三)其他暂准进出境货物

1. 其他暂准进出境货物概述

(1) 其他暂准进出境货物的范围。

可以暂不缴纳税款的第一类 12 项暂准进出境货物,除使用 ATA 单证册报关的货物、不使用 ATA 单证册报关的展览品、集装箱箱体外,其余的均按照其他暂准进出境货物监管,均属于其他暂准进出境货物的范围。

(2) 其他暂准进出境货物的期限。

其他暂准进出境货物应当自进出境之日起 6 个月内复运出境或复运进境。超过 6 个月的,收、发货人可以向主管地海关申请延期。延期最多不超过 3 次,每次不超过 6 个月。延长期限届满应当复运出境、进境或者办理进出口手续。国家重点工程、国家科研项目使用的暂准进出境货物,在 18 个月延长期限届满后仍需要延期的,由主管地直属海关报海关总署审批。

(3) 其他暂准进出境货物的管理。

其他暂准进出境货物进出境核准属于海关行政许可事项,应当按照海关行政许可的程序办理。

① 暂准进出境的申请和审批。暂准进出境货物收、发货人向海关提出货物暂准进出境申请时,应按照海关要求提交《货物暂准进/出境申请书》、暂准进出境货物清单、发票和/或协议以及其他相关单据。海关就暂准进出境货物的暂准进出境申请作出是否批准的决定后,应当制发《货物暂时进/出境申请批准决定书》或者《货物暂时进/出境申请不予批准决定书》。

② 延期申请和审批。暂准进出境货物申请延长复运出境、进境期限的,收、发货人应在规定期限届满 30 个工作日前向货物暂准进出境申请核准地海关提出延期申请,并提交《货物暂准进/出境延期申请书》以及相关的申请材料。直属海关作出决定并制发相应的决定书。申请延长超过 18 个月的由海关总署作出决定。

2. 报关程序

报关程序如下。

① 进境申报。其他暂准进出境货物进境时,收货人或其代理人应向海关提交主管部门签发的暂时进境的批准文件、进口货物报关单、商业及货运单据等,向海关办理暂时进境申报手续。其他暂准进出境货物不必提交进口货物许可证,但对国家规定需要实施检验检疫的,或者为公共安全、公共卫生等实施管制措施的,仍应提交有关的许可证件。其他暂准进出境货物在进境时,收货人或其代理人免予缴纳进口税,但必须向海关提供担保。

② 出境申报。其他暂准进出境货物出境时,发货人或其代理人应向海关提交主管部

门签发的允许货物为特定目的而暂时出境的批准文件、出口货物报关单、商业及货运单据等，向海关办理暂时出境申报手续。其他暂准进出境货物，除易制毒化学品、监控化学品、消耗臭氧层物质、有关核出口、核用品及相关技术等属出口管制条例管制的商品或国际公约管制的商品外，无须交验许可证件。

③　异地复运出境、进境申报。货物复运出境、进境的其他暂准进出境货物，收、发货人应持主管地海关签章的海关单证向复运出境、进境地海关办理手续。货物复运出境、进境后，主管地海关凭复运出境、进境地海关签章的海关单证办理核销结案手续。

④　结关。不同情况下的结关管理如表 3-37 所示。

表 3-37　不同情况下的结关管理

情　况	结关管理
复运进出境	收、发货人或其代理人留存由海关签章的复运进出境的报关单，准备报核
转为正式进出口	收、发货人在货物复运出境、进境期限届满 30 个工作日前向主管地海关申请，经主管地直属海关批准后，按规定提交有关许可证件，办理货物正式进口或出口的报关纳税手续
放弃	货物所有人不准备将货物复运出境的，可以向海关声明将货物放弃，海关按放弃货物的有关规定处理
不可抗力	无法原状复运出境、进境的，收、发货人应及时向主管地海关报告，凭有关部门出具的证明文件办理复运出境、进境手续
	灭失或者失去使用价值的，经海关核实后可以视为货物已经复运出境、进境
非不可抗力	展品收、发货人应按货物进出口的有关规定办理海关手续
丢失、被窃	海关按照进口同类货物征收进口税

收、发货人向海关提交经海关签章的进出口货物报关单，或者处理放弃货物的有关单据，以及有关其他单证，申请报核。海关经审核，情况正常的，退还保证金或办理其他担保销案手续，予以结关。

第八节　过境、转运、通运货物通关

一、过境货物通关

(一)过境货物概述

1. 过境货物的含义

过境货物是指从境外起运，在我国不论是否换装运输工具，通过陆路运输，继续运往境外的货物。

2. 过境货物的范围

过境货物的范围如下。

(1) 准予过境的货物：①与我国签有过境货物协定、铁路联运协议的国家的过境货物；②同我国签有过境货物协定的国家收、发货的过境货物；③未与我国签有过境货物协定但经国家商务、运输主管部门批准，并向入境地海关备案后准予过境的货物。

(2) 禁止过境的货物：①来自或运往我国停止或禁止贸易的国家和地区的货物；②各种武器、弹药、爆炸物及军需品；③各种烈性毒药、麻醉品和毒品；④我国法律、行政法规禁止过境的货物、物品。

3. 过境货物的监管要求

过境货物的监管要求如下。

(1) 海关对过境货物监管的目的。防止过境货物滞留境内，或将境内货物混装出境，以及防止禁止过境货物从我国过境。

(2) 海关对过境货物经营人的要求：①过境货物经营人应当持主管部门的批准文件和工商行政管理部门颁发的营业执照向海关主管部门申请办理注册登记手续；②运输工具具有海关认可的加封条件或装置；③应当保护海关封志完整，不得开启或损毁。

(3) 海关对过境货物监管的其他规定：①民用爆炸品、医用麻醉品应取得海关总署的批准；②伪报货名、国名，运输我国禁止过境货物的，依法扣留；③海关可以实施检查，相关人员应到场；④如果在境内发生毁损或灭失(不可抗力除外)，必须向出境地海关补交进口关税。

(二)过境货物报关程序

1. 进出境报关

(1) 过境手续。过境货物进境时，过境货物经营人应填写《过境货物入境报关单》向海关申报，并提交运单、转载清单、载货清单、发票、装箱单等。

(2) 进境关封。进境地海关审核无误后，在提运单上加盖"海关监管货物"戳记，将报关单和过境清单制作关封后加盖"海关监管货物"专用章，并把上述单证退还给经营人。经营人或承运人应将入境地海关签发的关封完整、及时地带交出境地海关。

(3) 出境申报。货物出境须向出境地海关申报，经营人应填写《过境货物出境报关单》，并提交进境地海关签发的关封和过境货物运输单据等其他单证。

(4) 出境放行。出境地海关审核单证、关封和货物，确认无误后，在运单上加盖放行章，加盖放行章，监管货物出境，并将一份过境货物出境报关单寄送入境地海关核销。

2. 过境期限

过境货物的过境期限为 6 个月，因特殊原因可以向海关申请延期，经海关同意后，最长可延长 3 个月；超过规定期限 3 个月不过境，海关可提取变卖。

3. 境内暂存和运输

过境货物进境后因换装运输工具等原因需要卸下储存时，应经海关批准并在其监管下进入海关指定或同意的仓库或场所。

过境货物应当按照运输主管部门规定的线路运输；没有规定的，由海关指定。海关可根据情况派员押运过境。

二、转运货物通关

(一)转运货物概述

1. 转运货物的定义

转运货物是指由境外启运，通过我国境内设立海关的地点换装运输工具，直接继续运往境外，不通过境内陆路运输的货物。

2. 转运货物的范围

转运货物涉及的范围如下。

(1) 持转运或联运提货单的。

(2) 载货清单上注明是转运货物的。

(3) 持普通提货单，但启运前向海关声明转运的。

(4) 误卸进口货物，承运方提供证明的。

(5) 因特殊原因申请转运，获海关批准的。

3. 转运货物的管理

转运货物的管理涉及以下几个方面。

(1) 海关对转运货物监管的目的：防止混卸进口和混装出口。

(2) 转运货物的处理：存放期间不得开拆、改换包装或进行加工。

(3) 转运货物的存放期限：3 个月，超过规定期限 3 个月，海关可提取变卖。此外，海关有权进行查验。

(二)转运货物的通关程序

转运货物的通关涉及以下几个方面的内容。

(1) 运输工具负责人或其代理人在向海关申报转运货物时，必须持有通运或联运提运单据，并在运输工具载货清单或运单上已注明为转运货物。

(2) 运输工具负责人或其代理人在出境地海关同时办理货物进出境报关手续，即先出口申报并在报关单注明为转运货物，出口申报后再办理进口报关手续，在进口报关单中注明集装箱号、封志号、出口报关号，最终将进口报关单号填写在出口报关单中。

(3) 转运货物自进境起到出境止，属海关监管货物，海关一般不予实施查验或仅作外形核对，但海关保留查验权。具体的监管责任划分为：进境地海关负责将货物监管到货物离开进境地海关监管码头(即到离开进境地港区为止)；出境地海关负责货物从离开进境地海关监管码头到最终出境止。

(4) 货物由进境地海关到出境地海关之间运输必须由在海关备案登记的转关运输车辆承运。

(5) 对于所申报的转运货物如属于国家严禁进口或重点敏感商品或散杂货，必须由进境地海关负责押运到出境地海关。

(6) 进出境地海关对转运货物应设专人管理，实行台账登记制，定期进行核对。对已办完出口报关手续的，不允许办理退退，因某种原因未赶上船期，可改装下一个船期。

(7) 转运货物必须在运输工具申报进境之日起 3 个月内办理海关手续并转运出境。逾期未办的，海关按照海关法规定提取变卖。运输工具负责人或其代理人必须严格按照海关的上述规定办理海关手续，并承担相关的法律责任。

(8) 转运货物的国际出境申报。运输工具负责人在国际转运货物出境前按照出境运输工具名称、航次号等填写《外国货物转运准单》一式两份，同时提供《转运货物放行通知单》一式两份，以及列明转运货物的名称、数量、启运地和到达地等内容的运输工具载运清单，向出境地海关办理转运货物报关手续。

出境地海关将《外国货物转运准单》《转运货物放行通知单》与留存的进境国际转运货物载货清单进行核对，无误后在《外国货物转运准单》和《转运货物放行通知单》上加盖"国际转运放行章"。

《外国货物转运准单》由海关留存，《转运货物放行通知单》由运输工具负责人交由货物运输专用堆场，专用堆场凭此发货装运出境。

三、通运货物通关

(一)通运货物定义

1. 通运货物的概念

通运货物是指从境外启运，不通过我国境内陆路运输，运进境后由原运输工具载运出境的货物。它包括以下两层含义。

(1) 运输工具在到达中国第一个口岸办理联检手续时，运输工具负责人应向海关申报的《船舶进口报告书》或《进口载货清单》上注明有无通运货物，如有通运货物，需要在船舶装卸货物时倒装，船方则应向海关申请，并在海关监管下通行。

(2) 由于国际货物运输的原因，运输工具需要中途靠港或降落，其装载的未到达目的国的货物并不卸下，在运输工具完成靠、降作业后出境继续运输。海关对此类通运货物的管理主要是防止通运货物与其他货物的混卸、误卸，监管其继续运往境外。

过境、转运、通运货物的区别如表 3-38 所示。

表 3-38　过境、转运、通运货物的区别

货物 项目	过境货物	转运货物	通运货物
运输形式	通过我国境内陆路运输	不通过我国境内陆路运输	原装载运输工具进出境
是否换装运输工具	不论是否换装	换装	不换装
期限	6 个月，可延长 3 个月	3 个月	无表述

2. 通运货物的管理

通运货物自进境起至出境止，属于海关监管货物，未经海关许可不得从运输工具上卸下。运输工具因装卸其他货物需要倒装卸下通运货物时，应向海关申请，在海关监管下进行，并如数装回原运输工具。

(二)通运货物的报关程序

通运货物的报关程序如下。

(1) 运输工具的负责人持《船舶进口报告书》或《进口载货舱单》申报。

(2) 在运输工具抵、离境时对申报的货物予以核查，需要倒装货物时，应向海关申请并在其监管下进行。

第九节　其他进出境货物通关

一、货样、广告品通关

(一)货样、广告品概述

1. 货样、广告品的含义

货样是指专供订货参考的进出口货物样品。广告品是指进出口用以宣传有关商品内容的广告宣传品。

2. 货样、广告品的分类

货样、广告品 A：有进出口经营权的企业按价购买或销售的货样、广告品。

货样、广告品 B：没有进出口经营权的企业(单位)进出口及免费提供进出口的货样、广告品。

(二)货样、广告品的报关程序

1. 货样、广告品报关的证件管理

货样、广告品报关的证件管理如表 3-39 所示。

表 3-39　货样、广告品报关的证件管理

货物项目	管　理	条　件
进口	非许可证	货样、广告品 A 凭经营权申报
		1000 元人民币以下的货样、广告品 B，凭其主管司局级以上单位证明申报；1000 元人民币以上的，凭省级商务主管部门审批证件申报
	许可证	进口属于许可证管理的货样、广告品，凭许可证申报
	自动进口许可证	属于自动进口许可证管理的机电产品和一般商品，每批次价值 5000 元人民币以下的，免领自动进口许可证
		旧机电产品按其进口规定办理
	入境货物通关单	列入《法检目录》的货物需要处理
	出口许可证	免交：货样每批次 3 万元人民币及以下交；货样每批次 3 万元人民币以上；两用物项和技术的货样或试验用样品
	出境货物通关单	列入《法检目录》的货物需要处理

2. 货样、广告品报关的税收管理

货样、广告品报关的税收，每次总值在 400 元人民币及以下的，免征；400 元人民币以上的，超出部分征收超出部分关税和进口环节代征税。

二、加工贸易不作价设备通关

(一)加工贸易不作价设备概述

1. 加工贸易不作价设备的含义

加工贸易不作价设备是指与加工贸易经营企业开展加工贸易(包括来料加工、进料加工及外商投资企业履行产品出口合同)的境外厂商，免费(不需要境内加工贸易经营企业付汇，也不需要用加工费或差价偿还)向经营单位提供的加工生产所需的设备。

加工贸易不作价设备既包括来料加工项下进口的不作价设备，也包括进料加工项下进口的不作价设备。加工贸易进口设备必须是不作价的，可以由境外厂商免费提供，也可以向境外厂商免费借用(临时进口不超过半年的单件的模具、机器除外)。进口设备的一方不能以任何方式、任何途径，包括用加工费扣付、出口产品减价等来偿付提供设备的一方的设备价款或租金。

2. 加工贸易不作价设备的范围

加工贸易境外厂商免费提供的不作价设备，如果属于国家禁止进口商品和《外商投资项目不予免税的进口商品目录》所列商品，海关不能受理加工贸易不作价设备申请；除此以外的其他商品，加工贸易企业可以向海关提出加工贸易不作价设备免税进口的申请。

3. 加工贸易不作价设备的特征

加工贸易不作价设备与保税加工货物进境后虽然都用于加工贸易生产，但有明显的区别：前者是加工贸易生产设备，进境后使用时一般不改变形态，国家政策不强调加工后复运出境；后者是加工贸易生产料件，进境后使用时一般会改变形态，国家政策强调加工后复运出境。

加工贸易不作价设备与特定减免税设备都是免税进境的生产设备，但在海关管理上有明显的区别：前者按保税货物管理，后者按特定减免税货物管理。加工贸易不作价设备与保税加工货物、特定减免税货物一样，在进口放行后需要继续监管。

(二)加工贸易不作价设备的报关程序

1. 备案

加工贸易不作价设备的备案合同应当是订有加工贸易不作价设备条款的加工贸易合同或者加工贸易协议，单独的进口设备合同不能办理加工贸易不作价设备的合同备案。为加工贸易不作价设备备案的加工贸易经营企业应当符合下列条件之一：设立独立、专门从事加工贸易(不从事内销产品加工生产)的工厂或车间，并且不作价设备仅限在该工厂或车间使用；对于未设立独立、专门从事加工贸易的工厂或车间、以现有加工生产能力为基础开展加工贸易的项目，使用不作价设备的加工生产企业，在加工贸易合同(协议)期限内，其每年加工的产品必须有70%以上属于出口产品。

加工贸易不作价设备的备案手续如下：①凭商务主管部门批准的加工贸易合同(协议)和批准件及"加工贸易不作价设备申请备案清单"到加工贸易合同备案地主管海关办理合同备案申请手续；②主管海关根据上述单证及其他有关单证，对照《外商投资项目不予免税的进口商品目录》，审核准予备案后，核发《加工贸易登记手册》。

海关核发的《加工贸易登记手册》的有效期一般为1年，1年到期前，加工贸易经营企业可以向海关提出延期申请，延长期一般为1年，可以申请延长4次。加工贸易不作价设备不纳入加工贸易银行保证金台账管理的范围，因此不需要设立台账。海关可以根据情况对加工贸易不作价设备收取相当于进口设备应纳进口关税和进口环节海关代征税税款金额的保证金或者银行或非银行金融机构的保证函。不在加工贸易合同或者协议里订明的单独进口的不作价设备及其零配件、零部件，海关不予备案。

2. 进口

企业凭登记手册向口岸海关办理进口报关手续，口岸海关凭登记手册验放。除国家另有规定外，加工贸易不作价设备进境时免进口关税，不免进口环节增值税。如有涉及进口许可证件管理的，可免交进口许可证件。

加工贸易不作价设备进口申报时，报关单的贸易方式栏填"不作价设备"(代码0320)；对于临时进口(期限在6个月以内)的加工贸易生产所需的不作价模具、单台设备，按暂准进境货物办理进口手续。

3. 核销

加工贸易不作价设备自进口之日起至退运出口并按海关规定解除监管止，属海关监管货物，企业应按海关的规定保管、使用。加工贸易不作价设备的海关监管期限是根据特定减免税货物的海关监管期限来规定的。加工贸易不作价设备的海关监管期限一般是5年。申请解除海关监管有两种情况：监管期内和监管期满。

(1) 监管期内。监管期限未满，企业申请提前解除监管，主要有5种情况。

① 结转。加工贸易不作价设备在享受同等待遇的不同企业之间结转，以及转为减免税设备的，转入和转出企业分别填制进口、出口货物报关单。报关单贸易方式栏根据报关企业所持的加工贸易登记手册或征免税证明，分别选择填报"加工贸易设备结转""减免税设备结转"；报关单备案号栏分别填报加工贸易登记手册编号，征免税证明编号或为空；报关单其他栏目按海关现行《报关单填制规范》关于结转货物的要求填报。

② 转让。加工贸易不作价设备转让给不能享受减免税优惠或者不能进口加工贸易不作价设备的企业，必须由原备案加工贸易合同或者协议的商务主管部门审批，并按照规定办理进口海关手续，填制进口货物报关单，提供相关的许可证件，按照以下计算公式确定完税价格，缴纳进口关税：

转让设备进口完税价格(CIF)×{1-[按加工贸易不作价设备规定条件使用月数÷(5×12)]}

不足15日的，不计月数；超过或者等于15日的，按1个月计算。

③ 留用。监管期未满企业将加工贸易不作价设备移作他用，或者虽未满监管期但加工贸易合同已经履约本企业留用的，必须由原备案加工贸易合同或者协议的商务主管部门审批，并按照规定办理进口海关手续，填制进口货物报关单，提供相关的许可证件，按照上述计算公式确定完税价格，缴纳进口关税。

④ 修理、替换。进境的加工贸易不作价设备需要出境修理或者由于质量或规格不符需要出境替换的，可以使用加工贸易不作价设备登记手册申报出境和进境，也可以按照出境修理货物或者无代价抵偿货物办理海关进出境手续。

⑤ 退运。监管期内退运应当由原备案加工贸易合同或者协议的商务主管部门审批，凭批准件和加工贸易不作价设备登记手册到海关办理退运出境手续。

(2) 监管期满。加工贸易不作价设备5年监管期满，如不退运出境，可以留用，也可以向海关申请放弃。

监管期限已满的加工贸易不作价设备，要求留在境内继续使用的，企业可以向海关申请解除监管，也可以自动解除海关监管。监管期满既不退运也不留用的加工贸易不作价设备，可以向海关申请放弃，海关比照放弃货物办理有关手续。放弃货物要填制进口货物报关单。

三、出料加工货物通关

(一)出料加工货物概述

出料加工货物是指我国境内企业运到境外进行技术加工后复运进境的货物。

只有在国内现有的技术手段无法或难以达到产品质量要求而必须运到境外进行某项工序加工的情况下，才可以开展出料加工业务。出料加工原则上不能改变原出口货物的物理形态；完全改变原出口货物物理形态的出口加工，属于一般出口。

出料加工货物 6 个月内应当复运进境；经海关批准可以延期，延长的期限最长不得超过 3 个月。

(二)出料加工货物的报关程序

1. 备案

开展出料加工的经营企业应当到主管海关办理出料加工合同的备案申请手续。海关根据出料加工的有关规定审核决定是否受理备案，受理备案的应当核发《出料加工登记手册》。

2. 进出口手续

(1) 出境申报。

单证：手册、出口货物报关单、货运单据及其他单证；属于许可证管理的，免交许可证件。

缴税：应征出口税，提供担保。

监管：海关可以对出料加工货物附加标志、标记或留取货样。

(2) 进境申报。

单证：手册、进口货物报关单、货运单据及其他单证。

缴税：以境外加工费、材料费、复运进境的运输及相关费用和保险费审查确定完税价格，征收进口关税和进口环节海关代征税。

(3) 核销。

出料加工货物全部复运进境后，经营企业应当向海关报核，海关进行核销；提供担保的，应当退还保证金或者撤销担保。

出料加工未在海关允许期限内复运进境的，海关按照一般进出口货物办理，将货物出境时收取的税款保证金转为税款，货物进境时按一般进出口货物征收进口关税和进口环节海关代征税。

四、无代价抵偿货物通关

(一)无代价抵偿货物概述

1. 无代价抵偿货物的含义

无代价抵偿货物是指进出口货物在海关放行后，因残损、短少、品质不良、规格不符等原因，由进出口货物的收、发货人、承运人或者保险公司免费补偿或者更换的与原货相同或者与合同规定相符的货物。

收、发货人申报进出口的无代价抵偿货物，与退运出境或者退运进境的原货物不完全相符或者与合同规定不完全相符的，经收发货人说明理由，海关审核认为理由正当且税则号列未发生改变的，仍属于无代价抵偿货物的范围。

收、发货人申报进出口的免税补偿或者更换的货物，其税则号列与原进出口货物的税则号列不一致的，不属于无代价抵偿货物的范围，属于一般进出口货物。也就是说，前后更换的货物税则号列必须相同。

2. 无代价抵偿货物的特征

(1) 无代价抵偿货物进出口时无须交验进出口许可证。

(2) 税费。进出口不征收关税；进出口与原货物或合同规定不完全相符的无代价抵偿货物，应按规定计算与原进出口货物的税款差额，多退少补。其中，低于原征收税款，且原进出口货物的发货人、承运人或者保险公司同时补偿货款的，海关应当退还补偿货款部分的相应税款；未补偿货款的，不予退还。

(二)无代价抵偿货物的报关程序

1. 因残损、品质不良或规格不符引起的无代价抵偿货物的进出口报关手续

(1) 原进口货物退运出境。原进口货物退运出境报关时，海关不予征收出口关税。

(2) 原进口货物不退运出境，放弃交由海关处理。原进口货物的收货人愿意放弃，交由海关处理的，海关应当依法处理并向收货人提供依据，凭以申报进口无代价抵偿货物。

(3) 原进口货物不退运出境也不放弃的，申报进口。原进口货物的收货人应当按照海关接受无代价抵偿货物申报进口之日适用的有关规定申报进口，并按照海关对原进口货物重新估定的价格计算的税额缴纳进口关税和进口环节海关代征税；属于许可证管理的商品，应提交许可证。

(4) 原出口货物退运进境。原出口货物的发货人或其代理人应当办理被更换的原出口货物中残损、品质不良或规格不符货物退运进境的报关手续。被更换的原出口货物退运进境时，不征收进口关税和进口环节海关代征税。

(5) 原出口货物不退运进境。原出口货物的发货人应当按照海关接受无代价抵偿货物申报出口之日适用的有关规定申报出口，并按照海关对原出口货物重新估定的价格计算的税额缴纳出口关税；属于许可证管理的商品，应提交许可证。

2. 申报期限

向海关申报进口无代价抵偿货物应在原进出口合同规定的索赔期内，且自原货物进口之日起不超过 3 年。

3. 无代价抵偿货物报关应提供的单证

除提交报关单和基本单证外，无代价抵偿货物报关还需要提供其他特殊单证。①进口特殊单证：原进口货物报关单、原退运报关单或放弃证明或缴税证明(补偿的货物)、原进口货物缴税证明或征免税证明、索赔协议。②出口特殊单证：原出口货物报关单、原退运报关单或缴税证明(补偿的货物)、原出口货物税款缴款书、索赔协议。此外，还需要提供商品检验机构出具的原出口货物残损、短少、品质不良或者规格不符的检验证明书或者其他有关证明文件。

五、退运货物通关

退运货物是指原进出口货物因各种原因造成退运进口或退运出口的货物，包括一般退运货物和直接退运货物。

(一)一般退运货物通关

一般退运货物是指已办理进出口申报手续且海关已放行出口或进口，因各种原因造成退运进口或退运出口的货物。

1. 一般退运进口货物的海关手续

(1) 报关。

① 原出口货物已收汇。原出口货物退运进境时，已收汇，已核销的，原发货人或其代理人应填写进口货物报关单向进境地海关申报，并提供原出口货物报关单、《外汇核销单出口退税专用联》(加盖已核销专用章)或《出口商品退运已补税证明》(税务部门出具)、保险公司证明或承运人溢装、漏卸的证明等。

② 原出口货物未收汇。原出口货物退运进境时，若未收汇，原发货人或其代理人在办理退运手续时，应提交原出口货物报关单、外汇核销单、报关单退税证明联，同时填写进口货物报关单；若部分退运进口，海关则需在原出口货物报关单上批注退运的实际数量、金额后退回企业并留存复印件，海关核实无误后，验放有关货物进境。

(2) 税收

出口货物自出口之日起 1 年内原状退货复运进境的，海关核实后，不予征收进口税。原出口时已征收出口税，并已重新缴纳因出口而退还的国内环节税的，自缴纳出口税款之日起 1 年内准予退还。

2. 一般退运出口货物的海关手续

因故退运出口的进口货物，原收货人或其代理人应填写出口货物报关单，并提供原进口货物报关单、保险公司证明或承运人的证明。因品质或规格原因 1 年内退运出境的，免征出口关税，已收取的进口税，1 年内予以退还。

(二)直接退运货物通关

直接退运货物是指货物在进境后、办结海关放行手续前，进出口货物的收、发货人、原运输工具负责人或其代理人(以下简称当事人)申请退运境外，或者海关根据国家有关规定责令直接退运境外的全部或者部分货物。

1. 当事人申请直接退运

(1) 可以退运的范围：①合同执行期间国家贸易政策调整，收货人无法提供相关证件的；②属于错发、误卸货物，并且能够提供相关证明的；③收发货人一致同意退运，并能够提供双方同意退运的书面证明的；④发生贸易纠纷，能够提供法院判决书、仲裁机构仲裁决定书或者无争议的有效货物所有权凭证的；⑤货物残损或者国家检验检疫不合格，能够提供有关证明文件的。

在当事人申请直接退运前，海关已经确定查验或者认为有走私违规嫌疑的货物，不予办理退运。

(2) 报关程序：①提交单证：《进口货物直接退运申请书》及申请表、合同、发票、装箱清单、原报关单、提运单或载货清单。海关按照行政许可程序受理或者不予受理，受理并批准直接退运的，制发《进口货物直接退运申请受理决定书》(以下简称《决定书》)。②填制报关单：当事人办理进口货物直接退运的申报手续时，应当先填写出口货物报关单向海关申报，再填写进口货物报关单。因进出口货物的收、发货人或承运人的责任造成的错发、误卸或者溢卸，经海关批准的，免填报关单，凭《决定书》直接办理退运手续。③许可证：经海关批准直接退运的货物，不需要交验进出口许可证或者其他监管证件。④计征税费：免征各种税费及滞报金。进口货物直接退运的，应当从原进境地口岸退运出境，因运输原因需要改变运输方式或者由另一口岸退运出境的，应当经由原进境地海关批准后，以转关运输的方式出境。

2. 海关责令直接退运的货物

(1) 范围：①进口国家禁止进口的货物，经海关依法处理后的；②违反国家检验检疫政策、法规,经国家检验检疫部门处理并出具《检验检疫处理通知书》(以下简称《通知书》)的;③未经许可擅自进口属于限制进口的固体废物原料,经海关依法处理后的;④违反国家法律、法规,应当责令直接退运的其他情形。

(2) 报关手续。①填制报关单:因进出口货物的收、发货人或承运人的责任造成的错发、误卸或者溢卸,经海关责令退运的,免填报关单,凭《通知书》直接办理退运手续。②计征税费:免税、免滞报金,不列入海关统计。

六、退关货物通关

(一)退关货物的含义

退关货物又称出口退关货物,是指出口货物在向海关申报出口后被海关放行,因故未能装上运输工具,发货单位请求将货物退运出海关监管区域不再出口的行为。

(二)退关货物的报关程序

1. 提出申请

出口货物的发货人及其代理人应当在得知出口货物未装上运输工具,并决定不再出口之日起 3 日内,向海关申请退关。

2. 海关审核

经海关核准且撤销出口申报后方能将货物运出海关监管场所。

3. 申请退税

已缴纳出口税的退关货物,可以自缴纳税款之日起 1 年内,提出书面申请,向海关申请退税。

4. 注销

出口货物的发货人及其代理人办理出口货物退关手续后,海关应对所有单证予以注销,并删除有关报关电子数据。

七、进出境快件通关

(一)进出境快件概述

1. 进出境快件的定义

进出境快件是指进出境快件运营人以向客户承诺的快速商业运作方式承揽、承运的进出境货物、物品。进出境快件运营人,即营运人,是指依法注册并在海关登记备案的从事进出境快件运营业务的国际货物运输代理企业。

2. 进出境快件的分类

(1) 文件类。文件类包括免税且无商业价值的文件、单证、单据等。

(2) 个人物品类。个人物品类包括自用、合理数量范围内的进出境旅客分离运输的行李和个人物品。

(3) 货物类。货物类即除文件和个人物品外的其他进出境快件。

(二)进出境快件的报关程序

1. 申报方式

按照海关的要求采用纸质文件或电子数据交换的方式向海关办理报关手续。

2. 申报时效

进境的快件，应该自运输工具申报进境之日起 14 日内向海关办理报关手续；出境的快件，应该在运输工具离境 3 小时之前，向海关申报。

3. 单证

(1) 文件类。

营运人需要提供《进出境快件 KJ1 报关单》(见样例 3-2)、总运单副本和其他单证等。

样例 3-2　进出境快件 KJ1 报关单

报关单编号：

运营人名称：　　　进/出口岸：　　　运输工具航次：　　　进/出口日期：　　　总运单号码：

序号	分运单号码	货物名称	件数	重量(KG)	收/发件人名称	验放代码

本运营人保证：　年　月　日向海关申报的上述物品为《中华人民共和国海关对进出境快件监管办法》中的 A 类范围内的物品，并就申报的真实性和合法性向你关负法律责任。

(运营人报关专用章)报关员：　　　　　申报日期：

以下由海关填写

海关签章：　　　经办关员：　　　日期：　　　查验关员：　　　日期：

(2) 个人物品类。

营运人需要提供《进出境快件个人物品申报单》(见样例 3-3)，每一进出境快件的分运单、进境快件收件人或出境快件发件人的身份证影印件和其他单证等。

样例 3-3　进出境快件个人物品申报单

报关单编号：

运营人名称：	进出/口岸：		运输工具航次：		进/出口日期：		总运单号码：				
序号	分运单号码	物品名称	价值(RMB)	件数	税率	税额	收/发件人名称	国别/地区	证件号码	验放代码

本运营人保证：　年　月　日向海关申报的上述物品为《中华人民共和国海关对进出境快件监管办法》中的个人物品类范围内的物品，并就申报的真实性和合法性向你关负法律责任。

(运营人报关专用章)报关员：　　　申报日期：

以下由海关填写

海关签章：　　　经办关员：　　　日期：　　　查验关员：　　　日期：

(3) 货物类。

货物类快件申报需要提交的单证如表 3-40 所示。

表 3-40　货物类快件申报需要提交的单证

条　件	单　证
关税税额 50 元以下及海关准予免税的货样、广告品	提交《进出境快件 KJ2 报关单》(见样例 3-4)
征税进境的货样、广告品	提交《进出境快件 KJ3 报关单》(见样例 3-5)
其他进境的货物类快件	按进口货物的报关程序报关
出境的货样、广告品(法律、行政法规规定实行许可证管理的、应征出口关税的、需要出口收汇的、需要出口退税的除外)	提交 KJ2 报关单、每一出境快件的分运单、发票和海关需要的其他单证
其他出境的货物类快件	按出口货物相应的报关程序提交申报单证

样例 3-4　进出境快件 KJ2 报关单

报关单编号：

运营人名称：		进/出口岸：	运输工具航次：		进/出境日期：	总运单号码：	
序号	分运单号码	货物名称	价值(RMB)	重量(KG)		收/发件人名称	验放代码

本运营人保证：　　年　月　日向海关申报的上述物品为《中华人民共和国海关对进出境快件监管办法》中的 B 类范围内的物品，并就申报的真实性和合法性向你关负法律责任。

(运营人报关专用章)报关员：　　　　　　申报日期：

以下由海关填写

海关签章：　　　经办关员：　　　日期：　　　查验关员：　　　日期：

样例 3-5　进出境快件 KJ3 报关单

报关单编号：

运营人名称：			进/出口岸：		运输工具航次：			进/出境日期：		总运单号码：				
序号	分运单号码	经营单位	货物名称	价值(RMB)	重量(KG)	件数	商品编号(H.S.)	关税税率	关税税额	增值税税率	增值税税额	消费税税率	消费税税额	收/发件人名称	验放代码

本运营人保证：　　年　月　日向海关申报的上述物品为《中华人民共和国海关对进出境快件监管办法》中的 C 类范围内的物品，并就申报的真实性和合法性向你关负法律责任。

(运营人报关专用章)报关员：　　　　　　申报日期：

以下由海关填写

海关签章：　　　经办关员：　　　日期：　　　查验关员：　　　日期：

4. 查验

海关查验进出境快件时，运营人应派员到场，并负责进出境快件的搬移、开拆、封装。

海关对进出境快件中的个人物品实施开拆查验时，运营人应通知进境快件的收件人或出境快件的发件人到场。收件人或发件人不能到场的，运营人应向海关提交其委托书，代理其履行义务，并承担相应的法律责任。海关认为必要时，可对进出境快件径行开验、复验或提取货样。

八、海关监管货物转关申报

(一)海关监管货物转关概述

1. 转关的含义

进口转关：从进境地入境，向海关申请转关，运往另一个设关地点进口报关。出口转关：货物在启运地出口报关运往出境地，由出境地海关监管出境。

2. 申请转关运输的条件

(1) 可申请转关运输的条件：①指运地和启运地都设有海关；②指运地和启运地都有监管场所；③承运人应在海关注册登记，并按海关规定的路线和时间将货物运往指定场所。

(2) 不得转关的货物：①进口的废物(废纸除外)；②进口的易制毒化学品、监控化学品、消耗臭氧层物质；③进口的汽车整车，包括成套散件和二类底盘；④国家检验检疫部门规定必须在口岸检验检疫的商品。

3. 转关运输的方式

转关运输的方式有提前报关转关、直转、中转，具体内容如表3-41所示。

表3-41　转关运输的方式

转关方式	流　向	申报地	办理报关手续地
提前报关转关	进口	指运地先申报	再到进境地办理转关
	出口	货未到启运地先申报	货到监管场所后再办理转关
直转	进口	进境地办理转关	指运地办理报关
	出口	启运地报关	启运地办理转关
中转	进口	指运地办理报关	进境地办理转关
	出口	启运地办理报关	启运地办理转关

4. 转关管理

(1) 转关运输的期限。①直转方式转关的期限。以直转方式转关的进口货物应当自运输工具申报进境之日起14日内向进境地海关办理转关手续；在海关限定期限内，自运抵指运地之日起14日内，向指运地海关办理报关手续，逾期按规定征收滞报金。②提前报关方式转关的期限。提前报关的进口转关货物应自电子数据申报之日起5日内，向进境地海关办理转关手续，超过期限仍未到进境地海关办理转关手续的，指运地海关撤销提前报关的电子数据；出口转关货物应自电子数据申报之日起 5 日内，运抵启运地海关监管场所，办理转关和验放等手续，超过期限的，启运地海关撤销提前报关的电子数据。

(2) 转关申报单证的法律效力。转关货物申报的电子数据与书面单证具有同等的法律效力，对确实因为填报或传输错误的数据，有正当的理由并经海关同意，可作适当的修改或者撤销。对海关已决定查验的转关货物，则不再允许修改或撤销申报内容。

(二)海关监管货物转关的报关程序

1. 进口货物的转关

(1) 提前报关的转关(先在指运地报关，后在进境地转关)。进口货物收货人或其代理人(货主)在进境地海关办理进口货物转关手续前，向指运地海关传送进口货物报关单电子数据。指运地海关提前受理电子申报，接受申报后，计算机自动生成进口转关货物申报单，传输至进境地海关。收货人或其代理人在进行电子数据申报后，5 日内向进境地海关申请办理转关手续，提交进口转关货物申报单编号，需要提交的单证包括进口转关货物核放单(在广东省内公路运输的，提交进境汽车载货清单)、汽车载货登记簿或船舶监管簿、提货单。

(2) 直转方式转关(先在进境地办转关后在指运地办报关)。货物的收货人或其代理人自运输工具申报进境之日起 14 日内在进境地海关输入转关申报数据，持有关单证直接办理转关手续，需要提交的单证包括进口转关运输货物申报单(在广东省内公路运输的，提交进境汽车载货清单)和汽车载货登记簿或船舶监管簿。在海关指定的时间内运抵指运地，自货物到达指运地之日起 14 日内，进口货物的收货人或代理人向指运地海关办理申报。

(3) 中转方式转关。具有全程提运单、需要换装境内运输工具的中转转关货物，其收货人或其代理人向指运地海关办理进口报关手续。5 日内由承运人向进境地海关提交进口转关货物申报单、进口货物中转通知书、按指运地目的港分列的纸质舱单(空运方式提交联程运单)等单证办理货物转关手续。

2. 出口货物的转关

(1) 提前报关的转关。发货人或其代理人在货物运抵启运地海关监管场所前，先向启运地海关传送出口货物报关单电子数据，由启运地海关提前受理电子申报，生成出口转关货物申报单数据，传输至出境地海关。货物自电子申报之日起 5 日内，运抵启运地海关的监管场所并办理转关手续。提交的单证包括出口货物报关单、汽车载货登记簿或船舶监管簿；在广东省内采取公路运输的，提交出境汽车载货清单。货物运抵出境地，办理出境手续。提交的单证包括启运地海关签发的出口货物报关单、出口转关货物申报单、汽车载货登记簿或船舶监管簿。

(2) 直转方式转关。发货人或其代理人在货物运抵启运地海关监管场所后，向启运地海关申报输入出口货物报关单电子数据，由启运地海关提前受理电子申报，生成出口转关货物申报单数据，传输至出境地海关。在启运地办理转关手续。提交的单证包括出口货物报关单、汽车载货登记簿或船舶监管簿；在广东省内采取公路运输的，提交出境汽车载货清单。货物到达出境地时，办理出境手续。提交的单证包括出口货物报关单、出口转关货物申报单、汽车载货登记簿或船舶监管簿。

(3) 中转方式转关。具有全程提运单、需要换装境内运输工具的出口中转转关货物，其发货人或代理人向启运地海关办理出口报关手续。由承运人或其代理人向启运地海关传送并提交出口转关货物申报单及其他单证，办理货物出口转关手续。启运地海关核准后，签发《出口货物中转通知书》，承运人或其代理人凭以办理出境手续。

3. 境内监管货物的转关

(1) 提前申报转关。转入地的货物收货人提前向转入地海关传送进口货物报关单电子数据。转入地海关提前接受电子申报，并生成进口转关货物申报单，向转出地海关传输。收货人向转出地海关办理转关手续，提交进口转关货物核放单、汽车载货登记簿或船舶监管簿，并提供进口转关货物申报单编号。

(2) 直接转关。转入地的货物收货人在转出地海关输入转关申报数据，直接向转出地海关办理转关手续，并提交进口转关货物申报单、汽车载货登记簿或船舶监管簿。货物运抵转入地后，转入地的货物收货人向转入地海关办理货物的报关手续。

租赁货物、进出境修理货物、集装箱箱体、溢卸误卸货物、放弃货物、超期未报货物、集中申报货物的通关程序请参阅海关有关规定。

练　习

1. 深圳联合公司要从国外运入一批车辆以参加在珠海举行的车展，该批车辆属于ATA单证册项下的货物，属于许可证件管理。除了展览品以外，还需要运入一些为展览品做宣传用的印刷品等。展览会结束以后，深圳联合公司又将该批货物运输出境。

根据上述案例，回答下列问题。

(1) 题中所说的展览品在进出境过程中的特点有(　　)。

 A. 免予缴纳税费

 B. 规定期限内按原状复运进出境

 C. 按货物实际使用情况办结海关手续

 D. 除另有规定外，免予提交进出口许可证件

(2) 题中所说的展览品属于(　　)。

 A. 转运货物　　　　　　　　　　B. 暂准进境货物

 C. 进出境快件　　　　　　　　　D. 转关运输货物

(3) 深圳联合公司在展览会结束后，该车辆如果由境内人员购买，下列说法中正确的是(　　)。

    A. 应当由展览会的主办方单位向海关办理进口申报、纳税手续

    B. 应当由实际购买的企业自行办理进口申报、纳税手续

    C. 如果购买的企业属于特定企业，可以免交相关证件

    D. 该汽车属于自动进口许可证管理的范围，应提交进口许可证件

(4) 关于为展览品做宣传用的印刷品，下列说法中正确的是(　　)。

    A. 可使用 ATA 单证册向海关申报

    B. 可按展览品向海关申报进境

    C. 进境申报手续可以在展出地海关办理

    D. 深圳联合公司采用 ATA 单证册项向海关申报，申报时应向海关提交进口许可证件，并提供担保

(5) 使用 ATA 单证册报关的展览品，暂准进出境期限为自进出境之日起(　　)。超过期限的，ATA 单证册持证人可以向海关申请延期。参加展期的 24 个月以上展览会的展览品，在 18 个月延长期届满后仍需要延期的，由(　　)审批。

    A. 6 个月；主管地直属海关　　　　　　B. 6 个月；海关总署

    C. 12 个月；主管地直属海关　　　　　D. 12 个月；海关总署

2. 中国华中进出口集团公司与香港华宁公司以 FOB 高雄 USD18 元/台的价格条款签订了进口 10 000 台原产于台湾的简易型电动可调气泵(属自动许可管理、法定商检商品)的合同。该批货物于 2015 年 11 月 9 日由"蓝湖"号货轮载运进境。该公司于当日向海关申报货物进口。海关验放后，收货人发现其有 500 台损坏。经该公司与香港华宁公司交涉，香港华宁公司同意另免费补偿同数量、同品牌、同规格的货物。补偿货物于 2015 年 11 月 18 日运达。

根据上述案例，回答下列问题。

(1) 该批货物向海关申报进口时应提交单证有(　　)。

    A. 《自动进口许可证》　　　　　　　B. 《货物入境通关单》

    C. 装货单　　　　　　　　　　　　　D. 发票

(2) 对该批货物，海关应按下列(　　)税率计征进口税。

    A. 最惠国待遇　　　　　　　　　　　B. 协定

    C. 零关　　　　　　　　　　　　　　D. 普通

(3) 海关在查验该批货物时(　　)。

    A. 收货人应到场　　　　　　　　　　B. 可以径行开验

    C. 可以对货物进行复验　　　　　　　D. 可以提取货样

(4) 该批免费补偿货物进口时，报关单"贸易方式"栏应填报为(　　)。

    A. 一般贸易　　　　　　　　　　　　B. 不作价设备

C. 无代价抵偿　　　　　　　　　　　　D. 补偿贸易

(5) 关于该批损坏货物及其免费补偿货物的进口税费,下列表述正确的是(　　)。

　　A. 如收货人将该批损坏货物退运出境,并已向海关申请退还原征税款,则补偿货物进口时应照章征税

　　B. 如收货人将该批损坏货物放弃交由海关处理的,补偿货物可以免税进口

　　C. 如收货人将该批损坏货物在国内做削价处理,经海关对其残留价值补税,则补偿货物可以免税进口

　　D. 无论收货人对该批损坏货物作何处理,免费补偿货物均可免税进口

3. 深圳华富进出口公司(以下简称华富公司)(440393××××,该企业1年内有3次违反海关监管规定行为),从境外购进一批黄铜,料件进口前,该企业已向海关办妥加工贸易合同登记备案手续,并领取了纸质手册。料件进口后委托广东佛山佳盛公司(以下简称佳盛公司)(440636××××,加工贸易B类管理企业)加工生产芯片后由华富公司出口。该加工合同履行期间,部分原料未能及时到货,为确保履行成品出口合同,华富公司报经主管海关核准,从我国国内市场购买的国产料件进行串换,合同执行完毕,尚有剩余料件。

根据上述案例,回答下列问题。

(1) 本案例涉及的委托加工在海关管理中称为(　　)。

　　A. 跨关区外发加工　　　　　　　　　　B. 跨关区异地加工

　　C. 跨关区深加工结转　　　　　　　　　D. 跨关区联合加工

(2) 料件进口时,进口料件的保税额度是(　　)%。

　　A. 85　　　　　　B. 95　　　　　　C. 50　　　　　　D. 100

(3) 该批料件进口时,报关单的"境内目的地"栏目应填(　　)。

　　A. 深圳华富进出口公司　　　　　　　　B. 广东佛山佳盛公司

　　C. 广东佛山高新技术产业开发区　　　　D. 广东佛山其他

(4) 本案例涉及的加工贸易合同备案手续应由(　　)申请办理。

　　A. 华富公司到佳盛公司所在地主管海关

　　B. 华富公司在所在地主管海关

　　C. 佳盛公司在所在地主管海关

　　D. 佳盛公司到华富公司所在地主管海关

(5) 在办理合同备案手续时,填制《异地加工贸易申请表》,并提供(　　)。

　　A. 华富公司所在地商务主管部门出具的《加工贸易业务批准证》和《加工贸易企业经营状况和生产能力证明》

　　B. 佳盛公司所在地商务主管部门出具的《加工贸易业务批准证》和《加工贸易企业经营状况和生产能力证明》

　　C. 华富公司所在地商务主管部门出具的《加工贸易业务批准证》和佳盛公司所在地商务主管部门出具的《加工贸易企业经营状况和生产能力证明》

D. 佳盛公司所在地商务主管部门出具的《加工贸易业务批准证》和华富公司所在地商务主管部门出具的《加工贸易企业经营状况和生产能力证明》

(6) 该加工贸易合同备案时，其银行保证金台账应按(　　)的规定办理。

A. 不转/免册   B. 空转/领册

C. 半实转/领册   D. 实转/领册

(7) 该加工贸易合同执行期间所发生的料件串换及处置，应符合的规定为(　　)。

A. 串换的料件必须是同品种、同规格、同数量

B. 串换的料件关税税率为零

C. 串换的料件不涉及进出口许可证件管理

D. 串换下来的同等数量料件，由企业自行处置

(8) 该项加工合同内剩余料件，企业可以处理的方式有(　　)。

A. 内销、结转   B. 退运

C. 放弃，交由海关处理   D. 自行销毁

(9) 如果该项加工合同内剩余料件进行结转，下列说法正确的是(　　)。

A. 应在同一经营单位、同一加工工厂的情况下结转

B. 应在同样的进口料件和同一加工贸易方式的情况下结转

C. 应向海关提供申请结转的书面申请、剩余料件清单等单证和材料

D. 应办理正式进口报关手续，缴纳进口税和缓税利息

(10) 如果该项加工合同内剩余料件进行内销的，下列说法正确的是(　　)。

A. 剩余料件内销时，应交付缓税利息

B. 剩余料件内销时，免交付缓税利息

C. 关于征税的数量，剩余料件的数量，按申报数量计征进口税

D. 剩余的料件内销时，以料件内销价格作为完税价格

4. 大连新世纪进出口有限公司(A 类管理企业，采用纸质手册管理)向大连机场海关申报进口已鞣未缝制 500 张羊皮(限制类商品，单价为 18 美元/张)，以履行羊皮大衣的出口合同。货物进口后，交由南京伟达服饰有限公司(B 类管理企业，采用纸质手册管理)加工。合同执行期间，因加工企业生产规模有限，经与境外订货商协商后更改出口合同，故羊皮耗用数量减为 300 张。经批准，剩余的 200 张羊皮中的 185 张结转至另一加工贸易合同项下；15 张售予沈阳华亿服装有限公司(C 类管理企业)用以生产内销产品。(外汇牌价: 1 美元=6.5 元人民币)

根据上述案例，回答下列问题。

(1) 该批货物进口后，交由南京伟达服饰有限公司加工，在海关管理中，称为(　　)。

A. 跨关区异地加工   B. 跨关区深加工结转

C. 跨关区委托加工   D. 跨关区外发加工

(2) 根据加工贸易银行保证金台账制度的规定，500 张进口羊皮应(　　)。

A. 不转；领登记手册　　　　　B. 不转；免领登记手册

C. 半实转；领登记手册　　　　D. 空转；领登记手册

(3) 185 张羊皮结转至另一加工贸易合同项下，须符合的规定为(　　)。

    A. 由同一经营单位经营　　　　B. 由同一加工企业加工

    C. 是同一贸易方式　　　　　　D. 生产同一产品

(4) 15 羊皮转为内销，须符合的规定为(　　)。

    A. 应经对外贸易主管部门批准

    B. 如属进口许可证件管理的，应按规定向海关补交进口许可证件

    C. 除应缴纳进口税外，还须交付缓税利息

    D. 应由国内购买单位办理内销料件的正式进口手续

(5) 在加工过程中产生的边角料，下列说法正确的是(　　)。

    A. 交由海关处理的，应当提交书面申请

    B. 内销，以内销价格作为完税价格

    C. 内销的税率适用向海关申报内销手续时实施的税率

    D. 内销时，除应征税款外，还应加征缓税利息

5. 上海某企业 A(310493××××，B 类管理企业)在其投资总额内，从境外购进生产设备 1 台(列入法检范围，属于机电产品自动进口许可管理商品)。随后购进一批价值 5000 美元的棉花加工生产男式西装垫肩，以履行出口加工合同。加工成垫肩后，80%的成品已经复出口，由于境外订货商对垫肩需求量的减少，经有关部门的批准，A 企业将 20%的垫肩结转给南京某出口加工企业 B(320195××××，B 类管理企业)继续加工后返销境外。由于调整产品结构，A 企业在办理完该批货物的核销手续后，即将进口的加工设备出售给境内某内资企业。

根据上述案例，回答下列问题。

(1) 上海某企业 A 到海关办理该批合同的备案手续时，应向海关提交的单证有(　　)。

    A. 《加工贸易业务批准证》《加工贸易企业经营状况和生产能力证明》

    B. 加工贸易合同副本

    C. 《进口许可证》

    D. 为确定单耗和损耗率所需的有关资料

(2) 根据加工贸易银行保证金台账制度的规定，进口棉花办理备案时应(　　)。

    A. 不设台账，申领《登记手册》　　　B. 不设台账，不申领《登记手册》

    C. 设台账，实转，申领《登记手册》　　D. 设台账，空转，申领《登记手册》

(3) 本例中上海 A 企业将垫肩结转给南京 B 企业继续加工的做法，在海关管理中称为
(　　)。

    A. 跨关区异地加工　　　　　　B. 跨关区深加工结转

    C. 跨关区委托加工　　　　　　D. 跨关区进料结转

(4) A企业将加工后的垫肩结转给南京某出口加工企业B继续加工后返销境外，下列说法正确的是(　　)。

A. 在计划备案环节先由A企业向转出地海关申请备案，后由B企业向转入地海关申请备案

B. 在计划备案环节先由B企业向转入地海关申请备案，后由A企业向转出地海关申请备案

C. 在结转报关环节先由B企业向转入地办理结转进口报关手续，后由A企业向转出地海关办结出口报关手续

D. 在结转报关环节先由A企业向转出地办理结转出口报关手续，后由B企业向转入地海关办结进口报关手续

(5) 关于上海某企业A进口的生产设备，下列说法正确的是(　　)。

A. 上海某企业A进口的生产设备时，应向海关提交的单证包括《入境货物通关单》《机电产品自动进口许可证》

B. A企业将生产设备出售给国内某内资企业时，须向海关办理补缴税款和解除监管手续

C. A企业已经办理完核销手续，可直接将生产设备销售给国内某内资企业

D. A企业应向海关申请获取《解除监管证明书》后才能出售给国内某内资企业

6. 山东烟台鲁宁有限责任公司(加工贸易B类管理企业)从马来西亚进口一批天然橡胶(限制类商品，法定检验检疫和自动进口许可证管理商品)用于制造汽车轮胎，总价USD68 000，其中该批料件80%用于加工产品直接返销境外，20%用于加工产品内销。料件进口前，该企业已向海关办妥加工贸易合同登记备案手续。由于受自身生产工序的限制，经海关批准并办理有关手续后，山东烟台鲁宁有限责任公司将加工贸易的某道工序委托青岛龙祥有限责任公司进行加工，并在规定的期限内运回，由山东烟台鲁宁有限责任公司加工成汽车轮胎并最终出口。

根据上述案例，回答下列问题。

(1) 料件进口时，关于进口申报手续，下列说法正确的是(　　)。

A. 料件用途虽不相同，但因同批进口，故应按"进料对口"以一份报关单一次完成申报

B. 应分单填报，其中20%的料件贸易方式按"一般贸易"申报；80%的料件的贸易方式按"进料对口"申报

C. 应分单填报，其中20%的料件的贸易方式按"一般贸易"申报；80%的料件的贸易方式按"进料加工"申报

D. 应分单填报，其中20%的料件的贸易方式按"一般贸易"申报；80%的料件的贸易方式按"进料深加工"申报

(2) 该单位向海关办理用于加工返销境外的料件的进境申报手续时，应当提交的单证

有( )。

  A.《进口货物报关单》   B.《自动进口许可证》

  C.《入境货物通关单》   D. 进口合同

(3) 该加工贸易合同备案时，其银行保证金台账应按下列( )规定办理。

  A. 空转

  B. 不设台账

  C. 设台账，并按进口料件应征税款的50%缴付保证金

  D. 设台账，并按进口料件应征税款缴付保证金

(4) 本例中山东烟台鲁宁有限责任公司委托青岛龙祥有限责任公司进行加工的做法，在海关管理中称为( )。

  A. 异地加工贸易   B. 加工贸易外发加工

  C. 跨关区进料结转   D. 深加工结转

(5) 本例中山东烟台鲁宁有限责任公司委托青岛龙祥有限责任公司进行加工，应当向海关提出申请，申请时应当向海关提交的单证有( )。

  A. 山东烟台鲁宁有限责任公司签章的《加工贸易外发加工申请表》和《承揽企业经营状况和生产能力证明》

  B. 山东烟台鲁宁有限责任公司与青岛龙祥有限责任公司签订的加工贸易合同

  C. 山东烟台鲁宁有限责任公司所在地商务主管部门签章的《加工贸易业务批准证》和青岛龙祥有限责任公司所在地商务主管部门出具的《加工贸易企业经营状况和生产能力证明》

  D. 青岛龙祥有限责任公司营业执照复印件

7. 某显示系统公司是一家经海关批准，采用电子账册模式管理的加工贸易联网企业。该公司从某保税仓库提取前期购买的 ABS 塑料粒子和色母料一批，用于生产显示器外壳返销境外。其中，色母料规格型号繁多，在企业内都采用"料号级"方式管理，而在电子账册备案时，则进行了"项号级"的归并。

该公司生产 A 型号的显示器外壳，每个显示器外壳中所含的 ABS 塑料粒子的重量为 1 千克，在生产过程中的工艺损耗率为 20%。该公司据此向海关进行单耗申报。

由于市场状况发生变化，该公司报经商务主管部门批准，将部分显示器外壳内销。

根据上述案例，回答下列问题。

(1) 该公司应当向海关申请建立( )。

  A. E 账册   B. H 账册

  C. IT 账册   D. K 账册

(2) 该公司从保税仓库提取 ABS 塑料粒子和色母料办理报关手续时，应填制( )。

  A. 进口货物报关单   B. 出口货物报关单

  C. 进境货物备案清单   D. 出境货物备案清单

(3) 该公司将"料号级"的色母料作"项号级"归并,必须满足一定的条件。若属于( )情形的,则一定不能归并为同一商品项号。

    A. 10 位 H.S.编码不相同   B. 商品名称不相同

    C. 申报计量单位不相同   D. 规格型号不相同

(4) 该公司向海关申报 A 型号显示器的 ABS 塑料粒子单耗时,其单耗值应报为( )。

    A. 0.80   B. 1.00   C. 1.20   D. 1.25

(5) 下列有关显示器外壳内销时完税价格确定的表述,正确的是( )。

    A. 以内销显示器外壳所耗用 ABS 塑料粒子原料的原进口成交价格为基础审查确定完税价格

    B. 以接受内销申报的同时或者大约同时进口的与 ABS 塑料粒子原料相同或者类似货物的进口成交价格为基础审查确定完税价格

    C. 以接受内销申报的同时或者大约同时进口的与显示器外壳相同或者类似的货物的进口成交价格为基础审查确定完税价格

    D. 以显示器外壳内销价格审查确定完税价格

8. 江苏某港口机械制造股份有限公司(320193×××)向香港飞翼船务有限公司出口集装箱半挂车 5 辆,总价 HKD60 000。经海关批准,该批货物运抵启运地海关监管现场前,先向该海关输入出口货物报关单电子数据,货物运至海关监管现场后,转关至上海吴淞口岸装运出境。上述货物出口后,其中 1 辆因质量不良被香港飞翼船务有限公司拒收而退运进口,整批货物因此未能收汇。

根据上述案例,回答下列问题。

(1) 该批货物出口申报应符合的海关规定为( )。

    A. 应同时以电子数据报关单和纸质报关单向海关申报,然后由海关进行电子审单

    B. 应先向海关提交纸质报关单,由海关预审,再以电子数据报关单向海关正式申报

    C. 应以电子数据报关单向海关申报,海关审结后,再向海关提交纸质报关单并随附其他单证

    D. 由发货人或其代理人选择使用电子数据报关单或纸质报关单向海关申报

(2) 该批货物从启运地运至上海吴淞口岸,在上海吴淞海关监管下装运出境,其转关运输采用的是( )。

    A. 提前报关方式   B. 直转方式

    C. 中转方式   D. 直通方式

(3) 该批货物申报时,除出口货物报关单以外还应向海关提交下列随附单证( )。

    A. 商业发票   B. 《出口货物许可证》

    C. 出口装货单据   D. 出口收汇核销单

(4) 该批出口货物报关单"贸易方式"与"征免性质"两栏目分别填报为( )。

A. 一般贸易，一般征税　　　　　　B. 一般贸易，中外合资

C. 合资合作设备，一般征税　　　　D. 合资合作设备，中外合资

(5) 关于退运进口的集装箱半挂车，下列表述符合海关规定的是(　　)。

A. 向进境地海关申报

B. 提供原货物出口报关单、外汇核销单证、报关单退税联等单证

C. 须向海关提供担保

D. 1年内原状退运进口，经海关核实不予征税

第四章

进出口商品归类

海关进出口商品归类是指在《商品名称及编码协调制度公约》商品分类目录体系下，以《中华人民共和国进出口税则》(以下简称《进出口税则》)为基础，按照《进出口税则商品及品目注释》(以下简称《商品及品目注释》)、《中华人民共和国进出口税则本国子目注释》(以下简称《本国子目注释》)以及海关总署发布的关于商品归类的行政裁定、商品归类决定的要求，确定进出口货物商品编码的活动。

海关进出口商品归类是海关监管、海关征税及海关统计的基础，正确申报商品的归类是进出口收、发货人或其代理人应尽的法律义务，归类的正确与否与报关人的切身利益也密切相关，直接影响到进出口货物的通关效率。因此，进出口商品归类是报关员必须掌握的基本技能之一。

第一节 《商品名称及编码协调制度公约》简介

一、《协调制度》的产生

海关进出口商品归类是建立在商品分类目录基础上的。早期的国际贸易商品分类目录只是因为对进出本国的商品征收关税而产生的，其结构较为简单。后来随着社会化大生产的发展，进出口商品品种与数量的增加，除了税收的需要外，人们还要了解进出口贸易情况，即还要进行贸易统计。因此，海关合作理事会(1995 年更名为世界海关组织)与联合国统计委员会分别编制了两个独立的商品分类目录，即《海关合作理事会商品分类目录》(以下简称 CCCN)和《国际贸易标准分类目录》(以下简称 SITC)。

由于商品分类目录的不同，一种商品有时在一次国际贸易过程中要使用不同的编码，给国际贸易带来极大的不便。因此，海关合作理事会于 1983 年 6 月通过了《商品名称及编码协调制度国际公约》及其附件《商品名称及编码协调制度公约》(*Harmonized Commodity Description and Coding System*，以下简称《协调制度》或 HS)。《协调制度》"协调"涵盖了 CCCN 和 SITC 两大分类编码体系，既满足了海关税则和贸易统计的需要，又包容了运输及制造业等要求，于 1988 年 1 月 1 日起正式生效。这样，世界各国在国际贸易领域中所采用的商品分类和编码体系有史以来第一次得到了统一。经过两年的过渡期，于 1990 年 1

月 1 日起全面实施，即被广泛应用于海关税则、国际贸易统计、原产地规则、国际贸易谈判、贸易管制等多个领域。

1988 年，我国原进出口商品检验部门最早将这一编码制度应用于普惠制产地证书的签发管理中。1992 年 6 月 23 日，我国海关根据外交部授权，代表中国政府正式签字成为 H.S.公约的缔约方。我国海关自 1992 年 1 月 1 日开始以 H.S.编码为基础编制《中华人民共和国进出口税则》。

随着新产品的不断出现和国际贸易结构的变化，世界海关组织(WCO)每四五年会对《协调制度》进行一次大范围的修订。自 1988 年生效以来，《协调制度》共进行了 5 次修订，形成了 1988 年、1992 年、1996 年、2002 年、2007 年和 2012 年共 6 个版本。2012 年 1 月 1 日，2012 年版《商品名称及编码协调制度公约》目录在全球贸易领域正式实施。2012 年版《协调制度》是在 2007 年版《协调制度》的基础上修订而来的，与 2007 年版《协调制度》相比，新的 H.S.目录共有 220 处修订，涉及 2012 年版目录 459 个 6 位数字目。主要包括：农业类 98 处，化工类 27 处，造纸类 9 处，纺织类 14 处，贱金属类 5 处，机械类 30 处，其他各类 37 处。在 2012 年版《协调制度》中，第 1～24 章是本次修订的重点，其中涉及的动植物及食品类的部分章节修改数量总计逾总修订的 1/3。

为了帮助人们正确理解《协调制度》，海关合作理事会在制定《协调制度》的同时还制定了《商品名称及编码协调制度注释》(以下简称《协调制度注释》)。《协调制度注释》是对《协调制度》的官方解释，同时与《协调制度》的各个版本同步修订。我国通过法律程序批准在我国实行的《协调制度注释》称为《商品及品目注释》。

二、《协调制度》的基本结构

《协调制度》是一部科学、系统的国际贸易商品分类体系，由归类总规则，类注、章注释及子目注释，商品名称及编码表 3 个部分构成。这 3 个部分是《协调制度》的法律性条文，具有严格的法律效力和严密的逻辑性。

(1) 为了保证国际上对《协调制度》使用和解释的一致性，使得某一特定商品能够始终如一地归入一个唯一编码，《协调制度》首先列明 6 条归类总规则，规定了使用《协调制度》对商品进行分类时必须遵守的分类原则和方法。

(2) 《协调制度》的许多类、章在开头均列有注释(类注、章注和子目注释)，是解释类、章(品)目、子目的文字说明，严格界定了归入该类或该章中的商品范围，阐述《协调制度》中专用术语的定义或区分某些商品的技术标准及界限，可避免各税(品)目和子目所列商品发生交叉归类。

(3) 《协调制度》将国际贸易涉及的各种商品按照生产部类、自然属性和不同功能用途等分为 21 类、97 章，每一章由若干品目构成，品目项下又细分出若干一级子目和二级子目。《协调制度》的前 6 位数是 H.S.国际标准编码，编码前两位数代表"章"，前 4 位代表"目"，5、6位数代表"子目"，H.S.有1241个4位数的税目，5113个6位数的子目。

(4)《协调制度》是一部系统的国际贸易商品分类目录，所列商品名称的分类和编排是有一定规律的。

从类来看，基本上按社会生产的分工分类，将属于同一生产部类的商品归在同一类里，如农业产品在第一、二类，化学工业产品在第六类，纺织工业产品在第十一类，冶金工业产品在第十五类，机电制造业产品在第十六类等。

从章来看，基本上按商品的自然属性或功能、用途来划分。第1～83章(第64～66章除外)基本上是按商品的自然属性来分章，相同原料的产品一般归入同一章，每章的前后顺序是按照动物、植物、矿物质和先天然后人造的顺序排列的。如第1～5章是活动物和动物产品，第6～14章是活植物和植物产品，第25～27章是矿产品。又如第十一类包括了动植物和化学纤维的纺织原料及其产品，其中，第50～51章是蚕丝、羊毛及其他动物毛，第52～53章是棉花、麻及其他植物纺织纤维，第54～55章为化学纤维。商品之所以按自然属性分类是因为其种类成分或原料比较容易区分，同时也因为商品价值的高低往往取决于构成商品本身的原材料。另外，第64～66章和第84～97章则是按货物的用途或功能来分章的，其中，第64章是鞋，第65章是帽，第84章是机械设备，第85章是电气设备，第87章是车辆，第88章是航空航天器，第89章是船舶等。之所以这样分类，一是因为这些物品往往由多种材料构成，难以将这些物品作为某一种材料制成的物品来分类；二是因为商品的价值主要体现在生产该物品的社会必要劳动时间上，如一台机器，其价值一般主要看生产这台机器所耗费的社会必要劳动时间，而不是看机器用了多少种金属等。

从品目的排列来看，一般也是原材料先于成品，加工程度低的产品先于加工程度高的产品，列名具体的品种先于列名一般的品种。如在第39章内，品目3901～3914是初级形状的塑料，品目3916～3921是塑料半制品，品目3922～3926是塑料制成品。

第二节　我国海关进出口商品分类目录简介

一、我国海关进出口商品分类目录的产生

我国海关自1992年1月1日起开始采用《协调制度》，进出口商品归类工作成为我国海关最早实现与国际接轨的执法项目之一。

根据海关征税和海关统计工作的需要，我国在《协调制度》的基础上增设本国子目(三级和四级子目)，形成了我国海关进出口商品分类目录，然后分别编制出《进出口税则》和《统计商品目录》。

为了明确增设的本国子目的商品含义和范围，我国又制定了《本国子目注释》，作为归类时确定三级子目和四级子目的依据。

根据《协调制度》对缔约国权利义务的规定，我国《进出口税则》和《统计商品目录》与《协调制度》的各个版本同步修订。自 2012 年 1 月 1 日起，我国采用 2012 年版《协调制度》，并据此编制了 2012 年版《进出口税则》和《统计商品目录》。

中国海关采用的 H.S.分类目录，前 6 位数是 HS 国际标准编码，第 7、8 两位是根据中国关税、统计和贸易管理的需要加列的本国子目。为满足中央及国务院各主管部门对海关监管工作的要求，提高海关监管的计算机管理水平，在 8 位数分类编码的基础上，根据实际工作需要对部分税号又进一步分出了第 9、10 位数编码的 H.S.编码制度。

在研究设置本国子目时，充分考虑了执行国家产业政策、关税政策和有关贸易管理措施的需要，具体来说，中国加列的子目主要有以下几种情况。

（1）为贯彻国家产业政策和关税政策，为保护和促进民族工业顺利发展，需要制定不同的税率的商品加列子目，如临时税率商品。

（2）对国家控制或限制进出口的商品加列子目，包括许可证、配额管理商品和特定产品。

（3）为适应国家宏观调控、维护外贸出口秩序、加强进出口管理的需要，对有关主管部门重点监测的商品加列子目，包括进出口商会为维护出口秩序或组织反倾销应诉要求单独列目的商品(如电视机分规格，电风扇、自行车分品种等)。

（4）出口应税商品。

（5）在中国进口或出口所占比重较大、需要分项进行统计的商品，包括传统大宗出口商品(罐头、中药材及中成药、编结材料制品等)。

（6）国际贸易中发展较快，且中国有出口潜力的一些新技术产品。

二、我国海关进出口商品分类目录的基本结构

《进出口税则》中的商品号列称为税号，为征税需要，每项税号后列出了该商品的税率；《统计商品目录》中的商品号列称为商品编号，为统计需要，每项商品编号后列出了该商品的计量单位，并增加了第二十二类"特殊交易品及未分类商品"，内分第 98 章、第 99 章。

《协调制度》中的编码只有 6 位数，而我国《进出口税则》中的编码为 8 位数，其中第 7、第 8 位是我国根据实际情况加入的"本国子目"。

编码的编排是有一定规律的，以 0301.9210 "鳗鱼苗"为例说明如下：

编码：	0 3	0 1	9	2	1	0
位数：	1 2	3 4	5	6	7	8
含义：	章 号	顺序号	一级子目	二级子目	三级子目	四级子目

从中可以看出：第 5 位编码代表一级子目，第 6 位编码代表二级子目，第 7、第 8 位以次类推。需要指出的是，若第 5～8 位上出现数字"9"，则通常情况下代表未具体列名

的商品,即在"9"的前面一般留有空序号以便用于修订时增添新商品。如上述编码 0301.9210 中第 5 位的"9"代表除观赏鱼以外的其他活鱼,其中 1～9 之间的空序号可以用于将来增添新的其他需要具体列名的活鱼。

第三节 进出口商品归类管理

为了规范进出口货物的商品归类,保证商品归类结果的准确性和统一性,根据《中华人民共和国海关法》《中华人民共和国进出口关税条例》,海关总署于 2007 年以第 158 号总署令发布了《中华人民共和国海关进出口货物商品归类管理规定》,并且在 2014 年以第 218 号总署令发布了《海关总署关于修改部分规章的决定》,其中第 12 条规定即对《中华人民共和国海关进出口货物商品归类管理规定》做了部分修改。

一、归类的依据

进出口货物的商品归类应当遵循客观、准确、统一的原则。

具体来说,对进出口货物进行商品归类的依据如下。

(1) 《进出口税则》。

(2) 《商品及品目注释》。

(3) 《本国子目注释》。

(4) 海关总署发布的关于商品归类的行政裁定。

(5) 海关总署发布的商品归类决定。

二、归类的申报要求

为了规范进出口企业申报行为,提高进出口商品申报质量,促进贸易便利化,海关总署制定了《中华人民共和国海关进出口商品规范申报目录》(以下简称《规范申报目录》)。《规范申报目录》按我国海关进出口商品分类目录的品目顺序编写,并根据需要在品目级或子目级列出了申报要素。

例如,品目 2204"鲜葡萄酿造的酒"下各子目的申报要素分别为:

子目 2204.1000"汽酒":①品名(中文及外文名称);②种类(汽酒);③加工方法(鲜葡萄酿造);④级别;⑤年份(没有年份的申报无年份);⑥产区(中文及外文名称);⑦酒庄名(中文及外文名称);⑧葡萄品种(中文及外文名称);⑨包装规格;⑩品牌(中文及外文名称)。

子目 2204.2100"装入 2 升及以下容器的其他酒及加酒精抑制发酵的酿酒葡萄汁"与子目 2204.2900"装入 2 升以上容器的其他酒及加酒精抑制发酵的酿酒葡萄汁":①品名(中文及外文名称);②加工方法(鲜葡萄酿造);③酒精度;④级别;⑤年份(没有年份的申报无

年份)；⑥产区(中文及外文名称)；⑦酒庄名(中文及外文名称)；⑧葡萄品种(中文及外文名称)；⑨包装规格(单位包装规格×每箱单位数)；⑩品牌(中文及外文名称)。

子目 2204.3000 "其他酿酒葡萄汁"：①品名(中文及外文名称)；②种类(酿酒葡萄汁)；③包装规格；④品牌(中文及外文名称)。

再如，对于子目 8705.4000 "混凝土搅拌车" 的申报要素为：①品名(中文及外文名称)；②固定安装配置；③品牌；④型号。

收、发货人或者其代理人应当按照法律、行政法规规定以及海关的要求如实、准确申报进出口货物的商品名称、规格型号等，并且对其申报的进出口货物进行商品归类，确定相应的商品编码。

收、发货人或者其代理人向海关提供的资料涉及商业秘密，要求海关予以保密的，应当事前向海关提出书面申请，并且具体列明需要保密的内容，海关应当依法为其保密。收、发货人或者其代理人不得以商业秘密为理由拒绝向海关提供有关资料。

海关在审核收、发货人或者其代理人申报的商品归类事项时，可以依照《海关法》和《关税条例》的规定行使下列权力，收、发货人或者其代理人应当予以配合。

(1) 查阅、复制有关单证、资料。

(2) 要求收、发货人或者其代理人提供必要的样品及相关商品资料。

(3) 组织对进出口货物实施化验、检验，并且根据海关认定的化验、检验结果进行商品归类。

海关可以要求收、发货人或者其代理人提供确定商品归类所需的资料，必要时可以要求收、发货人或者其代理人补充申报。

收、发货人或者其代理人隐瞒有关情况，或者拖延、拒绝提供有关单证、资料的，海关可以根据其申报的内容依法审核确定进出口货物的商品归类。

三、归类的修改

收、发货人或者其代理人申报的商品编码需要修改的，应当按照进出口货物报关单修改和撤销的相关规定办理(在 2014 年以第 218 号总署令发布了《海关总署关于修改部分规章的决定》，其中第 12 条规定对《中华人民共和国海关进出口货物商品归类管理规定》做了部分修改)。

海关经审核认为收、发货人或者其代理人申报的商品编码不正确的，可以根据《中华人民共和国海关进出口货物征税管理办法》(以下简称《征管办法》)的有关规定，按照商品归类的有关规则和规定予以重新确定，并且根据《中华人民共和国海关进出口货物报关单修改和撤销管理办法》等有关规定通知收、发货人或者其代理人对报关单进行修改。

四、预归类

在海关注册登记的进出口货物经营单位(以下简称申请人)，可以在货物实际进出口的

45 日前，向直属海关申请就其拟进出口的货物预先进行商品归类(以下简称预归类)。有关预归类的规定如下。

(一)预归类申请

申请人申请预归类的，应当填写并且提交《中华人民共和国海关商品预归类申请表》(格式文本见表 4-1)。预归类申请应当向拟实际进出口货物所在地的直属海关提出。

表 4-1　中华人民共和国海关商品预归类申请表

申请人：	
企业代码：	
通信地址：	
联系电话：	
商品名称(中、英文)：	
其他名称：	
商品描述(规格、型号、结构原理、性能指标、功能、用途、成分、加工方法、分析方法等)：	
进出口计划(进出口日期、口岸、数量等)：	
随附资料清单(有关资料请附后)：	
此前如就相同商品持有海关商品预归类决定书的，请注明决定书编号：	
申请人(章)　　　　　　　　　　　年　月　日	海关(章)： 签收人： 接受日期：　年　月　日

注：1. 填写此申请表前应阅读《中华人民共和国海关进出口货物商品归类管理规定》。

　　2. 本申请表一式两份，申请人和海关各执一份。

　　3. 本申请表加盖申请人和海关印章方为有效。

(二)预归类受理和预归类决定

申请预归类的商品归类事项，经直属海关审核认为属于《进出口税则》《商品及品目注释》《本国子目注释》，以及海关总署发布的关于商品归类的行政裁定、商品归类决定有明确规定的，应当在接受申请之日起 15 个工作日内制发《中华人民共和国海关商品预归类决定书》(以下简称《预归类决定书》)，并且告知申请人。属于没有明确规定的，直属海关应当在接受申请之日起 7 个工作日内告知申请人按照规定申请行政裁定。

(三)《预归类决定书》的使用

申请人在制发《预归类决定书》的直属海关所辖关区进出口《预归类决定书》所述商品时，应当主动向海关提交《预归类决定书》。

申请人实际进出口《预归类决定书》所述商品，并且按照《预归类决定书》申报的，海关按照《预归类决定书》所确定的归类意见审核放行。

作出《预归类决定书》所依据的有关规定发生变化导致相关《预归类决定书》不再适用的，作出《预归类决定书》的直属海关应当制发通知单，或者发布公告，通知申请人停止使用有关的《预归类决定书》。

五、商品归类决定

海关总署可以根据有关法律、行政法规规定，对进出口货物作出具有普遍约束力的商品归类决定。进出口相同货物，应该适用相同的商品归类决定。

商品归类决定由海关总署对外公布。

作出商品归类决定所依据的法律、行政法规以及其他相关规定发生变化的，商品归类决定同时失效。商品归类决定失效的，应当由海关总署对外公布。

海关总署发现商品归类决定存在错误的，应当及时予以撤销。撤销商品归类决定的，应当由海关总署对外公布。被撤销的商品归类决定自撤销之日起失效。

六、其他管理要求

因商品归类引起退税或者补征、追征税款以及征收滞纳金的，按照有关法律、行政法规以及海关总署规章的规定办理。

违反《中华人民共和国海关进出口货物商品归类管理规定》，构成走私行为、违反海关监管规定行为或者其他违反《海关法》行为的，由海关依照《海关法》和《海关行政处罚实施条例》的有关规定予以处理；构成犯罪的，依法追究刑事责任。

第四节 《商品名称及编码协调制度》归类总规则

归类总规则是为保证每一个商品甚至是层出不穷的新商品都能始终归入同一个品目或子目、避免商品归类的争议而制定的商品归类应遵循的原则。它位于《协调制度》的部首，由 6 条构成，它们是指导并保证商品归类统一的法律依据。这里值得注意的是，归类总规则的使用顺序为规则一优先于规则二，规则二优先于规则三，……(以此类推)，必须按顺序使用。

一、规则一

(一)条文内容

类、章及分章的标题，仅为查找方便而设。具有法律效力的归类，应按品目条文和有关类注或章注确定，如品目、类注或章注无其他规定，按以下规则确定。

(二)条文解释

(1) 尽管 H.S.系统地将商品按类、章(部分章内还设有分章)分类，每类、章、分章标有标题，并使这些标题尽可能地概括该类、章、分章所包含的商品。但是由于各类、章、分章所包含的商品种类繁多，类、章、分章的标题不可能将其一一列出而全部包括进去。例如，第 86 章的标题是"铁道及电车道机车、车辆及其零件；铁道及电车道轨道固定装置及其零件、附件；各种机械(包括电动机械)交通信号设备"。但实际上，除了上述商品外，该章还包括章的标题所没有列出的"集装箱"。

反之，由于类、章、分章的标题只是一个大概，无法规定具体内容，即同一类的商品在不同条件下可能有不同的分类，而这种情况在标题上是无法得到体现的，所以类、章、分章的标题所列出的商品也有可能不归入该类、章、分章。例如，第 1 章的标题是"活动物"，但实际上，马、牛、羊等活动物归入该章，而活的鱼、甲壳动物、软体动物及其他水生无脊椎动物却是归入第 3 章。

另外，标题之间还会产生交叉，例如"塑料鞋"，既属于第 39 章标题"塑料及其制品"所列的商品，又属于第 64 章标题"鞋靴、护腿和类似品及其零件"所列的商品，所以仅根据这两章的标题无法确定"塑料鞋"应归入哪一章。

综上所述，类、章、分章标题只为方便查找，本身不是归类的依据。

(2) 归类的法律依据应该是品目条文和类注、章注。例如，"针织女式胸衣"，如果直接看标题，似乎符合第 61 章的标题"针织或钩编的服装及衣着附件"而可以归入第 61 章，但由于标题不是归类依据，所以应根据品目条文和类注、章注来确定。按第 61 章章注二(一)、第 62 章章注一和 6212 品目条文的规定，该商品应归入品目 6212。

(3) 如果按品目条文、类注或章注还无法确定归类，则按下面的其他规则(规则二、三、四、五)确定品目的归类。

二、规则二

(一)条文内容

(1) 品目所列货品，应视为包括该项货品的不完整或未制成品，只要在进口或出口时该项不完整品或未制成品具有完整品或制成品的基本特征；还应视为包括该货品的完整品或制成品(或按本款可作为完整品或制成品归类的货品)在进口或出口时的未组装件或拆散件。

(2) 品目中所列材料或物质,应视为包括该种材料或物质与其他材料或物质混合或组合的物品。品目所列某种材料或物质构成的货品,应视为包括全部或部分由该种材料或物质构成的货品。由1种以上材料或物质构成的货品,应按规则三归类。

(二)条文解释

(1) 规则二(一)将所有列出某一些物品的品目范围扩大为不仅包括完整的物品,而且还包括该物品的不完整品或未制成品,只要报验时它们具有完整品或制成品的基本特征。

不完整品是指货品缺少某些部分、不完整;未制成品是指货品尚未完全制成,需要进一步加工才成为制成品。

但是,"基本特征"的判断有时是很困难的,例如,缺少了多少零部件的冰箱仍具有冰箱的基本特征,仍可以按冰箱归类?由于商品的繁杂,寄希望于通过制定几条"一刀切"的规则来确定货品的基本特征是行不通的,所以对于具体的某种不完整品或未制成品,需要综合结构、性能、价值、作用等方面的因素进行具体分析才能确定。但作为一般原则可以这样判断:

① 对于不完整品而言,主要是看其关键部件是否存在,以冰箱为例,如果压缩机、蒸发器、冷凝器、箱体这些关键部件存在,则可以判断为具有冰箱的基本特征。

② 对于未制成品而言,主要看其是否具有制成品的特征,例如,齿轮的毛坯,须经进一步完善方可作为制成品或制成零件使用,但已具有制成品或制成零件的大概形状或轮廓,则可以判断为具有齿轮的基本特征。

(2) 规则二(一)的第二部分规定,完整品或制成品的未组装件或拆散件应归入已组装物品的同一品目。例如,品目8517不仅包括已组装好的电话机,还应包括电话机的未组装件或拆散件。

未组装件或拆散件是指货品尚未组装或已拆散。货品以未组装或已拆散形式报验,通常是由于包装、装卸或运输上的需要,或是为了便于包装、装卸或运输。

本款规则也适用于以未组装或拆散形式报验的不完整品或未制成品,只要按照本规则第一部分的规定,它们可作为完整品或制成品看待。例如,缺少某些非关键零件(如螺丝、螺帽、垫圈等)的电话机的散件;同样应按电话机归入品目8517。

鉴于第一类至第六类各品目的商品范围,规则二(一)的规定一般不适用于这6类所包括的货品。

(3) 规则二(二)是针对混合及组合的材料或物质,以及由两种或多种材料或物质构成的货品而设的,目的在于将任何列出某种材料或物质的品目扩大为包括该种材料或物质与其他材料或物质的混合品或组合品,同时还将任何列出某种材料或物质构成的货品的品目扩大为包括部分由该种材料或物质构成的货品。它所适用的是列出某种材料或物质的品目。

例如，品目 4503 是"天然软木制品"，该品目属于"某种材料或物质构成的货品"，根据本规则，如果是"涂蜡的热水瓶软木塞子"(已加入其他材料或物质)，则仍应归入品目 4503。

但是，本款规则绝不意味着将品目范围扩大到不按照规则一的规定，将不符合品目条文的货品也包括进来，即由于添加了另外一种材料或物质，使货品丧失了原品目所列货品特征的情况。例如，稻谷中加入了杀鼠剂，已经成为一种用于杀灭老鼠的毒饵，就不能再按品目 1006 的"稻谷"归类。

(4) 只有在规则一无法解决时，方能运用规则二。例如，品目 1503 的品目条文规定为"液体猪油，未经混合"，而混合了其他油的液体猪油，不能运用规则二(二)归入品目 1503。

三、规则三

(一)条文内容

当货品按规则二(二)或由于其他原因看起来可归入两个或两个以上品目时，应按以下规则归类。

(1) 列名比较具体的品目，优先于列名一般的品目。但是如果两个或两个以上品目都仅述及混合或组合货品所含的某部分材料或物质，或零售的成套货品中的某些货品，即使其中某个品目对该货品描述得更为全面、详细，这些货品在有关品目的列名应视为同样具体。

(2) 混合物，不同材料构成或不同部件组成的组合物以及零售的成套货品，如果不能按照规则三(一)归类时，在本款可适用的条件下，应按构成货品基本特征的材料或部件归类。

(3) 货品不能按照规则三(一)或(二)归类时，应按号列顺序归入其可归入的最末一个品目。

(二)条文解释

(1) 对于根据规则二(二)或其他原因看起来可归入两个或两个以上品目的货品，本规则规定了 3 条归类办法。这 3 条归类办法应按照其在本规则的先后次序加以运用。据此，只有在不能按照规则三(一)归类时，才能运用规则三(二)；不能按照规则三(一)和(二)两款归类时，才能运用规则三(三)。因此，它们优先权的次序为：①具体列名；②基本特征；③从后归类。

(2) 只有在品目条文和类注、章注无其他规定的条件下，才能运用本规则。例如，第 97 章章注四(二)规定，根据品目条文既可归入品目 9701～9705 中的一个品目，又可归入品目 9706 的货品，应归入品目 9706 以前的有关品目，即货品应按第 97 章章注四(二)的规定而不能根据本规则进行归类。

(3) 规则三(一)是本规则的第 1 条归类办法,它规定列名比较具体的品目应优先于列名比较一般的品目。一般来说:

① 列出品名比列出类名更为具体。例如,电动剃须刀应归入品目 8510"电动剃须刀、电动毛发推剪及电动脱毛器",而不应归入品目 8509"家用电动器具"。

② 如果某一品目所列名称更为明确地述及某一货品,则该品目要比所列名称不那么明确述及该货品的其他品目更为具体。例如,确定为用于小汽车的簇绒地毯,不应作为小汽车附件归入品目 8708"机动车辆的零件、附件",而应归入品目 5703"簇绒地毯及纺织材料的其他簇绒铺地制品,不论是否制成的",因为品目 5703 所列地毯更为具体。

(4) 如果两个或两个以上品目都仅述及混合或组合货品所含的某部分材料或物质,或零售成套货品中的某些货品,即使其中某个品目比其他品目对该货品描述得更为全面、详细,这些货品在有关品目的列名应视为同样具体。在这种情况下,货品应按规则三(二)或(三)的规定进行归类。

(5) 规则三(二)是指不能按照规则三(一)归类的混合物、组合物以及零售的成套货品的归类。它们应按构成货品基本特征的材料或部件归类。

但是,不同的货品,确定其基本特征的因素会有所不同。例如,可根据其所含材料或部件的性质、体积、数量、重量或价值来确定货品的基本特征,也可根据所含材料对货品用途的作用来确定货品的基本特征。例如,由快熟面条、调味包、塑料小叉构成的碗面,由于其中的快熟面条构成了这个零售成套货品的基本特征,所以应按面食归入品目 1902。

还要注意,本款规则所称"零售的成套货品",是指同时符合以下 3 个条件的货品。

① 由至少两种看起来可归入不同品目的不同物品构成的,例如,六把乳酪叉不能作为本款规则所称的成套货品。

② 为了迎合某项需求或开展某项专门活动而将几件产品或物品包装在一起的。

③ 其包装形式适用于直接销售给用户而货物无须重新包装的,例如,装于盒、箱内或固定于板上。

例如,成套理发工具,由一个电动理发推子、一把梳子、一把剪子、一把刷子及一条毛巾,装于一个皮匣子内组成,符合上述的 3 个条件,所以属于"零售的成套货品"。

不符合以上 3 个条件时,不能看成是规则三(二)中的零售成套货品。例如,"包装在一起的手表与打火机",由于不符合以上第二个条件,所以只能分开归类。

(6) 货品如果不能按照规则三(一)或(二)归类时,应按号列顺序归入其可归入的后一个品目。

例如,"等量的大麦与燕麦的混合麦",由于其中大麦与燕麦含量相等,"基本特征"无法确定,所以应"从后归类",即按品目 1003 与品目 1004 中的后一个品目 1004 归类。

四、规则四

(一)条文内容

根据上述规则无法归类的货品，应归入与其最相类似的货品的品目。

(二)条文解释

由于时代的发展和科技的进步，可能会出现一些《协调制度》在分类时无法预见的情况，这时按以上规则一至规则三仍无法归类的货品，只能用最相类似的货品的品目来替代，即将报验货品与类似货品加以比较以确定其与哪种货品最相类似。然后将所报验的货品归入与其最相类似的货品的同一品目。这里的最相类似是指名称、特征、功能、用途、结构等因素，需要综合考虑才能确定。

五、规则五

(一)条文内容

除上述规则外，本规则适用于下列货品的归类。

(1) 制成特殊形状仅适用于盛装某个或某套物品并适合长期使用的照相机套、乐器盒、枪套、绘图仪器盒、项链盒及类似容器，如果与所装物品同时进口或出口，并通常与所装物品一同出售的，应与所装物品一并归类。但本款不适用于本身构成整个货品基本特征的容器。

(2) 除规则五(一)规定的以外，与所装货品同时进口或出口的包装材料或包装容器，如果通常是用来包装这类货品的，应与所装货品一并归类。但明显可重复使用的包装材料和包装容器可不受本款限制。

(二)条文解释

(1) 规则五(一)仅适用于同时符合以下各条规定的容器。

① 制成特定形状或形式，专门盛装某一物品或某套物品的，即专门按所要盛装的物品进行设计的，有些容器还制成所装物品的特殊形状。

② 适合长期使用的，即容器的使用期限与所盛装的物品相比是相称的，在物品不使用期间(例如，运输或储藏期间)，这些容器还起保护物品的作用。

③ 与所装物品一同报验的(单独报验的容器应归入其所应归入的品目)。

④ 通常与所装物品一同出售的。

⑤ 本身并不构成整个货品基本特征的。

例如，与所装电动剃须刀一同报验的电动剃须刀的皮套，由于符合以上条件，因此应与电动剃须刀一并归入品目8510。

但是，本款规则不适用于本身构成整个货品基本特征的容器，如装有茶叶的银质茶叶罐。

(2) 规则五(二)仅适用于同时符合以下各条规定的包装材料及包装容器：

① 规则五(一)以外的。

② 通常用于包装有关货品的。

③ 与所装物品一同报验的(单独报验的包装材料及包装容器应归入其所应归入的品目)。

④ 不属于明显可重复使用的。

例如，装有电视机的瓦楞纸箱，由于符合以上条件，因此应与电视机一并归入品目8528。

但是，如果是明显可重复使用的包装材料和包装容器，则本款规定不适用。例如，"煤气罐装有液化煤气"，由于具有明显可重复使用的特性，所以不能与液化煤气一并归类，而应与液化煤气分开归类。

六、规则六

(一)条文内容

货品在某一品目项下各子目的法定归类，应按子目条文或有关的子目注释以及以上各条规则来确定，但子目的比较只能在同一数级上进行。除条文另有规定的以外，有关的类注、章注也适用于本规则。

(二)条文解释

本规则是关于子目应当如何确定的一条原则，子目归类首先按子目条文和子目注释确定；如果按子目条文和子目注释还无法确定归类，则上述各规则的原则同样适用于子目的确定；除条文另有规定的以外，有关的类注、章注也适用于子目的确定。

在具体确定子目时，还应当注意以下两点。

(1) 确定子目时，一定要按先确定一级子目，再二级子目，然后三级子目，最后四级子目的顺序进行。

(2) 确定子目时，应遵循"同级比较"的原则，即一级子目与一级子目比较，二级子目与二级子目比较，以此类推。

例如，"中华绒螯蟹种苗"在归入品目0306项下子目时，应按以下步骤进行。

(1) 先确定一级子目，即将两个一级子目"冻的"与"未冻的"进行比较后归入"未冻的"。

(2) 再确定二级子目，即将二级子目"大螯虾及小龙虾""龙虾""小虾及对虾""蟹""挪威海螯虾""冷水小虾及对虾""其他小虾及对虾""其他"进行比较后归入"蟹"。

(3) 然后确定三级子目，即将两个三级子目"种苗"与"其他"进行比较后归入

"种苗"。

所以，"中华绒螯蟹种苗"应归入子目0306.2410。

第五节 商品归类一般方法

进出口商品归类尽管复杂，但任何事情总是有一定的方法可循。一般情况下，归类应该按照以下步骤进行。

一、确定品目(4位数)

(一)基本方法

按照商品特性分析——初判大概位置——查品目条文——查类注、章注——运用规则二、三——确定品目的顺序进行，具体如下。

1. 根据有关资料分析商品特性

一定要尽可能详细地了解所要查询的商品，包括商品的外观、形状、组成、结构、功能、用途、所经受的加工等。商品的说明书、包装上的图案、机电仪器的原理图等都有助于对商品的了解，可能成为归类的关键依据。

2. 初步分析该商品可能涉及的类、章和品目

应理解和熟记商品归类总规则，根据H.S.的分类规律，在确定商品名称的中心词基础上，初步判定商品可归入的类、章(可能有几个)。

3. 查找涉及的几个有关品目的品目条文

查找商品在税则中拟归的几个有关类、章及税号。对于原材料性质的货品，应首先考虑按其属性归类；对于制成品，应首先考虑按其用途归类。

4. 查看所涉及的品目所在章和类的注释

在将考虑采用的有关类、章及税号进行比较，筛选出最为合适的税号时，首先查看类、章注释有无具体描述归类对象或其类似品，已具体描述的，按类、章的规定办理，要检查一下相关章注和类注是否有特别的规定。其次是查阅H.S.注释，确切地了解有关类、章及税号范围。

5. 仍然有几个品目可归而不能确定时，运用规则二、三

通过以上方法也难以确定的税则归类商品，仍然有几个品目可归而不能确定时，可运用归类总规则的有关条款来确定其税号，主要是运用规则三。

通过以上几个步骤，一般即可确定该商品的品目归类。

例如，对于商品"食用调和油(含大豆油 60%、花生油 20%、菜籽油 15%、棕榈油 5%)"的归类，运用以上方法，按照以下步骤进行。

(1) 该商品为植物油，由几种不同植物材料的油脂混合而成，属于混合的植物食用油。

(2) 该商品可以考虑第 15 章"动、植物油、脂及其分解产品；精制的食用油脂"。

(3) 在第 15 章查找合适的品目，该商品符合品目 1517"本章各种动、植物油、脂及其分离品混合制成的食用油、脂或制品"(注意不能误认为该商品符合品目 1507"豆油及其分离品"，因为该商品是混合油而不是单独的豆油)。

(4) 查第 15 章章注，没有发现对该商品的归类有其他规定，故确定该商品应归入品目 1517。

再如，对于商品"纯金烟斗"的归类，运用以上方法，按照以下步骤进行。

(1) 该商品的材料为纯金，用途为烟斗。

(2) 金为贵金属，"纯金烟斗"属于贵金属制品，可以考虑第 71 章"贵金属及其制品"，而如果按"烟斗"的用途考虑，则可以考虑第 96 章"杂项制品"。

(3) 分别在第 71 章和第 96 章查找有关的品目，品目 7114 的条文为"贵金属或包贵金属制的金银器及其零件"，品目 9614 的条文为"烟斗(包括烟斗头)和烟嘴及其零件"，显然，仅仅根据品目条文无法确定该商品应该归入品目 7114 还是 9614。

(4) 查阅第 71 章和第 96 章的有关注释，其中第 71 章章注三(十四)规定，第 71 章不包括"根据第 96 章章注四应归入该章的物品"，第 96 章章注四为"除品目 9601 至 9606 或 9615 的货品以外，本章的物品还包括全部或部分用贵金属、包贵金属、天然或养殖珍珠、宝石或半宝石(天然、合成或再造)制成的物品"。根据这两个注释可知，品目 9614 的烟斗可以用贵金属制成，因此本例商品应按功能和用途归入品目 9614，而不能按材料归入品目 7114。

(二)品目归类时应注意的问题

1. 抓准待归类商品的特征

通常协调制度分类时对原料性的商品按商品的自然属性设章；制成品按所具有的原理、功能及用途设章；对难以按常用的分类标志进行分类的进出口商品，则以杂项制品为名专列类、章。

所以首先应判断的是，待归类商品究竟是按原料、材料上的特征设章，还是按原理、功能及用途上的特征设章，或是应列入杂项制品。下面仅就品目归类时与明确"待归类商品特征"这一环节有关的程序进行说明。

例如，四缸汽车用内燃发动机，气缸容量 1500ml。该汽车用内燃发动机从用途上看是汽车的零部件，从功能上看是机械，查阅类、章标题，当视为前者时应归入第 87 章车辆及其零件、附件，但铁道及其电车道车辆除外；当视作后者时应归入第 84 章核反应堆、锅炉、机器、机械器具及其零件，相应品目分别为 87.08 和 84.07。

此外，商品归类中有时还会给出一些与归类无关的条件，如产地、品牌等，应注意避免这些因素对归类思路的影响和干扰。例如，中国产漆；纸箱包装、净重 5kg 的绿豆粉制的干粉丝；奔驰轿车用电动机风挡刮雨器；所给出的条件"中国产""纸箱包装""奔驰"就与归类无关。

2. 不要将标题误作为具有法律效力的归类依据

在商品归类中，类、章及分章的标题并不具备法律效力，而仅为查找方便而设。例如，石棉制安全帽(帽内衬有纯棉机织物制衬里)，不能一看见帽子，就按第 65 章的章标题帽类及其零件将商品归入第 65 章，进而归入以安全帽列明的子目 6506.1000。该商品看起来既是帽类(按用途)又是石棉制品(按材料)，当作为前者时似应归入第 65 章品目 65.06；当作为后者时似应归入第 68 章品目 68.12。再查阅两个章的注释，从第 65 章章注一(二)得知，第 65 章不包括石棉制帽类(品目 68.12)。品目 68.12 的条文明确包括石棉的制品(例如纱线、有机物、服装、帽类……)。因为归类时章标题不具有法律效果，正确的归类方法是按照条文和注释的规定归类，石棉制安全帽(帽内衬有纯棉机织物制衬里)应归入子目 6812.9100。

3. 不能忽视运用注释解决归类

注释是为限定协调制度中各类、章、品目和子目所属货品的准确范围，简化品目和子目条文文字，杜绝商品分类的交叉，保证商品归类的唯一性而设立的，是非常重要的归类依据。在货品看起来可归入两个或两个以上品目的场合，尤其要想到运用注释确定归类。特别应关注涉及归类优先级、划分多个编码的界限、归类原则以及排他性的注释规定。例如，超过 100 年的水墨画原件，有收藏价值。水墨画原件是手绘的艺术品，查阅类、章标题应归入第 97 章。看起来既是手绘画，也是超过 100 年的古物，如作为前者似应归入品目 97.01 油画、粉画及其他手绘画；如作为后者似应归入品目 97.06 超过 100 年的古物。因为第 97 章注释四(二)规定品目 97.06 不适用于可以归入该章其他各品目的物品，所以超过 100 年的水墨画原件应归入品目 97.01，最终归入子目 9701.1010。关键是要牢记注释和品目条文在归类时处于同样优先的地位。如果忽视运用注释，就会误用规则三(三)从后归类的方法即归入品目 97.06，此法当然是一个错误的选择。

4. 错误运用归类总规则

归类总规则是商品归类时必须遵循的总原则，其应用条件是在品目条文和注释不能解决归类的情况下才能应用。

二、确定子目(8 位数)

(一)基本方法

品目确定之后就是子目的确定，由于品目需要在很大的范围之内确定，并且还要仔细查找和对比很多有关的章注、类注，而相比较而言，子目只需在品目项下确定，其范围要小得多，所以很多情况下子目的确定是很容易的。

例如，前面例题中的"食用调和油"在品目 1517 项下确定子目时，由于只有两个一级子目 1517.1000 "人造黄油，但液态的除外"和 1517.9000 "其他"，显然，该商品应该归入一级子目 1517.9000；然后再归入三级子目 1517.9090 "其他"。

但是，有时子目的确定也是有一定难度的，尤其是子目比较多的时候，所以掌握正确的方法仍然是关键。具体方法是：

查一级子目条文——查子目注释——查二级子目条文——……——确定子目。

例如，对于商品"猪肉制的婴儿均化食品，罐头装，重量 250 克"的归类，运用以上方法，按照以下步骤进行。

(1) 该商品应该归入品目 1602 项下。在确定其子目时，查一级子目条文，发现该商品同时符合两个一级子目 1602.1000 "均化食品"和 1602.4000 "猪的"的规定。

(2) 查第 16 章子目注释一"子目 1602.10 的'均化食品'，是指用肉、食用杂碎或动物血经精细均化制成供婴幼儿食用或营养用的零售包装食品(每件净重不超过 250 克)。归类时该子目优先于品目 1602 的其他子目"，该商品符合该子目注释的规定，并且根据该规定，子目 1602.1000 优先于子目 1602.4000，所以该商品应该归入子目 1602.1000。

再如，对于商品"针织印花棉制床单"的归类，很多人往往会犯盲目"跳级"的错误：

品目 6302 项下的子目列名如下：

6302	床上、餐桌、盥洗及厨房用的织物制品
	——针织或钩编的床上用织物制品
6302.1010	——棉制
6302.1090	——其他纺织材料制
	——其他印花的床上用织物制品
	——棉制
6302.2110	——床单
6302.2190	——其他

……

很多人在归品目 6302 项下的子目时，容易直接按"棉制床单"的列名归入子目 6302.2110，其错误的根源在于看到"床单"的列名就迫不及待地"跳级"归类，而没有按照"子目的比较只能在同一数级上进行"这一规则，先确定一级子目，再二级子目，然后三级子目，最后四级子目的步骤进行。如果按照正确的步骤，先确定一级子目，由于该床单是针织的，所以应归入品目 6302 项下的第一个一级子目"针织或钩编的床上用织物制品"，然后再确定三级子目(这里没有二级子目)，由于该床单是棉制的，所以应归入三级子目 6302.1010。

(二)子目归类时应注意的问题

子目归类时主要在下面两个环节上容易出错误。

1. 误将子目归类先于品目归类

例如，氯乙烯——乙酸乙烯酯共聚物，按重量计含乙酸乙烯酯单体单元为60%(水分散体)。氯乙烯——乙酸乙烯酯共聚物是以氯乙烯和乙酸乙烯酯为共聚单体的饱和的合成物质，是塑料，查阅类、章标题应归入第39章塑料及其制品；因商品是初级形状，所以应归入第1分章，该分章未见明确列有氯乙烯——乙酸乙烯酯共聚物的品目；应按此聚合物中重量最大的那种共聚单体单元所构成的聚合物的品目归类，故按乙酸乙烯酯聚合物归类，归入品目39.05；因39.05品目下有一个"其他"子目，所以子目的归类应参照子目注释一办理，即因本商品乙酸乙烯酯的含量不足95%，所以不能视为聚乙酸乙烯酯，而应视为乙酸乙烯酯共聚物，最终归入子目3905.2100。这里很多人容易基于对氯乙烯——乙酸乙烯酯共聚物的不了解，忙于到子目条文寻求帮助，当发现品目39.04项下有以氯乙烯——乙酸乙烯酯共聚物列明的子目后，就误将3904.3000作为编码了。

2. 非同级子目进行比较

品目归对了，但会因为忽视了子目归类时应按照归类总规则六规定的规则——子目的比较只能在同一数级上进行，而归类错误。

此外，还应注意经常总结出频率较高的商品大类归类思路和归类技巧。诸如动、植物及其食品类；化工类；塑料、橡胶；纸张类；纺织品类；金属类；机电仪类等。

练　　习

请运用所学的商品归类知识查找下列商品的编码。

1. 食用调和油(含大豆油60%、花生油20%、菜籽油15%、棕榈油5%)。

2. 猪肉制的婴儿均化食品，罐头装，重量250克。

3. 针织印花棉制床单。

4. 碗橱，由木框架和塑料板组成(木框架和塑料板材料等价)。

5. 野山羊(改良种用，附有省级纯种的相关证明)。

6. 牛肉粉(供食用；未调味)。

7. 供食用的鲜野生蛙肉。

8. 专供制药用的冻胆囊。

9. 新鲜的猪胃(供食用)。

10. 塑料袋装新鲜的猪脚，3只/每袋。

11. 金龙鱼(供观赏用)。

12. 干海参，12 只/盒。

13. 鲜刺槐豆。

14. 供食品加工用的生花生仁。

15. 琼脂。

16. 鲜马铃薯(非种用)。

17. 仅经过消毒处理的野鸭羽绒(制羽绒被用)。

18. 燕窝(白色条状)。

19. 瓶装天然蜂蜜，净重 500 克 。

20. 鲜康乃馨花束。

21. 新鲜的青葱。

22. 鲜荸荠(非种用)。

23. 冷冻的煮熟甜玉米粒，塑料袋装。

24. 马铃薯细粉。

25. 种用蚕豆。

26. 无籽小葡萄干。

27. 黑麦(非种用)。

28. 未焙制的麦芽(非零售包装；非咖啡代用品)。

29. 与流动动物园的设备同时报验并作为其组成部分的 10 只活猴子。

30. 胡椒粉(占 70%)与辣椒粉(占 30%)的混合物。

31. 肉桂(占 70%)与丁香(占 30%)的混合物。

32. 专供制药用的干的牛胎盘。

33. 脱脂淡奶粉(含有 5%的淀粉便于奶粉溶解；每 100 克奶粉含有 1.5 克脂肪)。

34. 用盐腌制的整只咸鸡，每只净重小于 3 斤。

35. 油炸鸡柳(鸡胸肉制)塑料袋装。

36. 猪肉占 30%，白菜占 20%，面团占 45%的水饺。

37. 用花椒和盐调味的食用鲜牛舌。

38. 混合少量花生油的食用豆油， 500 毫升/瓶。

39. 桐油(未经化学改性)。

40. 未炼制的羊脂肪。

41. 糖渍柠檬皮。

42. 猪肉占 15%，牛肉占 20%，马铃薯占 60%的罐头食品。

43. 苹果和梨经均化加工制成的婴幼儿食品，净重 200 克。

44. 化学纯山梨糖(葡萄糖的异构体；用于合成维生素 C)。

45. 未脱脂可可膏。

46. 化学纯乳糖。

47. 菠萝原汁(不含酒精，白利糖度值为 20)。

48. 用芥子细粉、醋、酿酒葡萄汁混合制成的芥末酱。

49. 含可可的瓶装饮料。

50. 坛装黄酒。

51. 瓶装威士忌酒。

52. 水煮花生仁。

53. 酱猪肘子(去骨的前腿)。

54. 猪肉占60%、青菜占30%制成的专供婴幼儿食用的均化食品(净重150克零售包装)。

55. 猪肉经均化加工制成的婴幼儿食品，净重250克。

56. 洋白菜和马铃薯经均化加工制成的婴幼儿食品，净重200克。

57. 含铅汽油的淤渣。

58. 焚烧城市垃圾所产生的灰渣。

59. 胶态硫黄(零售包装、供治病用)。

60. 粗苯(苯的含量为 80%)。

61. 精苯。

62. 纯氯化钠。

63. 纯液化丙烷。

64. 天然沥青(地沥青)。

65. 辉铜矿，硫化铜。

66. 经简单切割成矩形的大理石板。

67. 用化学方法从天然铜矿提取出的化学纯硫化铜。

68. 桶装硫代硫酸钠，净重50千克，可用于摄影中起定影作用。

69. 硫代硫酸钠，制成零售包装可立即使用，用于摄影中起定影作用。

70. 桶装氨苄青霉素原药，净重 50 千克。

71. 制成零售包装供摄影用的硝酸银水溶液。

72. 放射性甘油。

73. 瓶装洗发水(具有去屑、止痒的功效)。

74. 化学纯氯化铵肥料，净重 5 千克。

75. 5 千克包装的分析纯氯化钾。

76. 化学纯二氧化钛(未进行颜料化加工)。

77. 溶于松节油(一种具有挥发性的有机溶剂)中的丙烯酸聚合物，松节油占溶液总重量的 65%。

78. 天然的胡椒薄荷油。

79. 人工合成的薄荷醇。

80. 筒装唇膏。

81. "博士伦" 隐形眼镜片专用护理液，零售包装。

82. 用于纺织工业的纺织材料处理剂(从石油提取的油类为 65%)。

83. 电雷管。

84. 用于生产过氧化氢的过氧化钠(已加入催化剂)。

85. 运动饮料(具有补充运动中流失的维生素和矿物质和增强体质的作用)。

86. 零售包装的阳离子染料。

87. 由 50%乙烯与 50%苯乙烯的单体单元组成的初级形状的共聚物。

88. 由 95%乙烯与 5%丙烯的单体单元组成的共聚物粒子(比重 0.93)。

89. 由 45%乙烯、35%丙烯及 20%异丁烯的单体单元组成的初级形状的共聚物。

90. 由 96%的聚乙烯和 4%的聚丙烯组成，比重大于 0.94 的聚合物混合体。

91. 硬的圆管，聚氯乙烯塑料制。

92. 聚乙烯(密度 0.93)下脚料，制成粒子状。

93. 红旗牌小轿车用新的橡胶轮胎。

94. 加有增强剂(碳黑)的氯丁橡胶胶乳。

95. 溶于挥发性有机溶剂中的胶棉，按重量计胶棉为 20%。

96. 整张生的带毛兔皮。

97. 整张带毛的生绵羊(小尾寒羊)皮。

98. 蛇皮，未鞣制。

99. 塑料片制的首饰盒。

100. 制球拍用羊肠线。

101. 已鞣制的整张带毛绵羊(小尾寒羊)皮，未缝制。

102. 女式貂皮大衣(人造纤维机织布作衬里)。

103. 羊皮夹克(人造纤维机织布作衬里)。

104. 仅在衣领和袖口用兔毛皮装饰的粗花呢女式大衣。

105. 用作机器零件的皮制垫圈。

106. 竹制一次性筷子。

107. 铺设铁轨用枕木(已浸渍沥青)。

108. 竹制牙签(圆)。

109. 矩形横截面木纤维板，密度为每立方厘米 0.8 克，未经机械加工，规格: 2400 毫米×1200 毫米×8 毫米，采用湿法生产。

110. 表面为巴栲红柳桉木薄板，其他两层为针叶木薄板制的三合板(每层厚度为 1 毫米)。

111. 碎料板制木地板(其侧面带有槽和榫)。

112. 已拼装的拼花木地板(马赛克地板用)。

113. 木制的樟木衣箱。

114. 木制衣架。

115. 丝瓜络制的搓澡用品。

116. 宽度为 120 厘米的成卷的卫生纸。

117. 成捆旧《人民日报》报纸。

118. 宽度为 12 厘米的成卷的卫生纸。

119. 装订成册的《读者》杂志全年合订本。

120. 没有说明文字的印刷图片(非随同成册书籍的图画附刊)。

121. 沥青黏合而成的双层牛皮纸(成卷；宽度为 60 厘米)。

122. 成卷壁纸(木粒覆面；纸为底基；宽度 45 厘米)。

123. 纯桑蚕丝金丝绒(幅宽 110 厘米，经起绒织物)。

124. 散装未梳碳化绵羊毛(新西兰产)。

125. 精梳绵羊毛条。

126. 从美国进口的皮棉(陆地棉)。

127. 涤纶弹力丝。

128. 经过拉伸加工的聚酯纤维长丝丝束，丝束长 100 米，3 捻/米，单丝细度为 60 分特，丝束细度为 21 000 分特。

129. 涤纶纤维针刺毡片(经浸渍处理；幅宽 2 米)。

130. 腈纶短纤维机织滚边(宽度 30 厘米)。

131. 紧密编织马尼拉麻绳。

132. 印花涤纶丝双绉(幅宽 110 厘米)。

133. 纯棉花格细纺(平纹机织物；100 克/平方米；幅宽 110 厘米)。

134. 喀什米尔山羊绒(未梳)。

135. 纯羊毛纱线织造的派力斯织物(精纺毛织物；170 克/平方米；幅宽 180 厘米)。

136. 针织纯棉带领 T 恤。

137. 适合身高 86 厘米以下幼儿穿着的纯棉针织袜子。

138. 由单面涂布高分子树脂的涤纶机织物面料(涂层可明显看出)制成的男式雨衣。

139. 真丝筛布(规格为 120 目；纱罗组织织造；宽度大于 30 厘米)。

140. 波斯地毯(丝制结织栽绒地毯，有 110 年历史)。

141. 流苏状的狭幅机织物。

142. 书包(棉机织物作面)。

143. 下摆不收紧的纯棉针织女汗衫(无领、无门襟)。

144. 纯羊毛钩编马甲。

145. 粘胶短纤维无纺织物制外科手术服。

146. 尼龙绸制的折叠伞套(与伞一同进口、分别包装)。

147. 丙纶扁条机织物制包装大米用袋(丙纶扁条表观宽度为 4 毫米)。

148. 按重量计含以下比例纤维的机织物: 40%的合成纤维短纤, 35%的精梳羊毛, 25%的精梳兔毛。

149. 旅游鞋(26 码), 鞋面由皮革和帆布构成且皮革的表面积大于帆布的表面积, 鞋底材料为橡胶。

150. 泡沫塑料拖鞋(鞋面与鞋底为一体式)。

151. 女式帽(羊毛毡呢制)。

152. 装有轮子的旱冰鞋。

153. 明显已穿过的多双旧皮鞋, 散乱装于编织袋中。

154. 石棉(青石棉除外)制的鞋。

155. 包银材料制的伞骨。

156. 人发(经过消毒处理和染色加工)。

157. 带塑料外壳的液压保温瓶(玻璃内胆)。

158. 不带外壳的保温瓶胆。

159. 用玻璃制的仿宝石。

160. 普通玻璃制婴儿奶瓶。

161. 钟表玻璃。

162. 玩偶用的未装配的玻璃假眼。

163. 铂制的戒指。

164. 铜制的戒指。

165. 内燃机排气门用合金钢制螺旋弹簧。

166. 多种材料制成的烟灰缸, 包括一个铁制的底座(占总重量的 30%), 一个铝制的托盘(占总重量的 30%), 一个不锈钢制的托盘板(占总重量的 30%), 一个铜制的按钮(占总重量的 10%)。

167. 按重量计含铁80%、铜15%、银3%、金2%的金属合金(未经锻造, 非货币用)。

168. 银制餐叉。

169. 24K 金制的手镯。

170. 玛瑙制的手镯。

171. 由 65%的铜和 35%的锌构成的铜锌合金直圆管。

172. 轿车空调用压缩机。

173. 家用壁式分体式空调, 具有制冷和制热功能, 制冷量为 3200 大卡/小时。

174. 不同行业的机器上可通用的手轮。

175. 番茄酱的成套加工设备, 由番茄破碎设备、番茄汁浓缩设备、杀菌设备、电气控制柜等组成。

176. 电冰箱用压缩机, 电动机额定功率为 0.4 千瓦。

177. 家用电冰箱的壳体(容积为 210 升)。

178. 具有用电能提供热、冷水功能的饮水机。

179. 别克轿车用发动机(点燃往复式), 气缸容量为 1.6 升。

180. 摩托车用内燃机(点燃式)的气缸盖。

181. 活塞式内燃机冷却用水泵。

182. 电热医用消毒设备(将要消毒的物品或材料放入设备内加热至高温以杀灭细菌)。

183. 激光打印机(只有打印功能), 可与自动数据处理设备相连。

184. 激光打印机用硒鼓。

185. 燃气快速热水器。

186. 机器设备用不锈钢制龙头。

187. 单独报验的微电脑用内存条。

188. 石英手表用的扣式锂电池。

189. 手机用锂离子电池。

190. 太阳能电池。

191. 10 千克重的家用电动绞肉机。

192. 150 千克重的电动绞肉机。

193. 家用全自动洗衣机, 干衣量 5 千克, 波轮式。

194. 广播级电视摄像机(非特种用途的)。

195. DVD 光盘(已录制奥斯卡获奖影片《飘》)。

196. 快速热水器(电热), 即热式。

197. 移动硬盘。

198. 一起报验的微电脑主机(含 CPU、主板、硬盘等)、键盘(输入设备)和显示器(输出设备)。

第五章

进出口税费

第一节　进出口税费

进出口税费是指在进出口环节中由海关依法征收的关税、消费税、增值税、船舶吨税等税费。进出口环节税费征纳的法律依据主要是《海关法》《进出口关税条例》以及其他有关法律、行政法规。

一、关税及其计算

(一)关税概述

1. 关税的定义

关税是海关代表国家按有关的政策与法规(《税法》及《进出口税则》)，对准许进出关境的货物和物品向纳税义务人征收的一种流转税。

关税是国家税收的重要组成部分，是国家保护国内经济、实施财政政策、调整产业结构、发展进出口贸易的重要手段，也是世界贸易组织允许各缔约方保护其境内经济的一种手段。

2. 关税的征税主体

关税的征税主体，也称关税征收主体。根据《海关法》的规定，行使征收关税职能的国家机关是中华人民共和国海关，征收关税是海关的一项主要任务。未经法律的授权，其他任何单位和个人均无权征收关税。

3. 关税的征税对象

关税的征税对象，也称关税征收客体。根据《中华人民共和国进出境关税条例》的规定，关税的征税对象为进出我国国境的货物和物品。

货物是指贸易性商品，物品则是指非贸易的行李、邮包等，包括入境旅客随身携带的行李和物品、个人邮递物品、各种运输工具上的服务人员携带进口的自用物品、馈赠物品以及其他方式进境的个人物品。

4．关税的纳税义务人

关税的纳税义务人是指依法负有直接向国家缴纳关税义务的单位或个人，亦称为关税纳税人或关税纳税主体。

进口货物关税的纳税义务人为进口我国准许进口的货物的收货人或其代理人。从我境内外采购进口的原产于我国境内的货物，也应当缴纳进口关税。

出口货物关税的纳税义务人为出口我国准许出口的货物的发货人或其代理人。

行李和邮寄物品进口关税的纳税义务人为携带有应税个人自用物品的入境旅客和运输工具服务人员、进口邮递物品的收件人以及其他方式进口应税个人自用物品的收件人。

5．关税的分类

(1) 按照货物的流向，可分为进口关税、出口关税、过境关税等。

① 进口关税。进口关税是指一国海关以进境货物和物品为课税对象所征收的关税。在国际贸易中，被各国公认为是一种重要的经济保护手段，是关税中最主要的一种。

② 出口关税。出口关税是海关以出境货物和物品为课税对象所征收的关税。世界各国为鼓励出口，一般不征收出口关税。征收出口关税的主要目的是限制、调控某些商品的过度、无序出口，特别是对一些重要自然资源和原材料的无序出口。

我国出口关税主要以从价税为计征标准。

根据实际情况，我国还在一定时期内对部分出口商品临时开征出口暂定关税，或者在不同阶段实行不同的出口暂定关税税率，或者加征特别出口关税。

适用出口税率的出口货物有暂定税率，应当适用暂定税率。除法律、法规明确规定可以免征出口关税外，对出口应税商品一律照章征收出口关税。

2016 年，我国海关对鳗鱼苗、铅矿砂、锌矿砂、黄磷(白磷)、合金生铁等 250 个税则号列的商品出口征收出口关税。

③ 过境关税。过境关税亦称通过税，是指一国或地区海关对通过其关境的外国货物所征收的一种关税。

征收过境关税的目的是增加财政收入。随着国际贸易的发展，特别是交通条件的改善，目前过境关税已很少见，大多采取税款担保形式操作，以保障过境货物依法原状运出关境。

④ 暂准进出境货物进出口关税。第 2 类暂准进出境货物(我国《关税条例》第 42 条第 1 款所列范围以外的其他暂准进出境货物)，海关按照审定进出口货物完税价格的有关规定和海关接受该货物申报进出境之日适用计征汇率、税率，审核确定其完税价格，按月征收税款。或者在规定期限内货物复运出境或者复运进境时征收税款。

暂准进出境货物在规定期限届满后不再复运出境或复运进境的，纳税义务人应当在规定期限届满前向海关申报进出口及纳税手续，缴纳剩余税款。

计征税款的期限为 60 个月，不足一个月但超过 15 日的，按一个月计征；不超过 15 日的，免予计征。其计算公式为

每个月关税税额=关税总额×(1÷60)

每个月进口环节代征税税额=进口环节代征税总额×(1÷60)

(2) 按照计征方法，可分为从价税、从量税、复合税、滑准税。

① 从价税。从价税以货物、物品的价格作为计税标准，以应征税额占货物价格的百分比为税率，价格和税额成正比例关系。其计算公式为

从价税应征税额=货物的完税价格×从价税税率

② 从量税。从量税以货物和物品的计量单位如重量、数量、容量等作为计税标准，以每一计量单位的应征税额征收的关税。其计算公式为

从量税应征税额=货物数量×单位税额

我国目前对石油原油、啤酒、胶卷、冻鸡等进口商品征收从量税。

③ 复合税。复合税是指对一个税目中的商品同时使用从价、从量两种标准计税，按两者之和作为应征税额征收的关税。其计算公式为

复合税应征税额=货物的完税价格×从价税税率+货物数量×单位税额

我国对录像机、放像机、摄像机、非家用型摄录一体机、部分数字照相机等进口商品征收复合关税。

④ 滑准税。滑准税，又称滑动税，是指对进口税则中的同一种商品按其价格高低分档制定若干不同的税率，然后根据进口商品价格的变动而增减进口税率的一种关税，关税的税率随着进口商品价格的变动而反方向变动，使该种商品的国内市场价格保持稳定。

我国对关税配额外进口的一定数量棉花(税号 52010000)，适用滑准税形式暂定关税。例如，2016 年棉花滑准税税率：当进口棉花的完税价格≥15.000 元/千克时，按照 0.570 元/千克计征从量税；当进口棉花的完税价格<15.000 元/千克时，则按暂定从价税率公式计算：

$$R_i=9.337\div P_i+2.77\%\times P_i-1\ (R_i\leq 40\%)$$

式中，R_i 为暂定从价税率，对上式计算结果小数点后 4 位四舍五入保留前 3 位；P_i 为关税完税价格，单位为元/千克。

(3) 按照是否施惠，可分为普通关税和优惠关税。

① 普通关税。又称一般关税，是指对与本国没有签署贸易或经济互惠等友好协定的国家或地区原产的货物征收的非优惠关税。目前，我国对少数与我国没有外交关系且不属于世界贸易组织成员的国家或地区的进口货物适用普通税率。

② 优惠关税。是指对来自特定国家或地区的进口货物在关税方面给予优惠待遇，按照比普通关税税率低的税率征收的关税，一般有最惠国待遇关税、协定优惠关税、特定优惠关税、普遍优惠制关税 4 种。

第一，最惠国待遇关税。我国规定，原产于共同适用最惠国待遇条款的世界贸易组织成员的进口货物、原产于与我国签订有相互给予最惠国待遇条款的双边贸易协定的国家或地区的进口货物，以及原产于我国关境内的进口货物，适用最惠国待遇关税。

第二，协定优惠关税。我国规定，原产于与我国签订含有关税优惠条款的区域性贸易协定的国家或地区的进口货物，适用协定税率。目前，我国对亚太贸易协定成员国中的韩国、印度、孟加拉国、斯里兰卡、老挝，东盟各国和秘鲁、智利、新西兰、哥斯达黎加、冰岛、瑞士、澳大利亚等国家，以及我国的香港、澳门地区(按照 CEPA 协议)、台湾地区(按照 ECFA 协议)等按照自由贸易协定或优惠安排项下进口货物适用协定优惠关税。

第三，特定优惠关税。原产于与我国签订含有特殊关税优惠条款的贸易协定的国家或地区的进口货物，适用特惠税率。目前，我国对孟加拉国、老挝、缅甸、柬埔寨、埃塞俄比亚等 40 个国家部分进口商品实施特惠关税。

第四，普遍优惠制关税。是指发达国家对进口原产于发展中国家的工业制成品、半制成品和某些初级产品实施普遍的、非歧视的、非互惠的降低或取消进口关税的一种关税优惠待遇(Generalized System of Preference，GSP)。我国是发展中国家，对进口货物不存在普惠税率。

(4) 按照是否根据税则征收，可分为正税和附加税。

① 正税。是按照《进出口税则》中的进口税率征收的关税，具有规范、相对稳定的特点。

② 附加税。指国家由于特定需要对进口货物除征收关税正税之外另行征收的进口税，一般具有临时性特点，包括反倾销税、反补贴税、保障措施关税、报复性关税。世界贸易组织不准其成员方在一般情况下随意征收附加税，只有符合世贸组织反倾销、反补贴等有关规定的，才可以征收。

(二)关税的计算

我国进出口关税一律以人民币计征,采用四舍五入法计算至分。起征点为人民币 50 元,不足 50 元的免予征收。

1. 进口关税的计算

(1) 从价关税

① 计算公式。

应征进口关税税额=进口货物完税价格×进口从价税税率

减税征收的进口关税税额=进口货物完税价格×减税进口关税税率

② 计算方法。

第一步：确定货物的进口完税价格(即确定货物的 CIF 报价)。

第二步：根据汇率适用原则将外币金额换算为人民币金额。

第三步：按照公式计算应该征收的税款。

其中，完税价格、税额采用四舍五入法计算至分；成交价格及有关费用以外币计价的，先按货物适用税率之日所适用的计征汇率折合为人民币计算完税价格；海关每月使用的计征汇率为上一个月第 3 个星期三(假日则顺延至第 4 个星期三)中国人民银行公布的外币兑人民币基准汇率折算，元后数字采用四舍五入法，保留4位小数。

【例5-1】

国内某公司从日本购进日本产丰田轿车20辆，成交价格合计为FOB日本300 000美元，实际支付运费12 000美元、保险费1500美元。已知该轿车的气缸容量为2000cc，适用中国银行的外汇折算价为1美元=6.6490元人民币，计算应征进口关税(原产国日本适用最惠国税率为25%)。

解：

第一步：确定货物的进口完税价格(即确定货物的CIF报价)。

审定进口货物完税价格为：300 000+12 000+1500=313 500(美元)

第二步：根据汇率适用原则将外币金额换算为人民币金额。

将外币价格折算成人民币为：313 500×6.6490=2 084 461.5(元)

第三步：按照公式计算应该征收的税款。

应征进口关税税额=进口货物完税价格×法定进口关税税率

$$=2\ 084\ 461.5×25\%$$

$$=521\ 115.38(元)$$

(2) 从量关税

① 计算公式。

$$应征进口关税税额=进口货物数量×单位税额$$

② 计算方法。

第一步：确定货物的实际进口数量，如果进口计量单位与计税单位不同，应该进行换算。

第二步：按照公式计算应该征收的税款。

【例5-2】

国内某公司从香港购进原产于日本的柯达彩色胶卷50 400卷(宽度35毫米，长度不超过2米)，成交价格为CIF境内某口岸10.00港元/卷，已知适用中国银行的外汇折算价为1港元=0.8587元人民币；以规定单位换算表折算，规格"135/36"1卷=0.05775平方米。计算应征进口关税(原产地日本适用最惠国税率为24元/平方米)。

解：

第一步：确定货物的实际进口数量，如果进口计量单位与计税单位不同，应该进行换算，确定彩色胶卷的实际进口量为：50 400×0.05775=2910.6(平方米)。

第二步：按照公式计算应该征收的税款。

应征进口关税税额=进口货物数量×单位税额

$$=2\ 910.6×24=69\ 854.40(元)$$

(3) 复合关税

① 计算公式。

应征进口关税税额=进口货物完税价格×进口关税税率+进口货物数量×单位税额

② 计算方法。

第一步：根据完税价格审定办法、规定，确定应税货物的进口完税价格。

第二步：根据汇率适用原则，将外币金额折算成人民币金额。

第三步：按照计算公式正确计算应征税款。

【例5-3】

国内某公司从日本购进该国企业生产的广播级电视摄像机40台，其中有20台成交价格为CIF境内某口岸4000美元/台，其余20台成交价格为CIF境内某口岸5200美元/台，已知适用中国银行的外汇折算价为1美元=6.6645元人民币，计算应征进口关税(原产国日本的关税税率适用最惠国税率，经查关税税率为：完税价格不高于5000美元/台的，关税税率为单一从价税率35%；完税价格高于5000美元/台的，关税税率为3%的从价关税再加9728元的从量单位税额)。

解：

第一步：根据完税价格审定办法、规定，确定应税货物的进口完税价格。

确定其进口完税价格为：80 000美元(4000×20)和104 000美元(5200×20)

第二步：根据汇率适用原则，将外币金额折算成人民币金额。

将外币金额折算成人民币分别为：533 160.00元和693 108.00元

第三步：按照计算公式正确计算应征税款。

完税价格不高于5000美元/台的20台按单一从价税计算。

从价进口关税税额=完税价格×进口关税税率

$$=533\ 160.00×35\%$$
$$=186\ 606.00(元)$$

完税价格高于5000美元/台的20台按复合关税计算。

复合进口关税税额=进口货物完税价格×进口关税税率+进口货物数量×单位税额

$$=693\ 108.00×3\%+20×9728$$
$$=215\ 353.24(元)$$

40台合计进口关税税额=从价进口关税税额+复合进口关税税额

$$=186\ 606.00+215\ 353.24$$
$$=401\ 959.24(元)$$

(4) 滑准关税

① 计算公式。

从价计征应征进口关税税额=进口货物完税价格×暂定从价税率

从量计征应征进口关税税额=进口货物数量×暂定从量税额

② 计算方法。

第一步：根据完税价格审定办法、规定，确定应税货物的进口完税价格。

第二步：根据汇率适用原则，将外币金额折算成人民币金额。

第三步：根据计算公式计算暂定关税税率。

第四步：按照计算公式正确计算应征税款。

【例 5-4】

国内某公司购进配额外未梳棉花 1 公吨，原产地为美国，成交价格为 CIF 某口岸 1035.64 美元/公吨。企业已向海关提交国家发改委授权机构出具的《关税配额外优惠关税税率进口棉花配额证》，经海关审核确认后，征收滑准关税。已知其适用中国银行的外汇折算价为 1 美元=6.6485 元人民币，计算应征进口关税税额。

解：

第一步：审定进口货物完税价格。

1035.64×6.6485=6885.45(元/吨)　合 6.885(元/千克)

第二步：确定暂定关税税率。

折算后棉花的完税价格为 6.885 元/千克，将此完税价格与 15 元/千克(棉花的限定最高完税价格)作比较，鉴于 6.885＜15，该进口货物原产国适用最惠国税率，根据"当配额外进口棉花完税价格低于 15 元/千克时，暂定从价税率按照公式计算，公式计算值应≤40%"的规定，先计算该货物的暂定从价税率。

暂定从价税率=9.337÷完税价格+2.77%×完税价格－1

　　　　　　=9.337÷6.885+2.77%×6.885－1=54.7%

暂定从价税率按公式计算得出的值高于 40%时应取值 40%，该暂定从价税率计算得出为 54.7%，大于 40%，按照 40%的暂定从价税率计征关税。

第三步：按照计算公式正确计算应征税款。

应征进口关税税额=进口货物完税价格×暂定从价税率

　　　　　　　　=6885.45×40%=2754.18(元)

2. 反倾销税税额的计算

(1) 计算公式。

反倾销税税额=完税价格×反倾销税税率

(2) 计算方法。

第一步：根据完税价格审定办法、规定，确定应税货物的完税价格。

第二步：根据汇率适用原则，将外币金额折算成人民币金额。

第三步：按照计算公式正确计算应征反倾销税税额。

【例 5-5】

国内某公司从韩国购进厚度为 0.7 毫米的冷轧板卷一批，CIF 中国某港口的成交总价为 126 758.90 美元，已知该批冷轧板卷需要征收反倾销税，适用中国银行的外汇折算价为 1 美元=6.6626 元人民币。试计算应征的反倾销税税额(根据有关规定，进口韩国生产的冷轧板卷反倾销税税率为 14%)。

解：

第一步：根据完税价格审定办法、规定，确定应税货物的完税价格。

审定完税价格为：126 758.90 美元

第二步：根据汇率适用原则，将外币金额折算成人民币金额。

将外币金额折算成人民币为：126 758.90×6.6626=844 543.85(元)

第三步：按照计算公式正确计算应征反倾销税税额。

反倾销税税额=完税价格×反倾销税税率

$\qquad\qquad$ =844 543.85×14%=118 236.14(元)

3. 出口关税税额的计算

(1) 计算公式。

$\qquad$ 应征出口关税税额=出口货物完税价格×出口关税税率

$\qquad$ 出口货物完税价格=FOB 价÷(1+出口关税税率)

若为其他报价则需要换算：

若报价为 CFR，则出口货物完税价格=(CFR-运费(F))÷(1+出口关税税率)

若报价为 CIF，则出口货物完税价格=(CIF-运费(F)-保险费(I))÷(1+出口关税税率)

(2) 计算方法。

第一步：确定货物的出口完税价格(即确定货物的 FOB 报价)。

第二步：根据汇率适用原则，将外币金额折算成人民币金额。

第三步：按照公式正确计算应征收出口关税税额。

【例 5-6】

国内某企业从广州出口硅铁一批，申报价格为 FOB 广州黄埔港 8546.70 美元。其适用中国银行的外汇折算价为 1 美元=6.6528 元人民币，要求计算出口关税(出口税率为 25%)。

解：

第一步：确定出口货物完税价格。

审定 FOB 价为：8546.70 美元

第二步：根据汇率适用原则，将外币金额折算成人民币金额。

将外币金额折算成人民币为：8546.70×6.6528=56 859.49(元)

第三步：按照公式正确计算应征出口关税税额。

应征出口关税税额=出口货物完税价格÷(1+出口关税税率)×出口关税税率

$$=56\ 859.49÷(1+25\%)×25\%=11\ 371.90(元)$$

二、进口环节代征税及计算

进口环节税是指进口的货物、物品，在办理海关手续放行后进入国内流通领域，与国内货物同等对待，所以应缴纳应征的国内税，而这些国内税依法由海关在进口环节征收。由海关征收的国内税费主要有增值税和消费税两种。

(一)增值税

1. 增值税的概念

增值税是以商品的生产、流通和劳务服务各个环节所创造的新增价值为课税对象的一种流转税。我国自1994年全面推行并采用国际通行的增值税制。

2. 增值税的征纳

进口环节的增值税由海关征收，其他环节的增值税由税务机关征收。进口环节增值税的起征额为人民币50元，低于50元的免征。进口环节增值税的减免项目必须由国务院作出规定，任何地区或部门无权决定。进口货物以及在境内销售货物或者提供加工、修理、修配劳务的单位和个人为增值税的纳税义务人。增值税的征纳依据主要有《中华人民共和国增值税暂行条例》及其《实施细则》和相关法律、法规。

3. 增值税的征收范围和适用税率

在我国境内销售货物(销售不动产或免征的除外)、提供加工、修理、修配劳务以及进口货物的单位或个人，都要依法缴纳增值税。

我国增值税的征收采取了基本税率再加一档低税率的征收模式。对纳税人销售或进口低税率和零税率以外的货物，提供加工、修理、修配劳务的，适用基本税率(17%)；对于纳税人销售或者进口下列货物，适用低税率(13%)计征增值税。

(1) 粮食、食用植物油。

(2) 自来水、暖气、冷气、热水、煤气、石油液化气、天然气、沼气、居民用煤炭制品。

(3) 图书、报纸、杂志。

(4) 饲料、化肥、农药、农机、农膜。

(5) 国务院规定的其他货物。

4. 增值税的计算公式

进口环节的增值税以组成价格作为计税价格，征税时不得抵扣任何税额。其组成价格由关税完税价格加上关税组成；对于应征消费税的品种，其组成价格还要加上消费税。现

行增值税的组成价格和应纳税额计算公式为

增值税组成价格=进口货物完税价格+进口关税税额+消费税税额

应纳增值税税额=增值税组成价格×增值税税率

(二)消费税

1. 消费税的概念

消费税是以消费品或消费行为的流转额作为课税对象而征收的一种流转税。我国消费税是在对货物普遍征收增值税的基础上，选择少数消费品再予征收的税。

2. 消费税的征纳

消费税由税务机关征收，进口环节的消费税由海关征收。进口环节消费税的起征额为人民币50元，低于50元的免征。进口的应税消费品，由纳税义务人向报关地海关申报纳税。消费税的纳税义务人是指在中国境内生产、委托加工和进口消费税法规中规定的应税消费品的单位和个人。消费税的征纳依据主要有《中华人民共和国消费税暂行条例》及其《实施细则》和相关法律、法规。

3. 消费税的征收范围

消费税的征税范围主要是根据我国经济社会发展现状和现行消费政策、人民群众的消费结构以及财政需要，并借鉴国外的通行做法确定的。

消费税的征税范围仅限于少数消费品，征税的消费品大致分为以下4类。

(1) 一些过度消费会对人的身体健康、社会秩序、生态环境等方面造成危害的特殊消费品，如烟、酒、酒精、鞭炮、焰火等。

(2) 奢侈品、非生活必需品，如贵重首饰及珠宝玉石等。

(3) 高能耗的高档消费品，如小轿车、摩托车等。

(4) 不可再生和替代的资源类消费品，如汽油、柴油等。

我国对烟、酒及酒精、化妆品、贵重首饰及珠宝玉石、鞭炮焰火、成品油、摩托车、小汽车、高尔夫球及球具、高档手表、游艇、木制一次性筷子、实木地板、电池(铅蓄电池除外)、涂料15类商品征收进口消费税。

4. 消费税的税目、税率

消费税共设有15个税目，分别采用比例税率、定额税率或者复合税率。复合税率是税率中同时包含比例税率和定额税率。其中，卷烟、白酒实行复合税率，成品油、黄酒、啤酒实行定额税率，其他均为比例税率。

5. 消费税的计算公式

我国消费税采用从价、从量的方法计算应纳税额。

(1) 实行从价征收的消费税是按照组成的计税价格计算。

我国消费税采用价内税的计税方法，即计税价格的组成中包括了消费税税额。其计算公式为

消费税组成计税价格=(进口货物完税价格+进口关税税额)÷(1-消费税税率)

应纳消费税税额=消费税组成计税价格×消费税税率

(2) 实行从量征收的消费税。

计算公式为

应纳消费税税额=应征消费税消费品数量×消费税单位税额

(3) 实行复合税征收。

即同时实行从量、从价征收的消费税是上述两种征税方法之和。其计算公式为

应纳消费税税额=应征消费税消费品数量×消费税单位税额+消费税组成计税价格×
消费税税率

(三)进口环节海关代征税的计算

1. 消费税税额的计算

计算方法如下。

第一步：确定货物的进口完税价格(即确定货物的 CIF 报价)。

第二步：根据汇率适用原则，将外币金额折算成人民币金额。

第三步：按照公式计算应该征收的消费税税额。

【例 5-7】

国内某进出口公司进口丹麦产啤酒 3800 升，经海关审核其 CIF 境内某口岸的成交价格总额为 1756.40 美元。其适用中国银行的外汇折算价为 1 美元=6.6528 元人民币，要求计算应征进口关税税额(进口完税价格＜370 美元/吨的麦芽酿造啤酒，消费税税率为 220 元/吨；进口完税价格≥370 美元/吨的麦芽酿造啤酒，消费税税率为 250 元/吨；1 吨=988 升)。

解：

进口啤酒数量：3800÷988=3.846(吨)

计算进口货物完税价格单价：1756.40÷3.846=456.68(美元/吨)

由于啤酒的完税价格 456.68 美元/吨>370 美元/吨，所以消费税税率为 250 元/吨。

按照计算公式计算进口环节消费税税额。

进口环节消费税税额=应征消费税消费品数量×消费税单位税额

=3.846×250=961.5(元)

2. 增值税税额的计算

计算方法如下。

第一步：确定货物的进口完税价格(即确定货物的 CIF 报价)。

第二步：根据汇率适用原则，将外币金额折算成人民币金额。

第三步：按照公式计算应该征收的进口关税税额。

第四步：按照公式计算应该征收的消费税税额，若货物无须征收消费税，则跳过此步骤。

第五步：按照公式计算应该征收的增值税税额。

【例5-8】

某公司进口货物一批，经海关审核其CIF中国某港口的成交价格为50 312.50美元，其适用中国银行的外汇折算价为1美元=6.6528元人民币。已知该批货物的关税税率为12%，消费税税率为10%，增值税税率为17%。要求计算应征增值税税额。

解：首先计算进口关税税额，然后计算消费税税额，最后再计算增值税税额。

将进口货物完税价格的外币金额折算成人民币金额：50 312.50×6.6528=334 719.00(元)

计算进口关税税额：

应征进口关税税额=进口货物完税价格×进口关税税率

=334 719.00×12%=40 166.28(元)

计算消费税税额：

应征消费税税额=(进口货物完税价格+进口关税税额)÷(1-消费税税率)×消费税税率

=(334 719.00+40 166.28)÷(1-10%)×10%

=41 653.92(元)

计算增值税税额：

应征增值税税额=(进口货物完税价格+进口关税税额+消费税税额)×增值税税率

=(334 719.00+40 166.28+41 653.92)×17%

=70 811.66(元)

【例5-9】

某进出口公司进口某批不用征收进口消费税的货物，经海关审核其CIF境内某口岸的成交价格总值为26 471.8美元。已知该批货物的关税税率为35%、增值税税率为17%，其适用中国银行的外汇折算价为1美元=6.6528元人民币。请计算应征增值税税额。

解：首先计算进口关税税额，然后再计算增值税税额。

计算进口关税税额：

应征进口关税税额=进口货物完税价格×进口关税税率

=26 471.8×6.6528×35%=61 639.06(元)

计算增值税税额：

应征增值税税额=(进口货物完税价格+进口关税税额)×增值税税率

=(176 111.59+61 639.06)×17%=40 417.61(元)

三、船舶吨税

我国海关还在设关口岸对进出、停靠我国港口的国际航行船舶征收船舶吨税,用于航道设施的建设。详情请查阅海关相关规定。

四、税款滞纳金及其计算

(一)税款滞纳金的征收范围

按照规定,关税、进口环节增值税、消费税、船舶吨税等的纳税人或其代理人,应当自海关填发税款缴纳书之日起 15 日内缴纳进口税款;逾期缴纳的,海关依法在原应纳税款的基础上,按日征收 0.5‰的滞纳金。缴纳期限的最后一日是星期六、星期天或法定假日,则缴款期限顺延至周末或法定假日后的第一个工作日。在实际计算纳税期限时,应从海关填发税款缴款书之日的第二天起计算。 如果税款缴纳期限内含有星期六、星期天或法定假日,则不予扣除。

逾期缴纳税款应该征收滞纳金的几种情况如下。

(1) 进出口货物放行后,海关发现纳税义务人违反规定造成少征或者漏征税款的,可以自缴纳税款或货物放行之日起 3 年内追征税款,并自缴纳税款或货物放行之日起至海关发现之日止,按日加收少征或者漏征税款 0.5‰的滞纳金。

(2) 因纳税义务人违反规定造成海关监管货物少征或者漏征税款的,海关应当自纳税义务人应缴纳税款之日起 3 年内追征税款,并自应缴纳税款之日起至海关发现违规行为之日止,按日加收少征或者漏征税款 0.5‰的滞纳金。

(3) 租赁进口货物分期支付租金的,租赁货物应该在租期期满 30 日内向海关办理结关手续;逾期未办理结关手续的,除征收税款外,加收滞纳金,为自租赁期限届满后 30 日起至纳税义务人申报纳税之日止,按日征收应纳税款 0.5‰的滞纳金。

(4) 暂时进出境货物未按规定期限复运进出境,且未在规定期限届满前办理纳税手续的,除征收应纳税款外,加收滞纳金,为自期限届满之日起至纳税义务人申报纳税之日止,按日征收应纳税款 0.5‰的滞纳金。

(二)税款滞纳金的征收标准

滞纳金按每票货物的关税、进口环节增值税、消费税单独计算,起征点为 50 元,不足 50 元的免予征收。其计算公式为

关税滞纳金金额=滞纳关税税额×0.5‰×滞纳天数

进口环节代征税滞纳金金额=滞纳进口环节代征税税额×0.5‰×滞纳天数

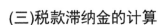

(三)税款滞纳金的计算

下面通过一个例子来介绍税款滞纳金的计算过程。

【例5-10】

国内某公司从日本购进日本产丰田牌轿车 20 辆,成交价格共为 CIF 境内某口岸 3125 00.00 美元。已知该批货物应征进口关税税额为人民币 519 453.13 元,应征进口环节消费税税额为人民币 136 698.19 元,应征进口环节增值税税额为人民币 464 773.85 元。海关于 2016 年 3 月 9 日(周三)填发《海关专用缴款书》,该公司于 2016 年 4 月 1 日缴纳税款。现计算应征的滞纳金。

解: 首先确定滞纳天数,然后计算应缴纳的关税、进口环节消费税和增值税的滞纳金。

注意: 实际计算纳税期限时,应从税款缴款书之日的第二天起计算,缴纳期限的最后一日是星期六、星期天或法定节假日的,缴纳期限顺延至周末或法定节假日过后的第一个工作日。

税款缴款期限为 2016 年 3 月 24 日(星期四),3 月 25 日～4 月 1 日为滞纳期,共滞纳 8 天。

按照计算公式分别计算进口关税、进口环节消费税和增值税的滞纳金。

关税滞纳金金额=滞纳关税税额×0.5‰×滞纳天数
　　　　　　　=519 453.13×0.5‰×8=2077.81(元)

进口环节消费税滞纳金金额=滞纳进口环节消费税税额×0.5‰×滞纳天数
　　　　　　　　　　　　=136 698.19×0.5‰×8=546.79(元)

进口环节增值税滞纳金金额=滞纳进口环节增值税税额×0.5‰×滞纳天数
　　　　　　　　　　　　=464 773.85×0.5‰×8=1859.10(元)

第二节　进出口货物完税价格的确定

进出口货物完税价格是指海关对进出口货物征收从价税时要依法确定进出口货物应缴纳税款的价格。也就是说,进出口货物完税价格是海关对进出口货物征收从价税时审查估定的应税价格,是凭以计征进出口货物关税及进口环节税税额的基础。我国绝大多数进出口货物实行的是从价税,因而确定完税价格十分重要。

一、我国海关审价的法律依据

我国于 2001 年年底加入世贸组织后,已全面实施世贸组织估价协定,我国对进出口货物海关估价的法律、法规与国际通行规则衔接。

审定进出口货物完税价格是贯彻关税政策的重要环节，也是海关依法行政的重要体现。目前，我国海关审价的法律依据可分为 3 个层次。第一个层次是法律层次，即《海关法》。《海关法》规定："进出口货物的完税价格，由海关以该货物的成交价格为基础审查确定。成交价格不能确定时，完税价格由海关估定。"第二个层次是行政法规层次，即《关税条例》。第三个层次是部门规章，如海关总署颁布施行的《中华人民共和国海关审定进出口货物完税价格办法》(以下简称《审价办法》)、《中华人民共和国海关进出口货物征税管理办法》(以下简称《征管办法》)等。

二、进口货物完税价格的审定

(一)一般进口货物完税价格的审定

　　进口货物完税价格由海关以该货物的成交价格为基础审查确定，并应当包括货物运抵中华人民共和国境内输入地点起卸前的运输及其相关费用、保险费。

　　海关审查估价的方法有进口货物成交价格法、相同或类似货物成交价格法、倒扣价格法、计算价格法和合理方法 5 种。这 5 种估价方法必须依次使用，即只有在不能使用前一种估价方法的情况下，才可以顺延使用其他估价方法。但如果进口货物纳税义务人提出要求，并提供相关资料，经海关同意，可以选择倒扣价格法和计算价格法的适用次序。

1. 进口货物成交价格法

　　进口货物成交价格法是第一种估价方法，它建立在进口货物实际发票或合同价格的基础上，在海关估价实践中使用率最高。

　　《进出口关税条例》第 10 条规定："进口货物以海关审定的成交价格为基础的到岸价格为完税价格。"这是我国海关估价对进口货物完税价格规定的完税价格准则或完税价格的定义。主要内容如下。

　　(1) 海关审定。

　　海关审定是指海关对纳税人所申报的价格进行审查确定，这是从立法上对海关审定完税价格的授权，海关对商人申报的不真实或不正常的价格有权不予接受，并可对该进口商品按法律规定的完税价格准则另行估价。海关为了审核申报价格，可以要求进口人提供有关的合同、发票、账册、业务函电和其他资料。

　　(2) 成交价格。

　　《审价办法》规定，海关以进出口货物的实际成交价格为基础审定完税价格。并对实际成交价格作出定义：即一般贸易项下进口或出口货物的买方为购买该项货物向卖方实际支付或应当支付的价格。具体含义如下。

　　① 它是指一般贸易项下货物成交过程中达成的价格。

　　② 实际支付或者应当支付的价格是买方为获取货物的"唯一承诺"价格，买方应对

进口货物的处置和使用不受限制，有下列情形之一的，视为对买方处置或者使用进口货物进行了限制：A.进口货物只能用于展示或者免费赠送的；B.进口货物只能销售给指定第三方的；C.进口货物加工为成品后只能销售给卖方或者指定第三方的；D.其他经海关审查，认定买方对进口货物的处置或者使用受到限制的。

③ 进口货物的价格不应受到某些条件或因素的影响而导致该货物的价格无法确定。有下列情形之一的，视为进口货物的价格受到了使该货物成交价格无法确定的条件或者因素的影响：A.进口货物的价格是以买方向卖方购买一定数量的其他货物为条件而确定的；B.进口货物的价格是以买方向卖方销售其他货物为条件而确定的；C.其他经海关审查，认定货物的价格受到使该货物成交价格无法确定的条件或者因素影响的。

④ 卖方不得直接或间接从买方处获得因转售、处置或使用进口货物而产生的任何收益，除非上述收益能够被合理确定。

⑤ 买卖双方之间的特殊关系不影响价格。否则，其成交价格不能成立。海关有权不接受申报的价格。

(3) 到岸价格。

到岸价格是常见的国际贸易价格条件术语，即成本加运费、保险费的交货价格。我国规定海关计算进口货物完税价格的基础是到岸价格，或者说对进口货物完税价格的计算是以到岸价格的费用范围为标准的。因此，实际成交价格条件如果不是到岸价格的，均应调整为到岸价格，才可作为完税价格。

在调整实付价格或计算完税价格中应包括的运费、保险费时，我国《审价办法》规定：

① 海运进口货物的运保费应计算至该项货物运抵我国境内的卸货口岸。如果该项货物的卸货口岸是内河(江)口岸，则应计算至内河(江)口岸。

② 陆运进口货物，计算至该项货物运抵关境的第一口岸为止。如成交价格中所包括的运、保、杂费已计算至内地到达口岸的，关境第一口岸至内地一段的运、保、杂费，不予扣除。

③ 空运进口货物，计算至进入境内的第一口岸，如成交价格为进入关境的第一口岸以外的其他口岸，则计算至目的地口岸。

如果成交价格未包括下列因素，则应该计入：

① 除了购货佣金以外的佣金和经纪费用。佣金可以分为购货佣金和销售佣金。购货佣金是指买方向其采购代理人支付的佣金，按照规定，购货佣金不计入进口价格的完税价格中。销售佣金是指卖方向其销售代理人支付的佣金，如果该佣金是由买方直接支付给卖方的代理人，按照规定就要计入完税价格中。经纪费用是指买方为了购进进口货物而向代表买卖双方利益的经纪人支付的劳务费用。

② 与进口货物作为一个整体的容器费。与有关货物归入同一个税号的容器与该有关货物被视为一个整体，故容器费应该计入。

③ 运抵中国关境内输入地点卸货前的包装费，包括材料费用和劳务费用。

④　协助的价值(买方以免费或低于成本价的方式向卖方提供)。其计入进口货物完税价格中应满足的条件为：由买方以免费或低于成本价的方式直接或间接提供；未包括在进口货物的实付或应付价格之中；与进口货物的生产和向我国境内销售有关；可适当按比例分摊。下列 4 项协助费用应计入：进口货物所包含的材料、部件、零件和类似货物的价值；在生产进口货物过程中使用的工具、模具和类似货物的价值；在生产进口货物过程中消耗的材料的价值；在境外完成的为生产该货物所需的工程设计、技术研发、工艺及制图等工作的价值。

⑤　特许权使用费，即买方为取得特许权(专利权或分销权等)而支付的费用。

⑥　返回给卖方的转售收益。

进口货物的价款中单独列明的下列税收、费用，不计入该货物的完税价格：

①　厂房、机械或者设备等货物进口后发生的建设、安装、装配、维修或者技术援助费用，但是保修费用除外。

②　货物运抵境内输入地点起卸后发生的运输及相关费用、保险费。

③　进口关税、进口环节税及其国内税。

④　为在境内复制进口货物而支付的费用。

⑤　境内外技术培训及境外考察费用。

⑥　同时符合下列条件的利息费用不计入完税价格：利息费用是买方为购买进口货物而融资所产生的；有书面的融资协议的；利息费用单独列明的；纳税义务人可以证明有关利率不高于在融资当时当地此类交易通常具有的利率水平，且没有融资安排的相同或者类似进口货物的价格与进口货物的实付、应付价格非常接近的。

⑦　码头装卸费(THC)是指货物从船舷到集装箱堆场间发生的费用，属于货物运抵我国境内输入地点起卸后的运输相关费用，因此不应计入货物的完税价格。

2. 相同或类似货物成交价格法

若不存在买卖关系的进口货物以及不符合成交价格条件的进口货物，就不能采用进口货物成交价格法，而应按照顺序考虑采用相同或类似货物成交价格法。

(1)　相同货物和类似货物。

相同货物是指进口货物在同一国家或地区生产的，在物理性质、质量、信誉等所有方面都相同的货物，但表面的微小差异允许存在。

类似货物是指与进口货物在同一国家或地区生产的，虽然不是在所有方面都相同，但却具有类似的特征、类似的组成材料、同样的功能，并且在商业中可以互换的货物。

(2)　相同或类似货物要素。

据以比照的相同或类似货物应共同具备 5 个要素：①须与进口货物相同或类似；②须与进口货物在同一国家或地区生产；③须与进口货物同时或大约同时进口；④商业水平和进口数量须与进口货物相同或大致相同，如没有相同商业水平和大致相同数量的相同或类似进口货物，可采用不同商业水平和不同数量销售的相同或类似进口货物，但必须对商业水平和数量、运输距离和方式的不同所产生的价格方面的差异作出调整，这种调整应建立在客观量化的数据资料的基础上；⑤当存在两个或更多的价格时，选择最低的价格。

3. 倒扣价格法

倒扣价格法是指以被估的进口货物、相同或类似进口货物在境内第一环节的销售价格为基础，扣除境内发生的有关费用来估定完税价格。

(1) 按用以倒扣的价格销售的货物应同时符合以下条件：①在被估货物进口时或大约同时销售的价格；②按照该货物进口时的状态销售的价格；③在境内第一环节销售的价格；④按照该价格销售的货物合计销售总量最大；⑤向境内无特殊关系方销售的价格。

(2) 倒扣价格法的核心要素。

① 按进口时的状态销售。必须以进口货物、相同或类似进口货物按进口时的状态销售的价格为基础。如果没有按进口时的状态销售的价格，可以使用经过加工后在境内销售的价格作为倒扣的基础。

② 时间要素。必须是在被估货物进口时或大约同时转售给国内无特殊关系方的价格，其中"进口时或大约同时"为在进口货物接受申报之日的前后各45日以内。如果找不到同时或大约同时的价格，可以采用被估货物进口后90日内的价格作为倒扣价格的基础。

③ 合计的货物销售总量最大。必须使用被估的进口货物、相同或类似进口货物以最大总量单位售予境内无特殊关系方的价格为基础估定完税价格。

(3) 倒扣价格法的倒扣项目。

① 该货物的同级或同种类货物在境内第一环节销售时通常支付的佣金或利润和一般费用。

② 货物运抵境内输入地点之后的运输及相关费用、保险费。

③ 进口关税、进口环节税及其他国内税。

④ 加工增值额。如果以货物经过加工后在境内转售的价格作为倒扣价格的基础，则必须扣除上述加工增值部分。

4. 计算价格法

计算价格法是指以发生在生产国或地区的生产成本作为基础的价格。因此，使用这种方法必须根据境外的生产商提供的成本方面的资料，此方法使用率最低。

计算价格法的构成项目包括：①生产该货物所使用的原材料价值和进行装配或其他加工的费用；②向境内销售同等级或者同种类货物通常的利润和一般费用(包括直接费用和间接费用)；③货物运抵我国境内输入地点起卸前的运输费用及相关费用、保险费。

计算价格法按顺序为第5种估价方法，但如果进口货物纳税人提出要求，并经海关同意，可以与倒扣价格法颠倒顺序使用。此外，海关在征得境外生产商同意并提前通知有关国家或者地区政府后，可以在境外核实该企业提供的有关资料。

5. 合理方法

合理方法是指当海关不能根据上述几种方法确定完税价格时，公平、统一、客观的估价原则，以境内可以获得的数据资料为基础审查确定完税价格的方法。它实际上不是一种具体的估价方法，而是规定了使用方法的范围和原则。

在运用合理方法估价时，禁止使用下列 6 种价格：①境内生产的货物在境内销售的价格；②在两种价格中选择的高价格；③依据货物在出口地市场的销售价格；④以计算价格法规定之外的价值或费用计算的相同或类似货物的价格；⑤依据出口至第三国或地区的货物的销售价格；⑥依据最低限价或武断、虚构的价格。

(二)特殊进口货物完税价格的审定

1. 加工贸易(含出口加工区、保税区)进口料件或制成品的一般估价方法(见表 5-1)

表 5-1　加工贸易(含出口加工区、保税区)进口料件或制成品的一般估价方法

贸易方式	货物类型	完税价格	
进料加工(不予保税部分)	料件	以该料件申报进口时的成交价格为基础	
进料加工(保税)	料件	以料件原进口成交价格为基础确定	料件原进口成交价格不能确定的，海关以接受内销申报的同时或大约同时进口的与料件相同或类似的货物的进口成交价格为基础确定
	制成品(残次品、副产品)	以所含料件原进口价格为基础确定	
来料加工	料件或制成品(残次品)	海关以接受内销申报的同时或大约同时进口的与料件相同或类似的货物的进口成交价格为基础确定	
进料加工、来料加工	边角料、副产品	以海关审查确定的内销价格作为完税价格	
出口加工区	制成品、残次品	海关以接受内销申报的同时或大约同时进口的与料件相同或类似货物的进口成交价格为基础确定	
	边角料、副产品	以海关审查确定的内销价格作为完税价格	
保税区加工企业	进口料件或制成品(包括残次品)	海关以接受内销申报的同时或大约同时进口的与料件相同或类似货物的进口成交价格为基础确定	
	进料加工制成品(含境内采购料件)	以制成品所含的从境外购入的料件原进口成交价格为基础确定	
		料件原进口成交价格不能确定的，海关以接受内销申报的同时或大约同时进口的与料件相同或类似的货物进口成交价格为基础确定	
	来料加工制成品(含境内采购料件)	海关以接受内销申报的同时或大约同时进口的与料件相同或类似货物进口成交价格为基础确定	
	边角料、副产品	以海关审查确定的内销价格作为完税价格	

续表

贸易方式	货物类型	完税价格
保税区、出口加工区、保税物流园区、保税物流中心进入境内		除进口料件及其制成品外，均以进入境内的销售价格为基础

2. 出境修理复运进境货物

(1) 按规定期限复运进境：以境外修理费和料件费审查确定。

(2) 未按规定期限复运进境：按一般进口货物完税价格确定。

3. 出境加工复运进境货物

(1) 正常运回：以境外加工费、料件费、复运进境的运输及相关费用、保险费审查确定。

(2) 未正常运回：按一般进口货物的完税价格确定。

4. 暂时进境货物

(1) 应纳税的，按一般进口货物的完税价格确定。

(2) 留购的，以海关审查确定的留购价格作为完税价格。

5. 租赁进口货物

(1) 以租金方式支付的，以租金为完税价格。

(2) 留购的，以海关审查确定的留购价格作为完税价格。

(3) 一次性纳税的，可以申请按规定估价方法确定完税价格或以租金总额作为完税价格。

6. 减免税货物

经批准可以出售、转让、移作他用的货物，补税时征税，以该货物原进口时的价格扣除折旧部分价值作为完税价格，其计算公式为

完税价格=海关审定的该货物原进口时的价格×

(1-征、补税时实际进口的月数÷监管年限×12)

7. 无成交价格货物

易货贸易、寄售、捐赠、赠送，不适用成交价格法的，应采用其他几类方法确定完税价格。

8. 软件介质

介质本身的价值或成本与所载软件价值分列，或虽未分列，但能提供文件证明各自价值的，以介质本身的价值或成本为基础审查确定完税价格。

(三)进口货物完税价格中的运输及相关费用、保险费的计算

1. 运费

(1) 按实际支付费用计算。

(2) 利用自身动力进境的,不算运费。

(3) 不确定时,以进口同期公布的运费率计算。

2. 保险费

(1) 按实际支付费用计算。

(2) 无法确定或未实际发生的,保险费=(货价+运费)×3‰。

3. 邮运货物运费

邮费即运保费。

4. 边境口岸运费

以境外边境口岸价格的 1%计算运输及相关费用、保险费。

三、出口货物完税价格的审定

(一)出口货物的完税价格

由海关以该货物的成交价格为基础审查确定,包括货物运至中华人民共和国境内输出地点装载前的运输及其相关费用、保险费。

(二)出口货物的成交价格

出口货物的成交价格是指该货物出口销售前,卖方为出口该货物向买方直接收取和间接收取的价款总额。

(三)不计入出口货物完税价格的税收、费用

不计入出口货物完税价格的税收、费用包括以下几项。

(1) 出口关税。

(2) 输出地点装载后的运费及相关费用、保险费。

(3) 在货物价款中单独列明由卖方承担的佣金。

(四)出口货物其他估价方法

依次以下列价格审查确定货物的完税价格。

(1) 同时或者大约同时向同一国家或者地区出口的相同货物的成交价格。

(2) 同时或者大约同时向同一国家或者地区出口的类似货物的成交价格。

(3) 根据境内生产相同或者类似货物的成本、利润和一般费用(包括直接费用和间接费用)、境内发生的运输及相关费用、保险费计算所得的价格。

(4) 按照合理方法估定的价格。

出口货物完税价格的计算公式：

$$出口货物完税价格=FOB 价-出口关税=FOB÷(1+出口关税税率)$$

四、海关估价中的价格质疑程序和价格磋商程序

(一)价格质疑程序

纳税义务人或者其代理人应自收到《中华人民共和国海关价格质疑通知书》之日起 5 个工作日内，以书面形式提供相关资料或者其他证据，证明其申报价格真实、准确或者双方之间的特殊关系未影响成交价格。除特殊情况外，延期不得超过 10 个工作日。

(二)价格磋商程序

(1) 纳税义务人须自收到《中华人民共和国海关价格磋商通知书》之日起 5 个工作日内与海关进行价格磋商。

(2) 经纳税义务人提出书面申请，海关可以不进行价格质疑或价格磋商的情形如下。

① 同一合同项下分批进出口的货物，海关对其中一批货物已经实施估价的。

② 进出口货物的完税价格在人民币 10 万元以下或者关税及进口环节税总额在人民币 2 万元以下的。

③ 进出口货物属于危险品、鲜活品、易腐品、易失效品、废品、旧品等的。

五、纳税人在海关审定完税价格时的权利与义务

(一)纳税义务人的权利

1. 具保放行货物

纳税义务人可以在依法向海关提供担保后，先行提取货物。

2. 选择估价方法

纳税义务人可以提出申请，颠倒倒扣价格法和计算价格法的适用次序。

3. 知情权

纳税义务人享有对海关如何确定进出口货物完税价格的知情权。

4. 获得救济

纳税义务人对海关估价决定有权提出复议、诉讼。

(二)纳税义务人的义务

(1) 如实提供单证及其他相关资料。

(2) 如实申报及提供相关资料。

(3) 举证证明特殊关系未对进口货物的成交价格产生影响。

第三节 进出口货物原产地的确定与税率适用

一、进出口货物原产地的确定

(一)原产地规则的含义

各国为了适应国际贸易的需要，并为执行本国关税及非关税方面的国别歧视性贸易措施，必须对进出口商品的原产地进行认定。但是，货物原产地的认定需要以一定的标准为依据。为此，各国以本国立法形式制定出其鉴别货物"国籍"的标准，这就是原产地规则。

WTO《原产地规则协议》将原产地规则定义为：一国(地区)为确定货物的原产地而实施的普遍适用的法律、法规和行政决定。

(二)原产地规则的类别

1. 优惠原产地规则

优惠原产地规则是指一国为了实施国别优惠政策而制定的法律、法规，是以优惠贸易协定通过双边、多边协定形式或者由本国自主形式制定的一些特殊的原产地认定标准，也称协定原产地规则。其具有很强的排他性，优惠范围以原产地为受惠国(地区)的进口产品为限。

优惠原产地规则授予关税优惠主要有两种实施方式：一是通过自由贸易协定，以互惠方式授予；二是通过自主方式，如欧盟的普惠制(GSP)、我国对最不发达国家的特别优惠关税待遇。

截至 2015 年，我国已签订《亚太贸易协定》(又称《曼谷协定》)、《中国—东盟自由贸易协定》《香港 CEPA》《澳门 CEPA》《中国—巴基斯坦自由贸易协定》《中国—智利自由贸易协定》《中国—新西兰自由贸易协定》《中国—新加坡自由贸易协定》《中国—秘鲁自由贸易协定》《海峡两岸经济合作框架协议》(ECFA)《中国—哥斯达黎加自由贸易协定》《中国—冰岛自由贸易协定》《中国—瑞士自由贸易协定》《中国—澳大利亚自由贸易协定》《中韩自由贸易协定》等多边、双边自贸协定，还有对埃塞俄比亚等最不发达国家给予的特别优惠关税待遇。

2. 非优惠原产地规则

非优惠原产地规则是指一国根据实施其海关税则和其他贸易措施的需要，由本国立法自主制定的原产地规则，也称自主原产地规则。按照 WTO 的规定，其实施必须遵循最惠国待遇规则，包括实施最惠国待遇、反倾销、反补贴、保障措施、数量限制、关税配额、原产地标记或贸易统计、政府采购时采用的原产地规则。

(三)原产地认定标准

在认定货物的原产地时，会出现两种情况：一是货物完全是在一个国家(地区)获得或生产制造；二是货物由两个或两个以上国家(地区)生产或制造。目前，世界各国(地区)原产地规则，无论是优惠原产地规则还是非优惠原产地规则，都包含这两种货物的原产地认定标准。

1. 完全获得标准

对于完全在一国(地区)获得的产品，如农产品或矿产品，各国的原产地认定标准基本一致，即以产品的种植、开采或生产国为原产国。该标准通常称为"完全获得标准"(Wholly Obtained Standard)。

2. 实质性改变标准

对于经过几个国家(地区)加工、制造的产品，各国多以最后完成实质性加工的国家为原产国，该标准通常称为"实质性改变标准"(Substantial Transformation Standard)。

实质性改变标准包括税则归类改变标准、从价百分比标准(或称增值百分比标准、区域价值成分标准等)、加工工序标准、混合标准等。

(1) 税则归类改变标准是指在某一国家(地区)对非该国(地区)原产材料进行加工、制造后，所得货物在《协调制度》中的税则归类发生了变化。

(2) 从价百分比标准是指在某一国家(地区)对非该国(地区)原产材料进行加工、制造后的增值部分超过了所得货物价值的一定比例。

(3) 加工工序标准是指在某一国家(地区)赋予加工、制造后所得货物基本特征的主要工序。

(4) 混合标准是指将上述两种或两种以上标准结合，制定的原产地标准。

另外，大多数国家的优惠原产地规则中都设有直接运输规则条款。我国优惠原产地管理规定，直接运输是指优惠贸易协定下进口货物从该协定成员国或者地区直接运输至中国境内，途中未经过该协定成员国或者地区以外的其他国家和地区。若经过其他国家或者地区，不论在运输途中是否转换运输工具或者做临时储存，同时符合下列条件的，都视为直接运输：①经过其他国家或地区时未做除使货物保持良好状态所必须处理以外的其他处理；②在其他国家或地区停留的时间未超出相应优惠贸易协定规定的期限；③在其他国家或地区临时储存时，处于该国或地区的海关监管之下。

我国优惠原产地和非优惠原产地管理的具体规定，可查阅海关总署《进出口货物优惠原产地管理规定》、国务院《原产地条例》、海关总署商务部质检总局《关于非优惠原产地规则中实质性改变标准的规定》。

(四)原产地证书

原产地证书是证明产品原产于某地的书面文件。它是受惠国的原产品出口到给惠国时享受关税优惠的凭证，同时也是进口货物是否适用反倾销、反补贴、保障措施等贸易政策的凭证。

我国规定，国家质检总局所属的各地出入境检验检疫机构、中国国际贸易促进会及其地方分会有权签发出口货物原产地证书。进口原产地证书签发机构，由具体的自贸协定或优惠贸易安排另行规定。

(五)原产地预确定制度

在我国，进出口货物收、发货人有正当理由可提交规定材料向直属海关申请对拟进口货物的原产地进行预确定。

海关已作出原产地预确定决定的货物，自预确定决定作出之日起 3 年内实际进口时，与预确定决定货物相符，且原产地确定标准未发生变化的，海关不再重新确定该进口货物的原产地。

二、税率适用

税率适用是指进出口货物在征税、补税或退税时选择适用的各种税率。

我国对进口关税设置最惠国税率、协定税率、特惠税率、普通税率、关税配额税率等(见表 5-2)。

表 5-2　我国对进口关税设置的税率类型

税 率	适用进口货物范围	备 注
最惠国税率	原产于 WTO 成员、与我国签订含有相互给予最惠国待遇条款的双边贸易协定的国家或地区的进口货物;原产于我国境内的进口货物	适用范围最广
协定税率	原产于与我国签订含有关税优惠条款的贸易协定的国家或地区的进口货物	
特惠税率	原产于与我国签订含有特殊关税优惠条款的贸易协定的国家或地区的进口货物或原产于我国自主给予特别优惠关税待遇的国家或地区的进口货物	

续表

税　率	适用进口货物范围	备　注
普通税率	上述之外的国家或地区的进口货物及原产地不明的进口货物	税率高
关税配额税率	实行关税配额管理，关税配额内的进口货物	

对适用最惠国税率、协定税率、特惠税率、关税配额税率的进口货物及出口货物在一定期限内可以实行暂定税率。

(一)税率适用原则

1. 进口税率适用原则

(1) 同时适用多种税率的进口货物从低计征。

(2) 适用最惠国税率的进口货物有暂定税率的，应当适用暂定税率。适用协定税率、特惠税率的进口货物有暂定税率的，从低适用税率。按照普通税率进口的货物，不适用暂定税率。

(3) 国家实行关税配额管理的货物，在进口配额内，适用关税配额税率，对配额外的进口货物则按照其他相关规定执行。

(4) 按照有关法律、行政法规的规定对进口货物采取反倾销、反补贴、保障措施的，其税率适用《反倾销条例》《反补贴条例》和《保障措施条例》的有关规定。

(5) 对任何国家或地区违反与我国签订或者共同参加的贸易协定及相关协定，对我国在贸易方面采取禁止、限制、加征关税或其他影响正常贸易措施的，对原产于该国家或地区的进口货物可以征收报复性关税。

(6) 凡原产于与我国达成优惠贸易协定的国家或地区并享受协定税率的商品，同时该商品又属于我国实施反倾销或反补贴措施范围内的，按照优惠贸易协定税率计征进口关税。凡原产于与我国达成优惠贸易协定的国家或地区并享受协定税率的商品，同时该商品又属于我国实施保障措施范围内的，应在该商品全部或部分中止、撤销、修改关税减让义务后所确定的适用税率的基础上计征进口关税。

(7) 执行国家有关进出口关税减征政策时，首先应该在最惠国税率的基础上计算有关税目的减征税率，然后根据进口货物原产地及各种税率形式的适用范围，将这一税率与同一税目的特惠税率、协定税率、进口暂定最惠国税率进行比较，从低计征，但是不得在暂定最惠国税率的基础上再进行减免。

(8) 自2002年起对部分非全税目信息技术产品的进口按 ITA 税率征税。

同时有两种以上税率可适用的进口货物最终适用的税率汇总如表 5-3 所示。

表 5-3 同时有两种以上税率可适用的进口货物最终适用的税率汇总

进口货物可选用的税率	税率适用的规定
同时适用最惠国税率、进口暂定税率	应当适用暂定税率
同时适用协定税率、特惠税率、进口暂定税率	应当从低适用税率
适用普通税率的进口货物、存在进口暂定税率	不适用暂定税率
同时适用国家优惠政策进口关税减征、进口暂定税率	以优惠政策计算确定的税率与暂定税率比较，从低计征关税，但不得在暂定税率基础上再行减免
适用关税配额税率、其他税率	关税配额内的，适用关税配额税率；关税配额外的，适用其他税率
同时适用 ITA 税率、其他税率	适用 ITA 税率

2. 出口税率适用原则

对于出口货物，在计算出口关税时，出口暂定税率优先于出口税率执行。

(二)税率适用的时间

进出口货物，应当适用海关接受该货物申报进口或出口之日实施的税率，具体情况如下。

(1) 先行申报。适用载货运输工具申报进境之日之税率。

(2) 进口转关运输。适用指运地海关接受该货物申报进口之日之税率。海关核准先行申报的，适用载货运输工具运抵指运地之日之税率。

(3) 出口转关运输。适用启运地海关接受该货物申报进口之日之税率。

(4) 集中申报的进口货物。适用每次货物进口时海关接受该货物申报进口之日之税率。

(5) 超期未报依法变卖的货物。适用载货运输工具申报进境之日之税率。

(6) 纳税义务人违反规定须追征的。适用该行为发生之日实施的税率；行为发生之日不能够确定的，适用海关发现之日实施的税率。

(7) 下列情形应该适用海关接受纳税义务人再次填写报关单申报办理纳税及有关手续之日实施的税率。

① 保税货物经批准不复运出境的。

② 保税仓储货物内销的。

③ 经批准转让或者移作他用的减免税货物。

④ 暂准进出境货物内销的。

⑤ 租赁进口货物分期缴纳税款的。

第四节　税费减免、缴纳与退补

一、进出口税费的减免

进出口税费的减免分为 3 类：法定减免、特定减免和临时减免。

(一)法定减免

1. 法定减免的定义

法定减免是指按照《海关法》《关税条例》及其他法律、法规规定的进出口税费减免。属于法定减免范围的进出口货物，进出口人或其代理人大多无须事先提出申请即可直接办理有关减免，海关放行后也无须进行后续管理。

2. 法定减免的范围

我国《海关法》和《进出口条例》明确规定，下列货物、物品予以减免关税。

(1) 关税额在人民币 50 元以下的一票货物，可免征关税。

(2) 无商业价值的广告品和货样，可免征关税。

(3) 外国政府、国际组织无偿赠送的物资，可免征关税。

(4) 进出境运输工具装载的途中必需的燃料、物料和饮食用品，可予免税。

(5) 经海关核准暂时进境或暂时出境，并在 6 个月内复运出境或复运进境的货样、展览品、施工机械、工程车辆、工程船舶、供安装设备时使用的仪器和工具、电视或者电影摄制器械、盛装货物的容器以及剧团服装道具，在货物收、发货人向海关缴纳相当于税款的保证金或者提供担保后，可予暂时免税。

(6) 为境外厂商加工、装配成品和为制造外销产品而进口的原材料、辅料、零件、部件、配套件和包装物料，海关按实际加工出口的成品数量免征进口关税；或者对进口料、件先征进口关税，再按照实际加工出口的成品数量予以退税。

(7) 因故退还的中国出口货物，经海关审查核实，可予免征进口关税，但已征收的出口关税不予退还。

(8) 因故退还的境外进口货物，经海关审查核实，可予免征出口关税，但已征收的进口关税不予退还。

(9) 进口货物如有以下情形，经海关查明核实，可酌情减免进口关税。

① 在境外运输途中或者在起卸时，遭受损坏或者损失的。

② 起卸后海关放行前，因不可抗力遭受损坏或者损失的。

③ 海关查验时已经破漏、损坏或者腐烂，经证明不是保管不慎造成的。

(10) 无代价抵偿货物，即进口货物在征税放行后，发现货物残损、短少或品质不良，而由国外承运人、发货人或保险公司免费补偿或更换的同类货物，可以免税。但有残损或质量问题的原进口货物如未退运国外，其进口的无代价抵偿货物应照章征税。

(11) 中华人民共和国缔结或者参加的国际条约规定减征、免征关税的货物、物品，按照规定予以减免关税。

(12) 法律规定减征、免征关税的其他货物、物品。

(二)特定减免

1. 特定减免的定义

特定减免是指法定减免之外，为了适应经济发展的需要，由海关总数、财政部根据国务院的政策所规定的，以及对某些情况经过特别批准实施的，对特定地区、特定用途和特定企业给予的减免关税。

特定减免或者免税的范围和办法由国务院规定，海关根据国务院的规定单独或会同其他中央主管部门定出具体实施办法并加以贯彻执行，也称政策性减免。

申请特定减免的单位或企业，应在货物进出口前向海关提出申请，由海关按照规定的程序进行审理。符合规定的由海关发给一定形式的减免证明，受惠单位或企业凭证明申报进出口特定减免货物。由于特定减免货物有地区、企业和用途的限制，海关需要对其进行后续管理。

2. 特定减免的范围

(1) 外商投资企业项目投资总额内进口自用设备。

① 外商投资企业须在境内设立，领取外商投资企业批准证书和营业执照。下列情况中，属于《外商投资产业指导目录》鼓励类或《中西部地区外商投资优势产业目录》中的项目，投资总额内进口的自用设备及随设备进口的配套技术、配件、备件(《外商投资项目不予免税的进口商品目录》所列商品除外)，可免征关税，进口环节增值税照收。

a. 中外投资者采取发起或者募集方式在境内设立的外商投资股份有限公司，或已设立的外商投资有限责任公司转变为外商投资股份有限公司，并且外资比例不低于 25%的，在投资总额内进口的自用设备可以享受外商投资项目进口税收优惠政策。

b. 持有外商投资企业批准证书的 A 股上市公司股权分置改革方案实施后增发新股，或原外资法人股股东出售股份，但是外资股比不低于 25%的，在投资总额内进口的自用设备可以享受外商投资项目进口税收优惠政策。

c. 外商投资企业向中西部地区再投资设立的企业或通过投资控股的公司，注册资本中外资比例不低于 25%，并且取得外商投资企业批准证书的，在投资总额内进口的自用设备可以享受外商投资项目进口税收优惠政策。

② 下列情况中，所投资项目符合《外商投资产业指导目录》鼓励类或《中西部地区外商投资优势产业目录》规定的产业条目，在投资总额内进口的自用设备，除《外商投资

项目不予免税的进口商品目录》所列商品外，可免征关税，进口环节增值税照收。

a. 外国投资者的投资比例低于 25%的外商投资企业。

b. 境内内资企业发行 B 股或者发行海外股(H 股、N 股、S 股、T 股或者红筹股)转化为外商投资股份有限公司。

c. 外商投资企业向中西部地区再投资设立的外资比例低于 25%的企业，以及向中西部地区以外地区再投资设立的企业。

(2) 外商投资企业项目投资总额外进口自用设备。属于国家鼓励发展产业的外商投资企业(外国投资者的投资比例不低于 25%)，外商研究开发中心，先进技术型、产品出口型的外商投资企业，在企业投资额以外的自有资金(指企业储备基金、发展基金、折旧、税后利润)内，对原有设备更新和维修进口国内不能生产或性能不能满足需要的设备，以及与上述设备配套的技术、配件、备件，可以免征进口关税，进口环节增值税照收。

(3) 国内投资项目进口设备。属国家重点鼓励发展产业的国内投资项目，在投资额内进口的自用设备，除《国内投资项目不予免税的进口商品目录》所列商品外，可以免征进口关税，进口环节增值税照收。

(4) 贷款项目进口物资。外国政府贷款和国际金融组织贷款项目，在项目额度或者投资总额内进口的自用设备，除《外商投资项目不予免税的进口商品目录》所列商品外，可以免征进口关税和进口环节增值税；按照合同随设备进口的技术及配套件、备件，免征进口关税，进口环节增值税照收。

(5) 特定区域物资。①保税区、出口加工区等特定区域进口的区内生产性基础项目所需的机器、设备和基建物资可以免税。②区内企业进口其自用的生产、管理设备和自用合理数量的办公用品及其所需的维修零配件，生产用燃料，建设生产厂房、仓储设施所需的物资、设备可以免税。③行政管理机构自用合理数量的管理设备和办公用品及其所需的维修零配件，可以免税。

(6) 科教用品。从事科学研究开发的机构和国家教育部承认学历的全日制大专院校，以科研和教学为目的，在合理数量范围内进口国内不能生产的或者性能不能够满足需要的科学研究和教学用品，且直接用于科学研究和教学的，可以免征进口关税和进口环节增值税、消费税。

(7) 科技开发用品。在合理数量范围内进口国内不能生产的或者性能不能够满足需要的科技开发用品，免征进口关税和进口环节增值税、消费税。

(8) 无偿援助项目进口物资。根据我国与外国政府、国际组织间的协定或协议，由外国政府、国际组织直接无偿赠送的物资或由其提供无偿赠款，由我国受赠单位自行按照协议规定采购进口的物资；外国地方政府和民间组织受外国政府委托无偿赠送进口的物资，国际组织成员受国际组织委托无偿赠送进口的物资；我国履行国际条约规定减免税进口的物资。

(9) 残疾人专用品。民政部直属企事业单位和省、自治区、直辖市民政部门所属福利机构和康复机构进口的残疾人专用物品，免征进口关税和进口环节增值税、消费税。

(10) 远洋渔业项目进口自捕水产品。对经农业部批准获得"农业部远洋渔业企业资格证书"的远洋渔业企业运回的产品及产地符合要求的自捕水产品实施不征进口关税和进口环节增值税的政策。

(11) 远洋船舶及设备部件项目。为发展远洋渔业，我国对国内远洋渔业企业和船舶及船用设备制造企业进口的船用关键设备和部件实施了进口税收优惠政策。

(12) 集成电路项目。我国对集成电路生产企业进口自用生产性原材料及净化室专用建筑材料等实施税收优惠政策，对在中国境内设立的投资额超过 80 亿元或集成电路线宽小于 0.25 微米的集成电路生产企业进口自用生产性原材料、消耗品、净化室专用建筑材料、配套系统以及集成电路生产设备零配件，免征进口关税，进口环节增值税照章征收。

(13) 海上石油、陆上石油项目。国家对在我国海洋[指我国内海、领海、大陆架以及其他属于我国海洋资源管辖的海域(包括浅海滩涂)]和陆上特定地区开采石油(天然气)所进口的物资实施税收优惠政策。凡在我国海洋进行石油和天然气开采作业的项目，进口直接用于开采作业的设备、仪器、零附件、专用设备，依照规定免征进口关税和进口环节增值税。

(14) 贷款中标项目进口零部件。为了鼓励国内机电制造企业积极参与利用国际金融组织贷款和外国政府贷款项目采购设备的国际招标活动，平衡国内外中标设备的税收负担，在利用世界银行贷款、亚洲开发银行贷款、日本国际协力银行贷款及其赠款的国际招标中，国内中标单位为生产中标机电设备而进口国内不能生产或性能不能满足需要的零部件，免征进口关税，照章征收进口环节增值税和消费税。

(15) 救灾捐赠物资。对外国民间团体、企业、友好人士和华侨、港澳居民和台湾同胞无偿向我国境内受灾地区捐赠的直接用于救灾的物资，在合理数量范围内，免征关税和进口环节增值税、消费税。

(16) 扶贫、慈善捐赠物资。对境外捐赠人无偿向受赠人捐赠的直接用于扶贫、慈善事业的物资，免征进口关税和进口环节增值税。

(三)临时减免

临时减免是指法定减免和特定减免以外的其他减免，是由国务院根据《海关法》对某个单位、某类商品、某个项目或某批进出口货物的特殊情况，给予特别照顾，一案一批，专文下达的给予特别的临时性的减免。其适用于内销远洋船用设备及关键部件、国内航空公司进口维修用航空器材、国有公益性收藏单位进口藏品。

(四)减免税申办及管理

1. 减免税申办手续

减免税申请人可以自行也可以委托他人办理减免税手续。减免税申请人委托他人办理的，须出具"减免税手续办理委托书"；投资项目所在地海关与减免税申请人所在地海关不是同一海关的，减免税申请人应当向投资项目所在地海关申请办理减免税备案、审批手续。

投资项目涉及多个海关的，减免税申请人可以向其所在地海关或者有关海关的共同上级海关申请办理减免税备案、审批手续。有关海关的共同上级海关可以指定相关海关办理减免税备案、审批手续。投资项目由其单位所属非法人分支机构具体实施的，在获得投资项目单位的授权并经投资项目所在地海关审核同意后，该非法人分支机构可以向投资项目所在地海关申请办理减免税备案、审批手续。

(1) 减免税备案。减免税申请人按照有关进出口税收优惠政策的规定申请减免税进出口相关货物，海关需要事先对减免税申请人的资格或者投资项目等情况进行确认的，减免税申请人应当在申请减免税进出口货物前，向主管海关申请办理减免税备案手续，并同时提交下列材料：①《进出口货物减免税备案申请表》；②企业营业执照或者事业单位法人证书、国家机关设立文件、社团登记证书、民办非企业单位登记证书、基金会登记证书等证明材料；③相关政策规定的享受进出口税收优惠政策资格的证明材料；海关认为需要提供的其他材料。

减免税申请人按照本条规定提交证明材料的，应当交验原件，同时提交加盖减免税申请人有效印章的复印件。

(2) 减免税审批手续。减免税申请人应当在货物申报进出口前，向主管海关申请办理进出口货物减免税审批手续，并同时提交下列材料：①《进出口货物减免税申请表》；②企业营业执照或者事业单位法人证书、国家机关设立文件、社团登记证书、民办非企业单位登记证书、基金会登记证书等证明材料；③进出口合同、发票以及相关货物的资料；④相关政策规定的享受进出口税收优惠政策资格的证明材料；⑤海关认为需要提供的其他材料。减免税申请人按照本条规定提交证明材料的，应当交验原件，同时提交加盖减免税申请人有效印章的复印件。海关审核同意后向减免税申请人签发《中华人民共和国海关进出口货物征免税证明》。

(3) 实际进出口货物。减免税申请人持海关签发的征免税证明，在有效期内向口岸海关办理进出口货物通关手续。

(4) 税款担保。有下列情形之一的，减免税申请人可以向海关申请凭税款担保先予办理货物放行手续：①主管海关按照规定已经受理减免税备案或者审批申请，尚未办理完毕的；②有关进出口税收优惠政策已经国务院批准，具体实施措施尚未明确，海关总署已确认减免税申请人属于享受该政策范围的；③其他经海关总署核准的情况。

2. 减免税货物的管理

(1) 在海关监管年限内(船舶、飞机：8 年；机动车辆：6 年；其他货物：5 年)，未经海关许可，减免税申请人不得擅自将减免税货物转让、抵押、质押、移作他用或者进行其他处理。

(2) 在海关监管年限内，减免税申请人将进口减免税货物转让给进口同一货物享受同等减免税优惠待遇的其他单位的，应当事先向主管海关办理减免税货物结转手续；在海关监管年限内，减免税申请人将进口减免税货物转让给不享受进口税收优惠政策或者进口同一货物不享受同等减免税优惠待遇的其他单位的，应当事先向减免税申请人主管海关申请办理减免税货物补缴税款和解除监管手续。

(3) 在海关监管年限内，减免税申请人需要将减免税货物移作他用的，应当事先向主管海关提出申请。经海关批准，减免税申请人可以按照海关批准的使用地区、用途、企业将减免税货物移作他用。

(4) 在海关监管年限内，减免税申请人要求以减免税货物向金融机构办理贷款抵押的，应当向主管海关提出书面申请。经审核符合有关规定的，主管海关可以批准其办理贷款抵押手续。

(5) 在海关监管年限内，减免税申请人应当自进口减免税货物放行之日起，在每年的第一季度向主管海关递交《减免税货物使用状况报告书》，报告减免税货物使用状况。

(6) 在海关监管年限内，减免税货物应当在主管海关核准的地点使用。需要变更使用地点的，减免税申请人应当向主管海关提出申请，说明理由，经海关批准后方可变更使用地点。

(7) 在海关监管年限内，减免税申请人发生分立、合并、股东变更、改制等情形的，权利义务承受人(以下简称承受人)应当自营业执照颁发之日起 30 日内，向原减免税申请人的主管海关报告有关情况，并按规定办理补税或减免税货物结转手续。因破产、改制或者其他情形导致减免税申请人终止，没有承受人的，原减免税申请人或者其他依法应当承担关税及进口环节海关代征税缴纳义务的主体应当自资产清算之日起 30 日内向主管海关申请办理减免税货物的补缴税款和解除监管手续。

(8) 在海关监管年限内，减免税申请人要求将进口减免税货物退运出境或者出口的，应当报主管海关核准。减免税货物退运出境或者出口后，减免税申请人应当持出口报关单向主管海关办理原进口减免税货物的解除监管手续。

(9) 在海关监管年限内的进口减免税货物，减免税申请人书面申请提前解除监管的，应当向主管海关申请办理补缴税款和解除监管手续。

(10) 减免税货物转让给进口同一货物享受同等减免税优惠待遇的其他单位的，不予恢复减免税货物转出申请人的减免税额度，减免税货物转入申请人的减免税额度按照海关审定的货物结转时的价格、数量或者应缴税款予以扣减。

减免税货物因品质或者规格原因原状退运出境，减免税申请人以无代价抵偿方式进口同一类型货物的，不予恢复其减免税额度；未以无代价抵偿方式进口同一类型货物的，减免税申请人自原减免税货物退运出境之日起 3 个月内向海关提出申请，经海关批准，可以恢复其减免税额度。对于其他提前解除监管的情形，不予恢复减免税额度。

(11) 减免税申请人将减免税货物移作他用，应当补缴税款的，税款的计算公式为

$$补缴税款=海关审定的货物原进口时的价格×税率×$$
$$(需补缴税款的时间÷监管年限×12×30)$$

上述计算公式中的税率，应当按照《进出口关税条例》的有关规定，采用相应的适用税率；需补缴税款的时间是指减免税货物移作他用的实际时间，按日计算，每日实际生产不满 8 小时或者超过 8 小时的均按 1 日计算。

(12) 减免税货物因转让或者其他原因需要补征税款的，补税的完税价格以海关审定的货物原进口时的价格为基础，按照减免税货物已进口时间与监管年限的比例进行折旧。其计算公式为

$$补税的完税价格=海关审定的货物原进口时的价格×$$
$$(1-减免税货物已进口时间÷监管年限×12)$$

减免税货物已进口时间自其放行之日起按月计算。不足 1 个月但超过 15 日的，按 1 个月计算；不超过 15 日的，不予计算。

已进口时间的截止日期按以下规定确定：转让减免税货物的，应当以海关接受减免税申请人申请办理补税手续之日作为计算其已进口时间的截止之日；减免税申请人未经海关批准，擅自转让减免税货物的，应当以货物实际转让之日作为计算其已进口时间的截止之日；转让之日不能确定的，应当以海关发现之日作为截止之日；在海关监管年限内，减免税申请人发生破产、撤销、解散或者其他依法终止经营情形的，已进口时间的截止日期应当为减免税申请人破产清算之日或者被依法认定终止生产经营活动的日期。

二、进出口税费的缴纳和退补

(一)税费缴纳

1. 缴纳方式

缴纳方式是指纳税人在何时何地以何种方式向海关缴纳税款。纳税义务人应当在进出境地向海关缴纳税款，经海关批准也可以在纳税义务人所在地向其主管海关缴纳税款，即属地纳税。纳税义务人向签有协议的银行办理电子交付税费的手续，也可以持缴款书到指定的银行营业柜台办理税费交付手续。方式主要以进出口地纳税为主，也有部分企业经海关批准采取属地纳税方式。

2. 缴纳凭证

(1) 进出口关税和进口环节税的缴纳凭证。海关征收进出口货物关税和进口货物进口环节税时，应向纳税人或其代理人填发《海关专用缴款书》(含关税、进口环节税)。纳税人或其代理人持凭《海关专用缴款书》向银行缴纳税款。

海关填发的《海关专用缴款书》第一联为"收据"，由国库收款签章后交缴款单位或

缴纳人；第二联为"付款凭证"，由缴库单位开户银行作付出凭证；第三联为"收款凭证"，由收款国库作收入凭证；第四联为"回执"，由国库盖章后退回海关财务部门；第五联为"报查"，关税由国库收款后将退回海关，进口环节税送当地税务机关；第六联为"存根"，是由填发单位存查。

进出口货物收货人或其代理人缴纳税款后，应将盖有"收讫"章的《海关专用缴款书》第一联送签发海关验核，海关凭予办理有关手续。

(2) 滞纳金的缴纳凭证。海关征收进出口货物的关税、进口环节增值税、消费税、船舶吨税等的滞纳金时，应向纳税人或其代理人填发《海关专用缴款书》。纳税人或其代理人应持凭《海关专用缴款书》向银行缴纳税款。

(3) 监管手续费的缴纳凭证。海关征收监管手续费时，应向收货人或其代理人填发《海关行政事业性收费专用票据》。收货人或其代理人应持凭《海关行政事业性收费专用票据》，向海关指定部门或指定银行办理缴款手续。

《海关行政事业性收费专用票据》的第一联为"存根"，由签发专用票据的部门与收款部门核对账目用；第二联为"收据"，缴款单位缴费后留存；第三联为"记账"，收款部门记账用；第四联为"经办部门存查"，由签发专用票据的部门存查。收货人或其代理人应持《海关行政事业性收费专用票据》到海关指定的部门或指定的银行办理缴款手续。

进口货物收货人或其代理人缴纳监管手续费后，应将盖有"收讫"章的《海关行政事业性收费专用票据》交给签发《海关行政事业性收费专用票据》的海关，海关凭予核销并办理有关手续。

(4) 滞报金的缴纳凭证。对应征收滞报金的进口货物，海关在收货人未缴纳滞报金之前不予放行。转关运输货物如在进境地产生滞报由进境地海关征收滞报金，如在指运地产生滞报则由指运地海关征收滞报金。

海关征收进口货物滞报金时，应向收货人签发《滞报金缴款通知书》或《滞报金缴款凭证》，收货人持《滞报金缴款凭证》到海关指定的部门或指定的银行办理缴款手续。进口货物收货人缴纳滞报金后，应将盖有"收讫"章的滞报金缴款凭证交给现场海关，现场海关凭予核注。

3. 延期纳税

(1) 因不可抗力或政策原因不能按期纳税的，可向直属海关提出延期纳税申请并提供相关资料。

(2) 要求海关先放行货物的，应向海关提供税款担保。但最长不超过自货物放行日起 6 个月，6 个月内纳税不收滞纳金，6 个月后纳税按日加收 0.5‰的滞纳金。

4. 强制执行

根据《海关法》规定，纳税人或其代理人应当在海关规定的缴款期限内缴纳税款(费)，逾期缴纳的由海关依法征收滞纳金。纳税人、担保人超过 3 个月仍未缴纳税款的，海关可以依法采取强制措施扣缴。强制措施主要有强制扣缴和变价抵扣两种。

(1) 强制扣缴。是指海关依法自行或向人民法院申请采取从纳税(费)人的开户银行或者其他金融机构的存款中将相当于纳税人应纳税款的款项强制划拨入国家金库的措施。即书面通知其开户银行或者其他金融机构从其存款中扣缴税款。

(2) 变价抵扣。是指如果纳税人的银行账户中没有存款或存款不足以强制扣缴时，海关可以将未放行的应税货物依法变卖，以销售货物所得价款抵缴应缴税款。如果该货物已经放行，海关可以将该纳税人的其他价值相当于应纳税款的货物或其他财产依法变卖，以变卖所得价款抵缴应缴税款。

强制扣缴和变价抵扣的税款含纳税人未缴纳的税款滞纳金。

(二)税费退补

进出口关税和进口环节税的退补主要有两大方面的原因。一种是由于进出口人的申报或提供的报关单证不实、不清，货物经海关征税放行后再补办减免手续，或原进口减免税货物因故需要移作他用，或者转让、出售等造成的；另一种是海关因工作差错、政策规定本身不明确等造成的。进出口关税和进口环节税的退补税也是一项重要的工作，必须本着"严肃退补"的原则，严格依法办理。

1. 退税的范围、期限及要求

退税是指纳税义务人或其代理人缴纳税款后，由海关依法退还误征、溢征和其他应退还款项的行为。

(1) 退税的适用范围。以下情况经海关核准可予以办理退税手续：①已缴纳进口关税和进口环节税税款的进口货物，因品质或者规格原因原状退货复运出境的；②已缴纳出口关税的出口货物，因品质或者规格原因原状退货复运进境的，并已重新缴纳因出口而退还的国内环节有关税收的；③已缴纳出口关税的货物，因故未装运出口已退关的；④已征税放行的散装进出口货物发生短卸、短装，如果该货物的发货人、承运人或者保险公司已对短卸、短装部分退还或者赔偿相应货款的，纳税义务人可以向海关申请退还进口或者出口短卸、短装部分的相应税款；⑤进出口货物因残损、品质不良、规格不符等原因，由进出口货物的收发货人、承运人或者保险公司赔偿相应货款的，纳税义务人可以向海关申请退还赔偿货款部分的相应税款；⑥因海关误征，致使纳税义务人多缴税款的。

(2) 退税的期限及要求。海关发现多征税的，应立即通知纳税人办理退还手续。

纳税人在缴纳税款后发现有以上退税情形的，应在缴纳税款之日起 1 年内，向海关申请退税，逾期海关不予受理。利息按海关填发收入退还书之日中国人民银行规定的活期储蓄利率计算，利息期限为自纳税义务人缴款之日起至海关填发收入退还书之日止。

进口环节增值税已予抵缴的，除国家另有规定外不予退还；已征收的滞纳金不予退还。

海关应自受理退税申请之日起 30 日内查实并通知纳税义务人办理退还手续，纳税义务人应自收到通知之日起 3 个月内办理有关退税手续。

退税必须在原征税海关办理。办理退税时，纳税义务人应填写退税申请表，连同原盖有银行收款章的税款缴纳收据正本及其他必要单证(合同、发票等)送海关审核，海关同意后，应按原征税或者补税之日所实施的税率计算退税额。

(3) 退税凭证。海关退还已征收的关税和进口环节税时，应填发《收入退还书》(海关专用)，同时通知原纳税人或其代理人。海关将《收入退还书》(海关专用)送交指定银行划拨款。

《收入退还书》(海关专用)第一联为"收账通知"，交收款单位；第二联为"付款凭证"，由退款国库作付出凭证；第三联为"收款凭证"，由收款单位开户银行作收入凭证；第四联为"付款通知"，同国库随收入统计表送退库海关；第五联为"报查凭证"，由国库将进口环节税联送当地税务机关，关税联送退库海关；第六联为"存根"，由填发海关存查。

2. 税款追征和补征

追补税是指由海关依法追征或补征的海关短征和纳税人短缴或漏缴的税款的行政行为。

(1) 追征和补征税款的范围：①进出口货物放行后，海关发现少征或者漏征税款的；②因纳税义务人违反规定造成少征或者漏征税款的；③海关监管货物在海关监管期限内因故改变用途按照规定需要补征税款的。

(2) 追征、补征税款的期限和要求：①进出口货物放行后，海关发现少征或者漏征税款的，应当自缴纳税款或者货物放行之日起 1 年内，向纳税义务人补征税款；②因纳税义务人违反规定造成少征或者漏征税款的，海关可以自缴纳税款或者货物放行之日起 3 年内追征税款，并自缴纳税款或者货物放行之日起至海关发现违规行为之日止按日加收 0.5‰的滞纳金；③海关发现监管货物因纳税义务人违反规定造成少征或者漏征税款的，应自纳税义务人应缴纳税款之日起 3 年内追征，并自缴纳税款之日起至海关发现违规行为之日止按日加收 0.5‰的滞纳金；④按照特定减免办法批准予以减免税的进口货物，后因情况改变，经海关批准转让或出售需要补税时，应按其原进口日所实施的税率并按照货物的监管年限折旧补税。减免税货物的折旧公式为：货物完税价格×(1−实际使用月份÷监管年限)；⑤暂时进口货物转为正式进口需要补税时，应按其转为正式进口日期所实施的税则税率征税；⑥由于完税价格的审定或其他工作差错而需要补征税款的，应按原征税日期实施的税则税率补税；⑦溢卸、误卸货物事后确定需要征税的，应按其原申报进口日所实施的税则税率补税。如原进口日期无法查明时，可按确定补税当天所实施的税则税率征税；⑧海关查获的走私进口货物需要补税时，应按查获日期所实施的税则税率补税；⑨加工贸易缓税利息。

加工贸易保税货物在规定期限内全部出口，由海关通知中国银行将保证金及其利息全部退还。加工贸易保税料件或制成品内销，补征税款，加征缓税利息。缓税利息的利率为中国人民银行公布的活期存款利率。实行实转的保税货物，若缓税利息大于台账保证金利息，由海关开具两份缴款书，将不足部分单开海关缴款书，企业另行支付。

加工贸易保税料件或制成品经批准内销的，缓税利息计息期限为内销料件或制成品所对应的加工贸易合同项下首批料件进口之日至海关填发税款缴款书之日。加工贸易保税料件或制成品未经海关批准擅自内销违反海关监管规定的，或加工贸易保税货物需要后续补税但海关未按违规处理的，缓税利息计息期限为内销料件或制成品所对应的加工贸易合同项下首批料件进口之日至内销之日。涉及多本合同并无法一一对应的，计息期限为最近一本合同项下首批料件进口之日至内销之日。加工贸易 E 类电子账册项下的料件或制成品擅自内销时，计息期限为内销料件或制成品所对应的电子账册的最近一次核销之日(若核销日期为空，则为电子账册的首批料件进口日)至保税料件或制成品内销之日。

加工贸易保税料件或制成品违规内销的，还应该根据规定征收滞纳金。加工贸易剩余料件、残次品、副产品和受灾保税货物等内销需要征收缓税利息的，也按照上述规定办理。

其计算公式为

$$缓税利息=补征税款×计息期限×(活期存款储蓄年利息率÷360)$$

(3) 补税凭证。海关补征进出口货物关税和进口环节税时，应向纳税人填发《海关专用缴款书》(含关税、进口环节税)。纳税人持凭《海关专用缴款书》向指定银行或开户银行缴纳税款。进口货物收货人或其代理人缴纳税款后，应将盖有"收讫"章的《海关专用缴款书》第一联送签发海关验核，海关凭予办理有关手续。

练　习

一、单项选择题

1. 在下列选项中，增值税不是 13%的商品是(　　)。
   A. 粮食、食用植物油　　　　　　　　B. 石油、柴油、汽油
   C. 图书、报纸、杂志　　　　　　　　D. 饲料、化肥、农药、农机、农膜
2. 我国关税的征税主体是(　　)。
   A. 国家及代表国家的海关　　　　　　B. 国家税务局
   C. 进出口货物的收、发货人　　　　　D. 财政部
3. 我国关税的客体即征税对象是(　　)。
   A. 进出口货物的货主
   B. 办理通关手续的海关
   C. 准许进出境的货物和物品
   D. 各类进出境人员、运输工具、货物和物品

4. 进口货物收货人应当自运输工具申报进境( )内向海关申报。

    A. 之日起 14 日   B. 之日起 7 日

    C. 次日起 14 日   D. 次日起 7 日

5. 在我国不属于海关征收的税种是( )。

    A. 营业税   B. 关税

    C. 进口环节增值税、消费税   D. 船舶吨税

6. 我国对关税配额外进口一定数量的( )，实行滑准税。

    A. 棉花   B. 小麦

    C. 大豆   D. 玉米

7. 当进口棉花的完税价格高于或等于( )时，按 0.570 元/千克计征从量税。

    A. 100 元/千克   B. 11.397 元/千克

    C. 15 元/千克   D. 14 元/吨

8. 以下关于我国增值税的说法，正确的是( )。

    A. 进口环节的增值税以组成价格作为计税价格，征税时不得抵扣任何税额

    B. 我国对进口的货物一律按 13%的税率征收增值税

    C. 对于进口的图书、报纸、杂志，增值税税率为 17%

    D. 对于由中国残疾人联合会直属事业单位进口的残疾人专用物品，一律按 13%的
低税率征收增值税

9. 目前，我国不实行从量计税的进口商品是( )。

    A. 冻乌鸡   B. 鲜啤酒

    C. 未梳原棉   D. 盘装胶卷

10. 在确定进口货物的完税价格时，下列哪一项费用或价值不应计入? ( )

    A. 买方负担的除购货佣金以外的佣金和经纪费用

    B. 作为销售条件，由买方直接或间接支付的特许使用费

    C. 为在境内复制进口货物而支付的费用

    D. 包装费

11. 某进出口贸易公司从美国进口了一台电梯，发票列明如下：成交价格为珠海 USD100000，电梯进口后的安装调试费为 USD6000。经海关审查上述成交价格属实，且安装调试费已包括在成交价格中，则海关审定该台电梯的完税价格为( )。

    A. USD100000   B. USD106000

    C. USD94000   D. USD96000

12. 某公司从英国进口一套机械设备，发票列明如下：发票价格为 CIF 上海 USD200000，设备进口后的安装调试费为 USD8000，设备进口后从上海运至武汉的运费为 USD1000，进口关税为 USD1000，上述安装调试费、上海运至武汉的运费、进口关税已包括在价款中，则经海关审定的该设备的成交价格为( )。

A. USD200000   B. USD208000

C. USD191000   D. USD190000

13. 出口货物的完税价格由海关以该货物的成交价格为基础审查确定，如果成交价格包含有出口关税，则出口货物的完税价格为(　　)。

    A. FOB   B. CIF

    C. FOB－出口税   D. CIF－出口税

14. 某企业以 CIF 成交方式购进一台砂光机，先预付设备款 25 000 港币，发货时再支付设备价款 40 000 港元，并另直接支付给境外某权利所有人专用技术使用费 15 000 港元，此外，提单上列明 THC 费为 500 港元，该批货物经海关审定的成交价格为(　　)港元。

    A. 65 500   B. 65 000

    C. 80 500   D. 80 000

15. 某家企业从法国进口一台模具加工机床，发票列明如下：设备价款 CIF 上海 USD600000，机器进口后的安装调试费为 USD20000，卖方佣金为 USD2000，与设备配套使用的操作系统使用费为 USD80000。该批货物经海关审定的成交价格应为(　　)。

    A. USD702000   B. USD68200

    C. USD680000   D. USD662000

16. 我国某出口加工企业从香港购进台湾产的薄尼龙布一批，加工成女式服装后，经批准运往区外内销，该批服装向海关申报出区时，其原产地应申报为(　　)。

    A. 香港   B. 台湾   C. 中国   D. 国别不详

17. 用于所获得或生产产品中的原产于东盟成员方的成分不少于该货物 FOB 价的 (　　)%，并且最后的工序是在成员方境内完成，则认定原产国为东盟成员国。

    A. 40   B. 30   C. 50   D. 60

18. 特别优惠关税待遇进口货物规则的原产地证明书有效期为自签发之日起(　　)日。

    A. 30   B. 60   C. 90   D. 180

19. 适用《亚太贸易协定》规则的原产地证明书的货物，纳税义务人不能提交原产地证书的，由海关依法确定进口货物的原产地，货物征税放行后，纳税义务人(　　)补交原产地证书的，经海关核实，对按原税率多征的部分应予以退还。

    A. 自货物进境之日起 90 日内   B. 自签发之日起 180 日

    C. 在货物装运之日起 1 年内   D. 货物放行后 15 日

20. 直属海关将在接到申请人的书面申请和全部必要文件资料后(　　)日内，作出原产地的预确定决定。

    A. 60   B. 90   C. 150   D. 180

21. 关于暂定税率适用的原则，下列表述错误的是(　　)。

    A. 适用最惠国税率的进口货物同时有暂定税率的，应当适用暂定税率

    B. 适用协定税率、特惠税率的进口货物有暂定税率的，应当从低适用税率

C. 适用普通税率的进口货物，不适用暂定税率

D. 适用出口税率的出口货物有暂定税率的，不适用暂定税率

22. 原产地规则关系到对进口货物实施不同的税率，下列表述中不符合非优惠原产地规则的实质性改变标准规定的是(   )。

    A. 货物经加工后，在海关进出口税则中的税号(4 位数一级的税则号列)已有了改变

    B. 货物经重新筛选并重新包装

    C. 货物经加工后，增值部分占新产品总值的比例已经达到 30%

    D. 货物经加工后，增值部分占新产品总值的比例已经达到 30%以上

23. 根据《中华人民共和国关税条例》的规定，货物进口或出口时，一般情况下海关按照何时实施的税则税率计征关税(   )。

    A. 办理海关手续之日

    B. 装载货物的运输工具进境之日

    C. 海关接受货物申报进口或者出口之日

    D. 向海关指定银行缴纳税款之日

24. 非优惠原产地认定标准之一的从价百分比标准，是指在某一国家(地区)对非该国(地区)原产原料进行制造，加工后的增值部分，超过所得货物价值的比例(   )%。

    A. ≥30   B. ≥40   C. ≥55   D. ≥60

25. 境内某公司从香港购进孟加拉国产的某商品一批，设该商品的最惠国税率为 10%，普通税率为 30%，亚太协定税率为 9.5%，香港 CEPA 项下税率为 0，该商品进口时适用的税率是(   )%。

    A. 10   B. 30   C. 9.5   D. 0

26. 纳税义务人、担保人超过(   )仍未缴纳税款的，海关可以采取强制措施扣缴。

    A. 15 日   B. 1 个月   C. 3 个月   D. 6 个月

27. 由国务院根据某个单位、某类商品、某个时期或某批货物的特殊情况，按规定给予特别的临时性的减免税优惠是指(   )。

    A. 法定减免   B. 特定减免

    C. 临时减免   D. 政策性减免

28. 下列进口货物中，属于法定免税进口的货物是(   )。

    A. 某三资企业以保税方式进口的生产原材料

    B. 某大学进口用于科研实验用器材

    C. 某化妆品公司用于广告宣传而进口的免费赠送的试用化妆品

    D. 残疾人进口的残疾人专用轮椅

29. 海关补征进出口货物关税和进口环节代征税时，应向纳税人填发(   )。

    A. 收入退还书   B. 海关专用缴款书

    C. 海关行政事业收费专用票据   D. 征免税证明

30. 因收、发货人或其代理人违反规定造成的少征或者漏征，海关在(   )内可以追征。

A. 1 年   B. 2 年   C. 3 年   D. 6 个月

31. 海关发现多征税款的，应当立即通知纳税义务人办理退还手续，纳税义务人应当( )。

    A. 自收到通知之日起 1 年内办理有关退税手续

    B. 自收到通知之日起 3 个月内办理有关退税手续

    C. 自海关发出通知之日起 1 年内办理有关退税手续

    D. 自海关发出通知之日起 3 个月内办理有关退税手续

32. 因纳税义务人违反规定造成少征或漏征税款的，海关可以在规定期限内追征税款并从缴纳税款或者货物放行之日起至海关发现违规行为之日止按日加收少征或漏征税款的滞纳金。其规定期限和滞纳金的征收标准分别为( )。

    A. 1 年； 0.5‰   B. 3 年； 0.5‰

    C. 1 年； 1‰   D. 3 年； 1‰

33. 《中华人民共和国海关法》规定，进出口货物的纳税义务人应当在海关规定的期限内缴纳税款；逾期缴纳的，由海关征收滞报金；纳税义务人、担保人超过多长时间仍未缴纳税款的，海关可以依法采取强制扣缴、抵缴措施( )个月。

    A. 1   B. 3   C. 6   D. 9

34. 纳税义务人、担保人超过规定期限未缴纳税款的，海关可以依法采取强制扣缴措施，其规定期限是( )。

    A. 15 日   B. 1 个月   C. 3 个月   D. 6 个月

35. 以下不属于进出口税费缴纳、退补凭证的是( )。

    A. 《海关专用缴款书》   B. 《收入退还书》(海关专用)

    C. 《海关行政事业性收费专用票据》   D. 《全国税收统一专用发票》

36. 我国某公司出口货物，成交价格为 CIF 纽约 1000 美元，外汇汇率 1 美元=8 元人民币，已知运费折合为 1500 元人民币，保险费为 50 元人民币，出口税率为 15%，则海关应征关税税额为( )元。

    A. 841.30   B. 6043.48   C. 906.52   D. 886.37

37. 某公司进口货物应缴纳关税 20 000 元，增值税 30 000 元，海关于 2016 年 4 月 28 日(周四)开出缴纳通知单，该公司于 5 月 18 日缴纳，海关应该征收的滞纳金为( )元。

    A. 500   B. 250   C. 100   D. 75

38. 海关于 2016 年 4 月 19 日(星期二)填发《海关专用缴款书》。为避免产生滞纳金，纳税义务人最迟应缴纳税款的日期是( )。

    A. 4 月 30 日   B. 5 月 4 日   C. 5 月 8 日   D. 5 月 3 日

39. 某公司从香港购买一批日本产富士彩色胶卷 8000 卷(宽度 35mm，长度 2m 之内)，成交价格为 CIF 上海 HKD12/卷。设外汇折算价为 1 港元=0.8 元人民币，以上规格胶卷 0.05 平方米/卷。该批商品的最惠国税率为 27 元人民币/平方米，计算应征进口关税税额为( )元。

A. 76 800   B. 31 104   C. 16 800   D. 10 800

40. 境内某公司从日本进口电焊机一批，已知该批货物应征关税税额人民币 15 000 元，进口环节增值税税额为人民币 30 000 元，海关于 2015 年 9 月 17 日(星期四)填发《海关专用缴款书》，该公司于 2015 年 10 月 10 日缴纳税款，应缴的税款滞纳金是( )元。

A. 0   B. 45   C. 67.50   D. 225

二、多项选择题

1. 下列属于进口附加税的是( )。

A. 反倾销税   B. 反补贴税

C. 保障措施关税   D. 报复性关税

2. 根据《中华人民共和国消费税暂行条例》的规定，在下列进口商品中，( )按从量定额的办法计征消费税。

A. 石油原油   B. 胶卷   C. 冻鸡   D. 啤酒

3. 我国增值税基本税率为 17%，但对于一些关系到国计民生的重要物资，增值税税率较低，为 13%。在下列选项中，适用 13% 增值税税率的是( )。

A. 粮食、食用植物油   B. 自来水、石油液化气、煤气、天然气

C. 图书、报纸、杂志   D. 饲料、化肥、农药、农机、农膜

4. 一般进口货物完税价格，除包括货物的货价外，还应包括的费用是( )。

A. 与进口货物作为一体的容器费用

B. 卖方佣金

C. 买方佣金

D. 货物运抵我国关境内输入地点起卸前的包装费、运费和其他劳务费、保险费

5. 在确定进口货物的完税价格时，下列应计入的费用或价值是( )。

A. 买方负担的除购货佣金以外的佣金和经纪费

B. 作为销售条件，由买方直接或间接支付的特许权使用费

C. 由买方向卖方免费提供的，在境外完成的为生产该货物所需的工程设计及制图等工作的价值

D. 卖方直接或间接从买方转售、处置或使用中获得的收益

6. 进口货物的价款中单独列明的下列税收、费用，( )不计入该货物的完税价格。

A. 厂房、机械、设备等货物进口后进行建设、安装、装配、维修和技术服务的费用

B. 进口关税及国内税收

C. 货物运抵境内输入地点起卸后的运输及其相关费用、保险费

D. 境内外技术培训及境外考察费用

7. 计入完税价格中的所有项目的费用或价值，必须同时满足( )条件。

A. 由买方负担　　　　　　　　B. 未包括在进口货物的实付或应付价格中

C. 有客观量化的数据资料　　　D. 由卖方负担

8. 成交价格必须满足一定的条件才能被海关所接受，否则不能适用成交价格法，必须具备的条件是(　　)。

    A. 买方对进口货物的处置和使用权不受限制

    B. 货物的价格不应受到导致该货物成交价格无法确定的条件或因素的影响

    C. 卖方不得直接或间接地从买方获得因转售、处置或使用进口货物而产生任何收益，除非上述收益能被合理确定

    D. 买卖双方之间的特殊关系不影响价格

9. 下列哪些情况海关可以拒绝接受申报价格而另行估价?(　　)

    A. 买方对进口货物的处置受到了卖方的限制，具体表现进口货物只能用于展示或者免费赠送

    B. 买卖双方达成的销售价格是以买方同时向卖方销售其他货物为前提条件

    C. 进口方在国内销售进口货物所产生的收益中有一部分返还给出口方，而且这一部分收益的具体金额尚不能被确定

    D. 进口方和出口方为同一家族成员，并对成交价格产生影响

10. 相同货物是指与被估货物在所有方面都相同的货物，包括(　　)。

A. 物理性质　　　　　　　　　B. 质量和信誉

C. 生产国(地区)　　　　　　　D. 包装

11. 关于特殊贸易方式进口货物的完税价格审定原则，下列表述中正确的是(　　)。

    A. 内销的进料加工进口料件或其制成品，以料件申报内销时的价格估定

    B. 加工企业内销加工过程中产生的边角料，以海关审查确定的内销价格作为完税价格

    C. 运往境外加工的货物复运进境，以海关审定的该货物的境外加工费和料件费作为完税价格

    D. 出口加工区内的加工企业内销的制成品，海关以接受内销申报的同时或大约同时进口的相同或者类似货物的进口成交价格为基础审查确定完税价格

12. 下列诸项是关于海关对某些特殊进口货物完税价格审定的叙述，其中正确的有(　　)。

    A. 符合海关规定运往香港修理的价值 HKD400000 的运输船，在香港的修理费和材料费共计 HKD30000，修理完毕复进境时，海关可按 HKD30000 审定完税价格

    B. 符合海关规定前往香港作后期加工制作的卡拉 OK 影碟，进境时向海关申报加工费为 HKD10/张，海关可按 HKD10/张加上该影碟复进境时的运、保费为基础审定完税价格

C. 某单位未到监管年限的免税进口小轿车，在申请内销补税时，海关按其原进口时的成交价格，扣除折旧部分价值作为完税价格

D. 留购的租赁货物以海关审定的留购价格作为完税价格

13. 下列选项，不计入出口货物完税价格的税收、费用的有(　　)。

A. 出口关税

B. 输出地点装载后的运费及相关费用

C. 在货物价款中单独列明由卖方承担的佣金

D. 输出地点装载后的保险费

14. 我国某公司以租赁方式从美国进口一艘价值 USD150000 的货轮用于国际航行，租期为 1 年，年租金为 USD60000，此情况经海关审查属实，下列说法正确的是(　　)。

A. 在这种情况下，海关审定该货轮的完税价格为 USD150000

B. 在这种情况下，海关审定该货轮的完税价格为 USD60000

C. 根据现行办法规定，该船舶无须缴纳船舶吨税

D. 根据现行办法规定，应对该船舶征收船舶吨税

15. 下列关于海关审定加工贸易保税货物内销完税价格的表述，正确的是(　　)。

A. 进料加工进口料件内销时，以料件原进口成交价格为基础审查确定完税价格

B. 进料加工制成品内销时，以料件原进口成交价格为基础审查确定完税价格

C. 来料加工进口料件内销时，以接受内销申报的同时或者大约同时进口的相同或者类似的货物的进口成交价格为基础审查确定完税价格

D. 来料加工制成品内销时，以接受内销申报的同时或者大约同时进口的相同或者类似的货物的进口成交价格为基础审查确定完税价格

16. 关于海关估价方法，下列叙述错误的是(　　)。

A. 海关在审定进口货物完税价格时，应优先采用成交价格法

B. 当进口货物的成交价格经海关审查未能确定时，才能依次使用其他估价方法

C. 在使用其他估价方法时，海关可优先使用合理方法

D. 相同货物的估价法，是指在所有方面都相同的货物，即使装上也不能有任何微小差别

17. 目前，我国签署的各项优惠贸易协定主要的从价百分比标准，下列说法正确的是(　　)。

A. 《亚太贸易协定》项下，非成员国原产的或者不明原产地的材料的总价值不超过该货物 FOB 价的 55%(孟加拉国除外)

B. 《框架协议》原产于任一成员方的成分不少于该货物 FOB 价的 40%，并且最后的工序是在成员方境内完成

C. CEPA 项下，在港澳获得的原料、组合零件、劳工价值和产品开发支出价值的合计，与在港澳生产或获得产品的 FOB 价的比例不小于 30%

D. 《中智自贸协定》项下，在中国或智利生产或加工的货物，所用的非成员方的原产材料站该货物 FOB 价值的比例小于 60%

18. 完全获得标准是确定货物原产地的重要标准，下列属于优惠原产地下完全获得标准的是( )。

 A. 从该国领土或领海内开采的石油
 B. 从该国收集的只适用于原材料回收的废旧物品
 C. 从该国领土饲养的活动物
 D. 由该国船只在公海捕捞的水产品和其他海洋产品

19. 关于原产地证，下列说法正确的是( )。

 A. 《框架协议》规则的原产地证明书，应当自东盟国家有关机构签发之日起 4 个月向我国境内申报地海关提交，如果经过第三方转运的，提交期限延长为 6 个月
 B. 中国—巴基斯坦自由贸易区原产地规则的原产地证明书，应当自有关机构签发之日起 4 个月向我国境内申报地海关提交，如果经过第三方转运的，提交期限延长为 6 个月
 C. 原产于东盟国家的进口货物，如果产品的 FOB 价不超过 200 美元，无须要求我国的纳税义务人提交原产地证书，但是要提交出口人对有关产品原产于该出口成员方的声明
 D. 《亚太贸易协定》规则的原产地证书，一个原产地证书可多次使用，适用于多批进口货物

20. 下面是有关运用《中华人民共和国海关进出口税则》规定征收关税的表述，其中表述正确的是( )。

 A. 执行国家有关税率减征政策时，在暂定最惠国税率基础上再进行减免
 B. 对于原产于中国境内的进口货物，适用最惠国税率
 C. 对于原产地不明的进口货物，按照普通税率计征
 D. 对于同时适用多种税率的进口货物，在选择适用的税率时，基本的原则是"从高计征"

21. 下列关于进口税率适用的表述，正确的是( )。

 A. 按照普通税率征税的进口货物，不适用进口货物暂定税率
 B. 对于无法确定原产国别的货物，按普通税率征税
 C. 适用最惠国税率的进口货物有暂定税率的，应当适用暂定税率
 D. 适用协定税率、特惠税率的进口货物有暂定税率的，应当适用暂定税率

22. 关于税率适用时间，下列表述正确的是( )。

 A. 减免税货物经批准转让或者移作他用的，应当适用海关批准之日实施的税率征税

B. 因纳税义务人违反规定需要追征税款的，应当适用海关发现该行为之日实施的税率

C. 租赁进口货物分期缴纳税款的，应当适用海关接受纳税义务人再次填写报关单申报办理纳税及有关手续之日实施的税率

D. 进口货物到达前，经海关核准先行申报的，应当适用装载货物的运输工具申报进境之日实施的税率

23. 下列情形中，应当适用海关接受纳税义务人申报办理纳税手续之日实施的税率的是(　　)。

A. 保税货物经批准不复运出境的　　　　B. 保税仓储货物转入国内市场销售的

C. 减免税货物经批准转让的　　　　　　D. 租赁进口货物分期缴纳税款的

24. 下列进口货物若享受减免税，则属于特定减免范围的是(　　)。

A. 外国政府、国际组织无偿赠送的物资　B. 科教用品

C. 残疾人用品　　　　　　　　　　　　D. 保税区物资

25. 根据国家税务总局和海关总署的规定，当进口货物关税减免时，下列(　　)同时免征进口环节增值税及消费税。

A. 外商投资企业进口物资及国内投资项目进口设备

B. 科教用品、残疾人专用品

C. 救灾捐赠物资

D. 扶贫慈善捐赠物资

26. 经海关审核可以办理退税手续的情况是(　　)。

A. 已缴纳税款的进口货物，因品质或者规则原因原状退货复运出境的

B. 已缴纳出口关税的货物，因故未装运出口申报退关的

C. 已缴纳出口关税的货物，因品质或者规则原因原状退货复运进境的，并已重新缴纳因出口而退还的国内环节有关税收的

D. 因海关误征，致使纳税义务人多缴税款的

27. 关于税率适用原则，下列表述正确的是(　　)。

A. 进口货物应当适用纳税义务人申报该货物进口之日实施的税率

B. 进口货物到达前，经海关核准先行申报的，应当适用装载该货物的运输工具申报进境之日实施的税率

C. 进口转关运输货物，应当适用指运地海关接受该货物申报进口之日实施的税率

D. 保税货物经批准不复运出境的，应当适用海关接受纳税义务人再次填写报关单申报办理纳税及有关手续之日实施的税率

28. 在海关审定完税价格时，纳税义务人应履行的义务包括(　　)。

A. 如实提供单证及其他相关资料

B. 如实申报货物买卖中发生的、有关规定所列的价格调整项目

C. 提供根据客观量化标准对需分摊计算的价格调整项目进行分摊的依据

D. 为先行提取货物，依法向海关提供担保

29. 对于已缴纳进出口关税的货物，纳税义务人在规定期限内可以申请退还关税的有（　　）。

A. 因规格原因原状退货复运进境，并已重新缴纳因出口而退还的国内环节有关税收的

B. 因销售渠道不畅原状退货退运进境，并已重新缴纳因出口而退还的国内环节有关税收的

C. 因品质原因原状退货复运出境的

D. 因故未装运出口申报退关的

30. 下列可以免征进口关税和进口环节增值税，消费税的特定减免货物的是（　　）。

A. 科教用品　　　　　　　　　　　B. 残疾人专用品

C. 科技开发用品　　　　　　　　　D. 扶贫慈善捐赠物资

三、判断题

1. 凡征收了船舶吨税的船舶不再征收车船税，对已经征收车船税的船舶，一律征收船舶吨税。　　　　　　　　　　　　　　　　　　　　　　　　　　　（　　）

2. 滑准税是当商品价格上涨时采用较高税率，当商品价格下跌时则采用较低税率的一种关税，其目的是使该种商品的国内市场价格保持稳定。　　　　　　　（　　）

3. 对于香港、澳门特别行政区海关已征收船舶吨税的外籍船舶，进入内地港口时，无须再征收船舶吨税。　　　　　　　　　　　　　　　　　　　　　　（　　）

4. 我国船舶吨税是按船舶吨位证书中注明的注册总吨位来计征的。　　　（　　）

5. 我国目前征收的进口附加税主要是报复性关税。　　　　　　　　　（　　）

6. 保税区内的加工企业内销的制成品，海关以接受内销申报的同时或大约同时进口的相同或者类似货物的进口成交价格为基础审查确定完税价格。　　　　（　　）

7. 海关对运往境外修理的货物，如出口时已向海关报明并在海关规定的期限复运进境的，海关审定其完税价格时以境外修理费和料件费审查确定。　　　　　　（　　）

8. 对运往境外加工货物，应当以海关审定的加工费作为完税价格。　　（　　）

9. 经海关批准，留购的暂时进境货物，以海关审查确定的留购价格作为完税价格。　　　　　　　　　　　　　　　　　　　　　　　　　　　　　　　（　　）

10. 当进口货物的完税价格不能按照成交价格确定时，海关应当优先采用合理方法确定完税价格。　　　　　　　　　　　　　　　　　　　　　　　　（　　）

11. 出境修理货物复运进境时超过海关规定期限的，由海关按照一般进口货物完税价格审定的规定审查确定完税价格。　　　　　　　　　　　　　　　　（　　）

12. 以 CIF 纽约成交的出口货物，从上海口岸申报出口，其完税价格为海关审定的 CIF

纽约价格扣除上海至纽约的运保费，如包括出口关税，将扣除出口关税。　　　　（　　）

13. 两个及两个以上国家(地区)参与生产或制造的货物，以最后完成实质性改变的国家(地区)为原产地。　　　　　　　　　　　　　　　　　　　　　　　　　　（　　）

14. 所谓实质性加工是指产品经加工后，在《海关进出口税则》中 4 位数一级的税则归类已经改变，或者加工增值部分占新产品总值的比例已达到 30% 及以上。　　（　　）

15. 对于适用 CEPA 项下进口的货物，纳税义务人应当主动向申报海关申明该货物适用最惠国税率，并提交符合 CEPA 项下规定的有效原产地证书作为报关的随附单证。　（　　）

16. 适用优惠原产地规则的原产地证书，凡是受惠国政府指定机构签发的，即可适用于多批进口货物，并多次使用。　　　　　　　　　　　　　　　　　　　　　　（　　）

17. 对于经批准以加工贸易方式保税进口的原材料转为内销时，在向海关办理纳税手续时，其税率应适用向海关申报转为内销之日的税则税率。　　　　　　　　　　（　　）

18. 优惠原产地规则的实施必须遵守最惠国待遇原则，即必须普遍地无差别地适用于所有原产地为最惠国的进口货物。　　　　　　　　　　　　　　　　　　　　　　（　　）

19. 除国务院另有规定外，进口关税和进口环节增值税可予以减免的，其进口环节消费税也同时予以减免。　　　　　　　　　　　　　　　　　　　　　　　　　　（　　）

20. 某进出口公司已申报的货物，在海关查验放行后，部分货物因故未能装上出境运输工具。如果货物不再出口，当事人可向海关申请对该部分货物做退关处理，海关核准后可退还该部分货物的已征出口关税。　　　　　　　　　　　　　　　　　　　　（　　）

21. 海关对于法定减免货物和特定减免货物都不再进行后续的管理。　　　　　（　　）

22. 进出境运输工具装载的燃料、物料和饮食用品可以免税。　　　　　　　　（　　）

23. 在海关放行前遭受损失的货物可根据海关认定的受损程度减征关税。　　　（　　）

24. 进口货物遭受损坏或损失后可以减免关税。　　　　　　　　　　　　　　（　　）

25. 某机械设备进出口公司 2004 年 12 月进口一批设备配件，后于 2005 年 2 月对该批设备配件进口税款提出异议。海关经审核，发现由于计算错误，造成多征税款 43750 元人民币，根据海关的规定，该公司可要求海关予以退还上述多征的税款。　　　　（　　）

26. 海关应当自受理退税申请之日起 30 日内查实并通知纳税人办理退还手续。纳税人应当自收到通知之日起 60 日内办理有关退税手续。　　　　　　　　　　　　　（　　）

27. 进出口货物完税后，由于海关方面的原因造成的少征或者漏征税款，海关可以自缴纳税款或者货物进口之日起 3 年内，向收、发货人或者他们的代理人补征。　　（　　）

28. 海关审定的进口货物的成交价格，是指卖方向中华人民共和国境内销售该货物时买方变进口该货物向卖方实付、应付的价格总额，包括直接交付的价格和间接支付的价格。
　　　　　　　　　　　　　　　　　　　　　　　　　　　　　　　　　　　（　　）

29. 已征税放行的散装进出口货物发现短卸、短装的，如果该货物的发货人、承运人或者保险公司已对短卸、短装部分退还或者赔偿相应货款的，纳税义务人可以向海关申请退还进口或者出口短卸、短装部分的相应税款。　　　　　　　　　　　　　　　（　　）

30. 出口货物自出口之日起 3 年内，因品质或者规格原因原状复运进境的，不征收进口关税。   （   ）

四、计算题

1. 某单位出口鳗鱼苗一批，离岸价格(FOB)为人民币 10 万元。经查其出口税税率为 20%，最惠国税税率为 10%。试计算该批出口货物的关税。

2. 山东华丰食品进出口贸易有限公司从法国进口冷冻整鸡 2000 千克，以每千克 1.95 美元 CIF 青岛价格条件成交，买方自行向其购货代理人支付佣金 200 美元。经查，冷冻整鸡按从量税征收进口关税，最惠国税税率为 1.30 元/千克，增值税税率为 13%，该商品无进口环节消费税，海关计征汇率为 1 美元=6.6445 元人民币。经海关审定以成交价格作为完税价格征收进口关税和进口环节增值税。试计算，该批冷冻整鸡应总计缴纳多少进口税费？

3. 浙江捷达汽车国际贸易有限公司从日本进口排气量为 300 毫升，装有往复式活塞内燃发动机摩托车 10 辆，以每辆 3500 美元 CFR 上海价格条件成交，由买方自行投保，支付保险费 185 美元。海关以成交价格并计入保险费估定该进口货物的完税价格。经查阅进口税则获知，该商品进口关税最惠国税税率为 45%，进口环节增值税税率为 17%，进口环节消费税税率为 10%，当时的计征汇率为 1 美元=6.6445 元人民币。试计算该批进口货物应征进口关税、进口环节增值税、进口环节消费税以及总计税额各多少？

4. 某贸易公司于 2016 年 5 月 13 日(周五)申报进口一批货物，海关于当日开出税额缴款书。其中关税税额为人民币 24 000 元，增值税税额为人民币 35 100 元，消费税税额为人民币 18 900 元。该公司实际缴纳税额日期为 6 月 7 日(周四)。计算该公司应缴纳的滞纳金。

五、综合实务题

杭州市某中外合资企业向其合资外方在境外的母公司进口属自动许可管理的纺织机械设备 10 台，成交总价为每台 1200 美元 CIF Less 3% Quantity Discount 上海(即 3%数量折扣价)。合同规定，折扣款在买方付款时自行扣除，若买方将该进口设备转售给其他企业，则应从获取的利润中返回 10%给卖方。装载该货物的船舶于 2007 年 12 月 2 日申报进境，进口货物收货人于 12 月 8 日向海关申报。海关在审核完税价格时认为买卖双方存在特殊关系，不能用成交价格作为完税价格，决定采用上个月进口的与该货物型号完全相同的机械设备的成交价格每台 1320 美元作为完税价格。该进口货物按从价税征收进口关税，税率为 10%，进口环节增值税税率为 17%，海关计征汇率为 1 美元=7.48 元人民币。

根据上述情况，请回答下列问题。

1. 若进口货物收货人在(   )之后向海关申报，则海关应当加收滞报金。
    A. 12 月 14 日   B. 12 月 15 日
    C. 12 月 16 日   D. 12 月 17 日

2. 根据我国《进出口关税条例》的规定，这批货物应按(   )征收进口关税。
    A. 一般进口货物   B. 特殊进口货物

C. 法定免税进口货物　　　　　　　D. 外资设备物品

3. 假如该进口货物确实以"每台 1200 美元 CIF Less 3%Quantity Discount 上海价"成交，除买方向其代理人支付了 360 美元的购货佣金外无其他任何瓜葛。海关决定以该成交价格来估定完税价格，估价时不应计入的是(　　)。

A. 保险费　　　　　　　　　　　　B. 购货佣金

C. 海运运费　　　　　　　　　　　D. 折扣款

4. 若海关以"相同货物成交价格法"审定完税价格，纳税义务人对该批进口货物总计应缴纳的进口税额是(　　)元。

A. 98 736.00　　　　　　　　　　B. 9873.60

C. 18 463.63　　　　　　　　　　D. 28 337.23

第六章

进出口货物报关单填制

进出口货物报关单是报关员代表报关单位向海关办理货物进出境手续的主要单证。本章主要介绍纸质进出口货物报关单各栏目填制的基本要求及注意事项。

第一节 进出口货物报关单概述

一、进出口货物报关单的含义

进出口货物报关单是指进出口货物的收、发货人或其代理人，按照海关规定的格式对进出口货物的实际情况作出的书面声明，以此要求海关对其货物按适用的海关制度办理报关手续的法律文书。

二、进出口货物报关单的类别

按货物的进出口状态、表现形式、使用性质的不同，进出口货物报关单分为以下几种类型。

(一)按进出口状态分类

(1) 进口货物报关单。
(2) 出口货物报关单。

(二)按表现形式分类

(1) 纸质报关单。
(2) 电子数据报关单。

(三)按使用性质分类

(1) 进料加工进(出)口货物报关单。
(2) 来料加工及补偿贸易进(出)口货物报关单。
(3) 一般贸易及其他贸易进(出)口货物报关单。

三、进出口货物报关单各联的用途

纸质进口货物报关单一式四联，分别是：海关作业联、企业留存联、海关核销联、进口付汇证明联；纸质出口货物报关单一式五联，分别是：海关作业联、企业留存联、海关核销联、出口收汇证明联、出口退税证明联。

(一)进出口货物报关单海关作业联

进出口货物报关单海关作业联是报关员配合海关查验、缴纳税费、提取或装运货物的重要单据，也是海关查验货物、征收税费、编制海关统计以及处理其他海关事务的重要凭证。

(二)进口货物报关单进口付汇证明联、出口货物报关单出口收汇证明联

进口货物报关单进口付汇证明联和出口货物报关单出口收汇证明联，是海关对已实际进出境的货物所签发的证明文件，是银行和国家外汇管理部门办理售汇、付汇和收汇及核销手续的重要依据之一。

对需要办理进口付汇核销或出口收汇核销的货物，进出口货物的收发货人或其代理人应当在海关放行货物或结关以后，向海关申领进口货物报关单进口付汇证明联或出口货物报关单出口收汇证明联，凭以向银行或国家外汇管理部门办理付汇、收汇核销手续。

(三)进出口货物报关单海关核销联

进出口货物报关单海关核销联是指接受申报的海关对已实际申报进口或出口的货物所签发的证明文件，是海关办理加工贸易合同核销、结案手续的重要凭证。该联在报关时与海关作业联一并提供。加工贸易的货物进出口后，申报人凭以向主管海关办理加工贸易合同核销手续。

(四)出口货物报关单出口退税证明联

出口货物报关单出口退税证明联是海关对已实际申报出口并已装运离境的货物所签发的证明文件，是国家税务部门办理出口货物退税手续的重要凭证之一。

对可办理出口退税的货物，出口货物发货人或其代理人应当在载运货物的运输工具实际离境、海关办理结关手续后，向海关申领出口货物报关单出口退税证明联，有关出口货物发货人凭以向国家税务管理部门申请办理出口货物退税手续。对不属于退税范围的货物，海关均不予签发该联。

四、进出口货物报关单的法律效力

《海关法》规定："进口货物的收货人、出口货物的发货人应当向海关如实申报，交

验进出口许可证件和有关单证。"

进出口货物报关单及其他进出境报关单(证)在对外经济贸易活动中具有十分重要的法律效力,是进出口货物的收、发货人向海关报告其进出口货物实际情况及适用海关业务制度、申请海关审查并放行货物的必备法律文书。它既是海关对进出口货物进行监管、征税、统计以及开展稽查、调查的重要依据,又是出口退税和外汇管理的重要凭证,也是海关处理进出口货物走私、违规案件及税务、外汇管理部门查处骗税、逃套汇犯罪活动的重要书证。因此,申报人对所填报的进出口货物报关单的真实性和准确性应承担法律责任。

五、海关对进出口货物报关单填制的一般要求

第一,进出口货物的收、发货人或其代理人应按照《中华人民共和国海关进出口货物申报管理规定》《中华人民共和国海关报关单填制规范》《统计商品目录》《规范申报目录》等有关规定要求向海关申报,并对申报内容的真实性、准确性、完整性和规范性承担相应的法律责任。

第二,报关单的填报应做到"两个相符":一是单证相符,即所填报关单各栏目的内容必须与合同、发票、装箱单、提单、批文等随附单据相符;二是单货相符,即所填报关单各栏目的内容必须与实际进出口货物的情况相符,不得伪报、瞒报、虚报。

第三,不同运输工具、不同航次、不同提运单、不同贸易方式、不同备案号、不同征免性质的货物,均应分单填报。

同一份报关单上的商品不能同时享受协定税率和减免税。

一份原产地证书,只能用于同一批次进口货物。含有原产地证书管理商品的一份报关单,只能对应一份原产地证书;同一批次货物中,实行原产地证书联网管理的,如涉及多份原产地证书或含非原产地证书商品,亦应分单填报。

第四,一份报关单所申报的货物,须分项填报的情况主要有:商品编号不同的,商品名称不同的,计量单位不同的,原产国(地区)/最终目的国(地区)不同的,币制不同的,征免不同的。

第二节　进出口货物报关单表头栏目的填报

进出口货物报关单上方的预输入编号是指预输入单位输入报关单的编号,用于申报单位与海关之间引用其申报后尚未接受申报的报关单。预输入编号由接受申报的海关决定编号规则,由计算机自动打印。

进出口货物报关单上方的海关编号是指海关接受申报时给予报关单的18位顺序编号。一份报关单对应一个海关编号。海关编号由各直属海关在接受申报时确定,并标示在报关单的每一联上。一般来说,海关编号就是预输入编号,由计算机自动打印,不需要填写。

进口报关单和出口报关单分别编号，确保在同一公历年份内，能按进口和出口唯一标志本关区的每一份报关单。报关单海关编号由18位数组成，其中前4位为接受申报海关的编号(关区代码表中相应关区代码)，第5～8位为海关接受申报的公历年份，第9位为进出口标志("1"为进口，"0"为出口；集中申报清单"I"为进口，"E"为出口)，第10～18位为报关单顺序编号。例如：

5302	2011	0	027514049
罗湖海关	年份	出口	报关单顺序编号

进出口货物报关单表头部分包括30个栏目。

一、进(出)口口岸

报关单中的"进(出)口口岸"特指根据货物实际进出境的口岸海关，应填报海关规定的"关区代码表"中相应口岸海关的名称及代码。

"关区代码表"由3个部分组成，包括关区代码、关区名称和关区简称。关区代码由4位数字组成，前2位为直属海关关别代码，后2位为隶属海关或海关监管场所的代码；关区名称是指直属海关、隶属海关或海关监管场所的中文名称；关区简称是指(海关)的中文简称，一般为4个汉字。例如，货物由天津新港口岸进境，"进口口岸"栏不能填报为"天津关区"+"0200"，也不应填报为"天津海关"+"0201"，而应填报为"新港海关"+"0202"。

(一)特殊填报要求

进口转关运输货物应填报货物进境地海关名称及代码，出口转关运输货物应填报货物出境地海关名称及代码。按转关运输方式监管的跨关区深加工结转货物，出口报关单填报转出地海关名称及代码，进口报关单填报转入地海关名称及代码。

特殊区域与区外之间进出的货物及特殊区域内流转的货物，填报本特殊区域海关名称及关区代码；不同特殊区域之间、特殊区域与保税监管场所之间相互流转的货物，填报对方特殊区域或保税监管场所海关名称及关区代码。

无实际进出境的货物，填报接受货物申报的海关名称及代码。

无法确定进出口口岸的货物，填报接受货物申报的海关名称及代码。

(二)限定口岸要求

国家对汽车整车、船舶和港机维修备件器材等商品限定口岸进口；对红松子(仁)、松茸等商品限定口岸出口；对实行许可证件管理的货物，按证件核准口岸限定进出口。相关商品应严格按照规定的口岸办理进出口申报手续。

加工贸易进出境货物，应填报主管海关备案时所限定或指定货物进出的口岸海关名称及其代码。限定或指定口岸与货物实际进出境口岸不符的，应向合同备案主管海关办理变更手续后填报。

二、备案号

备案号是指进出口货物收发货人办理报关手续时应递交的海关备案审批文件的编号，如加工贸易手册编号、加工贸易电子账册编号、征免税证明编号、实行优惠贸易协定项下原产地证书联网管理的原产地证书编号、适用 ITA 税率的商品用途认定证明编号等。

备案号的字头为备案审批文件的标记，如表 6-1 所示。

表 6-1　备案审批文件及其标记

首位代码	备案审批文件	首位代码	备案审批文件
B*	加工贸易手册(来料加工)	K	保税仓库备案式电子账册
C*	加工贸易手册(进料加工)	Y*	原产地证书
D*	加工贸易不作价进口设备	Z*	征免税证明
E*	加工贸易电子账册	RB	减免税货物补税通知书
H	出口加工区电子账册	RT	减免税进口货物同意退运证明
J	保税仓库记账式电子账册	RZ	减免税进口货物结转联系函

注：表格中标记有"*"的内容，按原报关员资格全国统考要求，不仅理解含义，还应记忆相应代码、符号、英文缩写等。下同。

填报要求如下。

(1) 一份报关单只允许填报一个备案号。无备案审批文件的报关单，本栏目免予填报。

(2) 备案号的首位标记应与报关单"贸易方式""征免性质""征免"及"用途"及"项号"等栏目内容相对应。

报关单"贸易方式"栏为表 6-2 中的监管方式时，"备案号"栏应填报与其相应的编号，不得为空。

表 6-2　监管方式名称及其代码

代　码	监管方式名称	代　码	监管方式名称	代　码	监管方式名称
0200	料件放弃	0214	来料加工	0245	来料料件内销
0255	来料深加工	0258	来料余料结转	0265	来料料件复出
0300	来料料件退换	0314	加工专用油	0320	不作价设备
0345	来料成品减免	0400	成品放弃	0446	加工设备内销
0456	加工设备结转	0466	加工设备退运	0500	减免设备结转
0513	补偿贸易	1200	保税间货物	0615	进料对口
0644	进料料件内销	0654	进料深加工	0657	进料余料结转

续表

代 码	监管方式名称	代 码	监管方式名称	代 码	监管方式名称
0664	进料料件复出	0700	进料料件退换	0744	进料成品减免
0815	低值辅料	0844	进料边角料内销	0845	来料边角料内销
0864	进料边角料复出	0865	来料边角料复出	2025	合资合作设备
2225	外资设备物品	4400	来料成品退换	4600	进料成品退换
5014	区内来料加工	5015	区内进料加工货物	5100	成品进出区
0420	加工贸易设备				

报关单"征免性质"栏为表 6-3 中的征免性质时，"备案号"栏应填相应的编号不得为空。

表 6-3 征免性质简称及其代码

代 码	征免性质简称	代 码	征免性质简称	代 码	征免性质简称
201	无偿援助	307	保税区	401	科教用品
406	重大项目	412	基础设施	413	残疾人
417	远洋渔业	422	集成电路	499	ITA 产品
501	加工设备	502	来料加工	503	进料加工
506	边境小额	601	中外合资	602	中外合作
603	外资企业	606	海洋石油	608	陆上石油
609	贷款项目	611	贷款中标	789	鼓励项目
801	救灾捐赠	802	扶贫慈善	898	国批减免
998	内部暂定	999	例外减免		

(3) 加工贸易项下除少量低值辅料按规定不使用加工贸易手册及后续退补税监管方式办理内销征税外的货物，本栏应填写加工贸易手册或账册编号，不得为空。

加工贸易成品凭征免税证明转为减免税进口货物的，进口报关单填报征免税证明编号，出口报关单填报加工贸易手册编号，并在进口报关单"标记唛码及备注"栏填报加工贸易手册编号，在出口报关单的"标记唛码及备注"栏填报征免税证明编号。

加工贸易设备之间结转，转入和转出企业分别填制进、出口报关单，在本栏目填加工贸易手册编号。

(4) 进出口减免税审批货物填报征免税证明编号，不得为空。

正在办理减免税申请，而货物已进境，经海关核准凭担保先予以放行的，报关单"备案号"栏可免予填报，同时应在"标记唛码及备注"栏的"备注"项中注明"后补征免税证明"。事后根据所申请的减免税实际结果，删除或更正原报关单的相关栏目。

减免税货物退运出口，填报"减免税进口货物同意退运证明"的编号。"贸易方式"栏填报"退运货物"（4561）。

减免税货物补税进口，填报《减免税货物补税通知书》的编号。"贸易方式"栏填报"后续补税"（9700）。

减免税货物结转进口（转入），填报"征免税证明"的编号。"贸易方式"栏按现行规范填报，"关联备案号"栏填报本次减免税货物结转所申请的《减免税进口货物结转联系函》的编号。相应的结转出口（转出）报关单"备案号"栏填报《减免税进口货物结转联系函》的编号。"贸易方式"栏填报"减免设备结转"（0500），"关联备案号"栏填报与该出口（转出）报关单相应的进口（转入）报关单备案号栏目所填写的"征免税证明"编号，关联报关单号填报对应的进口（转入）报关单号。

（5）进口实行原产地证书联网管理的香港 CEPA、澳门 CEPA 项下进口货物，本栏填报"Y"＋"11 位原产地证书编号"，如"Y3 M03 A000001"；未实行原产地证书联网管理的优惠贸易协定项下进口货物，不在本栏填报原产地证书编号。

（6）进出特殊区域的保税货物，在"备案号"栏应填报标记代码为"H"的电子账册的备案号。进出特殊区域的企业自用设备、基建物资、自用合理数量的办公用品，在"备案号"栏应填报标记代码为"H"、编号第 6 位为"D"的电子账册备案号。

三、进口日期/出口日期

进口日期是指运载所申报进口货物的运输工具申报进境的日期。

出口日期是指运载所申报出口货物的运输工具办结出境手续的日期。

填报要求如下。

（1）日期均为 8 位数字，顺序为年（4 位）、月（2 位）、日（2 位）。例如，2011 年 8 月 10 日申报进口一批货物，运输工具申报进境日期为 2011 年 8 月 8 日，"进口日期"栏填报为："20110808"。

（2）进口货物进口日期以运载进口货物的运输工具申报进境日期为准，进口货物申报时无法确知运输工具的实际进境日期的，申报时可免予填报。海关与运输企业实行舱单数据联网管理的，进口日期由海关自动生成。

（3）出口日期以运载出口货物的运输工具实际离境日期为准，海关与运输企业实行舱单数据联网管理的，出口日期由海关自动生成。本栏目供海关签发打印报关单证明联用，在申报时免予填报。

（4）集中申报的报关单，进出口日期以海关接受报关单申报的日期为准。

（5）无实际进出境的报关单，应填报向海关办理申报手续的日期，以海关接受申报的日期为准。

四、申报日期

申报日期是指海关接受进出口货物的收发货人或受其委托的报关企业向海关申报货物进出口的日期。

以电子数据报关单方式申报的,申报日期为海关计算机系统接受申报数据时记录的日期。以纸质报关单方式申报的,申报日期为海关接受纸质报关单并对报关单进行登记处理的日期。

本栏目在申报时免予填报。

五、经营单位

进出口货物报关单中的经营单位是指在海关注册登记的对外签订并执行进出口贸易合同的中国境内法人、其他组织或个人。本栏目应填报其中文名称及海关注册编码,缺一不可。

(一)海关注册编码

海关注册编码适用于在海关注册的进出口货物收、发货人、报关企业、报关企业跨关区(或关区内)分支机构、临时注册登记单位、从事对外加工的生产企业、海关保税仓库、出口监管仓库等行政管理相对人。

海关注册编码共 10 位,由数字和 24 个英文大写字母(I、O 除外)组成。其结构如下。

(1) 第 1～4 位为企业注册地行政区划代码,其中第 1、2 位表示省、自治区或直辖市,如北京市为 11,江苏省为 32;第 3、4 位表示省所直辖的市、地区、自治州、盟或其他省直辖的县级行政区划,如北京西城区 1102,广州市 4401。

(2) 第 5 位为企业注册地经济区划代码。

"1":经济特区。

"2":经济技术开发区。

"3":高新技术产业开发区。

"4":保税区。

"5":出口加工区/珠澳跨境工业园区。

"6":保税港区/综合保税区。

"7":保税物流园区。

"8":综合实验区。

"9":其他。

"A":国际边境合作中心。

"W":保税物流中心。

例如，珠海市为 4404，包括珠海特区 44041，珠海保税区 44044，珠海国家高新业开发区 44043，珠澳跨境工业区(珠海园区)44045，珠海市其他地区 44049。

(3) 第 6 位为企业经济类型代码。

"1"：国有企业。

"2"：中外合作企业。

"3"：中外合资企业。

"4"：外商独资企业。

"5"：集体企业。

"6"：民营企业。

"7"：个体工商户。

"8"：报关企业。

"9"：其他，包括外国驻华企事业机构、外国驻华使领馆和临时进出口货物的企业、单位和个人等。

"A"：国营对外加工企业(无出口经营权)。

"B"：集体对外加工企业(无进出口经营权)。

"C"：私营对外加工企业(无进出口经营权)。

(4) 第 7 位为企业注册用海关经营类别代码，表示海关行政管理相对人的类别。如数字 0～9 为进出口货物收、发货人/报关企业，英文大写字母 D～I 为各类保税仓库，L 为临时注册登记单位，Z 为报关企业分支机构，J 为国内结转型出口监管仓库，P 为出口配送型出口监管仓库。

(5) 第 8～10 位为企业注册流水编号。

(二)本栏目特殊填报要求

本栏目特殊填报要求如下。

(1) 存在代理进出口关系的，"经营单位"栏应填报对外签订并执行进出口贸易合同的企业，即代理方的中文名称及编码。但属外商投资企业委托其他企业进口投资设备、物品的(监管方式为合资合作设备"2025"、外资设备物品"2225")，"经营单位"栏仍填报该外商投资企业的中文名称及编码，并在"标记唛码及备注"栏注明"委托××公司进口"。

(2) 进出口货物合同的签订者和执行者非同一企业的，填报执行合同的企业。

(3) 援助、赠送、捐赠的进口货物，"经营单位"栏填报直接接受货物的单位的中文名称及编码。

(4) 经营单位编码第 6 位数为"8"的单位是只有报关权而没有进出口经营权的企业，不得作为经营单位填报。

六、运输方式

报关单中的运输方式包括实际运输方式和海关规定的特殊运输方式，前者是指货物实际进出境的运输方式，按进出境所使用的运输工具分类；后者是指货物无实际进出境的运输方式，按货物在境内的流向分类。

"运输方式"栏应根据货物实际进出境的运输方式或货物在境内流向的类别按海关规定的"运输方式代码表"选择填报相应的运输方式名称或代码(见表6-4)。

表6-4 运输方式代码表及说明

代 码	名 称	运输方式说明
O	非保税区	境内非保税区运入保税区和保税区退区(退运境内)货物
1*	监管仓库	境内存入出口监管仓库和出口监管仓库退仓
2*	水路运输	
3	铁路运输	
4*	公路运输	
5*	航空运输	
6	邮件运输	
7	保税区	保税区运往境内非保税区
8*	保税仓库	保税仓库转内销
9*	其他运输	人扛、驮畜、输水管道、输油管道、输送带、输电网等方式实际进出境货物，部分非实际进出境货物
H	边境特殊海关作业区	境内运入深港西部通道港方口岸区；境内进出中哈霍尔果斯边境合作中心中方区域
W	物流中心	从境内保税物流中心外运入保税物流中心或从保税物流中心运往境内非保税物流中心
X	物流园区	从境内特殊监管区域之外运入园区内或从保税物流园区运往境内
Y	保税港区	保税港区(不包括直通港区)运往区外和区外运入保税港区
Z	出口加工区	出口加工区运往加工区外和区外运入出口加工区(区外企业填报)

(一)实际进出境货物填报要求

(1) 进境货物的运输方式，按货物运抵我国关境第一个口岸时的运输方式填报；出境货物的运输方式，按货物运离我国关境最后一个口岸时的运输方式填报。运输方式具体包括水路运输(2)、铁路运输(3)、公路运输(4)、航空运输(5)、邮件运输(6)、其他运输(9)。

(2) 进口转关运输货物，按载运货物抵达进境地的运输工具填报；出口转关运输货物，按载运货物驶离出境地的运输工具填报。

(3) 非邮件方式进出口的快件，按实际进出境运输方式填报。

(4) 进出境旅客随身携带的货物，按旅客实际进出境时所乘运输工具填报。

(5) 不复运出(入)境而留在境内(外)销售的进出境展览品、留赠转卖物品等，填报"其他运输"(9)。

(二)非实际进出境货物填报要求

(1) 境内非保税区运入保税区货物和保税区退区货物，填报"非保税区"(0)。

(2) 保税区运往境内非保税区货物，填制进口报关单，"运输方式"填报"保税区"(7)。

(3) 境内存入出口监管仓库和出口监管仓库退仓货物，填报"监管仓库"(1)。

(4) 保税仓库转内销货物，填制进口报关单，"运输方式"填报"保税仓库"(8)。

(5) 从境内保税物流中心外运入中心或从中心运往境内中心外的货物，填报"物流中心"(W)。

(6) 从境内保税物流园区外运入园区或从园区运往境内园区外的货物，填报"物流园区"(X)。

(7) 从境内保税港区外运入港区(不含直通)区运往境内港区外(不含直通)的货物，区外企业填报"保税港区"(Y)，区内企业填报"其他运输"(9)，综合保税区比照保税港区填报。

(8) 从境内出口加工、珠澳跨境工业区珠海园区(以下简称珠海园区)外运入加工区、珠海园区或从加工区、珠海园区运往境内区外的货物，区外企业填报"出口加工区"(Z)，区内企业填报"其他运输"(9)。

(9) 境内运入深港西部通道港方口岸区的货物，填报"边境特殊海关作业区"(H)。

(10) 其他境内流转货物，填报"其他运输"(9)，包括特殊监管区域内货物之间的流转、调拨货物，特殊监管区域、保税监管场所之间相互流转货物，特殊监管区域外的加工贸易余料结转、深加工结转、内销等货物。

七、运输工具名称

运输工具名称是指载运货物进出境的运输工具名称或运输工具编号。

航次号是指载运货物进出境的运输工具的航次编号。

报关单"运输工具名称"与"航次号"的填报内容应与运输部门向海关申报的舱单(载货清单)所列相应内容一致。

在纸质报关单上，"运输工具名称"与"航次号"合并填报在"运输工具名称"一个栏目。

一份报关单只允许填报一个运输工具名称及其航次号。

(一)运输工具名称的填报要求

第一，实际进出境，直接在进出境地办理报关手续，或采用"属地申报、口岸验放"通关模式的报关单。具体填报要求如下。

(1) 水路运输：填报船舶编号(来往港澳小型船舶为监管簿编号)或者船舶英文名称。

(2) 公路运输：填报跨境运输车辆的国内行驶车牌号，深圳提前报关模式填报国内行驶车牌号+"/"+"提前报关"(4个汉字)。

(3) 铁路运输：填报车厢编号或交接单号。

(4) 航空运输：填报航班号。

(5) 邮件运输：填报邮政包裹单号。

(6) 其他运输：填报具体运输方式名称，如管道、驮畜等。

第二，实际进出境，转关运输货物报关单。具体填报要求如下。

(1) 进口转关。

① 水路运输：直转、提前报关填报"@"+16位转关申报单预录入号(或13位载货清单号)，中转填报进境英文船名。

② 铁路运输：直转、提前报关填报"@"+16位转关申报单预录入号，中转填报车厢编号。

③ 航空运输：直转、提前报关填报"@"+16位转关申报单预录入号(或13位载货清单号)，中转填报"@"。

④ 公路运输及其他运输：填报"@"+16位转关申报单预录入号(或13位载货清单号)。

⑤ 以上各种运输方式使用广东地区载货清单转关的提前报关的货物应填报"@"+13位载货清单号，其他地区货物提前报关免予填报。

(2) 出口转关。

① 水路运输：非中转的，填报"@"+16位转关申报单预录入号(或13位载货清单号)，如多张报关单需要通过一张转关单转关的，运输工具名称字段填报"@"；中转的，境内水路运输填报驳船船名，境内铁路运输填报车名[主管海关4位关别代码+TRAIN(英文单词)]，境内公路运输填报车名[主管海关4位关别代码+TRUCK(英文单词)]。

② 铁路运输：填报"@"+16位转关申报单预录入号(或13位载货清单号)，如多张报关单需要通过一张转关单转关的，填报"@"。

③ 航空运输：填报"@"+16位转关申报单预录入号(或13位载货清单号)，如多张报关单需要通过一张转关单转关的，填报"@"。

④ 其他运输：填报"@"+16位转关申报单预录入号(或13位载货清单号)。

第三，非实际进出境货物，运输工具名称为空。

第四，采用"集中申报"通关方式办理报关手续的，填报"集中申报"4个汉字。

(二)航次号的填报要求

第一，实际进出境，直接在进出境地办理报关手续的报关单。具体填报要求如下。

(1) 水路运输：填报船舶的航次号。

(2) 公路运输：填报该跨境运输车辆的进出境日期[8 位数字，顺序为年(4 位)、月(2 位)、日(2 位)，下同]。

(3) 铁路运输：填报进出境日期。

(4) 航空运输：免予填报。

(5) 邮件运输：填报进出境日期。

(6) 其他运输：免予填报。

第二，实际进出境，转关运输货物报关单。具体填报要求如下。

(1) 进口转关。

① 水路运输：中转转关方式填报"@"+进境干线船舶航次，直转、提前报关免予填报。

② 公路运输：免予填报。

③ 铁路运输："@"+进出境日期。

④ 航空运输：免予填报。

⑤ 其他运输：免予填报。

(2) 出口转关。

① 水路运输：非中转货物免予填报。中转货物，境内水路运输填报驳船航次号；境内铁路、公路运输填报 6 位启运日期，顺序为年、月、日各 2 位。

② 铁路拼车拼箱捆绑出口：免予填报。

③ 航空运输：免予填报。

④ 其他运输：免予填报。

第三，非实际进出境货物，航次号免予填报。

(三)纸质报关单"运输工具名称"栏填报格式

实际进出境，直接在进出境地办理报关手续的货物，纸质报关单"运输工具名称"栏具体填报要求如下。

(1) 水路运输：填报船舶英文名称或船舶编号+"/"+航次号。

(2) 公路运输：填报跨境运输车辆的国内行驶车牌号+"/"+进出境日期[8 位数字，顺序为年(4 位)、月(2 位)、日(2 位)，下同]。

(3) 铁路运输：填报车厢编号或交接单号+"/"+进出境日期。

(4) 航空运输：填报航班号。

(5) 邮件运输：填报邮政包裹单号+"/"+进出境日期。

(6) 其他运输：填报具体运输方式名称，如管道、驮畜等。

八、提运单号

提运单号是指进出口货物提单或运单的编号。报关单"提运单号"栏所填报的运输单证编号，主要包括海运提单号、海运单号、铁路运单号、航空运单号。提运单号必须与舱单数据一致。

一份报关单只允许填报一个提单号或运单号，一票货物对应多个提单或运单时，应分单填报。

(一)实际进出境，直接在进出境地或采用"属地申报，口岸验放"通关模式办理报关手续的

(1) 水路运输：填报进出口提单号。如有分提单的，填报进出口提单号+"*"+分提单号。
(2) 公路运输：免予填报。
(3) 铁路运输：填报运单号。
(4) 航空运输：填报总运单号+"_"+分运单号，无分运单的填报总运单号。
(5) 邮件运输：填报邮运包裹单号。

(二)实际进出境，转关运输货物的报关单

1. 进口转关

(1) 水路运输：直装、中转货物填报提单号，提前报关免予填报。
(2) 铁路运输：直转、中转货物填报铁路运单号，提前报关免予填报。
(3) 航空运输：直转、中转货物填报总运单号+"_"+分运单号，提前报关免予填报。
(4) 其他运输：免予填报。
(5) 以上运输方式进境货物，在广东省内用公路运输转关的，填报车牌号。

2. 出口转关

(1) 水路运输：中转货物填报提单号；非中转货物免予填报；广东省内汽车运输提前报关的转关货物，填报承运车辆的车牌号。

(2) 其他运输：免予填报；广东省内汽车运输提前报关的转关货物，填报承运车辆的车牌号。

(三)非实际进出境货物

非实际进出境货物，本栏目免予填报。

(四)采用"集中申报"通关方式办理报关手续的

采用"集中申报"通关方式办理报关手续的，报关单填报归并的集中申报清单的进出

口起止日期[按年(4位)、月(2位)、日(2位)，年(4位)、月(2位)、日(2位)]。

九、收货单位/发货单位

收货单位是指已知的进口货物在境内的最终消费、使用单位，包括自行从境外进口货物的单位、委托进出口企业进口货物的单位等。

发货单位是指出口货物在境内的生产或销售单位，包括自行出口货物的单位、委托进出口企业出口货物的单位等。

填报要求如下。

(1) 有海关注册编码或加工企业编码的收、发货单位，本栏目填报其中文名称及编码；没有编码的，填报其中文名称。

(2) 加工贸易报关单的收、发货单位，应与加工贸易手册的"经营企业"或"加工企业"一致。

(3) 减免税货物报关单的收、发货单位，应与征免税证明的"申请单位"一致。

(4) 进口货物的最终消费、使用单位难以确定的，应以货物进口时预知的最终收货单位为准填报；出口货物的生产或销售单位难以确定的，以最早发运该出口货物的单位为准填报。

十、贸易方式(监管方式)

进出口货物报关单上所列的贸易方式专指以国际贸易中进出口货物的交易方式为基础，结合海关对进出口货物监督管理综合设定的对进出口货物的管理方式，即海关监管方式。

监管方式代码为4位数字。前2位按照海关监管业务分类，例如，02~08、44、46表示加工贸易货物；11~12表示保税仓储、转口货物；20~22表示外商投资企业进口货物；45表示退运货物；50~53表示特殊区域货物。后2位以海关统计方式为基础分类，其中10~39表示列入海关贸易统计；41~66表示列入单项统计；00表示不列入海关贸易统计和单项统计。

常见贸易方式的名称、代码、适用范围及主要填报要求如下。

(一)一般贸易

一般贸易是指我国境内有进出口经营权的企业单边进口或单边出口的贸易。

本监管方式代码"0110"，简称"一般贸易"，适用范围如下。

(1) 以正常交易方式成交的进出口货物。

(2) 贷款援助的进出口货物。

(3) 外商投资企业为加工内销产品而进口的料件。

(4) 外商投资企业用国产原材料加工成品出口或采购产品出口。

(5) 供应外国籍船舶、飞机等运输工具的国产燃料、物料及零配件。

(6) 保税仓库进口供应给中国籍国际航行运输工具使用的燃料、物料等保税货物。

(7) 境内企业在境外投资以实物投资进出口的设备、物资。

(8) 来料养殖、来料种植进出口货物。

(9) 国有公益性收藏单位通过合法途径从境外购入的藏品。

(二)加工贸易项下进口料件和出口成品

1. 来料加工

来料加工是指进口料件由境外企业提供，经营企业不需要付汇进口，按照境外企业的要求进行加工或装配，只收取加工费，制成品由境外企业销售的经营活动。

本监管方式代码"0214"，简称"来料加工"，主要适用于来料加工项下进口的料件和加工出口的成品。

来料加工进出口货物报关单"备案号"栏应填报加工贸易手册或电子账册编号。成品出口报关单"征免"栏方式应填报"全免"，应征出口税的，应填报"照章征税"。

2. 进料加工

进料加工贸易是指进口料件由经营企业付汇进口，制成品由经营企业外销出口的经营活动。进料加工对口合同是指买卖双方分别签订进出口对口合同，料件进口时，我方先付料件款，加工成品出口时再向对方收取出口成品款项的交易方式，包括动用外汇的对口合同或不同客户的对口联号合同，以及对开信用证的对口合同。

本监管方式代码"0615"，简称"进料对口"，主要适用于进料加工项下进口的料件和出口成品，以及进料加工贸易中外商免费提供进口的主、辅料和零部件。

进料加工进出口货物报关单"备案号"栏应填报加工贸易手册或电子账册编号。成品出口报关单"征免"栏方式应填报"全免"，应征出口税的，应填报"照章征税"。

(三)加工贸易项下其他货物

1. 结转

加工贸易经营企业将保税进口料件所加工的产品在境内结转给另一个加工贸易企业，用于再加工后复出口的，转入、转出企业分别填制进、出口报关单，监管方式填报"来料深加工"(0255)或"进料深加工"(0654)。

加工贸易经营企业将加工过程中剩余的进口料件，结转到本企业同一加工监管方式下的另一个加工贸易合同，继续加工为制成品后复出口的，应分别填制进、出口报关单，监管方式填报"来料余料结转"(0258)或"进料余料结转"(0657)。

2. 内销

(1) 料件内销。加工贸易加工过程产生的剩余料件、制成品、半成品、残次品及受灾保税货物，经批准转为国内销售，不再加工复出口的，以及海关事后发现企业擅自转内销并准予补办进口补税手续的加工贸易项下货物，应填制进口报关单，监管方式填报"来料料件内销"(0245)或"进料料件内销"(0644)。

(2) 边角料内销。加工贸易加工过程中有形损耗产生的边角料，以及加工副产品，有商业价值且经批准在境内销售的，应填制进口报关单，监管方式填报"来料边角料内销"(0845)或"进料边角料内销"(0844)。

(3) 成品转减免税。加工贸易项下制成品，在境内销售给凭征免税证明进口的货物的企业，加工贸易经营企业填制出口报关单，监管方式填报"来料成品减免"(0345)或"进料成品减免"(0744)。

3. 退运(复出)

加工贸易进口料件因品质、规格等原因退运出境，或加工过程中产生的剩余料件、边角料退运出境，且不再更换同类货物进口的，分别填报"来料料件复出"(0265)、"来料边角料复出"(0865)、"进料料件复出"(0664)、"进料边角料复出"(0864)。

4. 退换

(1) 料件退换。加工贸易保税料件因品质、规格等原因退运出境，更换料件后复进口的，退运出境报关单和复运进境报关单的监管方式应填报为"来料料件退换"(0300)或"进料料件退换"(0700)。

(2) 成品退换。加工贸易出口成品因品质、规格等原因退运进境，经加工、维修或更换同类商品复出口的，退运进境报关单和复运出境报关单的监管方式应填报为"来料成品退换"(4400)或"进料成品退换"(4600)。

5. 放弃

加工贸易进口料件或加工成品不再用于出口，主动放弃交由海关处理，应填制进口报关单，监管方式填报"料件放弃"(0200)或"成品放弃"(0400)。

加工贸易项下各类货物报关单填制的常见内容及栏目对应关系参见本章第四节对应表格内容。

(四)加工贸易进口设备

1. 加工贸易设备

加工贸易设备是指来料加工、进料加工贸易项下外商作价提供、不扣减企业投资总额的进口设备，以及服务外包企业履行国际服务外包合同，由国际服务外包业务境外发包方免费提供的进口设备。

本监管方式代码"0420"，对应"征免性质"为"一般征税"(101)或"加工设备"(501)。

2. 不作价设备

加工贸易项下外商提供的不作价设备，是指境外企业与境内企业开展来料、进料业务，外商免费向境内加工贸易经营单位提供加工生产所需设备，境内经营单位无须支付外汇、无须用加工费或差价偿还。

本监管方式代码"0320"，简称"不作价设备"，对应"征免性质"为"加工设备"(501)。

加工贸易进口不作价设备由加工贸易合同备案地海关办理备案手续，核发加工贸易手册，手册编号第一位标记为 D。进口《外商投资项目不予免税的进口商品目录》所列商品范围外的不作价设备，且符合规定条件的，免征进口关税。

与加工贸易免税进口不作价设备相关的监管方式如下。

(1) 加工设备内销。是指海关监管期内的加工贸易免税进口设备经批准转售给境内非加工企业，代码"0446"。

(2) 加工设备结转。是指海关监管期内的加工贸易免税进口设备经批准转让给另一加工企业，或从本企业一本加工贸易手册结转入另一本加工贸易手册，代码"0456"。

(3) 加工设备退运。是指加工贸易免税进口设备退运出境，代码"0466"。

(五)外商投资企业进口自用设备、物品

1. 投资总额内进口设备、物品

外商投资企业作为投资进口的设备、物品，是指外商投资企业投资总额内的资金(包括中方投资)进口的机器设备、零部件和其他建厂(场)物料，安装、加固机器所需材料，以及进口本企业自用合理数量的交通工具、生产用车辆、办公用品(设备)。

中外合资、合作企业进口设备、物品，监管方式代码"2025"，简称"合资合作设备"；外商独资企业(以下简称外资企业)进口设备、物品，监管方式代码"2225"，简称"外资设备物品"。

2. 投资总额外自有资金免税进口设备

鼓励类和限制类外商投资企业、外商投资研究开发中心、先进技术型和产品出口型外商投资企业，以及符合中西部利用外资优势产业和优势项目目录的项目，利用企业投资总额以外的自有资金，在原批准的生产经营范围内，对设备进行更新维修，进口国内不能生产或性能不能满足需要的自用设备及其配套的技术、配件、备件，进口报关单监管方式应为"一般贸易"(0110)，对应"征免性质"为"自有资金"(799)。

3. 减免税设备结转

减免税设备结转是指海关监管年限内的减免税设备，从进口企业结转到另一享受减免

税待遇的企业，监管方式代码"0500"，简称"减免设备结转"。减免设备结转的转入、转出企业应分别填写进、出口报关单向海关申报，具体栏目填制要求见本章第五节对应表格内容。

需要注意的是，加工贸易项下免税进口的不作价设备结转给另一加工贸易企业，不适用本贸易方式，应适用"加工设备结转"(0456)。

(六)暂准进出境货物

1. 进出境展览品

进出境展览品是指外国为来华或我国为到外国举办经济、文化、科技等展览或参加博览会而进出口的展览品，以及与展览品有关的宣传品、布置品、招待品、小卖品和其他物品。

本监管方式代码"2700"，简称"展览品"，对应征免性质为"其他法定"(299)。

进出境展览品的范围主要包括在展览会、交易会、会议及类似活动中展示或者使用的货物，详见第三章第七节。不复运出入境而留在境内外销售的进出境展览品，应按实际监管方式填报，不适用本监管方式。ATA单证册项下的暂准进出境展览品，持证人免填报关单，无须使用本监管方式。

2. 暂时进出境货物

暂时进出境货物是指经海关批准，暂时进出关境并且在规定的期限内复运出境或进境的货物，包括国际组织、外国政府或外国和中国香港、澳门及台湾地区的企业、群众团体及个人为开展经济、技术、科学、文化合作交流而暂时运入或运出我国关境及复运出入境的货物。

本监管方式代码"2600"，简称"暂时进出货物"，对应征免性质为"其他法定"(299)，具体货物适用范围见第三章第七节。

(七)租赁贸易

租赁贸易是指经营租赁业务的企业与外商签订国际租赁合同项下境内企业租赁进口或出租出口的货物。

相关贸易方式包括：租赁期在1年及以上的进出口货物，监管方式代码"1523"，简称"租赁贸易"；租赁期在1年及以上的进出口货物分期办理征税手续时，每期征税适用监管方式代码"9800"，简称"租赁征税"；租赁期不满1年的进出口货物，监管方式代码"1500"，简称"租赁不满1年"。

上述贸易方式的适用范围不包括：经营租赁业务的企业进口自用的设备、办公用品，监管方式为"一般贸易"(0110)；加工贸易租赁进口的机器设备，监管方式应为"加工贸易设备"(0420)。

租赁贸易货物报关单的主要填制要求如下。

(1) 首次进口时，分期支付租金的，应填制两份报关单，一份监管方式为"租赁贸易"(1523)或"租赁不满 1 年"(1500)，申报租赁货物的全值，用于监管和统计；另一份监管方式为"租赁征税"(9800)，用于计征税款。纳税义务人申请一次性缴纳税款的，可以选择申请按照依次审查确定该货物的完税价格的方法，或者按照海关审查确定的租金总额作为完税价格。

(2) 进口后，按合同约定支付各期租金并征税的，报关单监管方式均为"租赁征税"(9800)，并将首次进口的报关单号作为"关联报关单"填报于"标记唛码及备注"栏。

(3) 退运时："租赁贸易"(1523)期满复运出(进)境的货物，监管方式为"退运货物"(4561)；"租赁不满 1 年"(1500)期满复运出(进)境的货物，监管方式为"租赁不满 1 年"(1500)。

(八)修理物品

进出境修理物品是指进境或出境维护修理的货物、物品。

本监管方式代码"1300"，简称"修理物品"。

本监管方式适用于各类进出境维修的货物，以及修理货物维修所用的原材料、零部件，但不包括：按加工贸易保税货物管理的进境维修业务，以及加工贸易项下进口料件和出口成品的进出境维修退换(0300、0700、4400、4600)业务。

修理物品进口报关单对应征免性质为"一般征税"(101)或"其他法定"(299)。进出境维修货物复运出进境，进出口报关单需要将关联的出进口报关单号作为关联报关单号填报在"标记唛码及备注"栏。

(九)无代价抵偿进出口货物

无代价抵偿进出口货物是指进出口货物经海关征税或免税放行后，发现货物残损、短少或品质不良及规格不符等原因，而由进出口货物的发货人、承运人或保险公司免费补偿或更换的与原货物相同或者与合同规定相符的货物。

本监管方式代码"3100"，简称"无代价抵偿"。

无代价抵偿进出口货物相关申报要求如下。

(1) 如原进出口货物退运出进境，其报关单的"贸易方式"栏应填报为"其他"(9900)。补偿进口货物的报关单监管方式填报"无代价抵偿"(3100)，"征免性质"填报"其他法定"(299)或"一般征税"(101)；补偿出口报关单"征免性质"填报"其他法定"(299)。

(2) 退运出进境货物报关单(9900)，及补偿进出口货物报关单(3100)，均应在"标记唛码及备注"栏内填报原进出口货物报关单号。

(十)退运货物

退运进出口货物是指原进出口货物因残损、缺少、品质不良、规格不符、延误交货或其他原因退运出进境的货物。

本监管方式代码"4561"，简称"退运货物"。

1. 适用范围

本监管方式适用于以下货物的退运出进境：一般贸易(0110)、易货贸易(0130)、旅游购物商品(0139)、租赁贸易(1523)、寄售代销(1616)、外商投资企业设备物品(2025)/(2225)、外汇免税商品(1831)、货样广告品(3010)/(3039)、其他进出口免费(3339)、承包工程进口(3410)、对外承包出口(3422)、无偿援助(3511)、捐赠物资(3612)、边境小额(4019)、对台小额(4039)、其他贸易(9739)。

本监管方式不适用于以下货物。

(1) 加工贸易项下料件、成品维修退换，监管方式为"来料料件退换"(0300)、"进料料件退换"(0700)、"来料成品退换"(4400)、"进料成品退换"(4600)。

(2) 加工贸易项下料件、边角料退运，监管方式为"来料料件复出"(0265)、

"来料边角料复出"(0865)、"进料料件复出"(0664)、"进料边角料复出"(0864)。

(3) 加工贸易设备退运，监管方式为"加工设备退运"(0466)。

(4) 货物进境后、放行结关前退运的货物，监管方式为"直接退运"(4500)。

(5) "租赁不满1年"货物退运，监管方式为"租赁不满1年"(1500)。

(6) 进出口无代价抵偿货物，被更换的原进口货物退运出境，监管方式为"其他"(9900)。

2. 相关申报要求

退运货物进出口时，应随附原出(进)口货物报关单，并将原出(进)口货物报关单号填报在"标记唛码及备注"栏内。

(十一)直接退运货物

直接退运货物是指进口货物收、发货人、原运输工具负责人或者其代理人在货物进境后、办结海关放行手续前，因海关责令或有正当理由获准退运境外的货物。

本监管方式代码"4500"，简称"直接退运"。

1. 直接退运货物适用范围包括

(1) 在货物进境后、办结海关放行手续前，由于客观原因需向海关申请办理直接退运手续的，包括错发、误卸、溢卸货物、残损货物等。

(2) 在货物进境后，办结海关放行手续前，由于不符合有关法令，依法应当退运的，由海关责令当事人将进口货物直接退运境外的，包括违反有关进口法令，经海关处理后责令退运境外的。

(3) 保税区、出口加工区及其他海关特殊监管区域和保税监管场所进口货物直接退运的。

2. 直接退运货物适用范围不包括

海关放行后需办理退运出境的进口货物，以及进口转关货物在进境地海关放行后申请办理退运手续的货物。两者均应按"退运货物"(4561)手续办理报关手续。

3. 直接退运货物相关申报要求

按照"先报出、后报进"的原则先办理出口手续，后办理进口手续，进口报关单"标记唛码及备注"栏将对应的出口报关单号作为"关联报关单号"填报，进出口报关单监管方式均为"直接退运货物"，"标记唛码及备注"栏均应填报"海关准予进口货物直接退运决定书"或"海关责令进口货物直接退运通知书"的编号。

(十二)国家或国际组织无偿援助和赠送的物资

国家或国际组织无偿援助和赠送的物资是指我国根据两国政府间的协议或临时决定，对外提供无偿援助的物资、捐赠品，或我国政府、组织基于友好关系向对方国家政府、组织赠送的物资，以及我国政府、组织接受国际组织、外国政府或组织无偿援助、捐赠或赠送的物资。

本监管方式代码"3511"，简称"无偿援助物资"。本监管方式对应"征免性质"为"无偿援助"(201)。

(十三)进出口捐赠物资

进出口捐赠物资是指境外捐赠人以扶贫、慈善、救灾为目的向我国境内捐赠的直接用于扶贫、救灾、兴办公益福利事业的物资，以及境内捐赠人以扶贫、慈善、救灾为目的向境外捐赠的直接用于扶贫、救灾、兴办公益福利事业的物资。

本监管方式代码"3612"，简称"捐赠物资"。对应"征免性质"为"救灾捐赠"(801)、"扶贫慈善"(802)、"公益收藏"(698)、"科教用品"(401)、"残疾人"(413)等。

(十四)其他免费提供的进出口货物

其他免费提供的进出口货物是指除已具体列名的礼品、无偿援助和赠送物资、捐赠物资、无代价抵偿进口货物、国外免费提供的货样、广告品等归入列名监管方式的免费提供货物以外，进出口其他免费提供的货物。

本监管方式代码"3339"，简称"其他进出口免费"。适用范围包括：外商在经贸活动中赠送的物品；外国人捐赠品；驻外中资机构向国内单位赠送的物资；经贸活动中由外商免费提供的试车材料、消耗性物品等。

本监管方式对应"征免性质"："一般征税"(101)、"其他法定"(299)。

(十五)保税仓库进出境仓储、转口货物

保税仓库进出境仓储、转口货物是指从境外进口直接存入保税仓库、保税仓库出境的

仓储、转口货物，以及出口监管仓库出境的货物。

本监管方式代码"1233"，简称"保税仓库货物"。

本监管方式无对应征免性质代码，报关单"运输方式"栏应为实际进出境的运输方式。

相关申报要求如下。

(1) 保税仓库进境货物销往境内，按货物运出保税仓库的实际用途填报相应的监管方式，运输方式为"保税仓库"(8)。

(2) 境内存入出口监管仓库和出口监管仓库退仓货物，按实际监管方式填报，运输方式为"监管仓库"(1)。

(3) 保税仓库货物出仓运往境内其他地方转为正式进口的，在仓库主管海关办结出仓报关手续，填制出口报关单，监管方式填写"1200"，进口报关单按实际进口监管方式填报。

(十六)保税物流中心进出境仓储货物

保税物流中心进出境仓储货物是指从境外直接存入保税物流中心和从保税物流中心运出境的仓储、转口货物。

本监管方式代码"6033"，简称"物流中心进出境货物"。

相关申报要求如下。

(1) 从境内(海关特殊监管区域除外)运入保税物流中心货物应填制出口报关单，从保税物流中心提取运往境内的货物应填制进口报关单，监管方式按实际情况选择填报。

(2) 保税物流中心与保税区、出口加工区、保税物流园区、保税仓库、出口监管仓库及保税物流中心之间等海关特殊监管区域或保税监管场所之间往来的货物，监管方式填报"保税间货物"(1200)。

(十七)保税区进出境仓储、转口货物

保税区进出境仓储、转口货物是指从境外存入保税区、保税物流园区和从保税区、保税物流园区运出境的仓储、转口货物。

本监管方式代码"1234"，简称"保税区仓储转口"。

保税区、保税物流园区进出境仓储、转口货物实行"备案制"，区内企业凭"保税区、保税物流园区进(出)境货物备案清单"向保税区、保税物流园区海关办理申报手续。保税区仓储、转口货物无须填报征免性质。

相关申报要求如下。

(1) 保税区、保税物流园区除仓储、转口货物以外的其他进出境货物，应按实际监管方式填报。如区内企业开展加工贸易业务所需进口料件和制成品出口，监管方式应填报为"来料加工"(0214)或"进料对口"(0615)。

(2) 从保税区、保税物流园区运往境内非海关特殊监管区域、保税监管场所的货物，

按实际监管方式填报，运输方式为"保税区"(7)。

(3) 从境内非海关特殊监管区域、保税监管场所运入保税区、保税物流园区的货物，以及从境内非海关特殊监管区域、保税监管场所运入保税区、保税物流园区后又退回境内的货物，按实际监管方式填报，运输方式为"非保税区"(0)。

(十八)保税区加工贸易内销货物

保税区进料加工、来料加工成品不复运出境，转为国内使用，按征税方式区分适用以下监管方式。

(1) 区内加工企业来料、进料加工全部用境外运入料件加工的制成品销往非保税区，以及来料、进料加工内销制成品所含进口料件的品名、数量、价值难以区分的，按照制成品征税。监管方式分为"保区来料成品"(0445)和"保区进料成品"(0444)。

(2) 区内企业来料、进料加工用含有部分境外运入料件加工的制成品销往非保税区时，对其制成品按照所含进口料件征税，监管方式分为"保区来料料件"(0545)和"保区进料料件"(0544)。

相关申报要求如下。

保税区加工贸易成品转内销货物填报进口报关单，运输方式均为"保税区"(7)，"0444"和"0445""备案号"栏应填报加工贸易手册编号，"原产国(地区)"填报中国(142)；"0544"和"0545""备案号"栏为空，"原产国(地区)"填报原进口料件的原产国(地区)。

(十九)海关特殊监管区域、保税监管场所间往来的货物

海关特殊监管区域、保税监管场所间往来的货物是指保税区、保税物流园区、出口加工区、出口监管仓库、保税仓库、保税物流中心等海关特殊监管区域、保税监管场所间往来的货物。本监管方式代码"1200"，简称"保税间货物"。

本监管方式不适用出口加工区间结转货物。不同出口加工区企业结转货物适用"成品进出区"(5100)和"料件进出区"(5000)。

本监管方式下的货物，转出企业和转入企业应分别填制出口货物报关单或进口货物报关单，监管方式"保税间货物"(1200)，"征免性质"免予填报，运输方式"其他"(9)，启运国或运抵国为"中国"(142)，原产国或最终目的国按照实际国别填报。

(二十)海关特殊监管区域进出境货物

下述5014、5015、5034、5335、5361、5010 6种监管方式，适用于保税港区、综合保税区、出口加工区、珠澳跨境工业园区(珠海园区)、中哈霍尔果斯边境合作区(中方配套区)内企业申报使用，不适用于区外企业和保税区、保税物流园区内企业。

(1) 5014"区内来料加工"是指海关特殊监管区域与境外之间进出的来料加工货物，适用于海关特殊监管区域内企业在来料加工贸易业务项下的料件从境外进口及制成品

出境。

(2) 5015"区内进料加工货物"是指海关特殊监管区域与境外之间进出的进料加工货物,适用于海关特殊监管区域内企业在进料加工贸易业务项下的料件从境外进口及制成品出境。

(3) 5034"区内物流货物"是指海关特殊监管区域与境外之间进出的物流货物,适用于海关特殊监管区域内企业从境外运进或运往境外的仓储、分拨、配送、转口货物,包括流通领域的物流货物及供区内加工生产用的仓储货物。

(4) 5335"境外设备进区"是指海关特殊监管区域从境外进口的设备及货物,适用于海关特殊监管区域内企业从境外进口用于区内业务所需的设备、物资,以及区内企业和行政管理机构自用合理数量的办公用品等。

(5) 5361"区内设备退运"是指海关特殊监管区域设备及货物退运境外,适用于海关特殊监管区域内企业将监管方式代码"5335"项下的设备、物资退运境外。

(6) 5010"特殊区域研发货物"是指海关特殊监管区域与境外之间进出的研发货物,适用于海关特殊监管区域内企业从境外购进的用于研发的材料、成品,或研发后将上述货物退回境外,但不包括企业自用或其他用途的设备。

上述监管方式中,"区内进料加工货物"(5015)适用征免性质代码"进料加工"(503),监管方式"区内物流货物"(5034)无须填报征免性质代码。

(二十一)海关特殊监管区域进出区货物

下述5000、5100、5300 3种监管方式,适用于保税港区、综合保税区、出口加工区、珠澳跨境工业园区(珠海园区)、中哈霍尔果斯边境合作区(中方配套区)内企业申报使用,不适用于区外企业和保税区、保税物流园区内企业。

(1) 5000"料件进出区"是指料件进出海关特殊监管区域,适用于海关特殊监管区域内保税加工、保税物流或研发企业与境内(区外)之间进出的料件,包括此类料件在境内的退运、退换。

(2) 5100"成品进出区"是指成品进出海关特殊监管区域,适用于海关特殊监管区域内保税加工、保税物流或研发企业与境内(区外)之间进出的成品,包括此类成品在境内的退运、退换。

(3) 5300"设备进出区"是指设备及物资进出海关特殊监管区域,适用于海关特殊监管区域内企业从境内(区外)购进的自用设备、物资,或将设备、物资销往区外,结转到同一海关特殊监管区域或另一海关特殊监管区域的企业,以及在境内的退运、退换。

相关申报要求如下。

1. 出区货物

(1) 区外企业填制"中华人民共和国海关进口货物报关单",监管方式填报区外企业提取区内货物适用的监管方式，运输方式为Z；原产国按实际填报(对于未经加工的进口货物，按货物原进口时的原产国统计；对于经加工的成品或半成品，按现行进口原产地规则确定原产国)；启运国填写"中国"(142)。

(2) 区内企业填制出境货物备案清单，监管方式分别适用"料件进出区"(5000)、"成品进出区"(5100)、"设备进出区"(5300)，运输方式填报"其他"(9)。

2. 进区货物

(1) 区外企业填制"中华人民共和国海关出口货物报关单"，监管方式填报区外企业将货物运入区内货物适用的监管方式，运输方式为Z，目的国和运抵国填写"中国"(142)。

(2) 区内企业填制进境货物备案清单，监管方式分别适用"料件进出区"(5000)、"成品进出区"(5100)、"设备进出区"(5300)，运输方式填报"其他"(9)。5000、5100、5300监管方式下进出区货物均无须填报征免性质代码。

上述(二十)、(二十一)特殊区域进出货物不包括下列情形。

(1) 出口加工区企业加工贸易进口料件退换进出境或在区内企业间退换，监管方式代码"0700"，简称"进料料件退换"。

(2) 出口加工区企业加工贸易成品退换进出境或在区内企业间退换，监管方式代码"4600"，简称"进料成品退换"。

(3) 出口加工区企业进境料件退运出境，监管方式代码"0664"，简称"进料料件复出"。

(4) 出口加工区企业边角料退运出境，监管方式代码"0864"，简称"进料边角料复出"。

(5) 出口加工区企业加工设备运出境外、区外维修及维修后运回，监管方式代码"1300"，简称"修理物品"。

(6) 出口加工区企业产品运出区外展览及展览完毕运回区内，监管方式代码"2700"，简称"展览品"。

(7) 出口加工区企业产品、设备运往区外测试、检验及复运回区内，加工区企业委托区外加工产品运出、运回加工区，监管方式代码"2600"，简称"暂时进出货物"。

贸易方式(监管方式)代码表如表6-5所示。

表6-5 贸易方式(监管方式)代码表

代 码	简 称	全 称
0110*	一般贸易	一般贸易
0130	易货贸易	易货贸易
0139	旅游购物商品	用于旅游者5万美元以下的出口小批量订货
0200	料件放弃	主动放弃交由海关处理的来料或进料加工料件

续表

代 码	简 称	全 称
0214*	来料加工	来料加工装配贸易进口料件及加工出口货物
0245*	来料料件内销	来料加工料件转内销
0255*	来料深加工	来料深加工结转货物
0258*	来料余料结转	来料加工余料结转
0265	来料料件复出	来料加工复运出境的原进口料件
0300	来料料件退换	来料加工料件退换
0314	加工专用油	国营贸易企业代理来料加工企业进口柴油
0320*	不作价设备	加工贸易外商提供的不作价进口设备
0345	来料成品减免	来料加工成品凭征免税证明转减免税
0400	成品放弃	主动放弃交由海关处理的来料或进料加工成品
0420*	加工贸易设备	加工贸易项下外商提供的进口设备
0444	保区进料成品	按成品征税的保税区进料加工成品转内销货物
0445	保区来料成品	按成品征税的保税区来料加工成品转内销货物
0446	加工设备内销	加工贸易免税进口设备转内销
0456	加工设备结转	加工贸易免税进口设备结转
0466	加工设备退运	加工贸易免税进口设备退运出境
0500*	减免设备结转	用于监管年限内减免设备的结转
0513	补偿贸易	补偿贸易
0544	保区进料料件	按料件征税的保税区进料加工成品转内销货物
0545	保区来料料件	按料件征税的保税区来料加工成品转内销货物
0615*	进料对口	进料加工
0642	进料以产顶进	进料加工成品以产顶进
0644*	进料料件内销	进料加工料件转内销
0654*	进料深加工	进料深加工结转货物
0657*	进料余料结转	进料加工余料结转
0664	进料料件复出	进料加工复运出境的原进口料件
0700	进料料件退换	进料加工料件退换
0744	进料成品减免	进料加工成品凭征免税证明转减免税
0815	低值辅料	低值辅料
0844	进料边角料内销	进料加工项下边角料转内销
0845	来料边角料内销	来料加工项下边角料转内销
0864	进料边角料复出	进料加工项下边角料复出口

续表

代　码	简　称	全　称
0865	来料边角料复出	来料加工项下边角料复出口
1139	国轮油物料	中国籍运输工具境内添加的保税油料、物料
1200	保税间货物	海关保税场所及保税区域之间往来的货物
1233*	保税仓库货物	保税仓库进出境货物
1234	保税区仓储转口	保税区进出境仓储转口货物
1300*	修理物品	进出境修理物品
1427	出料加工	出料加工
1500*	租赁不满 1 年	租期不满 1 年的租赁贸易货物
1523*	租赁贸易	租期在 1 年及以上的租赁贸易货物
1616	寄售代销	寄售、代销贸易
1741	免税品	免税品
1831	外汇商品	免税外汇商品
2025*	合资合作设备	合资合作企业作为投资进口设备物品
2225*	外资设备物品	外资企业作为投资进口的设备物品
2439	常驻机构公用	外国常驻机构进口办公用品
2600*	暂时进出货物	暂时进出口货物
2700*	展览品	进出境展览品
2939	陈列样品	驻华商业机构不复运出口的进口陈列样品
3010	货样广告品 A	有经营权单位进出口的货样广告品
3100*	无代价抵偿	无代价抵偿进出口货物
3339*	其他进出口免费	其他进出口免费提供货物
3410	承包工程进口	对外承包工程进口物资
3422	对外承包出口	对外承包工程出口物资
3511	援助物资	国家和国际组织无偿援助物资
3612	捐赠物资	进出口捐赠物资
4019	边境小额	边境小额贸易(边民互市贸易除外)
4039	对台小额	对台小额贸易
4139	对台小额商品交易市场	进入对台小额商品交易专用市场的货物
4200	驻外机构运回	我驻外机构运回旧公用物品
4239	驻外机构购进	我驻外机构境外购买运回国的公务用品
4400	来料成品退换	来料加工成品退换
4500*	直接退运	直接退运

代　码	简　称	全　称
4539	进口溢误卸	进口溢卸、误卸货物
4561*	退运货物	因质量不符、延误交货等原因退运进出境货物
4600	进料成品退换	进料成品退换
5000	料件进出区	料件进出海关特殊监管区域
5010	特殊区域研发货物	海关特殊监管区域与境外之间进出的研发货物
5014	区内来料加工货物	海关特殊监管区域与境外之间进出的来料加工货物
5015	区内进料加工货物	海关特殊监管区域与境外之间进出的进料加工货物
5034	区内物流货物	海关特殊监管区域与境外之间进出的物流货物
5100	成品进出区	成品进出海关特殊监管区域
5300	设备进出区	设备及物资进出海关特殊监管区域
5335	境外设备进区	海关特殊监管区域从境外进口的设备及物资
5361	区内设备退运	海关特殊监管区域设备及物资退运境外
6033	物流中心进出境货物	保税物流中心与境外之间进出仓储货物
9600	内贸货物跨境运输	内贸货物跨境运输
9639	海关处理货物	海关变卖处理的超期未报货物、走私违规货物
9700	后续补税	无原始报关单的后续补税
9739	其他贸易	其他贸易
9800	租赁征税	租赁期1年及以上的租赁贸易货物的租金
9839	留赠转卖物品	外交机构转售境内或国际活动留赠放弃特批货物
9900	其他	其他

十一、征免性质

征免性质是指海关根据《海关法》《关税条例》及国家有关政策对进出口货物实施的征、减、免税管理的性质类别。征免性质是海关对进出口货物征、减、免税进行分类统计分析的重要基础。

(一)常见征免性质及其适用范围

(1) 一般征税(101)，适用于依照《海关法》《关税条例》《进出口税则》及其他法律、行政法规和规章所规定的税率征收进出口关税、进口环节增值税和其他税费的进出口货物，包括除其他征免性质另有规定者外的一般照章(包括按照公开暂定税率、关税配额、反倾销、反补贴、保障措施等)征税或补税的进出口货物。

(2) 其他法定(299)，适用于依照《海关法》《关税条例》，对除无偿援助进出口物资外的其他实行法定减免税的进出口货物，以及根据有关规定非按全额货值征税的部分进出口货物。具体适用范围如下。

① 无代价抵偿进出口货物(照章征税的除外)。

② 无商业价值的广告品和货样。

③ 进出境运输工具装载的途中必需的燃料、物料和饮食用品。

④ 因故退还的境外进口货物。

⑤ 因故退还的我国出口货物。

⑥ 在境外运输途中或者在起卸时遭受损坏或损失的货物。

⑦ 起卸后海关放行前，因不可抗力遭受损坏或者损失的货物。

⑧ 因不可抗力因素造成的受灾保税货物。

⑨ 海关查验时已经破漏、损坏或者腐烂，经证明不是保管不慎造成的货物。

⑩ 我国缔结或者参加的国际条约规定减征、免征关税的货物和物品。

⑪ 暂准进出境货物。

⑫ 展览会货物。

⑬ 出料加工项下的出口料件及复进口的成品。

⑭ 进出境的修理物品。

⑮ 租赁期不满1年的进出口货物。

⑯ 边民互市进出境货物。

⑰ 非按全额货值征税的进出口货物(如按租金、修理费征税的进口货物)。

⑱ 其他不按"进出口货物征免税证明"管理的减免税货物。

(3) 保税区(307)，适用于对保税区单独实施征减免税政策的进口自用物资，包括保税区用于基础设施建设的物资，以及保税区内企业(外商投资企业除外)进口的生产设备、其他自用物资和出口货物、保税区行政管理机构自用合理数量的管理设备和办公用品等。

(4) 科教用品(401)，适用于为促进科学研究和教育事业的发展，科学研究机构和学校以科学研究、教学为目的按照有关征减免税政策，在合理数量范围以内，进口国内不能生产的或性能不能满足需要的、直接用于科研或教学的货物。

(5) 科技开发用品(405)，是指为鼓励科学研究和技术开发，促进科技进步，科学研究、技术开发机构在规定的时间内，在合理数量范围内进口国内不能生产或者性能不能满足需要的科技开发用品。

(6) 加工设备(501)，适用于加工贸易经营单位按照有关征减免税政策进口的外商免费(既不需要经营单位付汇，也不需要用加工费或差价偿还)提供的加工生产所需设备。

(7) 来料加工(502)，适用于来料加工装配项下进口所需的料件等，以及经加工后出口的成品、半成品。

(8) 进料加工(503)，适用于为生产外销产品用外汇购买进口的料件，以及加工后返销出口的成品、半成品。

(9) 中外合资(601)，目前一般适用于中外合资企业自产的出口产品。

(10) 中外合作(602)，目前一般适用于中外合作企业自产的出口产品。

(11) 外资企业(603)，目前一般适用于外商独资企业自产的出口产品。

(12) 鼓励项目(789)，适用于 1998 年 1 月 1 日后经主管部门审批并确认的国家鼓励发展的国内投资项目、外商投资项目、利用外国政府贷款和国际金融组织贷款项目，以及从 1999 年 9 月 1 日起，按国家规定程序审批的外商投资研究开发中心及中西部省、自治区、直辖市利用外资优势产业和优势项目目录的项目，在投资总额内进口的自用设备，以及按合同随设备进口的技术及数量合理的配套件、备件。

(13) 自有资金(799)，适用于已设立的鼓励类外商投资企业(外国投资者的投资比例不低于 25%)，以及符合中西部利用外资优势产业和优势项目目录的项目，在投资总额以外利用自有资金(包括企业储备基金、发展基金、折旧和税后利润)，在原批准的生产经营范围内进口国内不能生产或性能不能满足需要的(即不属于《国内投资项目不予免税的进口商品目录》的)自用设备及其配套的技术、配件、备件，用于本企业原有设备更新(不包括成套设备和生产线)或维修。

"鼓励项目"和"自有资金"的使用，须依程序取得海关核发的征免税证明并与之"征免性质"栏批注内容相符。

征免性质代码表如表 6-6 所示。

表 6-6　征免性质代码表

代　码	简　称	全　称
101*	一般征税	一般征税进出口货物
201	无偿援助	无偿援助进出口物资
299*	其他法定	其他法定减免税进出口货物
301	特定区域	特定区域进口自用物资及出口货物
307	保税区	保税区进口自用物资
399	其他地区	其他执行特殊政策地区出口货物
401*	科教用品	大专院校及科研机构进口科教用品
402	示范平台用品	
403	技术改造	企业技术改造进口货物
405	科技开发用品	科学研究、技术开发机构进口科技开发用品
406	重大项目	国家重大项目进口货物
407	动漫用品	动漫开发生产用品
408	重大技术装备	生产重大技术装备进口关键零部件及原材料
409	科技重大专项	科技重大专项进口关键设备、零部件和原材料

续表

代 码	简 称	全 称
412	基础设施	通信、港口、铁路、公路、机场建设进口设备
413	残疾人	残疾人组织和企业进出口货物
417	远洋渔业	远洋渔业自捕水产品
418	国产化	国家定点生产小轿车和摄录机企业进口散件
420	远洋船舶	远洋船舶及设备部件
421	内销设备	内销远洋船用设备及关键部件
422	集成电路	集成电路生产企业进口货物
423	新型显示器件	新型显示器件生产企业进口货物
499	ITA 产品	非全税号信息技术产品
501*	加工设备	加工贸易外商提供的不作价进口设备
502*	来料加工	来料加工装配和补偿贸易进口料件及出口成品
503*	进料加工	进料加工贸易进口料件及出口成品
506	边境小额	边境小额贸易进口货物
510	港澳 OPA	港澳在内地加工的纺织品获证出口
601	中外合资	中外合资经营企业自产出口货物
602	中外合作	中外合作经营企业自产出口货物
603	外资企业	外商独资企业自产出口货物
605	勘探开发煤层气	勘探开发煤层气
606	海洋石油	勘探、开发海洋石油进口货物
608	陆上石油	勘探、开发陆上石油进口货物
609	贷款项目	利用贷款进口货物
698	公益收藏	国有公益性收藏单位进口藏品
789*	鼓励项目	国家鼓励发展的内外资项目进口设备
799*	自有资金	外商投资额度外利用自有资金进口设备、备件、配件
801	救灾捐赠	救灾捐赠进口物资
802	扶贫慈善	境外向我境内无偿捐赠用于扶贫慈善的免税进口物资
803	抗艾滋病药物	进口抗艾滋病病毒药物
811	种子种源	进口种子(苗)、种畜(禽)、鱼种(苗)和种用野生动植物种源
818	中央储备粮油	中央储备粮油免征进口环节增值税政策
819	科教图书	进口科研教学用图书资料
888	航材减免	经核准的航空公司进口维修航空器材
898	国批减免	国务院特准减免税的进出口货物

续表

代 码	简　称	全　称
997	自贸协定	
998	内部暂定	享受内部暂定税率的进出口货物
999	例外减免	例外减免税进出口货物

(二)填报要求

(1) 报关单"征免性质"栏应按照海关核发的进出口货物征免税证明中批注的征免性质填报，或根据实际情况按"征免性质代码表"选择填报相应的征免性质简称或代码。

(2) 一份报关单只允许填报一种征免性质，涉及多个征免性质的，应分单填报。

(3) 加工贸易货物特殊情况填报要求如下。

① 加工贸易转内销货物，按实际应享受的征免性质填报，如"一般征税""科教用品""其他法定"等。

② 加工贸易料件退运出口、成品退运进口的货物填报"其他法定"。

③ 加工贸易结转货物，本栏目为空。

十二、征税比例/结汇方式

征税比例用于原"进料非对口"贸易方式下的进口报关单，现征税比例政策已取消，进口报关单本栏目免予填报。

结汇方式是指出口货物的发货人或其代理人收结外汇的方式。出口报关单应按照海关规定的"结汇方式代码表"选择填报相应的结汇方式名称或代码(见表6-7)。本栏目不得为空，出口货物不需要结汇的，填报"其他"。

表6-7　结汇方式代码表

代　码	结汇方式名称	英文缩写	英文名称
1*	信汇	M/T	Mail Transfer
2*	电汇	T/T	Telegraphic Transfer
3*	票汇	D/D	Remittance by Banker's Demand Draft
4*	付款交单	D/P	Documents against Payment
5*	承兑交单	D/A	Documents against Acceptance
6*	信用证	L/C	Letter of Credit
7	先出后结		
8	先结后出		
9	其他		

十三、许可证号

许可证号是指商务部配额许可证事务局、驻各地特派员办事处以及各省、自治区、直辖市、计划单列市及商务部授权的其他省会城市商务厅(局)、外经贸委(厅、局)签发的进出口许可证编号。

进(出)口所列许可证管理商品，申报时应将相关证件编号(不包括证件代码)填报在报关单本栏目。非许可证管理商品本栏目为空。一份报关单只允许填报一个许可证号。

不同许可证的名称及代码如表 6-8 所示。

表 6-8　不同许可证的名称及代码

代　码	监管证件名称
1	进口许可证
2	两用物项和技术进口许可证
3	两用物项和技术出口许可证
4	出口许可证
G	两用物项和技术出口许可证(定向)
x	出口许可证(加工贸易)
y	出口许可证(边境小额贸易)

十四、启运国(地区)/运抵国(地区)

启运国(地区)是指进口货物起始发出直接运抵我国的国家或地区，或者在运输中转国(地区)未发生任何商业性交易的情况下最后运抵我国的国家或地区。

运抵国(地区)是指出口货物离开我国关境直接运抵的国家或地区，或者在运输中转国(地区)未发生任何商业性交易的情况下最后运抵的国家或地区。

进口货物报关单的"启运国(地区)"栏和出口货物报关单的"运抵国(地区)"栏，应按海关规定的"主要国别(地区)代码表"选择填报相应国别(地区)的中文名称或代码。

主要国别(地区)代码表如表 6-9 所示。

表 6-9　主要国别(地区)代码表

代　码	中文名称	代　码	中文名称
110*	中国香港	133*	韩国
116*	日本	142*	中国
121	中国澳门	143*	中国台澎金马关税区
132	新加坡	303*	英国

续表

代　码	中文名称	代　码	中文名称
304*	德国	501	加拿大
305*	法国	601*	澳大利亚
307	意大利	609	新西兰
331	瑞士	701	国(地)别不详的
344*	俄罗斯联邦	702	联合国及其机构和国际组织

(一)直接运抵货物

不经过第三国(地区)转运的直接运输进出口货物，以进口货物的装货港所在国(地区)为启运国(地区)，以出口货物的指运港所在国(地区)为运抵国(地区)。

(二)在第三国(地区)中转(转运)货物

所谓中转(转运)货物，是指船舶、飞机等运输工具从装运港将货物装运后，不直接驶往目的港，而在中途的港口卸下后，再换装另外的船舶、飞机等运输工具转运往目的港。货物中转的原因很多，如至目的港无直达船舶(飞机)，或目的港虽有直达船舶(飞机)而时间不定或航次间隔时间太长，或目的港不在装载货物的运输工具的航线上，或货物属于多式联运等。

货物是否中转，可根据随附单据中的有关信息来判断。例如 FROM LONDON TO PARIS VIA DOVER 意为"从伦敦多佛中转运至巴黎"；又如 HAMBURG TRANSIT TO ZURICH SWITZERLAND 意为"经汉堡中转运至瑞士苏黎世"。

对于中转货物，启运国(地区)或运抵国(地区)分两种不同情况填报。

(1) 发生运输中转而未发生任何买卖关系的货物，其启运国(地区)或运抵国(地区)不变，仍以进口货物的始发国(地区)为启运国(地区)填报，以出口货物的最终目的国(地区)为运抵国(地区)填报。

【例6-1】 上海某进出口公司与日本某公司签约，进口 100 台日本产丰田面包车从日本某港口启运，经中国香港中转运抵中国境内。进口报关单"启运国(地区)""原产国(地区)"均应为日本。

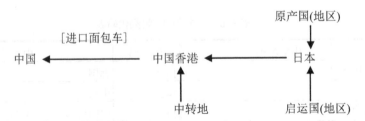

【例6-2】 深圳某公司与日本某公司签约，出口1万台自产DVD机，经中国香港中转运至日本名古屋。出口报关单"运抵国(地区)""最终目的国(地区)"均应为日本。

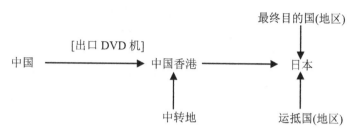

(2) 发生运输中转并发生了商业性交易(买卖关系)的货物，其中转地为启运国(地区)或运抵国(地区)。可通过发票等商业单证来判断货物中转时是否发生了买卖关系。

【例6-3】 上海某进出口公司与中国香港某公司签约，进口100台日本产丰田面包车从日本某港口启运，经我国香港地区中转运抵中国境内。进口报关单"原产国(地区)"应为日本，"启运国(地区)"应为中国香港，因为境外签约人中国香港某公司所在地是中转地中国香港。

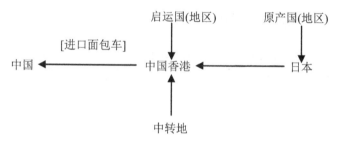

【例6-4】 深圳某公司与中国香港某公司签约，出口1万台自产DVD机，经中国香港中转运至日本名古屋。出口报关单"最终目的国(地区)"应为日本，"运抵国(地区)"应为中国香港，因为境外签约人中国香港某公司所在地是中转地中国香港。

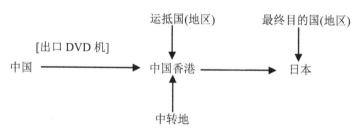

(三)非实际进出境货物

运输方式代码为"0""1""7""8""W""X""Y""Z""H"的，以及贸易方式后2位为42~46、54~58的货物，启运国(地区)和运抵国(地区)均为"中国"(142)。

十五、装货港/指运港

装货港是指进口货物在运抵我国关境前最后一个境外装运港。

指运港是指出口货物运往境外的最终目的港。出口货物最终目的港不可预知的，指运港按尽可能预知的目的港填报。

本栏目应根据实际情况按海关规定的"港口航线代码表"选择填报相应的港口中文名称或代码。装货港/指运港在"港口航线代码表"中无港口中文名称及代码的，可选择填报相应的国家(地区)中文名称或代码。

不经过第三国(地区)转运的直接运输货物，进口报关单"装货港"所属国家(地区)应与"启运国(地区)"一致，出口报关单"指运港"所属国家(地区)应与"运抵国(地区)"一致。发生运输中转的货物，最后一个中转港就是装货港，指运港不受中转影响。在运输中转地换装运输工具但未发生商业性交易的进口货物，运输单证上的装货港可与"启运国(地区)"不一致。

无实际进出境的货物填报"中国境内"(142)。

十六、境内目的地/境内货源地

境内目的地是指已知的进口货物在我国关境内的消费、使用地区或最终运抵的地点。

境内货源地是指出口货物在我国关境内的生产地或原始发货地(包括供货地点)。

本栏目应根据进口货物的收货单位、出口货物生产厂家或发货单位所属国内地区，按"国内地区代码表"选择国内地区名称或代码填报，代码含义与经营单位代码前5位的定义相同。

进口货物最终使用单位难以确定的，填报货物进口时预知的最终收货单位所在地；出口货物产地难以确定的，填报最早发运该出口货物的单位所在地。

十七、批准文号

进出口货物报关单本栏目免予填报。

十八、成交方式

在进出口贸易中，进出口商品的价格构成和买卖双方各自应承担的责任、费用和风险，以及货物所有权转移的界限，以贸易术语(价格术语)进行约定。

在填制进出口货物报关单时，应依据发票中的实际成交价格条款，按照海关"成交方式代码表"选择填报相应的成交方式代码(见表6-10)。

表6-10 成交方式代码表

成交方式代码	成交方式名称	成交方式代码	成交方式名称
1*	CIF	4	C&I
2*	CFR (C&F/CNF)	5	市场价
3*	FOB	6	垫仓

应注意的是，海关规定的"成交方式"与《国际贸易术语解释通则》中的贸易术语内涵并非完全一致。CIF、CFR、FOB等常见的成交方式，并不仅限于水路，而适用于任何国际货物运输方式，主要体现成本、运费、保险费等成交价格构成因素。

《2000通则》13种贸易术语与报关单"成交方式"栏一般对应关系如表6-11所示。

表6-11 《2000通则》13种贸易术语与报关单"成交方式"栏一般对应关系

组别	E组	F组			C组				D组				
术语	EXW	FCA	FAS	FOB	CFR	CPT	CIF	CIP	DAF	DES	DEQ	DDU	DDP
成交方式	FOB				CFR		CIF						

《2010通则》11种贸易术语与报关单"成交方式"栏一般对应关系如表6-12所示。

表6-12 《2010通则》11种贸易术语与报关单"成交方式"栏一般对应关系

组别	E组	F组			C组				D组		
术语	EXW	FCA	FAS	FOB	CFR	CPT	CIF	CIP	DAT	DAP	DDP
成交方式	FOB				CFR		CIF				

无实际进出境的货物，进口成交方式为CIF或其代码，出口成交方式为FOB或其代码。

采用集中申报的归并后的报关单，进口成交方式必须为CIF或其代码，出口成交方式必须为FOB或其代码。

十九、运费

进出口报关单所列的运费是指除货价以外，进口货物运抵我国境内输入地点起卸前的运输费用，出口货物运至我国境内输出地点装载后的运输费用。

进口货物成交价格不包含前述运输费用或者出口货物成交价格含有前述运输费用，即进口成交方式为FOB、C&I或出口成交方式为CIF、CFR的，应在本栏填报运费。进口货物成交价格包含前述运输费用或者出口货物成交价格不包含前述运输费用的，本栏免予填报。

本栏应根据具体情况选择运费单价、运费总价或运费率 3 种方式之一填报，同时注明运费标记，并按海关规定的"货币代码表"选择填报相应的币种代码。运费标记"1"表示运费率，"2"表示每吨货物的运费单价，"3"表示运费总价。

运保费合并计算的，运保费填报在本栏。

二十、保费

进出口报关单所列的保费是指进出口货物在国际运输过程中，由被保险人付给保险人的保险费用。其中，进口货物保费是指货物运抵我国境内输入地点起卸前的保险费用，出口货物保费是指货物运至我国境内输出地点装载后的保险费用。

进口货物成交价格包含前述保险费用或者出口货物成交价格不包含前述保险费用的，本栏免予填报。进口货物成交价格不包含保险费的和出口货物成交价格含有保险费的，即进口成交方式为 FOB、CFR 或出口成交方式为 CIF、C&I 的，应在本栏填报保费。

陆运、空运和海运进口货物的保险费，按照实际支付的费用计算。进口货物保险费无法确定或者未实际发生的，按货价加运费的 3‰计算保险费，计算公式：保险费=(货价+运费)×3 ‰。

本栏应根据具体情况选择保险费总价或保险费率两种方式之一填报，同时注明保险费标记，并按海关规定的"货币代码表"选择填报相应的币种代码。保险费标记"1"表示保险费率，"3"表示保险费总价。

运保费合并计算的，运保费填报在"运费"栏中，本栏免予填报。

二十一、杂费

杂费是指成交价格以外的，按照《关税条例》等相关规定应计入完税价格或应从完税价格中扣除的费用，如手续费、佣金、折扣等费用。

本栏应根据具体情况选择杂费总价或杂费率两种方式之一填报，同时注明杂费标记，并按海关规定的"货币代码表"选择填报相应的币种代码。杂费标记"1"表示杂费率，"3"表示杂费总价。

应计入完税价格的杂费填报为正值或正率，应从完税价格中扣除的杂费填报为负值或负率。无杂费时，本栏免填。

运费、保费、杂费的填写如表 6-13 所示。

表6-13 运费、保费、杂费的填写

项目	率 1	单价 2	总价 3
运费	5% ➡ 5/1	USD50/MT ➡ 502/50/2	HKD5000 ➡ 110/5000/3
保费	0.27% ➡ 0.27/1		EUR5000 ➡ 300/5000/3
杂费(计入)	1% ➡ 1/1		GBP5000 ➡ 303/5000/3
杂费(扣除)	1% ➡ -1/1		JPY5000 ➡ 116/-5000/3

二十二、合同协议号

合同协议号是指在进出口贸易中。买卖双方或数方当事人根据国际贸易惯例或国家有关法律、法规，自愿按照一定条件买卖某种商品签订的合同(包括协议或订单)的编号。

本栏填报进(出)口货物合同(包括协议或订单)的全部字头和号码。在原始单据上合同号一般表示为"Contract No:×××××"，此处的"×××××"即为"合同协议号"所应填报内容。

进出口报关单所申报货物必须是在合同中明确包含的货物。

二十三、件数

件数是指有外包装的单件进出口货物的实际件数。货物可以单独计数的一个包装称为一件。

报关单件数栏目不得为空，件数应大于或等于1，不得填报"0"。

舱单件数为集装箱的，填报集装箱个数；舱单件数为托盘的，填报托盘数。

散装、裸装货物填报"1"。

二十四、包装种类

进出口货物报关单所列的"包装种类"栏是指进出口货物在运输过程中外表所呈现的状态，包括包装材料、包装方式等。一般情况下，应以装箱单或提运单据所反映的货物处于运输状态时的最外层包装或称运输包装作为"包装种类"向海关申报并相应计算件数。

本栏应根据进出口货物的实际外包装种类，选择填报相应的包装种类，如木箱、纸箱、铁桶、散装、裸装、托盘、包、捆、袋等。

在原始单据(装箱单或提运单据)上件数和包装种类一般表示为 No. of PKGS，其后数字即表示应填报的 Packages(包装)的件数。举例如下。

(1) "TOTAL PACKED IN 200 CARTONS"，表明共有 200 个纸箱,件数填报为"200"，包装种类填报为"纸箱"。

(2) "Quantity: 22 CTNS ONLY"，表明共有 22 个纸箱，件数填报为"22"，包装种类填报为"纸箱"。

(3) "3 Units & 4 Cartons"，表明共有 3 个计件单位(辆、台、件)和 4 个纸箱，件数合计为 7，包装种类统报为"其他"。

二十五、毛重

毛重是指商品重量加上商品的外包装物料的重量。

"毛重"栏填报进出口货物及其包装材料的重量之和，不得为空。

毛重的计量单位为千克，毛重应大于或等于 1，不足 1 千克的填报为"1"。

应以合同、发票、提运单、装箱单等有关单证中 GROSS WEIGHT(缩写 G. W.)栏所显示的重量确定进出口货物的毛重。

二十六、净重

净重是指货物的毛重扣除外包装材料后的重量，即商品本身的实际重量。部分商品的净重还包括直接接触商品的销售包装物料的重量(如罐头装食品等)。

"净重"栏填报进出口货物实际净重，不得为空。

净重的计量单位为千克，净重应大于或等于 1，不足 1 千克的填报为"1"。

商品的净重一般都在合同、发票、装箱单或提运单据的 NET WEIGHT(缩写 N. W.)栏中体现。合同、发票等有关单证不能确定净重的货物，可以估重填报。

以毛重作为净重计价的，可填毛重。按照国际惯例以公量重计价的货物，如未脱脂羊毛、羊毛条等，填报公量重。

二十七、集装箱号

集装箱号是在每个集装箱箱体两侧标示的全球唯一的编号。其组成规则是：箱主代号(3 位字母)+设备识别号 U+顺序号(6 位数字)+校验码(1 位数字)。例如，CRCU5682365。

进出口报关单所列的集装箱号是指装载进出口货物(包括拼箱货物)的集装箱的箱体信息，包括集装箱箱体上标示的全球唯一编号、集装箱的规格和自重。

纸质报关单填报时涉及多个集装箱的，第一个集装箱号填报在"集装箱号"栏中，其余的依次填报在"标记唛码及备注"栏中。

非集装箱货物，填报为 0。非实际进出境货物采用集装箱运输的，本栏免予填报。

填报格式为：集装箱号+"/"+规格+"/"+自重。例如，TEXU3605231/20/2275，表明这是一个 20 英尺集装箱，箱号为 TEXU3605231，自重为 2275 千克。

二十八、随附单证

随附单证是指随进出口货物报关单一并向海关递交的，除商业、货运单证及"许可证号"栏填报的进出口许可证以外的监管证件。

本栏填报监管证件的代码及编号，格式为：监管证件代码+"："+监管证件编号。所申报货物涉及多个监管证件的，一个监管证件代码和编号填报在"随附单证"栏，其余监管证件代码和编号填报在"标记唛码及备注"栏中。

(一)监管证件代码表

在海关监管和报关实务中，为满足计算机管理和便捷通关的需要，海关依据我国对外贸易法律、法规和规章，对于每一商品编码项下的商品，在通关系统中均对应设置一定的监管条件，用以表示该商品是否可以进出口，或者进出口时是否需要提交监管证件，以及提交何种监管证件。监管条件以监管证件代码来表示；如监管条件为空，则表示该商品可以进出口且无须提交任何监管证件。例如，商品编号为 8479.8999.10 项下用于光盘生产的金属母盘生产设备(具有独立功能的)，监管条件为"6ABO"，其中代码"6"表示该商品的旧品禁止进口，代码 A 和 O 表示该商品进口时需要提交入境货物通关单和自动进口许可证，代码 B 表示该商品出口时需要提交出境货物通关单。

监管证件代码表如表 6-14 所示。

表 6-14　监管证件代码表

代　码	监管证件名称	代　码	监管证件名称
1*	进口许可证	2*	两用物项和技术进口许可证
3*	两用物项和技术出口许可证	4*	出口许可证
6	旧机电产品禁止进口	7*	自动进口许可证
8	禁止出口商品	9	禁止进口商品
A*	入境货物通关单	B*	出境货物通关单
D	出/入境货物通关单(毛坯钻石用)	E	濒危物种允许出口证明书
F	濒危物种允许进口证明书	G	两用物项和技术出口许可证(定向)
H	港澳 OPA 纺织品证明	I	精神药物进(出)口准许证
J	黄金及其制品进出口准许证或批件	L	药品进出口准许证
M	密码产品和设备进口许可证	O*	自动进口许可证(新旧机电产品)
P*	固体废物进口许可证	Q	进口药品通关单
R	进口兽药通关单	S	农药进出口登记管理放行通知单
T	银行调运现钞进出境许可证	U	合法捕捞产品通关证明

续表

代 码	监管证件名称	代 码	监管证件名称
W	麻醉药品进出口准许证	X	有毒化学品环境管理放行通知单
Y*	原产地证明	Z	音像制品进口批准单或节目提取单
e	关税配额外优惠税率进口棉花配额证	q	国别关税配额证明
s	适用 ITA 税率的商品用途认定证明	t	关税配额证明
v*	自动进口许可证(加工贸易)	x	出口许可证(加工贸易)
y	出口许可证(边境小额贸易)		

除表 6-14 所示监管条件及主管部门签发的许可证件外,海关通关系统中也包含部分由海关设置的监管证件,如"内销征税联系单"(c)、"预归类标志"(r)、"深加工结转申请表"(K)等。

(二)优惠贸易协定项下原产地证书相关内容的填报

(1) 实行原产地证书联网管理的,在本栏中填报"Y:<优惠贸易协定代码>",同时将原产地证书编号填报在"备案号"栏,格式为:"Y"+原产地证书编号。例如,香港 CEPA 项下进口商品,应填报为"Y:<03>"。实行原产地证书联网管理的,一份原产地证书只能对应一份报关单。

(2) 未实行原产地证书联网管理的,在本栏中填报"Y:<优惠贸易协定代码:需证商品序号>",但"备案号"栏免予填报。例如,《亚太贸易协定》项下进口报关单中第 1 项到第 3 项和第 5 项为优惠贸易协定项下商品,应填报为"Y:<01:1-3,5>"。

(3) 优惠贸易协定项下出口货物,本栏填报原产地证书代码和编号。

进口货物优惠贸易协定代码表如表 6-15 所示。

表 6-15　进口货物优惠贸易协定代码表

代 码	优惠贸易协定
01	《亚太贸易协定》
02	《中国—东盟自由贸易协定》
03	香港 CEPA
04	澳门 CEPA
05	对非洲特别优惠关税待遇
06	台湾农产品零关税措施
07	《中国—巴基斯坦自由贸易协定》
08	《中国—智利自由贸易协定》
09	对也门等国特别优惠关税待遇

代　码	优惠贸易协定
10	《中国—新西兰自由贸易协定》
11	《中国—新加坡自由贸易协定》
12	《中国—秘鲁自由贸易协定》
13	对最不发达国家的特别优惠关税待遇
14	《海峡两岸经济合作框架协议(ECFA)》
15	《中国—哥斯达黎加自由贸易协定》

二十九、用途/生产厂家

用途是指进口货物在境内实际应用的范围。应根据进口货物的实际用途，按海关规定的"用途代码表"选择填报相应的用途名称或代码，如表6-16所示。

表6-16　用途代码表

代　码	名　称	代　码	名　称	代　码	名称
01*	外贸自营内销	02	特区内销	03*	其他内销
04*	企业自用	05*	加工返销	06	借用
07	收保证金	08	免费提供	09	作价提供
10	货样，广告品	11	其他		

生产厂家是指出口货物的中国境内生产企业的名称，该栏仅供必要时填报。

常见用途的使用范围如下。

(1) 外贸自营内销(01)：有外贸进出口经营权的企业，在其经营范围内以正常方式成交的进口货物。

(2) 其他内销(03)：进料加工转内销部分、来料加工转内销货物，以及外商投资企业进口供加工内销产品的料件。

(3) 企业自用(04)：进口供本单位(企业)自用的货物，如外商投资企业及特殊区域内的企业、事业和机关单位进口自用的机器设备等。

(4) 加工返销(05)：来料加工、进料加工、补偿贸易和外商投资企业为履行产品出口合同从国外进口料件，用于在国内加工后返销到境外。

(5) 借用(06)：从境外租借进口，在规定的使用期满后退运出境外的进口货物，如租赁贸易进口货物。

(6) 收保证金(07)：由担保人向海关缴纳现金的一种担保形式。

(7) 免费提供(08)：免费提供的进口货物，如无偿援助、捐赠、礼品等进口货物。

(8) 作价提供(09)：我方与外商签订合同、协议，规定由外商作价提供进口的货物，事后由我方支付或从我方出口货物款中或出口加工成品的加工费中扣除，如来料加工贸易进口设备等。

三十、标记唛码及备注

纸质报关单"标记唛码及备注"栏用于填报标记唛码、备注说明和集装箱与进出口货物有关的文字或数字。

(一)标记唛码项

标记唛码是运输标志的俗称。进出口货物报关单上标记唛码专指货物的标志。货物标记唛码中除图形以外的所有文字和数字，填报在本栏"标记唛码"项。

标记唛码英文表示为 Marks、Marking、MKS、Marks & No.、Shipping Mark 等，通常是由一个简单的几何图形和一些字母、数字及简单的文字组成，包含收货人代号、合同号和发票号、目的地、原产国(地区)、最终目的国(地区)、目的港或中转港、件数号码等内容。

例1：

Marks & No.	(唛头)
HAMBURG	(中转港：汉堡)
IN TRANSIT TO ZURICH SWITZERLAND	(目的国/港：瑞士/苏黎世)
C/NO.1～1533	(件数：1533 件)
MADE IN CHINA	(原产国：中国)

例2：

MKS/Marking	(唛头)
WORLDBEST	(收货人)
98L～025SH	(合同号)
SHANGHAI	(目的地：上海)
C/NO.1～420	(件数：420 件)

(二)备注项

备注是指除按报关单固定栏目申报进出口货物有关情况外，需要补充或特别说明的事项，包括关联备案号、关联报关单号，以及其他需要补充或特别说明的事项。

常见备注内容如下。

(1) 接受外商投资企业委托，代理进口其投资设备、物品的进出口企业名称。例如，"委托××公司进口"。

(2) 所申报货物涉及多个监管证件的，除第一个监管证件以外的其余监管证件和代码。格式为：监管证件的代码+"："+监管证件编号。

(3) 所申报货物涉及多个集装箱的，除第一个集装箱号以外的其余的集装箱号。格式为：集装箱号+"/"+规格+"/"+自重。

(4) 关联备案号，即与本报关单有关联关系的，同时在业务管理规范方面又要求填报的备案号，包括：

① 加工贸易结转货物及凭征免税证明转内销货物，填写其对应的备案号。

② 减免税货物结转进口(转入)，填写本次减免税货物结转所申请的"减免税进口货物结转联系函"的编号：减免税货物结转出口(转出)，填写与其相对应的进口(转入)报关单"备案号"栏中征免税证明的编号。

(5) 关联报关单号，即与本报关单有关联关系的，同时在业务管理规范方面又要求填报的报关单号，包括：

① 加工贸易结转类货物，应先办理进口报关后办理出口报关，并将进口报关单号在出口报关单中备注。

② 减免税货物结转出口(转出)，应先办理进口报关后办理出口报关，并将进口(转入)报关单号在出口(转出)报关单中备注。

③ 进口货物办理直接退运手续，除另有规定外，应先填写出口报关单，后填写进口报关单，并将出口报关单号在进口报关单中备注。

(6) 加工贸易货物。

① 加工贸易转内销货物，经营企业凭加工贸易货物内销征税联系单纸质或电子数据办理通关手续。在填制内销报关单时，在备注项注明"活期"字样。

② 加工贸易企业放弃半成品、残次品、副产品的，备注项中注明"半成品""残次品"和"副产品"等相关字样；加工贸易放弃货物通过销毁处理的，注明"销毁"字样；经海关批准由企业自行处理的，注明"自行处理"字样，如放弃半成品并销毁处理，注明"半成品/销毁"。

③ 来料加工出口成品报关单，注明料件费与工缴费金额。

(7) 进口货物办理直接退运手续，备注"准予直接退运决定书"或者"责令直接退运通知书"编号。

(8) 其他申报时必须说明的事项。

第三节 进出口货物报关单表体栏目的填报

一、项号

项号是指所申报货物在报关单中的商品排列序号及该项商品在加工贸易手册、征免税证明等备案单证中的顺序编号。

一份报关单表体共有 20 栏，每项商品占据表体的一栏，超过 20 项商品须分单填报。一张纸质报关单表体分为 5 栏，每项商品占据表体的一栏，最多可填写(打印)5 项商品。

纸质报关单中的一项商品分两行填报：第一行填报该项商品在报关单中的商品排列序号；第二行专用于加工贸易、减免税和实行原产地证书联网管理等已备案、审批的货物，填报该项商品在加工贸易手册中的备案项号、征免税证明备案项号或原产地证书上的对应商品项号。

(一)加工贸易货物

加工贸易项下进出口货物的报关单，第一行填报报关单中的商品顺序编号；第二行填报该项商品在加工贸易手册(账册)中的备案项号，用于核销对应项号下的料件或成品数量。如一张加工贸易料件进口纸质报关单上某项商品项号填报为上"01"、下"10"，说明该商品位列报关单所申报商品的第 1 项，且对应加工贸易手册备案料件第 10 项。第二行特殊情况填报要求如下。

(1) 深加工结转货物，分别按照加工贸易手册中的进口料件项号和出口成品项号填报。

(2) 料件结转货物(包括料件、成品和半成品折料)，出口报关单按照转出加工贸易手册中进口料件的项号填报，进口报关单按照转入加工贸易手册中进口料件的项号填报。

(3) 料件转内销货物，以及按料件补办进口手续的转内销成品、半成品、残次品，应填制进口报关单，本栏填报加工贸易手册进口料件的项号。加工贸易边角料、副产品内销，本栏填报加工贸易手册中对应的料件项号。当边角料或副产品对应一个以上料件项号时，填报主要料件项号。

(4) 料件复出货物(包括料件、边角料、来料加工半成品折料)，出口报关单按照加工贸易手册中进口料件的项号填报；如边角料对应一个以上料件项号时，填报主要料件项号。料件退换货物(包括料件，不包括半成品)，进出口报关单按照加工贸易手册中进口料件的项号填报。

(5) 成品退运货物，退运进境报关单和复运出境报关单按照加工贸易手册原出口成品的项号填报。

(6) 成品凭征免税证明转为享受减免税进口货物的，应先办理进口报关手续。进口报关单填报征免税证明中的项号，出口报关单填报加工贸易手册原出口成品项号，进出口报关单货物的数量应一致。

(7) 加工贸易料件、成品放弃，本栏应填报加工贸易手册中进口料件或出口成品的项号。半成品放弃的应按单耗折回料件，以料件放弃申报，本栏应填报加工贸易手册中对应的料件项号。

(8) 副产品退运出口、结转出口或放弃，本栏应填报加工贸易手册中新增的变更副产品的出口项号。

(9) 经海关批准实行加工贸易联网监管的企业，按海关联网监管要求，企业需要申报报关清单的，应在向海关申报货物进出口(包括形式进出口)报关单前，向海关申报清单。一份报关清单对应一份报关单，报关单商品由报关清单归并而得。

(二)优惠贸易协定项下实行原产地证书联网管理的货物

报关单第一行填写报关单中商品排列序号，第二行填写对应的原产地证书上的"商品项号"。

二、商品编号

商品编号是指在《协调制度》的基础上，按商品归类规则确定的进出口货物的海关监管商品代码。商品编号由 10 位数字组成，前 8 位为《进出口税则》中的税则号列和《统计商品目录》确定的商品编号，后 2 位为海关附加编号。进出口货物应填报 10 位海关商品编号。

填报要求如下。

(1) 加工贸易货物，报关单商品编号应与加工贸易手册(账册)中备案的商品编号一致。

(2) 减免税货物，报关单商品编号应与征免税证明备案数据一致。

(3) 加工贸易保税货物跨关区深加工结转的结转双方的商品编号的前 4 位必须一致。

三、商品名称、规格型号

商品名称是指国际贸易缔约双方同意买卖的商品名称。报关单中的商品名称是指进出口货物规范的中文名称。

规格型号是指反映商品性能、品质和规格的一系列指标，如品牌、等级、成分、含量、纯度、尺寸等。

填报要求如下。

(1) "商品名称及规格型号"栏分两行填报。

第一行填报进出口货物规范的中文名称。如果发票中的商品名称为非中文名称，则需要翻译成规范的中文名称填报，必要时加注原文。

第二行填报规格型号。如表 6-17 所示为一个示例。

表 6-17　商品名称及规格型号

商品名称、规格型号
棕榈仁油　　（第一行，规范的中文名称）
H2100G，氢化，碘值 0.21，游离脂肪酸 0.014%　　（第二行，规格型号）

（2）商品名称及规格型号应据实填报，并与合同、商业发票等相关单证相符。商品名称及规格型号通常体现在发票的 Description of Goods、Product and Description、Goods Description、Quantities and Description 栏目。

（3）商品名称应当规范，规格型号应当足够详细，以能满足海关归类、审价及许可证件管理要求为准。为了规范进出口企业申报行为，提高申报数据质量，促进贸易便利化，海关制定了《规范申报目录》，进出口货物收、发货人或其代理人在报关时应当严格按照《规范申报目录》中关于规范申报商品品名、规格的要求填制报关单并依法办理通关手续，如表 6-18 所示。

表 6-18　进出口商品申报要素示例

商品编码	商品名称	申报要素
02.03	鲜、冷、冻猪肉：	1. 品名；2. 制作或保存方法(鲜、冷、冻)；3. 加工方法(整头及半头、带骨或去骨等)；4. 包装规格
18.06	巧克力及其他含可可的食品：	
1806.1000	一加糖或其他甜物质的可可粉	1. 品名；2. 制作或保存方法(粉末状、加糖或其他甜物质)；3. 容器包装或内包装每件净重；4. 品牌
1806.2000	一其他重量超过 2 千克的块状或条状含可可食品，或液状、膏状、粉状、粒状或其他散装形状的含可可食品，容器包装或内包装每件净重超过 2 千克的	1. 品名；2. 成分含量；3. 形状(条状、块状等)；4. 容器包装或内包装每件净重；5. 品牌
	一其他块状或条状的含可可食品：	1. 品名；2. 成分含量；3. 形状(条状、块状等)；4. 容器包装或内包装每件净重；5. 是否夹心；6. 品牌
1806.3100	一夹心	
1806.3200	一不夹心	
1806.9000	一其他	1. 品名；2. 成分含量；3. 容器包装或内包装每件净重；4. 品牌

续表

商品编码	商品名称	申报要素
26.01	铁矿砂及其精矿，包括焙烧黄铁矿：	
	—铁矿砂及其精矿，但焙烧黄铁矿除外：	
	—未烧结：	1. 品名；2. 用途；3. 加工方法；4. 外观；5. 成分含量；6. 平均粒度；7. 来源(原产国及矿区名称)；8. 签约日期
2601.1110	—平均粒度小于 0.8 毫米的	
2601.1120	—平均粒度不小于 0.8 毫米，但不大于 6.3 毫米的	
2601.1190	—其他：	
2601.1200	—已烧结	1. 品名；2. 用途；3. 加工方法；4. 外观；5. 成分含量；6. 来源；(原产国及矿区名称)；7. 签约日期
2601.2000	—焙烧黄铁矿	1. 品名；2. 用途；3. 加工方法；4. 外观；5. 成分含量；6. 来源(原产国及矿区名称)；7. 签约日期
40.02	合成橡胶及从油类提取的油膏，初级形状或板、片、带；税目 40.01 所列产品与本税目所列产品的混合物，初级形状或板、片、带：	
	—丁苯橡胶(SBR)；羧基丁苯橡胶(XSBR)：	
	—胶乳：	1. 品名；2. 用途；3. 外观；4. 成分含量；5. 签约日期；6. 品牌；7. 型号
4002.1110	—羧基丁苯橡胶	
4002.1190	—其他	
	—其他：	1. 品名；2. 用途；3. 外观；4. 丁苯橡胶请注明是否充油、热塑；5. 成分含量；6. 签约日期；7. 品牌；8. 型号
	—初级形状的：	
4002.1911	—未经任何加工的丁苯橡胶	
4002.1912	—充油丁苯橡胶	

续表

商品编码	商品名称	申报要素
4002.1913	—热塑丁苯橡胶	
4002.1914	—充油热塑丁苯橡胶	
4002.1919	—其他:	
4002.1990	—其他:	
	—丁二烯橡胶(BR):	1. 品名；2. 用途；3. 外观；4. 成分含量；5. 签约日期；6. 品牌；7. 型号

【例 6-5】 ZIPPO 牌打火机用液体燃料，100%石脑油制，125 毫升/支。

商品编码 3606.1000 的申报要素如表 6-19 所示。

表 6-19　商品编码 3606.1000 的申报要素

商品编码	商品名称	申报要素
3606.1000	—直接灌注香烟打火机及类似打火器用的液体燃料或液化气体燃料，其包装容器的容积不超过 300 立方厘米	1. 品名；2. 用途；3. 包装容器的容积

"商品名称、规格型号"栏应填报为：

打火机液体燃料

ZIPPO 牌打火机用，125 毫升/支

【例 6-6】 粗锯成方的柚木原木，直径 40cm～50cm，长 400cm～500cm。

商品编码 44034910 的申报要素如表 6-20 所示。

表 6-20　商品编码 44034910 的申报要素

商品编码	商品名称	申报要素	
44.03	原木，不论是否去皮、去边材或粗锯成方:		
	—其他，本章子目注释二所列的热带木的:	1. 品名；2. 种类(中文及拉丁学名)	3. 直径；4. 长度；5. 级别(锯材级、切片级等)
	—其他:		
4403.4910	—柚木		

"商品名称、规格型号"栏应填报为:

粗锯成方的 柚木原木 Tectona Grandis L. F.

直径 40～50cm,长 400～500cm，锯材级

---

(4) 同一商品编号、多种规格型号的商品，可归并为一项商品的，按照归并后的商品名称和规格型号填报。

(5) 减免税货物、加工贸易等已备案的货物，本栏填报的内容须与海关备案登记中同项号下货物的商品名称与规格型号一致。

加工贸易边角料和副产品内销，边角料复出口，应填报其报验状态的商品名称和规格型号。属边角料、副产品、残次品、受灾保税货物且按规定需要加以说明的，在本栏中填注规定的字样。

(6) 对需要海关签发"货物进口证明书"的车辆，商品名称应填报"车辆品牌+排气量(注明 cc)+车型(如越野车、小轿车等)"。进口汽车底盘可不填报排气量。车辆品牌应按照"进口机动车辆制造厂名称和车辆品牌中英文对照表"中"签注名称"一栏的要求填报。规格型号可填报"汽油型"等。

四、数量及单位

报关单上的"数量及单位"栏是指进出口商品的成交数量及计量单位，以及海关法定计量单位和按照海关法定计量单位计算的数量。

海关法定计量单位又分为海关法定第一计量单位和海关法定第二计量单位。海关法定计量单位以《统计商品目录》中规定的计量单位为准。例如，天然水为千升/吨，卷烟为千支/千克，牛皮为千克/张，毛皮衣服为千克/件。

(一)数量及单位的填报格式

1. 本栏分 3 行填报

(1) 《统计商品目录》列明的第一计量单位及数量填报在第一行。

(2) 《统计商品目录》列明的第二计量单位及数量填报在第二行，无第二计量单位的，第二行为空。

(3) 买卖双方在交易过程中所确定的成交计量单位与《统计商品目录》所列计量单位不一致时，在本栏第三行填报成交计量单位及数量。成交计量单位与《统计商品目录》计量单位一致时，本栏第三行为空。

2. 本栏长度为 13 位整数及 5 位小数

超出上述范围的，允许合理修正实际计量单位，例如将克改为千克或吨。"数量"栏

不得为空或填报"0"。

(二)数量及单位的填报要求

(1) 加工贸易备案的货物,成交计量单位必须与备案登记中同项号下货物的计量单位一致。加工贸易边角料和副产品内销、边角料复出口,填报其报验状态的计量单位。

加工贸易结转货物进出口报关单对应的数量、计量单位应当一致。

(2) 优惠贸易协定项下进出口商品的成交计量单位必须与原产地证书上对应商品的计量单位一致,申报数量不得超出原产地证书批准数量。

(3) 法定计量单位为"千克"的数量填报要求如下。

① 装入可重复使用的包装容器的货物,按货物的净重填报。如罐装同位素、罐装氧气及类似品等,应扣除其包装容器的重量。

② 使用不可分割包装材料和包装容器的货物,按货物的净重填报(即包括内层直接包装的净重重量)。例如,采用供零售包装的罐头、化妆品、类似品等。

③ 按照商业惯例以公量重计价的商品,应按公量重填报。例如,未脱脂羊毛、羊毛条等。

④ 以毛重作为净重计价的货物,可按毛重填报。例如,散装粮食、饲料等价格较低的农副产品。

⑤ 采用零售包装的酒类、饮料,按照液体部分的重量填报。

(4) 成套设备、减免税货物如需要分批进口,货物实际进口时,应按照实际报验状态确定数量。

根据归类规则,零部件按整机或成品归类的,法定计量单位是非重量的,其对应的法定数量填报"0.1"。

具有完整品或制成品基本特征的不完整品、未制成品,根据归类规则应按完整品归类的,申报数量按照构成完整品的实际数量申报。

(5) 法定计量单位为立方米的气体货物,应折算成标准状况(即摄氏零度及1个标准大气压)下的体积进行填报。

五、原产国(地区)/最终目的国(地区)

原产国(地区)是指进口货物的生产、开采或加工制造的国家或地区。

最终目的国(地区)是指已知的出口货物最后交付的国家或地区,也即最终实际消费、使用或作进一步加工制造的国家或地区。

进口报关单"原产国(地区)"栏按"国别(地区)代码表"选择填报相应的国家(地区)名称或代码,出口报关单"最终目的国(地区)"栏按"国别(地区)代码表"选择填报相应的国家(地区)名称或代码。

(一)"原产国(地区)"栏的一般填报要求

(1) 原产国(地区)应依据《原产地条例》《中华人民共和国海关关于执行〈非优惠原产地规则中实质性改变标准〉的规定》及海关总署关于各项优惠贸易协定原产地管理规章规定的原产地确定标准填报。

在原始单据(发票或原产地证书)上原产国(地区)一般表示为"Made in…"(在……制造)或"Origin/Country of Origin：×××"(原产于：×××)。

(2) 同一批货物的原产地不同的，应当分别申报原产国(地区)。

(3) 进口货物原产国(地区)无法确定的，应填报"国别(地区)不详"(701)。中性包装进口货物，原产国(地区)确实不详的，应填报"国别(地区)不详"(701)。

(二)"最终目的国(地区)"栏的一般填报要求

(1) 最终目的国(地区)填报已知的出口货物的最终实际消费、使用或进一步加工制造的国家(地区)。

(2) 同一批出口货物的最终目的国(地区)不同的，应分别填报最终目的国(地区)。

(3) 不经过第三国(地区)转运的直接运输货物，以运抵国(地区)为最终目的国(地区)；经过第三国(地区)转运的货物，以最后运往国(地区)为最终目的国(地区)。

(4) 出口货物不能确定最终目的国(地区)时，以尽可能预知的最后运往国(地区)为最终目的国(地区)。

(三)加工贸易报关单特殊情况的填报要求

(1) 料件结转货物，进口报关单原产国(地区)为原进口料件生产国(地区)，出口报关单最终目的国(地区)填报"中国"(142)。

(2) 深加工结转货物，进出口报关单原产国(地区)和最终目的国(地区)均为"中国"(142)。

(3) 料件复运出境货物，填报实际最终目的国(地区)；加工出口成品因故退运境内的，原产国(地区)填报"中国"(142)，复运出境的货物填报实际最终目的国(地区)。

(4) 加工贸易剩余料件内销，原产国(地区)填报料件的原实际生产国(地区)；加工贸易成品(包括半成品、残次品、副产品)转内销，原产国(地区)均填报"中国"(142)。

(5) 海关特殊监管区域运往区外，未经加工的进口货物，填报货物原进口时的原产国(地区)；经加工的成品或半成品，按现行原产地规则确定原产国(地区)。区外运入区内的货物，最终目的国(地区)为中国。

六、单价、总价、币制

单价是指进出口货物实际成交的商品单位价格的金额部分。

总价是指进出口货物实际成交的商品总价的金额部分。

币制是指进出口货物实际成交价格的计价货币的名称。

填报要求如下。

(1) "单价"栏填报同一项号下进出口货物实际成交的商品单位价格的数字部分。无实际成交价格的，填报单位货值。

(2) "总价"栏填报同一项号下进出口货物实际成交的商品总价的数字部分。无实际成交价格的，填报货值。

(3) "币制"栏根据实际成交情况按海关规定的"货币代码表"选择填报相应的货币名称或代码。如"货币代码表"中无实际成交币种，需要将实际成交币种按照申报日外汇折算率折算成"货币代码表"列明的货币填报。

常用货币代码表如表 6-21 所示。

表 6-21 常用货币代码表

货币代码	货币符号	货币名称	货币代码	货币符号	货币名称	货币代码	货币符号	货币名称
110*	HKD	港元	116*	JPY	日本元	132	SGD	新加坡元
142*	CNY	人民币	133	KRW	韩国元	300*	EUR	欧元
302	DKK	丹麦克朗	303*	GBP	英镑	330	SEK	瑞典克朗
331	CHF	瑞士法郎	344	RUB	俄罗斯卢布	501	CAD	加拿大元
502*	USD	美元	601	AUD	澳大利亚元	609	NZD	新西兰元

七、征免

征免是指海关依照《海关法》《关税条例》及其他法律、行政法规，对进出口货物进行征税、减税、免税或特案处理的实际操作方式。

同一份报关单上可以填报不同的征减免税方式。

(一)主要征减免税方式

1. 照章征税

照章征税是指对进出口货物依照法定税率计征各类税、费。

2. 折半征税

折半征税是指依照主管海关签发的征免税证明或海关总署的通知，对进出口货物依照法定税率折半计征关税和增值税，但照章征收消费税。

3. 全免

全免是指依照主管海关签发的征免税证明或海关总署的通知，对进出口货物免征关税和增值税，但消费税是否免征应按有关批文的规定办理。

4. 特案减免

特案减免是指依照主管海关签发的征免税证明或海关总署通知规定的税率或完税价格计征各类税、费。

5. 随征免性质

随征免性质是指对某些特定监管方式下进出口的货物按照征免性质规定的特殊计税公式或税率计征税、费。

6. 保证金

保证金是指经海关批准具保放行的货物，由担保人向海关缴纳现金的一种担保形式。

7. 保函

保函是指担保人根据海关的要求，向海关提交的订有明确权利义务的一种担保形式。

(二)填报要求

(1) 根据海关核发的征免税证明或有关政策规定，对报关单所列每项商品选择填报海关规定的"征减免税方式代码表"中相应的征减免税方式的名称(见表6-22)。

(2) 加工贸易报关单应根据登记手册中备案的征免规定填报。加工贸易手册中备案的征免规定为"保金"或"保函"的，不能按备案的征免规定填报，而应填报"全免"。

表6-22　征减免税方式代码表

代　码	名　　称	代　码	名　　称
1	照章征税	5	随征免性质
2	折半征税	6	保证金
3	全免	7	保函
4	特案		

八、税费征收情况

本栏由海关经办人员填写，主要批注对该份(批)进出口货物的税、费征收和减免的情况，包括税率、税额的情况。

九、录入员及录入单位

录入员，由负责将该份报关单内容的数据输入海关计算机系统并打印预录入报关单的实际操作人员签名确认。

录入单位，填报经海关核准，允许其将有关报关单内容输入海关计算机系统的单位。

十、申报单位

本栏包括申报单位，报关员，申报单位的地址、邮政编码、电话号码等项目。自理报关的，本栏填报进出口企业的名称及海关注册编码；委托代理报关的，本栏填报经海关批准的报关企业名称及海关注册编码。

(1) 申报单位是指向海关办理进出口货物报关手续的法人，主要有已在海关登记注册的进出口货物收、发货人、报关企业。本项填报申报单位的中文名称及编码，并签印。

(2) 报关员是指具体负责该批货物向海关办理报关手续的人员。由该报关员在该栏中签印。

(3) 单位地址主要填报向海关办理报关手续的单位在境内居住或通信联系的地址。

(4) 邮编及电话主要填报申报单位所在地区的邮政编码及通信联系的电话号码。

(5) 填制日期主要是指该份报关单的填制日期，由经办的报关员负责填写。电子数据报关单的填制由计算机自动打印。填制日期为 8 位数字，顺序为：年(4 位)、月(2 位)、日(2 位)。

十一、海关审单批注放行日期(签章)

本栏共分为审单、审计、征税、统计、查验、放行 6 项，是海关内部作业时签注的总栏目，由上述各项的经办海关人员完成本项任务后将本人姓名或代码手动填制在预输入报关单上。其中，"放行"栏一般填写(签注)海关对接受申报的进出口货物完成上述各项任务作出放行决定的日期(包括经办人员的姓名、日期)。

上述栏目第八～第十一项报关员资格考试不作考核要求。

第四节　报关单填制栏目对应关系

一、报关单各栏目内容与主要商业、货运单证对应关系

(一)发票

根据发票填制的栏目内容一般有：经营单位、收/发货单位、结汇方式(出口)、成交方式、运费、保险费、杂费、商品名称、规格型号、数量及单位、原产国(地区)/最终目的国(地区)、单价、总价、币制、合同协议号、集装箱号等。

发票由出口企业自行拟制，无统一格式，但基本栏目大致相同。一般标明"发票"(Invoice)或 "商业发票"(Commercial Invoice)字样，用粗体字印刷在单据的明显位置。发票的主要

栏目内容如下。

(1) 出票人的名称与地址。发票的出票人一般为出口人,其名称和地址相对固定,故出口商通常将此项内容事先印制在发票的正上方或右上方。这个栏目是判断进口货物中转时是否发生买卖关系的指标之一。如果出票人的地址与进口货物启运地一致,则说明进口货物中转时没有发生买卖关系;如果出票人的地址与进口货物运输的中转地一致,与启运地不一致,则说明进口货物中转时发生了买卖关系。

(2) 启运及目的地。该栏标明了货物运输的实际起止地点。如货物需要转运,则注明转运地。有的还注明运输方式。例如,FROM SHANGHAI TO TOKYO VIA HONGKONG(从上海经香港到达东京)。

(3) 抬头,即收货人。此栏前通常印有 To、Sold to Messrs 或者 For Account and Risk of Messrs 等字样,在这些字样后,一般注明买方的名称和地址。例如:

TO WINNING TEXTILE CO. LTD.,

UNIT H,6/F WORLD TECH CTR,

95 HOW MING ST, TOKYO, JAPAN

(4) 唛头及编号(Marks & Nos.)。该栏一般注明包装的运输标记及包装的件数。例如:

MADE IN CHINA(产地)

PORT: LOS ANGELES(指运港)

C/No.: 1~117(件数)

(5) 品名和货物描述。该栏一般印有 Description of Goods 或者 Name of Commodity 的字样,在其下一般注明了具体装运的货物的名称、品质、规格及包装状况等内容。例如:

FOOTWEAR(货物名称)

COL: WHITE SZ:5~10(规格型号)

TOTAL PACKED IN 117 CARTONS ONLY(包装状况)

(6) 数量、单价和总价。数量为实际装运的数量。单价包括计价货币、具体价格数、计价单位、贸易术语4部分。总价一般由大小写组成。如果合同单价含有佣金(Commission)或折扣(Rebate/Discount/ Allowance),发票上一般也会注明。有时发票上还列明运费(Freight/F)、保险费(Insurance/I)及杂费(Extras)等。

(二)装箱单和提运单

根据装箱单和提运单查找的栏目内容一般有:运输方式、运输工具名称、航次、提运单号、启运国(地区)/运抵国(地区)、装货港/指运港、件数、包装种类、毛重、净重、标记唛码及备注。

发票/装箱单主要内容的中英文对照如表 6-23 所示;提运单主要内容的中英文对照如表 6-24 所示。

表6-23 发票/装箱单主要内容的中英文对照

中英文	英文缩写	中英文	英文缩写
合同 Contract	CONT.	单价 Unit Price	
货物描述 Description of Goods		总额 Amount	AMT
规格、型号 Model		总价 Total Amount	
尺寸 Size		件数 Packages	PKGS
数量 Quantity	Q'TY	毛重 Gross Weight	G.W.
原产国 Made In/Origin		净重 Net Weight	N.W.
装货港 Port of Loading	P.O.L.	保险费 Insurance	
目的国 Destination Country		杂费 Extras	
指运港 Port of Destination	P.O.D.	佣金 Commission	
运费 Freight		折扣 Discount/Rebate/Allowance	
集装箱 Container	CTNR	唛头及编号 Marks & Nos.	
包装种类 Packing		所附单证 Document Attached	DOC.ATT.

表6-24 提运单主要内容的中英文对照

中英文	英文缩写	中英文	英文缩写
提单 Bill of Lading	B/L	到达港 Port of Arrival	P.A
提单号 Bill of Lading No.	B/L No.	指运港 Port of Destination	P.O.D.
承运人 Carrier		托运人 Shipper	
收货人 Consignee		被通知人 Notify Party	
空运运单 Air Way Bill		卸货港 Port of Discharge	P.O.D.
空运总运单 Master Air Way Bill	M.A.W.B.	装货港 Port of Loading	P.O.L.
空运分运单 House Air Way Bill	H.A.W.B	转运港 Port of Transshipment	P.O.T
原产国 Made In/Country of Origin		转运到 In transit to	
船名 Ocean Vessel		航次 Voyage No.	Voy.No.

以下举例说明提单、发票、装箱单等原始单证与进口报关单有关栏目的基本对应关系，报关单标有带圈数字的栏目内容，可以从随附的原始单证中标注对应带圈数字的内容中查找、填报。

资料1：报关单

中华人民共和国海关进口货物报关单

预录入编号：   海关编号：

进口口岸 ①		备案号	进口日期	申报日期
经营单位		运输方式 ②	运输工具名称 ③	提运单号 ④
收货单位		贸易方式	征免性质	征税比例
许可证号	启运国(地区) ⑤	装货港 ⑥		境内目的地
批准文号	成交方式 ⑦	运费	保费	杂费
合同协议号 ⑧	件数 ⑨	包装种类 ⑩	毛重(千克) ⑪	净重(千克) ⑫
集装箱号 ⑬	随附单证		用途	
标记唛码及备注 ⑭		⑮		

项号	商品编号	商品名称、规格型号	数量及单位	原产国(地区)	单价	总价	币制	征免
		⑯	⑰ ⑱	⑲	⑳	㉑	㉒	

税费征收情况

录入员录入单位	兹声明以上申报无讹并承担法律责任	海关审单批注及放行日期(签章)	
报关员 单位地址	申报单位(签章)	审单	审价
		征税	统计
邮编 电话 填制日期		查验	放行

资料2：提单

BILL OF LADING ②

For Combined Transport Shipment Or Port To Port Shipment

Shipper:			
KOREA.CHEMICAL CO.LTD			Page: 1 of 1
1301-4,SEOCHO-DONG,SEOCHO-KU,SEOUL-KOREA			

Shipper:

KOREA.CHEMICAL CO.LTD

1301-4,SEOCHO-DONG,SEOCHO-KU,SEOUL-KOREA

Page: 1 of 1

B/L No.:　　MISC200000537　④

Reference No.:

Consignee or Order:

TO THE ORDER OF

SHANGHAI FAR EAST CONTAINER CO.,LTD

1729-1731,YANG GAO ROAD,PUDONG,SHANGHAI,CHINA

Carrier:

MALAYSIA INTERNATIONAL SHIPPING CORPORATION

BERHAD

Notify Party/Address:

It is agreed that no responsibility shall attach

to the Carrier or his Agent For failure to notify

(See Clause 20 on reverse of this Bill of Lading):

SAME AS CONSIGNEE

Place of Receipt

(Applicable only when this document

is used as Transport Bill of lading):

SINGAPORE CY

Vessel and VOY No.:

ESSEN EXPRESS V.　　28ED09　　③

Port of Loading:

SINGAPORE　　⑤⑥

Place of Delivery

(Applicable only when document is used

as Transport Bill of Lading):

SHANGHAI CY

Port of Transhipment:

Port of Discharge:

SHANGHAI, CHINA　　①

Marks & Nos.	Number & Kind of Packages	Description of Goods	Gross Weight	Measurement (CBM)
			161492.00 ⑪	281

FAR EAST　　　　SHIPPER'S LOAD COUNT AND SEALED

SHANGHAI ⑭　　12x20'CONTAINER(S)

C/NO.:　　　　SAID TO CONTAIN:

　　　　　　　234 CRATES　　⑨⑩

　　　　　　　PAINT　⑯

　　　　　　　FREIGHT PREPAID

　　　　　　　TOTAL: TWELVE TWENTY FOOT CONTAINERS ONLY

SIZE/TYPE/CONTAINER#/TARE WGHT/GROSS WGHT/SEAL NUMBER/QUANTITY/STAT/STATU

```
----------------------------------------------------------------
```

20/DRY/TPHU8290658 ⑬	/2300	/.00	/0464	0/FCL/FCL
20/DRY/TEXU2391475	/2300	/.00	/0384	0/FCL/FCL
20/RY/MISU2369721	/2300	/.00	/00977	0/FCL/FCL
20/DRY/MISU1173640	/2300	/.00	/04959	0/FCL/FCL
20/DRY/MISU1123306	/2300	/.00	/04980	0/FCL/FCL
20/DRY/MISU1107429	/2300	/.00	/04973	0/FCL/FCL
20/DRY/MISU1171114 ⑮	/2300	/.00	/04958	0/FCL/FCL
20/DRY/MISU1328245	/2300	/.00	/04979	O/FCL/FCL
20/DRY/MISU1304351	/2300	/.00	/04963	0/FCL/FCL
20/DRY/MISU1306797	/2300	/.00	/165529	0/FCL/FCL
20/DRY/MISU1418038	/2300	/.00	/166671	0/FCL/FCL
20/DRY/MISU1113376	/2300	/.00	/165576	0/FCL/FCL

ABOVE PARTICULARS AS DECLARED BY SHIPPER

资料3：发票

MR'02 02:25PM KCCS' PORE OFFICE 65 8630679 P.2

COMMERCIAL INVOICE

Seller : KOREA CHEMICAL CO.LTD. 1301-4.SEOCHO-DONG BEOCHO-KU, SEOUL.KOREA	Invoice No. and Date : EX80320 15th MAR 2008 LC No.and Date:
Consignee : TO THE ORDER OF SHANGHAI FAR EAST CONTAIINER CO., LTD. 1729-1731 YANG GAO RD.PUDONG SHANGHAI, CHINA	Buyer (If any than consignee): AS PER CONSIGNEE
Departure Date: ETD: 20 MAR 2008	Terms of Delivery and Payment: T/T SHANGHAI T/T 60 DAYS FROM B/L DATE
Vessel: ESSEN FXPRESS v.28ED09 ③	Other Reference :

From: SINGAPORE ⑤ ⑥	To : SHANGHAI,CHINA ①				
Shipping Marks	No. & Kind of Packing	Goods Description	Quantity	Unit Price	Amount

CIF SHANGHAICHINA ⑦

| FAR EAST
SHANGHAI ⑭
C/NO.: | PAINT⑯ | 114056 LTR ⑰ ⑱ | 2.00/LTR ⑳ | USD㉒ | 228112.00㉑ |

Country of Origin: SINGAPORE ⑲

KOREA CHEMICAL CO., LTD.

Signed By:_____

资料 4：装箱单

PACKING LIST

Seller :
  KOREA CHEMICAL CO.LTD.
    1301-4.SEOCHO-DONG BEOCHO-KU,
SEOUL,KOREA.
	Invoice No. and Date :
	
	    EX80320 15th MAR 2008

Consignee: TO THE ORDER OF SHANGHAI FAR EAST CONTAIINER CO., LTD. 1729-1731 YANG GAO RD.PUDONG SHANGHAI, CHINA.	Buyer (If any than consignee) : AS PER CONSIGNEE
Departure Date: ETD: 20 MAR 2008	Other Reference : CONTRACT No: SFEC/KCC803-01 ⑧
Vessel: ESSEN FXPRESS v.28ED09 ③	
From: To : SINGAPORE ⑤ ⑥ SHANGHAI,CHINA ①	

Shipping Marks	No.&.Kinds of Packing	Goods Description	Quantity	N/Weight	G/Weight	Measurement
			LTR⑱	KG	KG	
	PAINT⑯		114056⑰	136256⑫	161492.00⑪	

TOTAL: 234 CRATES⑨⑩

KOREA CHEMICAL CO., LTD.

Signed By: _____

二、加工贸易货物报关单常见填报内容及对应关系

加工贸易进出口货物的报关单填制较为复杂，料件、成品、剩余料件、残次品、副产品、边角料等各类货物的流转处理，均须根据各自不同去向，按照海关监管的相应要求，分别填制报关单向海关办理报关手续。此处主要选择料件、成品的常见处理方式；列表汇总其报关单填制要求及其对应关系(见表 6-25 和表 6-26)

表 6-25　针对料件的报关单填制要求

项目 栏目	料件进口 进境		料件退换 先出境 后进境	余料结转 形式 进口	形式 出口	深加工结转 形式 进口	形式 出口	料件内销 形式进口	料件复出 出境
贸易方式	来料 加工	进料 对口	来/进料 料件退换	来/进料 余料结转		来/进料 深加工		来/进料 料件内销	来/进料 料件复出
进口口岸/ 出口口岸	指定范围内实际进出口岸海关			接受申报的海关					指定范围 实际进出 口口岸海关
征免性质	来料 加工	进料 加工	免予填报	免予填报				一般征税	其他法定
备案号	加工贸易手册编号			转入手册 编号	转出手 册编号	转入手 册编号	转出手 册编号	加工贸易手册编号	
运输方式	实际进境 运输方式		实际出/进境 运输方式	其他运输					实际出境 运输方式
运输工具 名称	实际进境 运输工具名称		实际出/进境 运输工具名称	免予填报					实际出境运 输工具名称
启运国 (地区)/ 运抵国 (地区)	实际启运国 (地区)		实际运抵国 (地区)/启 运国(地区)	中国					实际运国 (地区)
随附单证						K：深加工结转 申请表编号		c：内销征税 联系单号	
用途	加工返销		加工返销 (进口)	加工 返销	-	加工 返销	-	其他内销	-
备注			退运出境 报关单填报原 进口报关单号	转入进 口报关 单号； 转入手 册编号	转入进 口报关 单号	转出 手册 编号	转入进 口报关 单号； 转入手 册编号	"活期"	原进口报关 单号
项号 (第2行)	手册对应进口料件项号		转入手 册对应 进口料 件项号	转出手 册对应 进口料 件项号	转入手 册对应 进口料 件项号	转出手 册对应 出口成 品项号	手册对应进口料件项号	
原产国(地区)/最终 目的国 (地区)	料件进口原产 国(地区)/成品 出口最终目的 国(地区)		原进口料件 原产国(地区)	原进口 料件原 产国 (地区)	中国			原进口料件原产 国(地区)	实际最终目的国 (地区)
征免	全免							照章征税	全免

表 6-26　针对成品的报关单填制要求

项目 / 栏目	成品出口		成品内销				成品退换	
			按料件征税	转减免税				
	出境		形式进口	形式进口	形式出口		进境	出境
贸易方式	来料加工	进料对口	来/进料料件内销	根据货物实际情况选择填报	来/进料成品减免		来/进料成品退换	
进口口岸/出口口岸	指定范围实际进出口岸海关		接受申报的海关				指定范围实际进出口岸海关	
征免性质	来料加工	进料加工	一般征税	征免税证明所批征免性质	免予填报		免予填报	
备案号	加工贸易手册编号			征免税证明编号	加工贸易手册编号			
运输方式	实际出境运输方式		其他运输				实际进/出境运输方式	
运输工具名称	实际出境运输工具名称		免予填报				实际进/出境运输工具名称	
启运国(地区)/运抵国(地区)	实际运抵国(地区)		中国				实际启运国(地区)/运抵国(地区)	
随附单证			c：内销征税联系单号					
用途	-		其他内销	企业自用	-		其他	-
备注	料件费、工缴费		"活期"	转出手册编号	转入征免税证明编号			
项号(第2行)	手册出口成品项号		手册进口料件项号	征免税证明对应项号	手册原出口成品对应项号			
原产国(地区)/最终目的国(地区)	实际最终目的国(地区)		中国				实际最终目的国(地区)	
征免	征免：一般为"全免"应征出口税的"照章征税"		照章征税	全免				

三、减免税进口设备报关单常见填报内容及对应关系

减免税进口设备报关单常见填报内容及对应关系如表 6-27 所示。

表6-27 减免税进口设备报关单填制要求

项目 栏目	投资总额内进口			投资总额 外进口	减免税设备结转	
	合资合作企业	外商独资企业	国内投资项目			
	进境	进境	进境	进境	形式进口	形式出口
贸易方式	合资合作设备	外资设备物品	一般贸易	一般贸易	减免设备结转	
征免性质	鼓励项目等			自有资金	根据货物实际 情况选择填报	免予填报
备案号	征免税证明编号				征免税 证明编号	结转联系 函编号
经营单位 收/发货单位	该合资 合作企业	该外商 独资企业	设备进口企业		转入企业	转出企业
运输方式	进境实际运输方式				其他运输	
启运国(地 区)/运抵国 (地区)	实际启运国(地区)				中国	
备注	如为委托进口，须注明 代理进口的外贸企业名称				结转联系 函编号	转入进口报关 单号；转入方 免税证明编号
用途	企业自用				企业自用	-
原产国(地 区)/最终目 的国(地区)	设备实际原产国(地区)				设备原生产国 (地区)	中国
征免	特案				全免	

四、加工贸易进口设备报关单常见填报内容及对应关系

加工贸易进口设备报关单常见填报内容及对应关系如表6-28所示。

表6-28 加工贸易进口设备报关单填制要求

项目 栏目	加工贸易免税进口不作价设备				
	进境	退运出境	内销	结转	
			形式进口	形式进口	形式出口
贸易方式	不作价设备	加工设备退运	加工设备内销	加工设备结转	
征免性质	加工设备	其他法定	免予填报		
备案号	加工贸易手册(首位标记"D")编号				
经营单位 收/发货单位	加工贸易经营企业			转入企业	转出企业
运输方式	进境实际运输方式	出境实际运输方式	其他运输		
启运国(地 区)/运抵国 (地区)	实际启运国(地区)	实际运抵国(地区)	中国		
备注		原进口报关单号		转出手册号	转入进口报关单号；转 入手册号
用途	企业自用		其他内销	企业自用	-
原产国(地区)/最 终目的国(地区)	设备实际原产国(地区)	实际最终目的国(地区)	设备原生产国(地区)	中国	
征免	特案	全免	照章征税	全免	

五、暂准进出境货物报关单常见填报内容及对应关系

暂准进出境货物涉及的贸易方式包括"展览品"与"暂时进出货物"两类，各自的适用范围参见本章第二节及第三章相应内容。暂准进境及复出境货物的报关单栏目对应关系如表6-29所示，暂准出境及复进境报关单栏目也参照填报。

表6-29 暂准进境反复出境的报关单填制要求

项目 栏目	进境展览品		其他暂准进境货物	
	进境	复出境	进境	复出境
贸易方式	展览品		暂时进出货物	
征免性质	其他法定			
用途	收保证金/其他		收保证金/其他	
备注		原进口报关单号	暂时进境申请批准决定书	原进口报关单号
征免	保证金/保函	全免	保证金/保函	全免

六、无代价抵偿、一般退运、直接退运货物报关单常见填报内容及对应关系

无代价抵偿、一般退运、直接退运货物报关单常见填报内容及对应关系如表6-30所示。

表6-30 无代价抵偿、一般退运、直接退运货物报关单填制要求

项目 栏目	无代价抵偿进口货物		一般退运货物 (品质规格原因)		直接退运货物	
	退运出境	补偿进境	进境	出境	先出口报关	后进口报关
贸易方式	其他	无代价抵偿	退运货物		直接退运	
征免性质	其他法定				免予填报	
备注	原进口报关单号		原出口报关单号	原进口报关单号	决定书/通知书编号	出口报关单号；决定书/通知书编号
征免	全免					

第五节　其他进出境报关单

其他进出境报关单是指除了报关单填制规范所规定的报关单格式以外，专用于特定区域、特定货物及特定运输方式的进出境报关单。

一、保税区进出境货物备案清单

"保税区进出境货物备案清单"是由海关规定统一格式，由保税区内企业或其代理人填制并向保税区海关提价的申请货物进出保税区的法律文书，是海关依法对出、入保税区货物实施监督管理的重要凭证。

保税区备案清单适用于保税区从境外进口的货物(包括加工贸易料件转口货物、仓储货物)和保税区运往境外的出口货物；不适用于保税区与国内非保税区之间进出口的货物，区内企业从境外进口自用的机器设备、管理设备、办公用品，以及区内工作人员自用的应税物品。

保税区进出境货物备案清单为一式五联，分别为：进(出)地海关存查联，海关统计联，主管海关存查联，备案单位存查联，进境付汇核销、出境结汇专用联。

保税区进出境货物备案清单的填制格式、内容及填制要求与报关单基本相同。

二、出口加工区进出境货物备案清单

"出口加工区进出境货物备案清单"是由海关规定统一格式，由出口加工区内企业或其代理人填制，并向出口加工区海关提交的申请货物运入或运离出口加工区的法律文书，是海关依法对出入出口加工区货物实施监督管理的重要凭证。

出口加工区进出境货物备案清单主要适用于出口加工区实际进出境货物、加工区与国内其他地区之间的非实际进出境货物、同一出口加工区内或不同出口加工区之间的企业结转(调拨)货物。

三、过境货物报关单

过境货物报关单是指由过境货物经营人向海关递交申请过境货物进出境的法律文书，是海关依法监管货物过境的重要凭证。

四、进出境快件报关单

进出境快件报关单是指进出境快件运营人向海关提交的申报以快件运输方式进出口货物、物品的报关单证。

进出境快件报关单包括 KJ1 报关单、KJ2 报关单、KJ3 报关单，其适用范围见第三章。

五、暂准进口单证册

暂准进口单证册(以下简称 ATA 单证册)是指由世界海关组织通过的《货物暂准进口公约》及其附约 A 和《ATA 公约》中规定的，用于替代各缔约方海关暂准进出口货物报关单和税费担保的国际统一通用的海关报关单证。

由于我国目前只加入了展览品暂准进口使用 ATA 单证册的有关国际公约，因此，我国目前只接受属于展览品范围的 ATA 单证册。有关单位向海关递交 ATA 单证册时，应递交中文或英文填报的 ATA 单证册。如递交英文时，应提供中文译本；用其他文字填写的，必须同时递交忠实于原文的中文或英文译本。

有关暂准进口单证册内容见第三章第七节。

六、集中申报清单

集中申报是指经向海关备案，进出口货物收、发货人在同一口岸多批次进出口属于《中华人民共和国海关进出口货物集中申报管理办法》规定范围内的货物，可以先以"海关进(出)口货物集中申报清单"申报货物进出口，然后在海关规定的期限内再以进(出)口货物报关单集中办理海关申报手续的特殊通关方式。

练　习

第一部分　填制报关单单项选择题

练习一

请根据所提供的资料，按照报关单填制规范的要求在报关单相对应的栏目选项中，选出最合适的答案。

【资料 1】

华东×××贸易有限公司(310991××××)与中国香港×××海外进出口公司签订不同款式 PU 面休闲鞋(属法检商品，法定计量单位：双)出口合同(合同号 WVI8101)。为履行该合同，华东×××贸易公司又与苏南×××鞋业制造公司(322351××××)签订该批休闲鞋委托加工生产合同(合同号 H.S.80764)，并支付该批货物的加工劳务费用。

该批货物于 2008 年 10 月 5 日装入 20 尺集装箱(箱号 BMOU2433296，自重 2400 千克)，由苏南×××物流公司(322358××××)用汽车从产地直接运至上海吴淞码头。华东××× 贸易有限公司持出境货物通关单(编号：32005020813713400)及其他单证向上海海关隶属吴淞海关(2202)办理出口报关手续。

该批货物拟于 2008 年 10 月 8 日由 "CLEMENTINE MAERSK" 号轮(0810 50591672)载运出境。

【资料2】

HUADONG XXX TRADING LTD.

INVOICE

No.WVI8101
Date: Sept.28, 2008

Messers: XXX OVERSEAS (HONG KONG) IMP. & EXP. LTD.
MAHK LIMITED SINGAPORE

S/C No. WVI8101

Payment: T/T

Shipment: FROM SHANGHAI,CHINA TO ROTTERDAM,NETHERLANDS PER S.S.

Marks & Nos	Description & Specification	Amount
H.K. REF No. ORDER: STYLE: SIZE: QTY. C/No. MADE IN CHINA	Terms: <u>FOB SHANGHAI</u> CASUAL SHOES WITH PU UPPER STYLE　SIZE　CTNS　PRS　U/PRICE 00052　4-12　92　　1104　USD19.70/PAIR 00051　4-12　107　　1284　USD21.00/PAIR ------------------------------- TTL　　　　199　　2388 ONE HUNDRED AND NINETY NINE CARTONS ON TEN PALLETS IN ONE 20'CONTAINER	USD21748.80 USD26964.00 -------- USD48712.80

请根据以上资料，选择以下栏目正确选项。

1. "备案号" 栏(　　)。

    A. H.S.80764　　　　　　　　B. WVI8101

    C. 8101　　　　　　　　　　D. 此栏为空

2. "经营单位" 栏(　　)。

    A. 华东×××贸易有限公司 310991××××

    B. 中国香港×××海外进出口公司

    C. 苏南×××鞋业制造公司 322351××××

    D. 苏南×××物流公司 322358××××

3. "运输方式"栏( )。

    A. 江海运输   B. 水路运输   C. 公路运输   D. 其他运输

4. "运输工具名称"栏( )。

    A. CLEMENTINE MAERSK

    B. CLEMENTINE MAERSK 0810 50591672

    C. CLEMENTINE MAERSK(0810 50591672)

    D. CLEMENTINE MAERSK/0810 50591672

5. "发货单位"栏( )。

    A. 华东×××贸易有限公司 310991××××

    B. 苏南×××鞋业制造公司 322351××××

    C. 中国香港×××海外进出口公司

    D. 苏南×××物流公司 322358××××

6. "贸易方式"栏( )。

    A. 来料加工   B. 进料加工

    C. 成品进出区   D. 一般贸易

7. "征免性质"栏( )。

    A. 来料加工   B. 进料加工

    C. 其他法定   D. 一般征税

8. "结汇方式"栏( )。

    A. 信汇   B. 票汇

    C. 信用证   D. 电汇

9. "运抵国(地区)"栏( )。

    A. 鹿特丹   B. 荷兰

    C. 香港   D. 中国香港

10. "指运港"栏( )。

    A. 香港   B. 中国香港

    C. 荷兰   D. 鹿特丹

11. "境内货源地"栏( )。

    A. 31099   B. 32235

    C. 31909   D. 此栏为空

12. "批准文号"栏( )。

    A. WVI8101   B. 00052

    C. 00051   D. 此栏为空

13. "件数"栏( )。

    A. 1   B. 10

C. 199　　　　　　　　　　　　D. 2388

14. "包装种类"栏(　　)。
    A. 纸箱　　　　　　　　　　B. 托盘
    C. 集装箱　　　　　　　　　D. 其他
15. "集装箱号"栏(　　)。
    A. BMOU2433296　　　　　　B. BMOU2433296*1(1)
    C. BMOU2433296/2400　　　D. BMOU2433296/20/2400
16. "随附单证"栏(　　)。
    A. B　　　　　　　　　　　　B. 32005020813713400
    C. B32005020813713400　　D. B: 32005020813713400
17. "商品名称、规格型号"栏(　　)。
    A. 按"PU面休闲鞋"合并为一项填报
    B. 按商品的不同装箱号分项填报
    C. 按商品的不同尺码分项填报
    D. 按商品的不同款号(单价)分项填报
18. "数量及单位"栏的"计量单位"项(　　)。
    A. 打　　　　　　　　　　　B. 箱
    C. 双　　　　　　　　　　　D. 千克
19. "最终目的国(地区)"栏(　　)。
    A. 香港　　　　　　　　　　B. 中国香港
    C. 鹿特丹　　　　　　　　　D. 荷兰
20. "征免"栏(　　)。
    A. 照章征税　　　　　　　　B. 折半征税
    C. 全免　　　　　　　　　　D. 保证金

练习二

请根据所提供的资料，按照《报关单填制规范》的要求，在报关单相对应的栏目选项中，选出最合适的答案。

【资料1】

秦皇岛造船厂(1303911021)进口一批油漆(法定计量单位为千克)用于加工出口成品。装载货物的运输工具于2008年3月26日向天津新港海关(0202)申报进境。该货物经汽车运输直接转关到秦皇岛。2008年3月30日，该企业报关员持编号为C04026100941的加工贸易手册自行向秦皇岛海关(0402)报关，该货物列在该手册第2项。

【资料 2】

INVOICE & PACKING LIST

No.EX80320

Date: MAR 15,2008

To M/S:

QINHUANGDAO BOATYARD CO., LTD.

154 WUXI ROAD QINHUANGDAO CHINA

Sales Contract No.SFEC/KCC803-1   Payment: T/T 60DAYS FROM B/L DATE

Shipment: FROM SINGAPORE TO TIANJIN BY SEA

Marks & Nos	Description & Specification	Amount
QHD BOATYARD TIANJIN C/No.	Terms: <u>CIF TIANJIN</u> (Freight:USD8000.00 Insurance:0.25%) PAINT 234 IRON DRUMS=114056LTR @USD2.00/LTR... G.W.161492KG N.W.136256KG COUNTRY OF ORIGIN:SINGAPORE	USD228112.00

SIGNED BY:

GENERAL MANAGER

KOREA CHEMICAL CO., LTD.

1301-4,SEOCHO-DONG,SEO-CHO-KU

SEOUL,KOREA

【资料 3】

Shipper:	B/L No.MISC200000537
KOREA CHEMICAL CO., LTD. 1301-4,SEOCHO-DONG,SEO-CHO-KU SEOUL,KOREA	**Bill of Lading** For Combined Transport or Port to Port Shipment
Consignee:	
TO ORDER OF QINHUANGDAO BOATYARD CO., LTD. 154 WUXI ROAD QINHUANGDAO CHINA	**Original**

Notify Party:		
SAME AS CONSIGNEE		Marks & Nos.
Port of Loading: SINGAPORE	**Port of Discharge:** TIANJIN	**Vessel & Voyage No.** ESSEN EXPRESS　28ED09
Description of Goods	**No.& Kind of Packages**	**G.W.(KG)** **Measurement(CBM)**

3x20' CONTAINERS　　　　　　　161492　　281

SAY:TOTAL THREE TWENTY FEET CONTAINERS ONLY

CONTAINING:

234 IRON DRUMS OF

PAINT

FREIGHT PREPAID

SIZE/TYPE/CONTAINER /TARE WEIGHT/GROSS WEIGHT/SEAL No./QUANTITY/STATUS

20/DRY/TPHU8290658/2.000/　　　　　　　　　　/FCL

20/DRY/TEXU2391475/2.000/　　　　　　　　　　/FCL

20/DRY/MISU2369721/2.000/　　　　　　　　　　/FCL

MALAYSIA INT'L SHIPPING

CORPORATION BERHAD

AS CARRIER

请根据以上资料，选择以下栏目正确选项。

1. "进口口岸"栏(　　)。

　A. 秦皇岛海关　　　　　　　　　B. 秦皇岛海关 0402

　C. 新港海关　　　　　　　　　　D. 新港海关 0202

2. "备案号"栏(　　)。

　A. 3122231040　　　　　　　　　B. C04026100941

　C. MISC200000537　　　　　　　D. V28ED09

3. "进口日期"栏(　　)。

　A. 08.03.26　　B. 20080326　　C. 08.03.30　　D. 20080330

4. "运输方式"栏(　　)。

A. 2　　　　　　　　B. 3　　　　　　　　C. 4　　　　　　　　D. 5

5. "收货单位"栏（　　）。

　　A. 1303911021

　　C. 秦皇岛造船厂

　　B. 秦皇岛造船厂 1303911021

　　D. 130391

6. "贸易方式"栏（　　）。

　　A. 0214　　　　　　B. 0615　　　　　　C. 0255　　　　　　D. 0654

7. "装货港"栏（　　）。

　　A. 首尔　　　　　　B. 韩国　　　　　　C. 新加坡　　　　　D. 中国境内

8. "境内目的地"栏（　　）。

　　A. 秦皇岛造船厂

　　C. 秦皇岛其他

　　B. 秦皇岛经济技术开发区

　　D. 130391

9. "运费"栏（　　）。

　　A. 502/8000/1　　B. 502/8000/2　　C. 502/8000/3　　D. 此栏为空

10. "保费"栏（　　）。

　　A. 502/.025/1　　B. 0.25/1　　　　C. 0.25/2　　　　D. 此栏为空

11. "件数"栏（　　）。

　　A. 1　　　　　　　B. 12　　　　　　C. 234　　　　　　D. 114056

12. "包装种类"栏（　　）。

　　A. 桶　　　　　　　B. 集装箱　　　　C. 铁桶　　　　　　D. 木箱

13. "毛重"栏（　　）。

　　A. 114056　　　　B. 136256　　　　C. 161492　　　　D. 161492 千克

14. "集装箱号"栏（　　）。

　　A. TPHU8290658/20/2000

　　C. TPHU8290658/40

　　B. TPHU8290658/2.000

　　D. TPHU8290658/20/40

15. "用途"栏（　　）。

　　A. 加工返销　　　B. 企业自用　　　C. 其他内销　　　D. 外贸自营内销

16. "标记唛码及备注"栏（　　）。

　　A. QHD BOATYARD
　　　　TIANJIN

　　B. QHD BOATYARD
　　　　TIANJIN
　　　　C/No.:

　　C. QHD BOATYARD
　　　　TIANJIN
　　　　C/No.:
　　TEXU2391475/20/2000

　　D. QHD BOATYARD
　　　　TIANJIN
　　　　C/No.:
　　TEXU2391475/20/2000
　　　　MISU2369721/20/2000

17. "项号"栏(　　)。

A. 01　　　　　　　　　　　　　　B. 01
　　02

C. 01　　　　　　　　　　　　　　D. 02
　　01

18. "数量及单位"栏(　　)。

A. 114056 升　　　　　　　　　　B. 136256 千克

C. 136256 千克(第一行)　　　　　D. 136256 千克(第一行)
　　114056 升(第二行)　　　　　　　　114056 升(第三行)

19. "总价"栏(　　)。

A. 114056　　　　　　　　　　　　B. 136256

C. 161492　　　　　　　　　　　　D. 228112

20. "原产国(地区)"栏(　　)。

A. 美国　　　　　　　　　　　　　B. 中国

C. 新加坡　　　　　　　　　　　　D. 韩国

第二部分　查找报关单填制错误

练习一

下列报关单中有 20 个已填(包括空填)栏目(标号 A～T),请指出其中至少 5 处填制错误。

【资料 1】

广东威达半导体有限公司(4403148263)从境外进口原材料一批(列手册 C53301342557 第 4 项),加工成反光板(手册备案成品第 16 项)后,结转至东莞鑫鑫科技有限公司用于加工电视机零件后出口。

中华人民共和国海关进口货物报关单

进口口岸 东莞海关 5204	备案号 C52044568515		进口日期 20081218	申报日期 20081218
经营单位 东莞鑫鑫科技有限公司 4419967885	运输方式 其他运输		运输工具名称	提运单号
收货单位 东莞鑫鑫科技有限公司 4419967885	贸易方式 0654		征免性质	征税比例
许可证号	启运国(地区) 142		装货港 142	境内目的地 东莞
批准文号	成交方式 CIF	运费	保费	杂费
合同协议号	件数 10	包装种类 纸箱	毛重(千克) 4148.96	净重(千克) 4118.96
集装箱号	随附单证			用途 加工返销

标记唛码及备注
深加工结转申请表号：01343378
转出手册编号：C53301342557

项号	商品编号	商品名称、规格型号	数量及单位	原产国(地区)	单价	总价	币制	征免
1 06	90019090.04	反光板/TV 用聚苯乙烯 32"	4118.96 千克	142	3.850	32151.35	502	全免
			8351 个					

税费征收情况

输入员	输入单位	兹声明以上申报无讹并承担法律责任	海关审单批注及放行日期(签章)	
报关员			审单	审价
单位地址		申报单位(签章)	征税	统计
邮编	电话	填制日期	查验	放行

预输入编号：375641992　　　　　　　　海关编号：520420081567235125

【资料 2】

<h2 align="center">商 业 发 票、 装 箱 单</h2>
<h3 align="center">COMMERCIAL INVOICE & PACKING LIST</h3>

No.SHJ2008548445
Date: 20081211

To M/S:

东莞鑫鑫科技有限公司

DONGGUAN XINXIIN ELECTRONICS TECHNOLOGY CO., LTD.

S/C No.　　　　　　　　　　　Payment: T/T

Shipment:

Marks & Nos	Description & Specification	Amount
	Terms: _____ 反光板 731×417 10CARTONS=8351 个 @USD3.850/个…… G.W.4148.96KG N.W.4118.96KG	USD32151.35

Seller:

广东威达半导体有限公司

GUANGDONG WEIDA SEMICON TECHNOLOGY CO., LTD.

广东省深圳市南山区常新路 123 号

中华人民共和国海关出口货物报关单

(A)出口口岸 东莞海关 5204		(B)备案号 C53301342557	出口日期	申报日期
经营单位		(C)运输方式 其他运输	运输工具名称	提运单号
发货单位		(D)贸易方式 进料加工	(E)征免性质	(F)结汇方式 2
(G)许可证号	运抵国(地区)		(H)指运港 中国	(I)境内货源地 深圳特区
(J)批准文号	(K)成交方式 3	(L)运费	保费	杂费
合同协议号	(M)件数 10	包装种类	(N)毛重(千克) 4148.96	净重(千克)
集装箱号	(O)随附单证 520420081567235125			生产厂家
(P)标记唛码及备注 01343378				

(Q)项号　商品编号	商品名称、规格型号	(R)数量及单位	最终目的地(地区)	单价	总价	币制	征免
1 04		4118.96 千克	中国				全免
		8351　　个					

税费征收情况

录入员　　录入单位	兹声明以上申报无讹并承担法律 责任	海关审单批注及放行日期(签章)	
报关员		审单	审价
单位地址	申报单位(签章)	征税	统计
邮编　　　电话	填制日期	查验	放行

预录入编号：　　　　　　　　海关编号：

练习二

下列报关单中有20个已填(包括空填)栏目(标号 A～T)，请指出其中至少5处填制错误。

【资料1】

威海×××光学有限公司(371094××××)因进料加工光学制品需要，由新加坡商人无偿提供设备 2 台，进口报关单号 0442793114034×××××，加工贸易不作价设备手册

D4204445××××。现因加工合同完成，根据外商要求将设备退回。

　　法定计量单位：台。

【资料2】

商 业 发 票、 装 箱 单

COMMERCIAL INVOICE & PACKING LIST

No.K-050410
Date: Apr.10, 2009

To M/S:
MAHK LIMITED SINGAPORE
S/C No.
Payment: T/T 30Days
Shipment: FROM WEIHAI TO SINGAPORE

Marks & Nos	Description & Specification	Amount
W.H. K-050410 C/No.1-5	Terms: _____ AUTOMATIC DICING SAW 2 UNIT @USD137500.00 …… CTN No.　　N.W.　　　G.W. 1　　　1034KG　　1244KG 2　　　1148　　　　1248 3　　　156　　　　186 4　　　156　　　　186 5　　　532　　　　592 ------------------------ 5CARTONS　3026KG　　3456KG	USD275000.00

Seller:

WEIHAI XXX OPT CO., LTD.

中华人民共和国海关出口货物报关单

(A)出口口岸 威海海关 4204	(B)备案号 D4204445××××		出口日期	申报日期
(C)经营单位 威海×××光学有限公司 371094××××	(D)运输方式 水路运输		(E)运输工具名称 SEASTAR/040S	(F)提运单号 SITNBSGG500606
发货单位	(G)贸易方式 加工贸易设备		(H)征免性质	结汇方式
许可证号	(I)运抵国(地区) 新加坡 132		(J)指运港 新加坡	(K)境内货源地 37109
批准文号	(L)成交方式 FOB	运费	保费	杂费

合同协议号	(M)件数	(N)包装种类	毛重(千克)	净重(千克)
	5	木箱		

(O)集装箱号	随附单证			生产厂家

(P)标记唛码及备注

项号	商品编号	(Q)商品名称、规格型号	(R)数量及单位	(S)最终目的地(地区)	单价	总价	币制	(T)征免
		切断机	2 台	新加坡				全免
	DAD691		132					

税费征收情况

录入员　录入单位	兹声明以上申报无讹并承担法律责任	海关审单批注及放行日期(签章)	
报关员		审单	审价
单位地址		征税	统计
	申报单位(签章)		
邮编　电话	填制日期	查验	放行

预录入编号：　　　　　　　海关编号：

练习三

下列报关单中有20个已填(包括空填)栏目(标号A~T)，请指出其中至少5处填制错误。

【资料1】

辽宁环宇精密金属有限公司(219093××××，属鼓励项目)利用投资总额内资金进口生产设备一批。设备进口时，该公司凭征免税证明(编号：Z08010901×××)和入境货物通关单(编号：21000010802×××5000)向海关办理进口报关手续。

【资料2】

商 业 发 票、 装 箱 单

COMMERCIAL INVOICE & PACKING LIST

No.050812

Date: Apr.8, 2008

Shipper:Trinity Global Trading Company

Consingee:LIAONING UNIVERSAL PRECISION METAL CO., LTD.

Notify Party:SAME AS ABOVE

Port of Loading: KEELUNG,TAIWAN   Final Destination: DALIAN,CHINA.

Carrier: SUN HONOR SNKEE0802   Sailing on/about:2008/0812-08/18

S/C No.SC050812   Payment:

Marks & Nos	Description & Specification	Amount
	Terms: <u>CIF DALIAN</u>	
	1)Extrusion Press (1250)	
	1set @USD690000.00	USD690000.00
	2)PLC Control(SLC-500)	
	1set @USD90000.00	USD90000.00
	3)Water Sealed Runout Table(HC-100)	
	1set @USD40000.00	USD40000.00
	-----------------------	------
	3SET IN TOTAL	USD820000.00
	No.　　Description　Packages　N.W.	
	HY-1,2　1)Extrusion　2　　98000KG	
	Press (1250)	
	1set	
	HY-3　　2)PLC Control　1　　200	
	(SLC-500)1set	
	HY-4　　3)Water Sealed　1　　3000	
	Runout Table	
	(HC-100)1set	

	4　　101200	
	G.W. 101420KG N.W. 101200KG	

Signed by:

【资料3】

Shipper:	B/L No.SNKEE0820
TRINITY GLOBAL TRADING COMPANY	
Consignee:	**WINTECH SHIPPING LTD.**
LIAONING UNIVERSAL PRECISION METAL CO., LTD.	**Bill of Lading**
	Original
Notify Party:	
SAME AS ABOVE	**Marks & Nos.** LIAONING P/No.:HY-1…4 MADE IN JAPAN

Port of Loading: KEELUNG,TAIWAN	Port of Discharge: DALIAN,CHINA	Vessel SUN HONOR		Voyage No. 230W
Description of Goods	**No. of Packages**	**G.W.** **(kg)**	**N.W.** **(kg)**	**Measurement** **(cm)**
Extrusion Press (1250)	1	74000	74000	1010×300×290
	1	24100	24000	490×320×250
PLC Control(SLC-500)	1	3100	3000	200×130×190
Water Sealed Runout Table(HC-100)	1	220	200	145×75×185
	-------	---		
	SAY TOTAL FOUR PKGS ONLY	101420		
	"TELEX RELEASE"			

Freight Prepaid
Carrier

<h3 style="text-align:center">中华人民共和国海关进口货物报关单</h3>

进口口岸		(A)备案号 Z08010901×××	进口日期	申报日期
(B)经营单位 辽宁环宇精密金属有限公司 219093××××		运输方式	(C)运输工具名称 SUN HONOR	(D)提运单号 SNKEE0820
(E)收货单位 辽宁环宇精密金属有限公司 219093××××		(F)贸易方式 外资设备物品	(G)征免性质 鼓励项目	征税比例
许可证号	(H)启运国(地区) 中国台湾		(I)装货港 基隆	(J)境内目的地 21909
批准文号	(K)成交方式 CIF	运费	保费	杂费
(L)合同协议号 050812	(M)件数 4	(N)包装种类 其他	毛重(千克)	净重(千克)
(O)集装箱号	(P)随附单证 A:21000010802×××5000			(Q)用途 企业自用
(R)标记唛码及备注				

项号	商品编号	商品名称、规格型号	数量及单位	(S)原产国(地区)	单价	总价	币制	(T)征免
					116			全免

税费征收情况				
录入员　录入单位		兹声明以上申报无讹并承担法律责任	海关审单批注及放行日期(签章)	
报关员			审单　　　　审价	
单位地址	申报单位(签章)		征税　　　　统计	
邮编　　电话	填制日期		查验　　　　放行	

预录入编号：　　　　　　　海关编号：

练习四

下列报关单中有 20 个已填(包括空填)栏目(标号 A～T)，请指出其中至少 5 处填制错误。

【资料1】

天津 ABC 科技有限公司 (1207943355)将位于征免税证明(z202020833475)下第 3 项的画质检查机(法定计量单位：台)和位于征免税证明(Z02040888767)下第 2 项的搭载机用出料器(法定计量单位：千克)结转至天津 XYZ 工业有限公司(1207949786)，画质检查机和搭载机用出料器分别位于转入企业所持征免税证明(202020877654，海关签注的征免性质为鼓励项目)下第 2 项和第 3 项。

结转进口报关单编号：020220081088098768；减免税进口货物结转联系函编号：R20202087689 。

【资料2】

发票和打包清单
INVOICE & PACKING LIST

No.ABC20081112
Date:20081112

To M/S:
天津 XYZ 工业有限公司
Payment: T/T
Shipment: FROM TIANJIN TO TIANJIN BY TRUCK

Marks & Nos	Description & Specification	Amount
	Terms: <u>CIF TIANJIN</u>	USD22200.00
	外资设备物品　裸装	
	1.COSMO 牌画质检查机 CMX-CUBE-SSE	USD57017.96
	6SET @USD3700.00　……	
	N.W.39KG PER SET	------
	G.W.39KG PER SET	USD79217.96
	2.松下牌搭载机用出料器 FAYTCA00059	
	2SET @USD28508.98　……	
	N.W.300KG PER SET	
	G.W.300KG PER SET	

	TOTAL 6SET	
	N.W.834KG	
	G.W.834KG	

TIANJIN ABC-TECH CO., LTD.

中华人民共和国海关出口货物报关单

出口口岸	(A)备案号 Z02020877654		出口日期	申报日期
(B)经营单位 天津 ABC 科技有限公司 1207943355	(C)运输方式 4		(D)运输工具名称	提运单号
发货单位	(E)贸易方式 外资设备物品		(F)征免性质	结汇方式
许可证号	(G)运抵国(地区) 中国		(H)指运港 天津	(I)境内货源地 塘沽区其他
(J)批准文号	(K)成交方式 CIF	(L)运费	(M)保费	杂费
合同协议号	(N)件数 1	(O)包装种类 裸装	毛重(千克)	净重(千克)
集装箱号	(P)随附单证			生产厂家

(Q)标记唛码及备注
Z02020833475, Z02040888767,020220081088098768

项号	商品编号	商品名称、规格型号	(R)数量及单位	(S)最终目的地(地区)	单价	总价	币制	(T)征免
		COSMO 牌画质检查机 CMX-CUBE-SSE	6 台		142			全免
		松下牌搭载机用出料器 FAYTCA00059	2 台		142			全免

税费征收情况

录入员　录入单位	兹声明以上申报无讹并承担法律责任	海关审单批注及放行日期(签章)	
报关员		审单	审价
单位地址	申报单位(签章)	征税	统计
邮编　电话	填制日期	查验	放行

预录入编号：　　　　　　　　海关编号：

第七章

跨境贸易电子商务通关

第一节　跨境贸易电子商务概述

一、海关跨境贸易电子商务监管相关概念

电子商务企业是指通过自建或者利用第三方电子商务交易平台开展跨境贸易电子商务业务的境内企业，以及提供交易服务的跨境贸易电子商务第三方平台提供企业。

个人是指境内居民。

电子商务交易平台是指跨境贸易电子商务进出境货物、物品实现交易、支付、配送并经海关认可且与海关联网的平台。

电子商务通关服务平台是指由电子口岸搭建，实现企业、海关及相关管理部门之间数据交换与信息共享的平台。

电子商务通关管理平台是指由中国海关搭建，实现对跨境贸易电子商务和通关环节电子监管执法的平台。

二、跨境贸易电子商务监管概述

(一)跨境贸易电子商务发展状况简介

跨境贸易电子商务作为一种新型贸易业态，短短十几年的时间呈现爆炸式增长的态势，越来越成为传统外贸的重要补充和未来发展的趋势，被企业和消费者广泛接受，已成为全球范围内整合资源、抢占市场的重要手段，也将是争夺未来国际贸易制高点的主战场。我国是兼有跨境贸易电子商务生产和消费两大市场的国家。根据中国电子商务研究中心监测数据显示，从 2008 年到 2013 年，我国跨境贸易电子商务交易额的复合年均增长率高达31.1%，跨境电子商务的快速发展，正成为我国对外贸易新的增长点。

(二)跨境贸易电子商务服务试点情况简介

跨境贸易电子商务的兴起也引起了我国政府对该新型业态成长的高度关注。

2011 年 11 月，国家发改委等八部委联合下发通知，正式启动国家电子商务示范城市工作。

2012 年，海关总署牵头启动了跨境贸易电子商务服务试点工作，上海、重庆、杭州、宁波、郑州 5 个城市被确定为首批试点城市。

2013 年 8 月，国务院办公厅下发通知，明确提出建立电子商务出口新型海关监管模式并进行专项统计。海关对经营主体以邮件、快件等形式送达出境的跨境贸易电子商务零售商品进行集中监管，并采取清单核放、汇总申报的方式办理通关手续，降低报关费用。经营主体可在网上提交相关电子文件，并在货物实际出境后，按照外汇和税务部门要求，向海关申请签发报关单证明联。将电子商务出口纳入海关统计。

2014 年 1 月，海关总署发布《关于增列海关监管方式代码的公告》，从 2014 年 2 月 10 日起，增列海关监管方式代码"9610"，全称"跨境贸易电子商务"，简称"电子商务"，适用于境内个人或电子商务企业通过电子商务交易平台实现交易，并采用"清单核放、汇总申报"模式办理通关手续的电子商务零售进出口商品(通过海关特殊监管区域或保税监管场所一线的电子商务零售进出口商品除外)。

2014 年 7 月，海关总署发布《关于跨境贸易电子商务进出境货物、物品有关监管事宜的公告》，就电子商务进出境货物、物品海关监管事宜给出了全面的、具体的通关政策。

2014 年 8 月，海关总署发布《关于增列海关监管方式代码的公告》，增列海关临管方式代码"1210"，全称"保税跨境贸易电子商务"，简称"保税电商"。适用于境内个人或电子商务企业在经海关认可的电子商务平台实现跨境交易，并通过海关特殊监管区域或保税监管场所进出的电子商务零售进出境商品[海关特殊监管区域、保税监管场所与境内区外(场所外)之间通过电子商务平台交易的零售进出口商品不适用该监管方式]。"1210"监管方式用于进口时仅限经批准开展跨境贸易电子商务进口试点的海关特殊监管区域和保税物流中心(B 型)。

(三)海关跨境贸易电子商务通关监管模式

2012 年以来，在各试点城市的试点运作中，海关积极探索适应跨境贸易电子商务发展的政策和措施，归纳提出了"一般出口""特殊区域出口""直购进口"和"网购保税进口" 4 种新型海关通关监管模式。

(1) "一般出口"模式。是指采用"清单核放、汇总申报"的方式，电商出口商品以邮件、快件方式分批运送，海关凭清单核放出境，定期为电商把已核放清单数据汇总形成出口报关单，电商凭此办理结汇、退税手续，并纳入海关统计。

(2) "特殊区域出口"模式。是指电商把整批商品按一般贸易报关进入海关特殊监管区域，企业实现退税；对于已入区退税的商品，境外网购后，海关凭清单核放，由邮件、快件企业分送出区离境，海关定期将已放行清单归并形成出口报关单，电商凭此办理结汇手续，并纳入海关统计。

(3) "直购进口"模式。是指符合条件的电子商务平台与海关联网，境内个人跨境网购后，平台将电子订单、支付凭证、电子运单等实时传输给海关，商品通过海关跨境贸易电子商务专门监管场所入境，按照个人邮递物品征税，并纳入海关统计。

(4)　"网购保税进口"模式。是指境内个人及电子商务企业在经海关认可的电子商务平台实现跨境交易，电商企业或其代理人将进境网购商品批量报关存入海关特殊监管区域或保税监管场所保税存储，境内消费者网上交易后，区内货物逐批分拨配送，并参照个人邮递物品缴纳税费。

第二节　跨境贸易电子商务通关管理

一、适用范围

本节所述的跨境贸易电子商务通关管理适用于电子商务企业或个人通过经海关认可并且与海关联网的电子商务交易平台实现跨境交易进出境货物、物品。

二、注册备案及监管要求

1. 注册登记

开展电子商务业务的企业，如需向海关办理报关业务，应按照海关对报关单位注册登记管理的相关规定，在海关办理注册登记。上述企业需要变更注册登记信息的，应按照注册登记管理的相关规定办理。

2. 备案管理

存放电子商务进出境货物、物品的海关监管场所的经营人，应向海关办理开展电子商务业务的备案手续，并接受海关监管。未办理备案手续的，不得开展电子商务业务。

3. 商品备案

电子商务企业应将电子商务进出境货物、物品信息提前向海关备案，货物、物品信息应包括海关认可的货物 10 位海关商品编码及物品 8 位税号。

4. 监管要求

(1)　开展电子商务业务的海关监管场所经营人应建立完善的电子仓储管理系统，将电子仓储管理系统的底账数据通过电子商务通关服务平台与海关联网对接。

(2)　电子商务交易平台应将平台交易电子底账数据通过电子商务通关服务平台与海关联网对接。

(3)　电子商务企业、支付企业、物流企业应将电子商务进出境货物、物品交易原始数据通过电子商务通关服务平台与海关联网对接。

(4)　电子商务企业或个人、支付企业、海关监管场所经营人、物流企业等，应按照规定通过电子商务通关服务平台适时向电子商务通关管理平台传送交易、支付、仓储和物流等数据。

三、电子商务进出境货物、物品通关管理

(一)电子商务进出境货物通关管理

(1) 电子商务企业应提交"中华人民共和国海关跨境贸易电子商务进出境货物申报清单"(以下简称货物清单),采取"清单核放、汇总申报"方式办理电子商务进出境货物报关手续;货物清单与进出口货物报关单等具有同等法律效力。

(2) 电子商务企业或个人、支付企业、物流企业应在电子商务进出境货物申报前,分别向海关提交订单、支付、物流等信息。

(3) 电子商务企业或其代理人应在运载电子商务进境货物的运输工具申报进境之日起14日内,电子商务出境货物运抵海关监管场所后、装货24小时前,按照已向海关发送的订单、支付、物流等信息,如实填制货物清单,逐票办理货物通关手续。

(4) 除特殊情况外,货物清单、进出口货物报关单应采取通关无纸化作业方式进行申报。

(5) 电子商务企业或其代理人应于每月10日前(当月10日是法定节假日或者法定休息日的,顺延至其后的第一个工作日,第12月的清单汇总应于当月最后一个工作日前完成),将上月结关的货物清单依据清单表头同一经营单位、同一运输方式、同一启运国/运抵国、同一进出境口岸,以及清单表体同一10位海关商品编码、同一申报计量单位、同一法定计量单位、同一币制规则进行归并,按照进出境分别汇总形成进出口货物报关单向海关申报。

(6) 电子商务企业或其代理人未能按规定将货物清单汇总形成进出口货物报关单向海关申报的,海关将不再接受相关企业以"清单核放、汇总申报"方式办理电子商务进出境货物报关手续,直至其完成相应汇总申报工作。

(7) 电子商务企业在以货物清单方式办理申报手续时,应按照一般进出口货物有关规定办理征免税手续,并提交相关许可证件;在汇总形成进出口货物报关单向海关申报时,无须再次办理相关征免税手续及提交许可证件。

(8) 电子商务企业修改或者撤销货物清单,应参照现行海关进出口货物报关单修改或者撤销等有关规定办理,货物清单修改或者撤销后,对应的进出口货物报关单也应做相应修改或者撤销。

(9) 进出口货物报关单上的"进出口日期"以海关接受进出口货物报关单申报的日期为准。

(10) 电子商务进出境货物放行后,电子商务企业应按有关规定接受海关开展后续监管。

(二)电子商务进出境物品通关管理

(1) 电子商务进出境物品通关时,个人应提交"中华人民共和国海关跨境贸易电子商务进出境物品申报清单"(以下简称物品清单),采取"清单核放"方式办理电子商务进出境物品报关手续。物品清单与进出口货物报关单等具有同等法律效力。

(2) 电子商务企业或个人、支付企业、物流企业应在电子商务进出境物品申报前,分别向海关提交订单、支付、物流等信息。

(3) 个人进出境物品,应由本人或其代理人如实填制物品清单,逐票办理物品通关手续。

(4) 除特殊情况外,物品清单应采取通关无纸化作业方式进行申报。

(5) 个人在以物品清单方式办理申报手续时,应按照进出境个人邮递物品有关规定办理征免税手续,属于进出境管制的物品,需要提交相关部门的批准文件。

(6) 个人修改或者撤销物品清单,应参照现行海关进出口货物报关单修改或者撤销等有关规定办理。

(7) 电子商务进出境物品放行后,电子商务企业应按有关规定接受海关开展后续监管。

四、电子商务进出境货物、物品物流监控

电子商务进出境货物、物品的查验、放行均应在海关监管场所内完成。

海关监管场所经营人应通过已建立的电子仓储管理系统,对电子商务进出境货物、物品进行管理,并于每月 10 日前(当月 10 日是法定节假日或者法定休息日的,顺延至其后的第一个工作日)向海关传送上月进出海关监管场所的电子商务货物、物品总单和明细单等数据。

海关按规定对电子商务进出境货物、物品进行风险布控和查验。海关实施查验时,电子商务企业、个人、海关监管场所经营人应按照现行海关进出口货物查验等有关规定提供便利,电子商务企业或个人应到场或委托他人到场配合海关查验。

电子商务企业、物流企业、海关监管场所经营人发现涉嫌违规或走私行为的,应主动报告海关。

电子商务进出境货物、物品需要转至其他海关监管场所验放的,应按照现行海关关于转关货物有关管理规定办理手续。

五、其他事项

海关依据进出口货物报关单、物品清单对电子商务实施统计。

海关特殊监管区域、保税监管场所跨境贸易电子商务进出境货物、物品的监管,除另有规定外,参照本节所述规定办理。

练 习

1. 什么是电子商务企业、电子商务交易平台、电子商务通关服务平台、电子商务通关管理平台？

2. 海关监管方式代码9610(跨境贸易电子商务)的适用范围是什么？海关监管方式代码1210(保税跨境贸易电子商务)的适用范围是什么？

3. 经过2012年以来的试点运作，海关提出了哪4种新型跨境贸易电子商务通关监管模式？

第八章

通关便利化改革

第一节　分　类　通　关

近年来，为顺应国际贸易形势变化，我国经济发展和社会企业各界对进一步优化海关监管与服务的要求，中国海关一直致力于深化通关模式改革，先后推出一系列新型通关模式和措施，通过制度创新和技术创新，简化海关手续，优化作业流程，提高通关效率，通关便利化水平大幅度提升。

一、概述

分类通关是指海关通过科学运用风险管理的理念和方法，以企业守法管理为核心，综合企业类别、商品归类、价格、许可证件、贸易国别、航线、物流信息等各类风险要素，按照风险高低对进出口货物实施分类，在通关过程中采取不同的管理要求和管理程序，实施差别化作业的通关管理模式。

二、改革推行的背景与总体目标

(一)背景

2009 年，为优化海关监管和服务，海关总署党组以科学发展观为指导，全面构建海关大监管体系，深入推进综合治税，针对海关业务量快速增长与人力资源相对不足的突出矛盾，适应经济发展的特点和要求，在全面总结上海海关通关无纸化改革试点工作的基础上，决定在全国海关开展分类通关改革试点工作。

(二)总体目标

按照构建海关大监管体系和现代海关制度第二步发展战略的总体要求，以企业守法管理为基础，以风险管理应用为依托，在通关环节上由以纸质单证审核为基本方式转变为以计算机管理为基本方式，对低风险报关单(货物)实行快速放行，合理调配管理资源，突出海关监管重点缓解一线监管人员相对不足，与时俱进改革通关模式，向国际通行做法积极靠拢，进一步在严密监管前提下提高通关效率，实现有效监管和高效运作的有机统一。

三、改革推进的历史沿革

(一)启动试点阶段

2009 年，为落实国家领导人关于优化海关监管和服务的重要指示精神，提高我国企业的国际竞争能力，海关总署决定选择部分海关开展进出口货物分类通关改革试点工作。同年 6 月正式启动点，试点主要以出口为主，出口货物分类通关改革试点海关包括北京、天津、大连、上海、南京、杭州、宁波、福州、厦门、青岛、广州、深圳、拱北、黄埔、江门 15 个关区出口的海运和空运货物；进口货物分类通关改革试点海关包括上海和黄埔海关。

(二)深化改革阶段

2010 年 8 月，海关总署决定在出口货物分类通关改革试点的基础上，在全国海关进一步深化分类通关改革工作：将出口货物分类通关改革试点扩大到全国海关范围，进口货物分类通关改革试点扩大至北京、天津、大连、上海、南京、杭州、宁波、福州、厦门、青岛、广州、深圳、拱北、黄埔、江门 15 个海关。

(三)深入推进阶段

2011 年，在前期改革试点推进的基础上，海关进一步完善相关管理制度，丰富改革内容，扩大试点范围，决定将出口货物分类通关改革试点扩大到全国海关所有业务现场，进口货物分类通关改革试点扩大到全国海关部分业务现场，确保实现"优化监管质量、提高通关效率"的改革预期目标。

(四)全面推进阶段

经过 3 年多的改革尝试，H2010 通关作业系统运行稳定，风险参数设置日趋完善，综合监管质量稳步提升，达到了"优化监管质量、提高通关效率、整合资源配置、缓解关员压力"的预期目标，成效明显。2012 年，海关总署党组决定在总结 3 年试点工作的基础上在全国海关全面推开分类通关改革，并于同年 7 月制定下发《海关分类通关改革实施方案》，要求在 2012 年年底前实现分类通关改革全覆盖。

四、基本作业流程和主要内容

分类通关是以企业守法管理为核心，综合企业类别、商品归类、价格、许可证件、贸易国别、航线、物流信息等各类风险要素，由 H2010 系统对报关单电子数据进行实时风险分析，分拨到高风险、未知风险和低风险处理。全国海关各业务现场按风险高低分别实施

"低风险快速放行""中风险单证审核"和"高风险重点审核"对所有进出口货物实现差别化管理；对高风险报关单实施专业审单，根据专业审单结果、风险布控子系统和选查子系统的风险分析结果，由接单现场实施上述 3 种作业方式。

现场作业具体流程如下。

1. 低风险快速放行

对经 H2010 系统风险分析或经专业审单确定为低风险和未知风险的货物，不涉及许可证件和税费，或仅涉及通关单并且通关单联网比对正常的，计算机系统完成电子审核后，自动放行。业务流程如下。

(1) 申报人向海关申报报关单电子数据。

(2) H2010 系统完成电子审单后，经风险分析或经专业审单确定为低风险或未知风险且符合快速放行条件的，系统自动放行。

(3) H2010 系统向监管场所和申报人发送海关放行信息；对于纸质报关单证，申报人按照规定向海关递交单证，现场海关设置专门岗位抽核部分纸质单证。

在全国范围内，继续推进"报关单证企业暂存"工作。对经海关批准免予现场递交并由企业暂行保管的，不涉及许可证件，不涉及征税、减免税且无须查验的低风险快速放行报关单及随附单证实行单证暂存；对符合条件的无实际货物进出境的报关单适用"报关单证企业暂存"。有关报关单证企业暂存的详细内容请见《海关总署关于开展报关单证企业暂存试点的公告》。

2. 中风险单证审核

对经 H2010 系统风险分析或经专业审单确定为低风险和未知风险的货物，但涉及许可证件管理征收税费要求的货物，申报人现场递交纸质单证。现场接单审核岗位关员根据风险提示审核纸质报关单及随附单证(发票、提运单、装箱清单、许可证件等)，完成许可证件核注、税费征收及放行作业。

业务流程如下。

(1) 申报人向海关申报报关单电子数据。

(2) H2010 系统完成电子审单后，经风险分析或经专业审单确定为低风险或未知风险且符合需要人工审核纸面单证条件的，H2010 系统向申报人发送现场交单回执。

(3) 海关收取报关单证，按相关审核要求进行审核并征收税费、核注许可证件后直接完成验放作业。对审核过程中有疑问的，可退回企业修改或布控查验核实。

(4) H2010 系统向监管场所和申报人发送海关放行信息。

3. 高风险重点审核

对经 H2010 系统风险分析或经专业审单确定为高风险的货物，由现场接单审核/选择查验岗位关员根据风险提示或专业审单审核结果对报关单及随附单证进行重点审核，选择高风险货物布控查验。业务流程如下。

(1) 申报人向海关申报报关单电子数据。

(2) H2010 系统完成电子审单后，经风险分析或经专业审单确定为高风险的，系统向申报人发送现场交单回执。

(3) 海关收取报关单证，根据相关风险提示或专业审单审核结果进行重点审核。对审核有疑问的，进行布控查验；对审核无疑问的，征收税费、核注许可证件后完成验放作业。

(4) H2010 系统向监管场所和申报人发送海关放行信息。

第二节　通关作业无纸化

一、概述

通关作业无纸化是指海关以企业分类管理和风险分析为基础，按照风险等级对进出口货物实施分类，运用信息化技术改变海关验核进出口企业递交纸质报关单及随附单证办理通关手续的做法，直接对企业通过中国电子口岸输入申报的报关单及随附单证的电子数据进行无纸审核、验放处理的通关作业方式。

二、改革推行的背景与总体目标

(一)背景

通关作业无纸化改革是顺应国际贸易与海关发展的必然趋势的。伴随着全球经济发展和信息技术进步，越来越多的国际贸易、商业交接和国际物流单证正逐步趋向统一标准和电子化，为更好适应形势发展要求，许多发达国家开始加快推进实行通关无纸化的步伐。2009 年 7 月 1 日起，欧盟海关全面实行电子报关，"欧盟统一报关单"以电子方式向海关提交。日本、新加坡等国家通过信息化系统，实现了绝大多数货物的无纸通关。

通关作业无纸化改革是优化海关监管和服务的需要。多年来，对外贸易稳定发展对促进我国经济平稳较快增长，以及进一步优化经济结构、转变经济增长方式发挥着重要作用。但同时，在全球经济尚未走出金融危机阴影的背景下，面对国际贸易摩擦形势趋于复杂、人民币升值压力等众多不利因素，我国对外贸易形势也不容乐观。为落实国家"十二五"规划，如何以科学发展为主题，以加快转变经济发展方式为主线，保持对外贸易稳定增长，支持企业"走出去"，促进对外贸易基本平衡，进一步优化产业结构，对海关工作提出了新要求。

通关作业无纸化改革是历年通关作业改革的延续。我国海关的通关作业历经了纸质报关、电子和纸质报关、分类通关几个阶段。分类通关改革初步树立了"由企及物"的管理理念，以企业为单元，通过对各项要素进行分析，有效区分货物的高低风险，并根据低风险货物是否涉税涉证情况，区分了中风险单证审核和低风险快速放行两种作业模式。分类通关为从高资信企业和低风险货物开始逐步推进实现全面通关作业无纸化改革奠定了基础。同时，分类通关改革中的"事后交单"和"单证暂存"两种方式，实现了通关作业过程中的无纸化，为通关作业无纸化改革进行了积极的探索。

(二)总体目标

以科学发展观为指导，按照海关工作"四好"总体要求，在进一步强化风险管理运行机制和企业守法管理基础上，加快推进随附单证电子化，完善通关作业无纸化模式与通关流程，逐步推进单证审核依据由以纸质单证为主向以电子数据为主的转变，不断完善通关各环节业务制度，改进海关监管与服务，有效防范执法、廉政、管理风险，努力实现有效监管和高效运作的有机统一，推进适应科学发展要求的现代化海关建设。

三、改革推进的历史沿革

(一)启动试点阶段

2012 年 7 月，海关总署下发《关于在全国海关试点开展通关作业无纸化改革工作的公告》(2012 年第 38 号公告)(根据海关总署 2013 年第 19 号公告，该公告自 2013 年 5 月 1 日起废止)，决定自 2012 年 8 月 1 日起在北京、天津、上海、南京、杭州、宁波、福州、青岛、广州、深圳、拱北、黄埔 12 个海关的部分业务范围内启动通关作业无纸化试点。

首批试点业务范围包括北京海关的空运进口货物、天津海关的海运进口货物、上海海关的海运进出口货物、南京海关的特殊监管区域进出口货物、杭州和宁波海关之间的转关进出口货物、福州海关的对台贸易进出口货物、青岛海关的海运出口货物、广州海关的空运出口货物、深圳海关的陆运口岸出口货物、拱北海关的陆运口岸进口货物，以及黄埔海关的陆运转关进出口货物。试点企业范围包括海关管理类别为 AA 类、A 类的进出口企业和报关企业。

(二)深化改革阶段

通关作业无纸化改革试点工作启动以后，系统运行较为平稳，社会各界反响积极。为进一步提高通关效率，提升监管效能，扩大改革成效，2013 年 4 月 11 日，海关总署发布 2013 年第 19 号公告，决定在前期通关作业无纸化改革试点的基础上，在全国海关深化通关作业无纸化改革试点工作。

试点业务范围扩大至首批 12 个海关的关区全部业务现场和所有试点业务，其余 30 个海关则各选取 1～2 个业务现场和部分业务开展试点。试点企业范围扩大至海关管理类别为 B 类及以上的企业。

(三)深入推进阶段

为深入推进通关作业无纸化改革，全面扩大改革范围，不断夯实改革基础，2014年4月1日，海关总署发布2014年第25号公告，决定在2013年改革试点取得明显成效的基础上，在全国海关推进通关作业无纸化改革工作。

试点业务范围扩大至全国海关的全部通关业务现场，全面推进转关货物和"属地申报、属地放行"货物通关作业无纸化改革，深化区域通关改革无纸化作业，启动快件、邮运货物通关作业无纸化改革试点。

(四)全面总结阶段

2015年，海关将对改革试点情况进行全面总结评估，进一步完善相关运作机制及系统功能，并在全国海关全面推广实施通关作业无纸化。

四、基本作业流程和主要内容

(一)基本作业流程

1. 三方协议签约

企业适用"通关作业无纸化"通关方式，须通过"通关无纸化签约系统"向办理进出口业务对应的主管海关发送《通关作业无纸化协议》签约申请。

经海关审核准予适用"通关作业无纸化"通关方式的进出口企业需要委托报关企业代理报关的，应当委托经海关审核准予适用"通关作业无纸化"通关方式的报关企业。

2. 企业申报

签约的经营单位可以选择自理报关，也可以委托签约的代理报关企业向海关申报。经营单位或其代理人向海关申报无纸化报关单时，应根据海关要求上传随附单证电子数据。

3. 海关审单

海关H2010通关作业系统对报关单电子数据进行规范性、逻辑性审核，并检查报关单是否满足通关无纸化要求，对不能通过的，系统退单。对审核通过的电子数据，系统根据风险甄别结果自动进行分拣操作，并根据分拣结果对报关单进行分类处置。

分拣结果为"低风险快速放行"的报关单，到货确认(出口货物运抵报告、进口货物理货报告等)的电子信息与H2010通关作业系统成功对碰后，系统自动完成放行操作；未启用到货确认电子信息的，系统将报关单转入"通关无纸化待审核列表"。分拣结果为"中风险单证审核"或"高风险重点审核"的报关单，系统将报关单转入"通关无纸化待审核列表"。

对转入"通关无纸化待审核列表"的报关单，现场通关无纸化审核岗位按相关审核要求，对报关单和随附单证电子数据进行审核。审核无误的，完成接单、征税操作，由系统自动放行；审核确定需要查验的，下达布控指令，完成接单操作。

4. 查验与放行

现场查验部门按现有规定办理查验手续。查验正常的，输入查验结果后由系统完成放行操作；查验异常的，按规定移交相关部门处理。

海关完成报关单放行后，向监管场所和申报人发送放行信息。对实施联网的监管场所，监管场所凭海关放行信息为企业办理提货/装运手续。对未实施联网的监管场所，海关确认报关单已放行的，在企业递交的提运单上或放行凭证上签注放行意见并加盖放行章，监管场所凭加盖海关放行章的单证为企业办理提货/装运手续。

5. 结关与理单

报关单放行后，现场海关按规定完成进出口货物报关单结关、证明联签发手续，由H2010通关作业系统自动完成理单操作。

(二)主要内容

1. 精简随附单证种类，实现随附单证电子数据传输

企业将随附单证按照海关要求生成电子数据传输至海关计算机系统。海关计算机系统将报关单电子数据与随附单证电子数据关联，海关通关作业各环节均可实时调阅审核。

2. 优化通关作业流程

通关作业方式由原基于纸质单证审核签章和流转交互改为海关审核报关单和随附单证电子数据验放货物，依托网络电子回执实现与企业的信息互通。同时，进一步优化通关作业环节，简化通关操作，厘清专业审单与现场接单审核部门职责，加强海关业务信息共享互通，形成以随附单证电子化为基础，守法企业普遍适用的高效通关作业模式。

3. 建立报关电子单证管理制度

货物放行结关后，将报关单、随附单证、海关作业等电子数据和进出口监管证件电子数据汇总形成报关电子单证档案库。以海关规章或者规范性文件的方式，确认随附单证和海关作业单证电子数据的法律效力。

(三)配套措施

1. 实施差别化管理，拉开不同资信企业的政策落差

对不同类别企业在通关监管、税收征管、保税监管、稽查核查等方面实施差别化作业，拉开高资信企业与低资信企业之间的政策落差，实现真正的"守法便利、违法惩戒"。

2. 加强企业动态分类管理，增强布控查验的指向性

对于经营单位为 AA 类及 A 类生产型企业，实施较低查验比例；对 A 类非生产型企业

和 B 类企业，根据海关查验能力保持正常布控查验率；对 C 类、D 类企业实行较高布控查验比例。

3. 加强物流实际监控，提高整体监管效能

建立严密高效的物流监控体系；大力推进舱单系统推广应用；全面规范监管场所管理，加大海关与监管场所的联网力度；加大查验技术装备的投入，实施查验工作集约化管理。

4. 发挥行业协会职能作用，规范报关行为

代理报关委托书/委托报关协议管理系统交由中国报关协会管理，被委托企业通过该系统向海关提供电子代理报关委托书/委托报关协议。

(四)适用范围及对象

(1) 全国海关的全部通关业务现场。

(2) 海关管理类别为 B 类以上的进出口企业。

(3) 涉及未联网的许可证件或者涉及税费但未选择电子支付的进出口业务暂不适用通关作业无纸化。

(4) "属地申报、口岸验放"货物暂不适用通关作业无纸化。快件货物在北京、上海、杭州、广州、深圳、黄埔海关开展试点，邮运货物在北京、广州海关开展试点。

(五)电子随附单证的上传要求

对于经海关批准且选择"通关作业无纸化"通关方式申报的经营单位管理类别为 AA 类企业或 A 类生产型企业的，申报时可不向海关发送随附单证电子数据，通关过程中根据海关要求及时提供，海关放行之日起 10 日内由企业向海关提交，经海关批准符合企业存单(单证暂存)条件的可由企业保管。

对于经海关批准且选择"通关作业无纸化"通关方式申报的其他管理类别的经营单位，应在货物申报时向海关同时发送报关单和随附单证电子数据。

通关无纸化报关单申报时，以下随附单证电子数据可以不上传。

1. 进口货物

加工贸易及保税类报关单：合同、装箱清单、载货清单(舱单)等随附单证企业在申报时可不向海关提交，海关审核时如需要再提交。

非加工贸易及保税类报关单：装箱清单、载货清单(舱单)等随附单证企业在申报时可不向海关提交，海关审核时如需要再提交。

京津冀海关实施区域通关一体化改革的报关单：合同、装箱清单、载货清单(舱单)等随附单证企业在申报时可不向海关提交，海关审核时如需要再提交。

2. 出口货物

出口货物各类报关单：企业向海关申报时，合同、发票、装箱清单、载货清单(舱单)等随附单证可不提交，海关审核时如需要再提交。

(六)海关停止收、发货人使用"通关作业无纸化"通关方式的情形

(1) 构成走私犯罪或走私行为的。

(2) 侵犯知识产权且被海关作出行政处罚决定的。

(3) 有违反海关监管规定行为的。

(4) 企业管理类别调整后不符合海关管理要求的。

(5) 进出口货物通关作业无纸化放行后，未按照海关规定保管单证或发送随附单证电子数据不及时、不完整的。

(6) 未依法设置、编制、保存有关簿记、资料，或者记录不真实、管理混乱的。

(7) 内部管理混乱，致使报关专用 IC 卡被滥用、出借、冒用的，或者遗失报关专用 IC 卡未立即向海关报告的。

(8) 发生报关重大差错且未构成走私违规的。

(9) 拖欠税款或不履行海关行政处罚决定的。

(10) 有其他影响海关正常监管事项的。

对企业出现第(1)项所述情形的，自海关解约之日起 1 年内，海关不再受理企业提出的适用海关作业无纸化的申请；对企业出现第(2)～(10)项所述情形的，企业在海关要求的期限内整改完毕的，海关可以允许企业重新申请适用"通关作业无纸化"通关方式。

第三节　区　域　通　关

一、概述

区域通关是指直属海关之间互相配合，对进出口企业所实施的简便、快捷的通关方式，包括公路转关作业无纸化、"属地申报、口岸验放""属地申报、属地放行"、跨境快速通关和区域通关一体化。(区域通关一体化广义上为区域通关改革的深化与拓展，已成为一种非常重要的，与口岸清关、转关、"属地申报、口岸验放""属地申报、属地放行"并列的通关方式，稍后单列介绍。)

1. 公路转关作业无纸化

公路转关作业无纸化是指海关运用信息化技术，改变海关验核企业递交纸质转关申报单/载货清单及随附单证办理公路转关手续的做法，对企业向海关申报的转关单电子数据/载货清单进行无纸审核、放行、核销的转关作业方式。

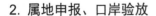

2. 属地申报、口岸验放

"属地申报、口岸验放"是海关为便利企业通关而推出的一种通关方式，是指符合海关规定条件的守法水平较高的相关企业在其货物进出口时，可以自主选择向其属地海关申报，并在货物实际进出境地的口岸海关办理货物验放手续。相关企业的标准根据监管形势的变化不断调整与拓展，根据海关总署的规定，自 2013 年 11 月 1 日起，B 类生产型出口企业(以海关企业分类管理评定记录为准)且 1 年内无违法记录的，适用"属地申报、口岸验放"进口通关方式；自 2014 年 3 月 1 日起，B 类生产型出口企业(以海关企业分类管理评定记录为准)且 1 年内无违法记录的，适用"属地申报、口岸验放"进出口通关方式。

3. 属地申报、属地放行

中国海关自 2013 年 11 月起，实行"属地申报、属地放行"制度。"属地申报、属地放行"是对"属地申报、口岸验放"通关方式的拓展，是指收、发货人为 AA 类且报关企业为 B 类(含 B 类)以上企业进出口货物时，除布控查验货物外，可自主选择向属地海关申报，并在属地海关办理货物放行手续。

二、改革的历史背景

2005 年，海关总署启动了以"属地申报，口岸验放""规范和简化转关监管"和"粤港跨境快速通关"为核心的区域通关改革试点工作。多年的实践证明，区域通关改革在提升区域海关综合监管效能，促进区域经济发展等方面发挥了重要的推动作用，取得了良好的社会效益，受到各地政府和广大企业的好评与欢迎。

2013 年，为贯彻落实《国务院办公厅关于促进出口稳增长、调结构的若干意见》(国办发[2013]8 号)，深入推进"属地申报、口岸验放"区域通关改革，进一步优化区域通关作业方式，提高贸易便利化水平，推动进出口稳定发展，海关总署在总结区域通关改革试点经验的基础上，研究制定了《全面深化区域通关业务改革实施方案》，自 2013 年 11 月 1 日起在全国海关实施。

三、主要内容

1. 公路转关作业无纸化

(1) 在现有"规范和简化转关监管"改革的基础上，应用安全智能锁、卫星定位管理设备、卡口系统等物联网技术，强化转关途中监管，实现转出地卡口自动核碰、电子施封、人工验核、途中运输全程定位监控、转入地卡口自动核销和电子解封。

(2) 取消海关纸质关封，以及对转关纸质单证的审核、批注操作，实现转关申报、放行、核销的全程作业无纸化。

(3) 转关运输监管规定详见第六章相关内容。

2. "属地申报、口岸验放"和"属地申报、属地放行"

(1) 企业拟采用"属地申报、口岸验放"(包括"属地申报、属地放行")通关方式的需要向所在地直属海关提出书面申请,直属海关根据海关对企业分类管理评定标准等对申请企业进行审核,并提出是否同意的书面答复意见。

(2) 凡适用"属地申报、口岸验放"(包括"属地申报、属地放行")通关方式的企业,须与所在地直属海关签署关企合作备忘录。

(3) 对需要查验的进出口货物,因海关规定或国家许可证件管理须在货物实际进出境地海关(以下简称口岸海关)申报并办理验放手续的进出口货物,口岸海关未实现出口运抵报告和进口理货报告电子数据传输的进出口货物,不适用"属地申报、属地放行"通关方式。

其中,"许可证件"不包括"入(出)境货物通关单"。

(4) 对于企业涉嫌走私、侵犯知识产权和违反海关监管规定(以下统称违法)并被海关立案调查的,自立案之日起,暂停其适用"属地申报、属地放行"通关方式的资格。

(5) "属地申报、属地放行"通关方式下,企业在电子口岸申报报关单时可选择"通关作业无纸化"通关方式。企业可在电子口岸预输入端选择"区域通关报关单无纸化申报"功能,通过此功能,"属地申报、属地放行"报关单可实现通关作业无纸化。

四、主要作业流程

(一)快速转关

转关运输相关作业流程详见相应章节。

(二)"属地申报、口岸验放"和"属地申报、属地放行"

1. 进口流程

(1) 运输工具进境前,在海关规定的时间内,舱单传输人向口岸海关传输进口原始舱单电子数据。口岸海关接受舱单数据并确认后,将有关舱单内容通过电子口岸公共查询平台进行网上公布。

(2) 口岸海关对舱单传输人提前传输的进口原始舱单电子数据从安全、环保、准入等方面进行重点风险分析和布控。

(3) 进口货物的收货人或其代理人在口岸海关接受进口原始舱单电子数据申报后,除海关另有规定外,按企业资信条件选择"属地申报、口岸验放"或"属地申报、属地放行"通关方式,向属地海关发送报关单及相关随附单证电子数据,办理货物申报手续。

(4) 属地海关系统对报关单电子数据进行规范性、逻辑性审核,通过通道判别,对需要人工审单的报关单转入专业审单环节,其他报关单由系统自动完成审结操作。

(5) 属地海关专业审单岗位结合风险提示进行人工审核,完成审结操作。

(6) 报关单审结后，海关系统根据风险判别结果，对报关单实施"低风险快速放行""中风险单证审核"和"高风险重点审核"3 种差别化作业，属地海关现场接单岗位按现行规定进行接单审核/征收税费等操作。

(7) 属地海关根据风险分析结果在报关单电子数据放行结关前实施布控。

(8) 在"属地申报、口岸验放"通关方式下，由口岸海关办理查验及报关单电子数据放行结关手续。在"属地申报、属地放行"通关方式下，对于运抵口岸海关监管场所无须查验的货物，由属地海关直接办理报关单电子数据放行结关手续；对于需要查验的货物，由口岸海关办理查验及报关单电子数据放行结关手续。

(9) 属地海关完成报关单电子数据放行结关操作后，向监管场所发送放行指令。如提运单与报关单对应模式为一对多，该提运单所对应的报关单电子数据全部放行后方能发送放行指令。对与海关联网的口岸海关监管场所，监管场所经营人凭口岸海关电子放行信息为企业办理提货手续；对未与海关联网的口岸海关监管场所，监管场所经营人凭口岸海关签章的纸质单证为企业办理提货手续。

2. 出口流程

(1) 出口货物的发货人或其代理人在取得出口口岸订舱数据后(海关另有规定的除外)，按企业资信条件选择"属地申报、口岸验放"或"属地申报、属地放行"通关方式，向属地海关发送出口报关单及相关随附单证电子数据，办理货物申报手续。

(2) 属地海关系统对报关单电子数据进行规范性、逻辑性审核，通过通道判别，对需要人工审单的报关单转入专业审单环节，其他报关单由系统自动完成审结操作。

(3) 属地海关专业审单岗位结合风险提示进行人工审核，完成审结操作。

(4) 报关单审结后，海关系统根据风险判别结果，对报关单实施"低风险快速放行""中风险单证审核"和"高风险重点审核"3 种差别化作业，属地海关现场接单岗位按现行规定进行接单审核/征收税费等操作。

(5) 属地海关根据风险分析结果在报关单电子数据放行结关前实施布控。

(6) 在"属地申报、口岸验放"通关方式下，由口岸海关办理查验及报关单电子数据放行结关手续。在"属地申报、属地放行"通关方式下，对于运抵口岸海关监管场所无须查验的货物，由属地海关直接办理报关单电子数据放行结关手续；对于需要查验的货物，由口岸海关办理查验及报关单电子数据放行结关手续。

(7) 属地海关完成报关单电子数据放行结关操作后，向口岸海关发送放行指令。对与海关联网的口岸海关监管场所，监管场所经营人凭口岸海关电子放行信息为企业办理装运手续；对未与海关联网的口岸海关监管场所，监管场所经营人凭口岸海关签章的纸质单证为企业办理装运手续。

(8) 运输工具实际离境后，由口岸海关负责将属地海关的报关单数据与舱单数据进行核销，完成出口货物的结关手续。

(三)跨境快速通关

1. 进口流程

(1) 舱单传输人提前向海关传输公路舱单电子数据,并在运输工具进境 1 小时前进行车次确认。

(2) 进口货物的收货人或其代理人向指运地海关申报报关单。报关单电子数据与公路舱单电子数据进行自动核碰。

(3) 运输车辆驶入进境地海关监管场所卡口通道时,海关人工验核关锁施挂位置,卡口系统自动识别电子车牌号码,读取公路舱单等信息,进行核对。正常情况下,对公路舱单自动审核放行,对安全智能锁自动电子施封并放行车辆;异常情况或车辆被布控的,系统报警转人工处理。

(4) 指运地海关借助卫星定位管理设备、安全智能锁等手段,实施货物途中监控,及时处置途中监管异常情况。

(5) 运输车辆驶入指运地海关监管场所卡口通道时,卡口系统自动识别电子车牌号码,读取公路舱单等信息,进行核对。正常情况下,对安全智能锁自动验封、解封,放行车辆;异常情况下,转人工处理。

2. 出口流程

(1) 舱单传输人提前向海关传输公路舱单电子数据,并在车辆抵达启运地海关监管场所 1 小时前进行车次确认。

(2) 出口货物的发货人或其代理人可在货物运抵启运地海关监管场所前,向启运地海关申报报关单电子数据。报关单电子数据与公路舱单电子数据进行自动核碰。

(3) 运输车辆驶入启运地海关监管场所卡口通道时,海关人工验核关锁施挂位置,卡口系统对安全智能锁自动电子施封,并根据海关放行信息和施封信息进行自动核放。

(4) 出境地海关借助卫星定位管理设备、安全智能锁等手段,实施货物途中监控,及时处置途中监管异常情况。

(5) 运输车辆驶入出境地海关监管场所卡口通道时,卡口系统自动识别电子车牌号码,读取公路舱单等信息,进行核对。正常情况下,对安全智能锁自动验封、解封,放行车辆,对应货物报关单自动结关;异常情况下,转人工处理。

第四节 区域通关一体化

一、概述

区域通关一体化是指区域内企业在区域内海关进出口的货物,企业可自主选择向经营单位注册地或货物实际进出境地海关办理申报、纳税和查验放行手续的一种通关方式，目前有京津冀区域通关一体化、长三角区域通关一体化、珠三角区域通关一体化。区域通关一体化广义上属于区域通关的一种，根据海关总署的公告精神，将之与口岸清关、转关、"属地申报、口岸验放""属地申报、属地放行"相并列，成为可供企业选择的通关方式的一种。

二、改革的历史背景

2014 年，为了落实京津冀区域协同发展重要国家战略，加快经济紧密联系地区区域通关一体化改革步伐，为企业创造更加公平、公正的进出口环境，切实提高通关效率，促进贸易便利，海关总署决定 7 月 1 日起启动京津冀海关区域通关一体化改革(改革先在北京、天津两地试点，随后拓展至石家庄海关)。在京津冀运行成功的基础上，长三角区域通关一体化和珠三角区域通关一体化改革也于 9 月 22 日正式启动。

三、主要内容

第一，"区域通关一体化"通关方式适用于企业在一体化区域内口岸海关进出口的货物。一体化区域内，企业可自主选择向经营单位注册地或货物实际进出境地海关办理申报、纳税和查验放行手续。

第二，一体化区域内企业可根据实际需要，自主选择口岸清关、转关、"属地申报、口岸验放""属地申报、属地放行"、区域通关一体化等任何一种通关方式。

第三，取消一体化区域内报关企业跨直属关区分支机构注册登记行政许可限制，允许报关企业在区域内"一地注册、多地报关"。

第四，一体化区域内海关互认商品预归类、价格预审核、原产地预确定和许可证件、归类、价格等专业认定结果，以及暂时进出境等行政许可决定；在银行总担保及汇总征税项目的基础上，实现"一份保函、区域通用"。

第五，一体化区域内报关单审核、税单打印、无纸转有纸、汇总征税试点等操作按现行规定办理。

第六，一体化报关单原则上在口岸海关实施查验。特殊情况不适合口岸海关查验的，企业提出申请后，由企业所在地海关派员到企业所在地海关监管场所(或企业)实施查验。

第七，在现有贸易管制政策框架下，除国家明确实施口岸限制措施的货物(如进口汽车整车、药品等)外，对于进出口报关过程中涉及的各类许可证件(包括监管证件)，可以在区域内海关之间实行通关一体化应用。

第八，一体化区域内海关通过"中国海关网上服务大厅"和"海关 12360 服务热线"，为企业提供"通关状态查询""通关疑难咨询"等公共服务。

四、主要作业流程

1. 进口流程

(1) 运输工具进境前，在海关规定的时间内，舱单传输人向口岸海关传输进口原始舱单电子数据。口岸海关接受舱单数据并确认后，将有关舱单内容通过电子口岸公共查询平台进行网上公布。

(2) 口岸海关对舱单传输人提前传输的进口原始舱单电子数据从安全、环保、准入等方面进行重点风险分析和布控。

(3) 进口货物的收货人或其代理人在口岸海关接受进口原始舱单电子数据申报后，除海关另有规定外，采用区域通关一体化方式向海关发送报关单及相关随附单证电子数据，办理货物申报手续。

(4) 属地海关系统对报关单电子数据进行规范性、逻辑性审核，通过通道判别，对需要人工审单的报关单转入专业审单环节，其他报关单由系统自动完成审结操作。

(5) 一体化区域内海关审单中心专业审单岗位按照区域审单一体化分工并结合风险提示进行审核，完成审结操作。

(6) 报关单审结后，海关系统根据风险判别结果，对报关单实施"低风险快速放行""中风险单证审核"和"高风险重点审核"3 种差别化作业，申报地海关现场接单岗位按现行规定进行接单审核/征收税费等操作。

(7) 申报地海关根据风险分析结果在报关单电子数据放行结关前实施布控。

(8) 对于运抵口岸海关监管场所无须查验的货物，由申报地海关直接办理报关单电子数据放行结关手续。对于需要查验的货物，由口岸海关办理查验及报关单电子数据放行结关手续。一体化报关单原则上在口岸海关实施查验，特殊情况不适合口岸海关查验的，企业提出申请后，口岸海关按照转关查验的方式将货物转至企业所在地，企业所在地海关派员到海关监管场所(或企业)实施查验并办理报关单电子数据放行结关手续。

(9) 海关完成报关单电子数据放行结关操作后，向监管场所发送放行指令。如提运单与报关单对应模式为一对多，该提运单所对应的报关单电子数据全部放行后方能发送放行指令。对与海关联网的口岸海关监管场所，监管场所经营人凭口岸海关电子放行信息为企业办理提货手续；对未与海关联网的口岸海关监管场所，监管场所经营人凭口岸海关签章的纸质单证为企业办理提货手续。

2. 出口流程

(1) 出口货物的发货人或其代理人在取得出口口岸订舱数据后(海关另有规定的除外)，采用区域通关一体化模式，向申报地海关发送出口报关单及相关随附单证电子数据，办理货物申报手续。

(2) 申报地海关系统对报关单电子数据进行规范性、逻辑性审核，通过通道判别，对

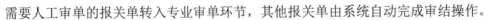
需要人工审单的报关单转入专业审单环节，其他报关单由系统自动完成审结操作。

(3) 一体化区域内海关审单中心专业审单岗位按照审单一体化分工并结合风险提示进行审核，完成审结操作。

(4) 报关单审结后，海关系统根据风险判别结果，对报关单实施"低风险快速放行""中风险单证审核"和"高风险重点审核"3 种差别化作业，申报地海关现场接单岗位按现行规定进行接单审核/征收税费等操作。

(5) 申报地海关根据风险分析结果在报关单电子数据放行结关前实施布控。

(6) 对于运抵口岸海关监管场所无须查验的货物，由申报地海关直接办理报关单电子数据放行结关手续。对于需要查验的货物，由口岸海关办理查验及报关单电子数据放行结关手续。

(7) 海关完成报关单电子数据放行结关操作后，向监管场所发送放行指令。对与海关联网的口岸海关监管场所，监管场所经营人凭口岸海关电子放行信息为企业办理装运手续；对未与海关联网的口岸海关监管场所，监管场所经营人凭口岸海关签章的纸质单证为企业办理装运手续。

(8) 运输工具实际离境后，由口岸海关负责将一体化报关单数据与舱单数据进行核销，完成出口货物的结关手续。

第五节　关检合作"三个一"

一、改革推行的总体目标和重要意义

(一)总体目标

以党的十八届三中全会决定为指导，依法履职、大胆创新，进一步增强关检双方深化改革意识，健全完善关检联动配合机制，不断创新工作理念，优化工作模式，全面推进关检(即海关与验检疫部门)合作"三个一"(一次申报、一次查验、一次放行的简称)，有效简化通关手续切实提高通关效能，降低企业成本，提升贸易便利化水平，促进经济贸易持续、健康、稳定发展。

(二)重要意义

1. 关检合作"三个一"有利于构建和谐国门

海关和检验检疫部门作为国家在口岸的执法机关，共同担负着把守国门，维护国家政治、经济、社会和生态安全的重要使命。推进"三个一"试点工作，将进一步增进双方的理解和互信，加强关检执法合作和互助，建立、健全联系配合长效机制，塑造良好的国门卫士形象，共同构建和谐国门，营造文明口岸。

2. 关检合作"三个一"有利于改进海关和质检的监管与服务

改进监管和服务，是中央对海关、质检工作提出的新要求，也是两部门的职责所在。"三个一"试点工作既有利于强化双方执法合作，促进信息共享，提高监管质量，共同把好国门，又有利于简化通关程序，提高通关效率，促进贸易便利化，共同做好服务。

3. 关检合作"三个一"有利于促进外贸的稳定增长

当前，受国际市场需求不足和国内经济下行压力的叠加效应影响，我国外贸增长趋缓，特别是近期外贸增速再次出现下滑趋势，影响到我国经济社会发展大局。中央对此高度关注，要求各部门积极加以应对。海关、检验检疫部门开展关检合作"三个一"试点工作，既是贯彻落实中央指示要求的具体行动，也有利于帮助企业减负增效，促进外贸稳定增长。

二、改革推进的历史沿革

(一)启动试点阶段

根据海关总署的部署，2012年5月24日，广州海关会同广东出入境检验检疫局在广州南沙口岸正式启动关检合作"三个一"试点工作。

(二)扩大试点阶段

2012年9月，为进一步深化关检合作，共同构建和谐国门，促进贸易便利化，在广州南沙口岸启动试点的基础上，海关总署与国家质检总局联合下发《海关总署、质检总局关于共同推动关检合作"三个一"扩大试点工作的通知》，要求将关检合作"三个一"改革试点范围扩大到广东省内的广州、深圳、拱北、汕头、黄埔、江门、湛江海关和广东、深圳、珠海出入境检验检疫局。

(三)进一步扩大试点阶段

2013年7月，为了深入推进"三个一"试点工作，海关总署会同国家质检总局联合下发《关于进一步扩大关检合作"三个一"试点工作的通知》，关检双方共同研究决定，将关检合作"三个一"试点范围在前期试点基础上，扩大到天津市、上海市、黑龙江省、吉林省、辽宁省、内蒙古自治区及福建省的直属海关和直属检验检疫局。

(四)全面推进阶段

2014年8月，海关总署、国家质检总局下发《关于全面推进关检合作"三个一"的通知》，决定在前期试点的基础上，将关检合作"三个一"实施范围全面推进到全国各直属海关和检验检疫部门。

三、主要内容和作业流程

将关检合作"三个一"全面推行到全国所有直属海关和检验检疫部门、所有通关现场、所有依法需要报关报检的货物和物品，让关检便利措施最大限度惠及企业。

具体作业方式如下。

1. 一次申报

"一次申报"即"一次录入、分别申报"，是指企业只需一次输入申报数据，分别向海关和检验检疫部门发送。

具体流程如下。

(1) 关检双方共同开发"一次申报"系统，统一"一次录入"界面；企业通过申报软件一次性输入申报数据。

(2) 企业将申报数据分别发送给海关 H2010 通关作业系统和检验检疫业务管理系统。

(3) 企业申报后，申报数据发生更改的，海关、检验检疫部门应及时相互通报更改后的申报数据。

2. 一次查验

"一次查验"即"一次开箱，关检依法查验/检验检疫"，是指关检双方需要对同一批货物实施查验/检验检疫的，海关与检验检疫部门按照各自职责共同进行查验/检验检疫。

具体流程如下。

(1) 海关、检验检疫部门对需要查验/检验检疫的货物，分别发出查验、检验检疫的指令。

(2) 对同一批货物，海关和检验检疫部门都发出指令并对碰成功的，关检双方按照各自职责共同进行查验/检验检疫。

(3) 对于信息对碰不成功的货物，海关、检验检疫部门各自进行查验/检验检疫。

3. 一次放行

"一次放行"即"关检联网核放"，是指对于运抵口岸的货物，海关和检验检疫部门分别发出核放信息，企业凭关检的核放信息办理货物提离手续。

具体流程如下。

(1) 海关和检验检疫部门分别发送对货物的核放信息。

(2) 企业及其代理人凭海关和检验检疫部门的核放信息办理货物提离手续。

四、统一规范标准

在综合评估前期试点情况的基础上，海关总署和国家质检总局将统一"一次录入、分别申报""一次开箱，关检依法查验/检验检疫""关检联网核放"的业务规范和技术标准，统一规范关检合作"三个一"工作。

五、推进平台建设

海关和检验检疫部门将推进平台建设，依托关检双方共同认可的电子口岸平台实现企业申报数据分别向海关和检验检疫部门发送，海关和检验检疫部门查验/检验检疫指令的对碰，海关和检验检疫部门核放信息的发送，以及与相关部门间的信息互联和共享。

练 习

1. 通关便利化改革包括哪些内容？
2. 什么是分类通关？
3. 什么是通关作业无纸化？
4. 什么是区域通关？包括哪些内容？
5. 什么是区域通关一体化？至2014年哪些区域启动了区域通关一体化？
6. 什么是关检合作"三个一"？

参考答案

第一章

一、不定项选择题

A、ABC、B、C、BCD、ABD、C、ABC、C、B、 AB、C、ABCD、ABC、ABD、BCD、C

二、请完成以下工作项目

1. 对应任务1，海关有权变卖处理超期未报关货物。因为至2016年2月28日，货物就已进境3个月了。

对应任务2，变卖后所得，用以抵缴：①变卖处理实际支出的费用；②运输、装卸、储存等费用；③进口关税；④进口环节海关代征税；⑤滞报金。

对应任务3，当抵缴以上5项费用还有余额时，绮丽公司才有权申领余款。

对应任务4，给绮丽公司的建议：①向法院提出撤诉申请；②向外高桥海关申请领回余款，以减少损失。

2. (1) 到所在地的绍兴市商务局的对外贸易处办理企业的进出口经营权的备案登记手续，并提交备案资料：①按要求填写的《对外贸易经营者备案登记表》(以下简称《登记表》)；②营业执照复印件；③组织机构代码证书复印件等。

绍兴市商务局在自收到孔乙己公司提交的上述材料之日起5日内办理备案登记手续，在《登记表》上加盖备案登记印章。

(2) 凭加盖备案登记印章的《登记表》在30日内到当地海关、检验检疫、外汇、税务等部门办理开展对外贸易业务所需的所有手续，同时到当地工商办理经营范围的变更。在营业执照经营范围中加入"货物及技术进出口"字样，孔乙己公司这才具备了可以从事进出口相关业务的资格。

(3) 到绍兴海关办理注册登记，并提交材料：①《报关单位情况登记表》；②营业执照副本复印件以及组织机构代码证书、副本复印件；③《对外贸易经营者备案登记表》等。

海关依法对申请注册登记材料进行核对，经核对申请材料齐全、符合法定形式的，核发《中华人民共和国海关报关单位注册登记证书》。

三、案例分析题

1. 分析提示：大连海关的行为不合理：①在"两区"外，经直属海关关长及其授权的隶属海关关长批准，海关方可检查。张某的公司在青岛、大连海关没有得到批准。②在"两区"外，不能检查公民住所。

2. 分析提示：稽查权的有效期是 3 年。

3. 分析提示：第一种方法：辽宁科技学院可以办理进出口货物收、发货人临时注册登记，获得临时注册登记证明以后再去报关；第二种方法：可以直接找报关企业为其代理报关。

第二章

一、不定项选择题

D、C、ABCD、A、A、B

二、判断题

1. √   2. √

第三章

1. BCD B AD ABC B

解析：

(1)题中暂准进出境货物是有条件暂时免予缴纳税费，所以 A 选项不正确。

(2)题中进境展览品属于暂准进境货物。

(4)题中展览期间免费向观众散发的有关宣传品属于展览品的范围，可按展览品报关，因此可以使用 ATA 单证册报关。C 选项进境申报手续可以在展出地海关办理。D 选项采用 ATA 单证册项向海关申报，申报时应向海关提交进口许可证件，并提供担保。

2. ABD A ABCD C ABC

解析：

(1)题中 C 选项装货单是出口报关的时候提供，进口时没有提货单，报关时不需要提供。

(2)题中该批货物原产地为中国台湾，台湾为 WTO 的成员，适用最惠国待遇税率。

(4)题中该批免费补偿的货物与原来货物是同数量、同品牌、同规格，因此为无代价抵偿货物。进口时报关单的"贸易方式"栏填"无代价抵偿"。

3. B D C A C D ABCD ABC ABC AC

解析：

(3)题中境内目的地是指已知的进口货物在境内的消费、使用地区或最终运抵的地点，要填国内地区的名称或代码。根据单位编码的第 5 位来判断。该批货物的最终用户为广东佛山佳盛公司，该公司的单位代码的第 5 位为"3"，表示该企业设在高新技术产业开发区。

(4)题中由经营企业到加工企业所在地主管海关办理备案手续。

(5)题中经营企业要有《业务批准证》；而生产企业要有《生产能力证明》。经营企业由当地的商务主管部门批准；生产企业也是由当地的商务主管部门批准。

(6)题中海关对开展异地加工贸易的经营企业和加工企业实行分类管理，如果两个企业的管理类别不一样，则按照其中较低的类别管理。在本题中经营企业在 1 年内有 3 次违反海关监管规定行为，则经营企业为 C 类企业，加工企业属 B 类管理企业，如果两个企业的管理类别不一样，则按照其中较低的类别管理。因此本题按 C 类的管理类别进行管理。C 类管理企业开展的商品无论是限制类、允许类，还是 1 万美元及以下零星料件、5000 美元及以下 78 种客供辅料的管理全部是实行实转/领册。

(7)题中是保税料件和国产料件之间的串换，料件串换须遵守《中华人民共和国海关对加工贸易货物监管办法》的规定，因加工出口产品急需，经海关核准，经营企业保税料件之间、保税料件与非保税料件之间可以进行串换，但串换须符合以下原则：同一企业内部同品种、同规格、同数量、关税为零，且不涉及进出口许可证；发生串换之后，串换下来的同等数量保税料件，经主管海关批准后，企业可以自行处置。

(8)题中不能自行销毁，经海关核准后才能够销毁。

(9)题中不用办理正式的进口手续，料件仍属于保税料，不需要缴纳进口税和缓税利息。

(10)题中 B 选项不正确，本题是纸质手册管理，剩余料件内销时应交付缓税利息，只有"边角料"免交缓税利息。本题内销的是剩余料件，进料加工的剩余料件内销时，根据料件原进口成交价格为基础审查确定完税价格。来料加工的料件内销时，以接受申报内销的同时或大约同时进口的、与料件相同或类似的货物的进口成交价格为基础确定完税价格。只有副产品、边角料以内销价格作为完税价格。

4. A　A　ABC　C　AB

解析：

(2)题中根据备案的要求，金额在 1 万美元以下的零星料件，适用 A 类、B 类管理的加工贸易企业可以不设台账(即不转)。在本题中，进口料件的金额为 500×18=9000(美元)，加工贸易企业是大连新世纪进出口有限公司(A 类管理企业)和南京伟达服饰有限公司(B 类管理企业)。有 A 类、B 类企业，根据规定，应按其中低类别进行管理。因此按 B 类管理企业，商品在 1 万美元以下管理，因此台账应为"不转/领册"。

(3)题中结转应符合的条件，应当在同一经营单位、同一加工厂、同样的进口料件和同一贸易方式的情况下结转。

(4)题中一般情况下，剩余料件转内销应经对外贸易主管部门批准；如属进口许可证件管理的，应按规定向海关补交进口许可证件。但是要注意看后面的特殊情况：如申请内销的剩余料件，如果金额占该加工贸易合同项下实际进口料件总额 3%及以下且总值在人民币 1 万元以下(含 1 万元)，免予审批，免交许可证。本题内销 15 张羊皮，每张羊皮的单价为 18 美元，因此申请内销的金额为 15×18=270(美元)(合人民币 1755 元)。本题中，申请内销的剩余的金额占该加工贸易合同项下实际进口料件总额的 3%(270÷9000=3%)。因此属于申请内销的剩余料件,金额占该加工贸易合同项下实际进口料件总额3%及以下且总值在人民币1万元以下(含1万元)的情形,因此免审批,免交许可证。因此A、B选项不正确。D选项不正确,内销料件的正式进口手续,应由加工贸易企业办理。

(5)题中C选项错,内销的税率适用海关接受申报办理纳税手续之日实施的税率。D选项错,边角料不加征缓税利息。

5. ABD　A　B　AC　BD
解析:

(1)题中C选项不选,进口的料件棉花不用交许可证。

(2)题中根据备案的要求,进口料件金额在1万美元以下的,适用AA类、A类、B类管理的加工贸易企业可以不设台账(即不转)。在本题中,进口料件的金额为5000美元,加工贸易企业属于加工贸易B类管理企业,因此应为"不转/领册"。本题台账不是"不转/免册","不转/免册"的必须是5000美元及以下的"78种客供服装辅料",而本题棉花不属于服装辅料,因此台账应按在1万美元以下的料件来设台账,因此台账为"不转/领册"。

(4)题中深加工结转,要注意看一下是纸质手册管理的深加工结转还是出口加工区的深加工结转。在本题中是"纸质手册管理的深加工结转",不是出口加工区的深加工结转。从这两个企业的经营单位代码的第5位能判断出来,如果企业是设立在出口加工区,那么企业的经营单位代码的第5位应为"5",而本题中,经营单位代码的第5位为"9",因此企业不是设立在出口加工区。纸质手册管理的深加工结转,在计划备案这个环节中,先是转出企业办理,后是转入企业办理。A是转出企业,B是转入企业。步骤就应该先由A企业向转出地海关申请备案,后由B企业向转入地海关备案,因此A选项正确。而B选项是出口加工区企业深加工结转的计划备案环节。无论是纸质手册管理的深加工结转,还是出口加工区的深加工结转,在结转报关环节,都是先由转入企业办理报关,后由转出企业办理报关。

(5)题中A错。要提交《入境货物通关单》,但不需要提交《机电产品自动进口许可证》。外商投资企业在其投资总额内进口涉及机电产品自动进口许可管理的,可以免交验有关许可证件。C错,核销手续是加工贸易货物棉花的核销手续,生产设备属于特定减免货物,在海关监管期限内(纸质手册保税期限为1年,延期1年,而特定减免货物的海关监管期限是5年,因此是在海关监管期限内)销售、转让,应向海关补税,向海关申请获取《解除监管证明书》后才能出售给国内某内资企业。

6. B　AC　C　B　ABD
解析:

(1)题中A选项错。料件虽然是同一批货物,但由于贸易方式不同,应分单填报。C选项错,80%的料件的贸易方式应按"进料对口"申报。根据填制规范,贸易方式应填写贸易方式的简称或代码,"进口加工"是贸易方式的全称,贸易方式不能填全称,要填简称,应为"进料对口"。

(2)题中自动进口许可证不需要提供，因为在本题中是进料加工，进料加工不需要提供进口许可证。如果进口的料件，不是用于加工贸易，属于一般进口货物，那么就需要提供自动进口许可证。进口合同属于随附单证中的特殊单证，本题进口的货物用于加工贸易，报关时不用提交合同。

(3)题中山东烟台鲁宁有限责任公司属于 B 类管理企业，合同备案的商品天然橡胶属于限制类商品。因此东部地区 B 类企业开展限制类商品台账都属于半实转。

(5)题中 C 选项不正确，C 选项是开展异地加工贸易时向海关提交的单证。

7. AC　A　ABC　D　A

解析：

(1)题中电子账册管理包括《经营范围电子账册(IT 账册)》和《便捷通关电子账册(E 账册)》。

(2)题中保税仓库货物出仓报关的应填制申报单证，根据保税仓库所存货物出仓时的实际去向向海关办理报关手续。转为正式进口的同一批货物，要填制两份报关单，一份办结出仓报关手续，填制出口货物报关单(由经营保税业务的保税仓库企业填制)；一份办理进口申报手续，按照实际进口监管方式，填制进口货物报关单(由进口货物的企业填制)。本题问的是该公司(该公司为进口货物的企业)，应由该企业按照加工贸易进口料件的报关程序办理进口报关手续，填制进口报关单，因此正确选项应为 A。

(3)题中考查同时符合 4 种情形可以归入同一联网监管商品编号的情况。

(4)题中参考单耗的公式"单耗=净耗÷(1-工艺损耗率)"，故题目中，ABS 塑料粒子的重量(即净耗)为 1 千克，工艺损耗率为 20%，单耗=1÷(1-20%)=1.25(千克/个)。

(5)题中主要区分是来料加工还是进料加工，如题所述，ABS 塑料粒子为购买，贸易性质为进料加工，因此应该以料件原进口成交价格为基础确定完税价格。

8. C　A　ACD　B　ABD

解析：

(1)本题考核的知识点与进出口货物申报程序相关。根据《海关进出口货物申报管理规定》关于申报的程序规定，应先以电子数据报关单向海关申报，海关审结电子数据报关单后，进出口货物的收、发货人、受委托的报关企业自接到海关现场交单或放行交单通知之日起 10 日内，持打印的纸质报关单，备齐规定的随附单证并签名盖章，到货物所在地海关递交书面单证并办理相关海关手续。故只有 C 选项正确。

(2)本题考核的知识点与适用出口货物转关运输的方式相关。案例内容已表明，拟转关的出口货物在运抵监管场所之前，发货人先向启运地海关输入出口货物报关单电子数据申报，故采用的货物转关运输方式应为提前报关转关，而不是直转转关、中转转关或直通运输。故正确选项应为 A。

(3)本题考核的知识点与进出口货物申报单证相关。根据贸易管制的规定，所述案例中的集装箱半挂车不属于出口许可证管理商品，因此不需要提交出口货物许可证。根据海关申报的规定，出口装货单据、商业发票是出口报关必须提交的；而出口收汇核销单也应由企业在出口报关时提交。故正确选项应为 ACD。

(4)本题考核的知识点与《报关单填制规范》相关。根据《报关单填制规范》，外商投资企业申报出口使用境内料件生产的产品，其"贸易方式"栏应当填报"一般贸易"，"征免性质"栏应当填报"中外合资"。故正确选项应为 B。

(5)本题考核的知识点与货物退运进出口管理相关。根据本题所述案例，因质量不良被香港飞翼船务有限公司拒收而退运进口，且尚未收汇的集装箱半挂车应按海关对一般退运货物的规定办理手续，即原出口集装箱半挂车退运进口时，原发货人或其代理人应当填写进口货物报关单向进境地海关申报，并提供原货物出口报关单、外汇核销单证、报关单退税联等单证。因品质或者规格原因，出口货物自出口之日起 1 年内原状退货复运进境的，经海关核实后不予征收进口税。故正确选项应为 ABD。

第四章

1.1517.9090　　2.1602.1000　　3.6302.1010　　4.9403.7000　　5.0104.2010　　6.0210.9900

7.0208.9090　　8.0510.0090　　9.0504.0029　　10.0206.3000　　11.0301.1100　　12.0308.1900

13.1212.9920　　14.1202.2000　　15.1302.3100　　16.0701.9000　　17.0505.1000

18.0410.0010　　19.0409.0000　　20.0603.1200　　21.0703.1020　　22.0714.9010

23.0710.4000　　24.1105.1000　　25.0713.5010　　26.0806.2000　　27.1002.9000

28.1107.1000　　29.9508.1000　　30.0904.1200　　31.0910.9100　　32.3001.9090

33.0402.1000　　34.0210.9900　　35.1602.3291　　36.1902.2000　　37.1602.5090

38.1517.9090　　39.1515.9030　　40.1502.1000　　41.2006.0090　　42.1602.5010

43.2007.1000　　44.2940.0000　　45.1803.1000　　46.1702.1100　　47.2009.4100

48.2103.3000　　49.2202.9000　　50.2206.0010　　51.2208.3000　　52.2008.1190

53.1602.4200　　54.2104.2000　　55.1602.1000　　56.2005.1000　　57.2620.2100

58.2621.1000　　59.3004.9090　　60.2707.1000　　61.2902.2000　　62.2501.0020

63.2711.1200　　64.2714.9010　　65.2603.0000　　66.2515.1200　　67.2830.9090

68.2832.3000　　69.3707.9010　　70.2941.1011　　71.2843.2100　　72.2844.4090

73.3305.1000　　74.2827.1010　　75.3105.1000　　76.2823.0000　　77.3208.2010

78.3301.2400　　79.2906.1100　　80.3304.1000　　81.3307.9000　　82.3403.1100

83.3603.0000　　84.3824.9099　　85.2202.9000　　86.3212.9000　　87.3903.9000

88.3901.1000　　89.3902.3090　　90.3901.2000　　91.3917.2300　　92.3901.1000

93.4011.1000　　94.4005.1000　　95.3912.2000　　96.4301.8010　　97.4102.1000

98.4103.2000　　99.4202.9200　　100.4206.0000　　101.4302.1990　　102.4303.1010

103.4203.1000　　104.6202.1100　　105.4205.0020　　106.4419.0032　　107.4406.9000

108.4421.9022　　109.4411.9390　　110.4412.3100　　111.4410.1100　　112.4418.7100

113.4202.1900　114.4421.1000　115.4602.1990　116.4803.0000　117.4707.3000
118.4818.1000　119.4901.9900　120.4911.9100　121.4807.0000　122.4814.9000
123.5801.9010　124.5101.3000　125.5105.2900　126.5201.0000　127.5402.3310
128.5501.2000　129.5602.1000　130.5806.3200　131.5607.9010　132.5407.6100
133.5208.4100　134.5102.1100　135.5112.1100　136.6106.1000　137.6111.2000
138.6210.2000　139.5911.2000　140.9706.0000　141.5808.9000　142.4202.1290
143.6109.1000　144.6110.1100　145.6210.1030　146.6307.9000　147.6305.3300
148.5112.3000　149.6403.9900　150.6402.9900　151.6505.9020　152.9506.7020
153.6309.0000　154.6812.9100　155.6603.2000　156.6703.0000　157.9617.0011
158.7020.0091　159.7018.1000　160.7013.4900　161.7015.9010　162.7018.9000
163.7113.1929　164.7117.1900　165.7320.2090　166.7323.9300　167.7108.1200
168.7114.1100　169.7113.1919　170.7116.2000　171.7411.2190　172.8414.3090
173.8415.1021　174.8487.9000　175.8438.6000　176.8414.3011　177.8418.9999
178.8516.7910　179.8407.3410　180.8409.9199　181.8413.3090　182.8419.2000
183.8443.3212　184.8443.9990　185.419.1100　186.8481.8090　187.8473.3090
188.8506.5000　189.8507.6000　190.8541.4020　191.8509.8090　192.8438.5000
193.8450.1110　194.8525.8012　195.8523.4990　196.8516.1020　197.8471.7010
198.8471.4940

第五章

一、单项选择题

1～10　BBCAA　ABACC　　　　　11～20　CDCDB　CADAC
21～30　DBCAC　CCCBC　　　　　31～40　BBBCD　ADCDA

二、多项选择题

1.ABCD　　2.ABCD　　3.ABCD　　4.ABD　　5.ABCD　　6.ABCD　　7.ABC
8.ABCD　　9.ABCD　　10.ABC　　11.BD　　12.ABCD　　13.ABCD　　14. BD
15.ABCD　16.CD　　17.ABCD　18.ABCD　19.AC　　20.BC　　21.ABC
22.CD　　23.ABCD　24.BCD　　25.BC　　26.ABCD　27.BCD　　28. ABCD
29.ACD　　30.ABC

三、判断题

1.×　　2.×　　3.√　　4.×　　5.×　　6.√　　7.√　　8.×　　9.√
10.×　　11.√　　12.√　　13.√　　14.√　　15.×　　16.×　　17.×　　18.×
19.×　　20.√　　21.×　　22.×　　23.√　　24.×　　25.√　　26.×　　27.×
28.×　　29.√　　30.×

四、计算题

1. 解：

出口货物完税价格=FOB 价÷(1+出口关税税率)=10 000÷(1+20%)=8333.33(元)

出口关税=出口货物完税价格×出口关税税率=8333.33×20%=1666.67(元)

2. 解：

(1) 进口关税税额=进口货物数量×从量税额=2000×1.30=2600(元)

(2) 进口环节增值税税额=增值税组成计税价格×增值税税率

=(进口货物完税价格+进口关税税额+消费税税额)×增值税税率

=(2000×1.95×6.6445+2600+0)×13%=3706.76(元)

注意：买方支付的购货佣金按规定无须计入完税价格。

(3) 总计进口税额=进口关税税额+进口环节增值税税额=2600+3706.76=6306.76(元)

3. 解：

(1) 进口关税税额=(3500×10+185)×6.6445×45%=105 204.03(元)

(2) 进口环节消费税税额=(进口货物完税价格+进口关税税额)÷(1-消费税税率)×消费税税率=(233 786.73+105 204.03)÷(1-10%)×10%=37 665.64(元)

(3) 进口环节增值税税额=(进口货物完税价格+进口关税税额+进口环节消费税税额)×进口环节增值税税率=(233 786.73+105 204.03+37 665.64)×17%=64 031.59(元)

(4) 总计进口税额=进口关税税额+进口环节消费税税额+进口环节增值税税额=105 204.03+37 665.64+64 031.59=206 901.26(元)

4. 解：

首先确定滞纳天数，然后再计算应缴纳的关税、进口环节消费税和增值税的滞纳金。

税款缴款期限为 2016 年 5 月 28 日(周六)，但缴纳期限的最后一日是星期六、星期天或法定节假日，则关税缴纳期限顺延至周末或法定节假日过后的第一个工作日，即为 2016 年 5 月 30 日(周一)。5 月 31 日～6 月 7 日为滞纳期，共滞纳 8 天。

关税滞纳金=滞纳关税税额×0.5‰×滞纳天数=24 000×0.5‰×8=96.00(元)

进口环节消费税滞纳金=滞纳进口环节消费税税额×0.5‰×滞纳天数

=18 900×0.5‰×8=75.60(元)

进口环节增值税滞纳金=滞纳进口环节增值税税额×0.5‰×滞纳天数

=35 100×0.5‰×8=140.40(元)

五、综合实务题

1. C　　　　2. A　　　　3. B　　　　4. D

第六章

第一部分

练习一

1. 【D】选项 A 所示"HS80764"是根据资料 1 中所列的华东×××贸易有限公司与苏南×××鞋业制造公司签订的委托加工合同的编号，选项 B 所示"WVI8101"是华东×××贸易有限公司与中国香港×××海外进出口公司签订的买卖合同号，选项 C 所示"8101"是上述合同号的一部分。本题情形为我国境内企业的货物作为一般贸易出口境外，无须事先取得海关备案证明文件，故本题所列的选项中，唯有选项 D 是正确的。

2. 【A】选项 A 所示"华东×××贸易有限公司"是在海关登记备案的有经营进出口业务权的企业，且属本题所申报货物的对外签约单位，符合题意，选项 A 正确。

3. 【B】出境货物的运输方式，报关单"运输方式"栏按货物运离我国关境最后一个口岸时的运输方式填报。根据题目文字资料，该批货物是由产地运至吴淞码头后由CLEMENTINE MAERSK 号轮载运出境，因此，B 选项"水路运输"是正确选项。

4. 【D】水路运输实际出境，且题目文字资料已说明"向上海海关隶属吴淞海关(2202)办理出口报关手续"，纸质报关单"运输工具名称"栏应按规范格式要求填报船舶英文名称及航次号，并将两者以"/"分隔，选项 D 正确。

5. 【B】"苏南×××鞋业制造公司"是该批货物在中国境内的生产单位，符合报关单填制规范对于"发货单位"的定义，选项 B 正确。

6. 【D】题目文字资料并未提示申报出口货物是用进口料件生产，因此与加工贸易无关，选项 A、B 错误；"成品进出区"适用于海关特殊监管区域内保税加工、保税物流或研发企业与境内(区外)之间进出的成品，尽管苏南×××鞋业制造公司属于江苏昆山出口加工区企业，但本题货物是华东×××贸易有限公司的实际出境货物，不属于特殊区域内企业进出区货物，选项 C 错误；D"一般贸易"是唯一可能的正确选项。

7. 【D】根据第 6 题解析，华东×××贸易有限公司以一般贸易方式出口货物，该公司非外商投资企业，所出口商品亦非该企业自产，题目文字资料亦未提及任何法定减免情形，因此，报关单"征免性质"栏只能填报为"一般征税"，选项 D 正确。

8. 【D】根据发票"Payment: T/T"可知该批出口货物结汇方式为电汇。故选项 D 正确。

9. 【B】根据发票"FROM SHANGHAI,CHINA TO ROTTERDAM,NETHERLANDS"可知该批货物由上海港启运，直接运至荷兰鹿特丹港。虽然该批货物是我国境内企业售予香港公司，但并未在香港发生运输中转。因此，"运抵国(地区)"直接填报出口货物离开我国关境直接运抵的国家或地区即可，选项 B"荷兰"正确。

10. 【D】指运港是指出口货物运往境外的最终目的港，由第 9 题解析可知该批货物的运输目的港是荷兰鹿特丹。故选项 D 正确。

11.【B】境内货源地是指出口货物在我国关境内的生产地或原始发货地。根据题目文字资料，苏南×××鞋业制造公司是该批货物的加工生产企业，其海关注册编码前 5 位"32235"即为报关单"境内货源地"填报内容。故选项 B 正确。

12.【D】进出口货物报关单"批准文号"栏目免予填报，因此选项 D 正确。

13.【B】根据发票"ONE HUNDRED AND NINETY NINE CARTONS ON TEN PALLETS IN ONE 20'CONTAINER"可知该批货物分装于 199 个纸箱，处于运输状态时装于 10 个托盘，用 1 个 20 尺集装箱海运，参照"有关单据既列明集装箱个数，又列明托盘件数、单件包装件数的，件数栏填报托盘件数"(2011 年版报关员资格全国统一考试教材)。填制要求，该批货物的包装种类应为"托盘"，对应"件数"为 10。故选项 B 正确。

14.【B】参见第 13 题解析。

15.【D】题目文字资料已提示"20 尺集装箱(箱号 BMOU2433296，自重 2400 千克)"，选项 D 是唯一符合教材对于"集装箱号"栏格式要求的填报内容。

16.【D】题目文字资料已提示"出境货物通关单编号：32005020813713400"，此外未提及其他监管证件。教材对于报关单"随附单证"栏的格式要求为：监管证件代码+"："+监管证件编号。选项 D "B:32005020813713400"是唯一符合格式要求的填报内容。故选项 D 正确。

17.【D】该批出口休闲鞋款式、尺码、单价均有所不同，不可合并为一项商品笼统填报，同一份报关单中所申报商品规格型号不同的，一般应分项填报。故选项 D 正确。

18.【C】题目文字资料已提示货物法定计量单位为"双"，且发票显示货物成交计量单位为 PRS(双)，因此，本栏目中计量单位仅需在第一行按"双"填报。故选项 C 正确。

19.【D】最终目的国(地区)是指已知的出口货物最后交付的国家或地区，也即最终实际消费、使用或作进一步加工制造的国家或地区。本题货物虽售予香港公司，但由上海港启运后直接运至荷兰鹿特丹港，荷兰是已知的出口货物最后交付的国家。故选项 D 正确。

20.【A】由第 6、7 题解析，该批货物属一般贸易出口货物，有出口关税的，海关照章征收。故选项 A 正确。

练习二

1.【D】进口口岸应该填报装载货物进境的运输工具申报进境的口岸海关，资料 1 已说明是天津新港海关。按规范要求，本栏目应同时填海关名称及代码。故正确选项是 D。B选项"秦皇岛海关 0402"是接受货物申报的海关。C 选项没有填写代码是错的。

2.【B】根据资料 1 提供的信息可知，该批货物属进料加工进口料件，"备案号"栏应填报备案手册编号。

3.【B】C、D 选项的时间均为申报日期，而 A 选项的填报格式错误。故正确选项为 B。

4.【A】该货物是直接运抵货物，进境的运输工具是船舶。虽然经汽车转关运输，但

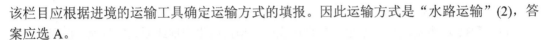

该栏目应根据进境的运输工具确定运输方式的填报。因此运输方式是"水路运输"(2)，答案应选 A。

5.【B】此题为秦皇岛造船厂自营进口，它既是经营单位也是收货单位。按规范要求，B 选项为正确的填报格式。

6.【B】根据资料 1 中加工贸易手册代码首位为 C，说明其为进料加工手册。因此该批货物属进料加工项下从境外进口的料件，"贸易方式"栏应填报"进料对口"(0615)。

7.【C】发票和提单中都显示货物是从新加坡装船直接运抵天津，没有发生中转。因此装货港是新加坡。

8.【C】该批货物为秦皇岛造船厂自用，因此境内目的地是秦皇岛造船厂的所在地。根据造船厂经营单位编码前 5 位数字可知，境内目的地应为"河北秦皇岛其他"。

9.【D】发票提示，该批货物的成交方式为 CIF TIANJIN。进口货物采用 CIF 成交方式，"运费"栏免填。

10.【D】该批货物的成交方式为 CIF TIANJIN，进口货物采用 CIF 成交方式，"保费"栏免填。

11.【C】在提单的包装种类、数量及货物描述栏下写明 3 个 20 尺集装箱中装有 234 个铁桶("234 IRON DRUMS")，因此件数是"234"，包装种类是"铁桶"。

12.【C】同上。

13.【C】提单和装箱单中都显示货物的毛重是 161 492 千克，填报时重量单位不填，只有 C 选项正确。

14.【A】提单中显示共有 3 个 20 尺的集装箱，它们的皮重(自重)都是"2.0"。这里"2.0"的单位是吨，要换成千克填写。4 个选项中只有 A 的格式是正确的。

15.【A】进料对口贸易方式下，进口货物对应的用途是"加工返销"。

16.【D】"标记唛码及备注"栏应包含两部分信息：一是填标记唛码，此题发票中含有唛码信息；二是填需要备注的内容，此题中应填写除了在"集装箱号"栏已填集装箱以外的集装箱信息。A、B 选项没有填写集装箱信息是错误的，而 C 选项集装箱信息填报不完整，只有 D 选项正确。

17.【A】资料 1 中已说明该批货物位列手册第 2 项，因此"项号"栏应分两行填报。第一行填报商品的序号，因为只有一项商品，所以序号是 01。第二行填报申报商品在备案文件中的序号，根据资料 1 提示，应填 02。

18.【D】发票中显示成交的数量是 114 056 升(LTR)，而资料 1 给出法定计量单位是千克，因此"数量及单位"栏第一行填报法定计量单位下的数量和单位，在第三行填报成交计量单位下的数量及单位。装箱单中表明对应法定计量单位下的数量是 136256 千克(应该对应不包括外包装的净重)。因此选项 D 的填写是正确的。

19.【D】发票中显示货物的总价为"USD228112.00"。

20.【C】发票中显示"COUNTRY OF ORIGIN: SINGAPORE"。

第二部分

练习一

【答案】(A) (D) (H) (O) (P) (Q)

【解析】

(A)：深加工结转货物，出口报关单填报转出地海关名称及代码，进口报关单填报转入地海关名称及代码。本题中转出企业在深圳，填报"东莞海关"明显错误。

(D)：根据资料1及资料2可知，本题货物为进料深加工结转货物，故进出口报关单"贸易方式"栏均应填报为"进料深加工"或其代码"0654"。

(H)：深加工结转货物属非实际进出境货物，本栏应填报"中国境内"或其代码"0142"。

(O)："520420081567235125"为关联报关单号，应填报在"标记唛码及备注"栏。

(P)：漏填关联报关单号"520420081567235125"和转入手册编号"C52044568515"。

(Q)：进料深加工结转货物，出口报关单应填报结转货物对应转出手册备案成品项号，进口报关单应填报结转货物对应转入手册备案料件项号。本题中"项号"栏第2行应填报"16"。

练习二

【答案】(G) (H) (N) (O) (P)

【解析】

(G)：加工贸易不作价设备退运出境，出口报关单贸易方式应填报"加工设备退运"。

(H)：加工设备退运，对应"征免性质"为"其他法定"。

(N)：根据装箱单所示"5 CARTONS"，应填"纸箱"。

(O)：非集装箱运输货物，"集装箱号"栏应填报"0"。

(P)：退运出境报关单，应将货物原进境时的进口报关单号填报于"标记唛码及备注"栏。

练习三

【答案】(C) (F) (H) (L) (O)

【解析】

(C)：本栏应填报载运货物进出境的运输工具名称或编号。由提单可知，运输工具为"SUN HONOR/230W"，而选项(C)仅填报了船舶的名称，未填报航次号，因此是错的。

(F)：本栏所填报的"外资设备物品"是指外商独资企业进口的设备、物品。而根据资料1中登记手册编号的第6位"3"，可知该企业为中外合资企业，因此本栏应填报为"合资、合作设备"。故选项(F)是错的。

(H)：本栏应填报进口货物起始发出直接运抵我国或者在运输中转国(地区)未发生任何商品交易的情况下运抵我国的国家(地区)。本栏填报"中国台湾"，不符合填制规范，应填报为"台澎金马关税区"，故选项(H)是错的。

（L）：合同协议号是指进出口货物合同(包括协议或订单)的编号。本栏所填报的内容是发票的编号而不是合同的编号。故选项(L)是错的。

（O）：本栏应填报集装箱号、集装箱的规格和集装箱的自重，对于非集装箱的，应填报为"0"。根据资料显示，本栏应填报为"0"。故选项(O)是错的。

练习四

【答案】(A) (C) (E) (H) (K) (Q) (R)

【解析】

通过分析所给资料可知，本票货物是一家外资企业将一批减免税设备结转至另一家外资企业。

（A）：减免税货物结转，结转出口报关单"备案号"，栏目应填报"减免税进口货物结转联系函"的编号。

（C）：减免税货物结转货物属于非实际进出境货物，"运输方式"栏应填报"其他运输"或其代码"9"。

（E）：通过对资料 1 的分析可知，本题是天津 ABC 科技有限公司将一批减免税设备结转至天津 XYZ 工业有限公司，因此本栏应填报为"减免设备结转"或其代码"0500"。

（H）：对于无实际进出境的货物，"装货港"栏或"指运港"栏应填报"中国境内"或其代码"142"。

（K）：非实际进出境货物，出口报关单"成交方式"栏应填报"FOB"或其代码"3"。

（Q）：本栏漏填与该出口(转出)报关单相对应的进口(转入)报关单"备案号"栏所应填写的"征免税证明"编号。另外，转出征免税证明编号无须填报在"标记唛码及备注"栏。

（R）：漏填"搭载机用出料器"的法定计量单位"千克"。

第七章

1. 电子商务企业，是指通过自建或者利用第三方电子商务交易平台开展跨境贸易电子商务业务的境内企业，以及提供交易服务的跨境贸易电子商务第三方平台提供企业。

电子商务交易平台，是指跨境贸易电子商务进出境货物、物品实现交易、支付、配送并经海关认可且与海关联网的平台。

电子商务通关服务平台，是指由电子口岸搭建，实现企业、海关及相关管理部门之间数据交换与信息共享的平台。

电子商务通关管理平台，是指由中国海关搭建，实现对跨境贸易电子商务和通关环节电子监管执法的平台。

2. 海关监管方式代码 9610(跨境贸易电子商务)适用于境内个人或电子商务企业通过电子商务交易平台实现交易，并采用"清单核放、汇总申报"模式办理通关手续的电子商务零售进出口商品(通过海关特殊监管区域或保税监管场所一线的电子商务零售进出口商品除外)。

海关监管方式代码 1210(保税跨境贸易电子商务)适用于境内个人或电子商务企业在经海关认可的电子商务平台实现跨境交易，并通过海关特殊监管区域或保税监管场所进出的电子商务零售进出境商品[海关特殊监管区域、保税监管场所与境内区外(场所外)之间通过电子商务平台交易的零售进出口商品不适用该监管方式]。"1210"监管方式用于进口时仅限经批准开展跨境贸易电子商务进口试点的海关特殊监管区域和保税物流中心(B 型)。

3. 2012 年以来，在各试点城市的试点运作中，海关积极探索适应跨境电子商务发展的政策和措施，归纳提出了"一般出口""特殊区域出口""直购进口"和"网购保税进口"4 种新型海关通关监管模式。

第八章

1. 通关便利化改革包括分类通关、通关作业无纸化、区域通关(公路转关作业无纸化、"属地申报、口岸验放""属地申报、属地放行"、跨境快速通关)、区域通关一体化、关检合作"三个一"。

2. 分类通关是指海关通过科学运用风险管理的理念和方法，以企业守法管理为核心，综合企业类别、商品归类、价格、许可证件、贸易国别、航线、物流信息等各类风险要素，按照风险高低对进出口货物实施分类，在通关过程中采取不同的管理要求和管理程序，实施差别化作业的通关管理模式。

3. 通关作业无纸化是指海关以企业分类管理和风险分析为基础，按照风险等级对进出口货物实施分类，运用信息化技术改变海关验核进出口企业递交纸质报关单及随附单证办理通关手续的做法，直接对企业通过中国电子口岸输入申报的报关单及随附单证的电子数据进行无纸审核、验放处理的通关作业方式。

4. 区域通关是指直属海关之间互相配合，对进出口企业所实施的简便、快捷的通关模式。包括公路转关作业无纸化、"属地申报、口岸验放""属地申报、属地放行"、跨境快速通关和区域通关一体化(区域通关一体化广义上为区域通关改革的深化与拓展，已成为一种非常重要的，与口岸清关、转关、"属地申报、口岸验放""属地申报、属地放行"并列的通关模式)。

5. 区域通关一体化是指区域内企业在区域内海关进出口的货物，企业可自主选择向经营单位注册地或货物实际进出境地海关办理申报、纳税和查验放行手续的一种通关模式。区域通关一体化广义上属于区域通关的一种，根据海关总署的公告精神，将之与口岸清关、转关、"属地申报、口岸验放""属地申报、属地放行"相并列，成为可供企业选择的通关模式的一种。

至 2014 年有京津冀区域通关一体化、长三角区域通关一体化、珠三角区域通关一体化。

6. 关检合作"三个一"是海关与验检疫部门合作"一次申报、一次查验、一次放行"

的简称。

　　"一次申报"即"一次录入、分别申报"，是指企业只需一次输入申报数据，分别向海关和检验检疫部门发送。

　　"一次查验"即"一次开箱、关检依法查验/检验检疫"，是指关检双方需要对同一批货物实施查验/检验检疫的，海关与检验检疫部门按照各自职责共同进行查验/检验检疫。

　　"一次放行"即"关检联网核放"，是指对于运抵口岸的货物，海关和检验检疫部门分别发出核放信息，企业凭关检的核放信息办理货物提离手续。

参 考 文 献

[1] 海关总署报关员资格考试教材编写委员会. 2013 年版报关员资格全国统一考试教材[M]. 北京：中国海关出版社，2013.

[2] 海关总署报关员资格考试教材编写委员会. 2012 年版报关员资格全国统一考试教材[M]. 北京：中国海关出版社，2012.

[3] 海关总署报关员资格考试教材编写委员会. 2011 年报关员资格全国统一考试教材[M]. 北京：中国海关出版社，2011.

[4] 海关总署监管司. 中国海关通关实务[M]. 北京：中国海关出版社，2015.

[5] 钱华，陆洲艳，胡三勤. 海关与商检[M]. 北京：清华大学出版社，2015.

[6] 王艳娜. 报关实务[M]. 大连：东北财经大学出版社，2016.

[7] 朱江，刘阳威，谢孟军. 进出口报关实务[M]. 北京：教育科学出版社，2013.

[8] 唐卫红. 进出口报关实务[M]. 南京：南京大学出版社，2016.